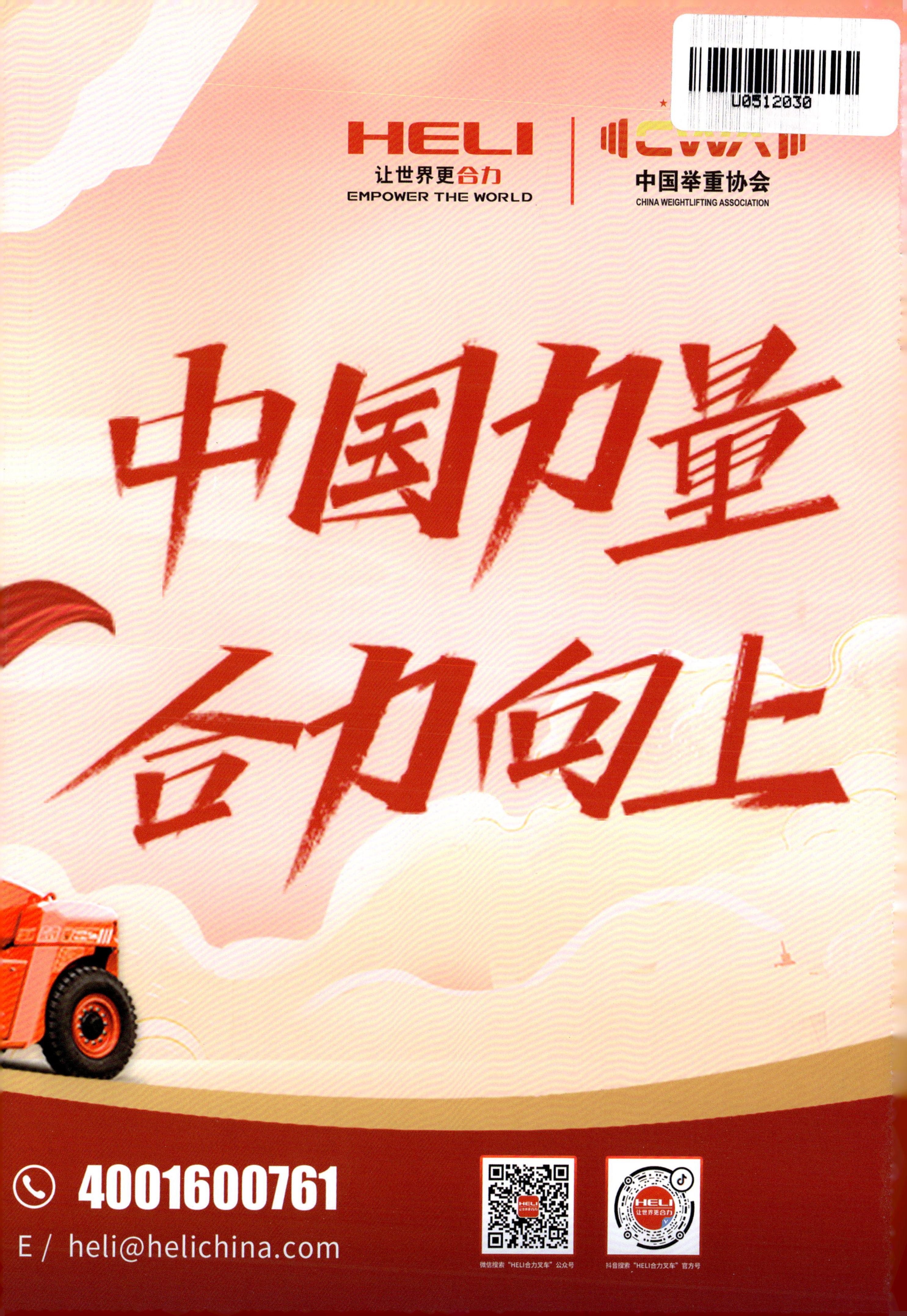
HELI
让世界更合力
EMPOWER THE WORLD
CWA
中国举重协会
CHINA WEIGHTLIFTING ASSOCIATION
中国力量
合力向上
4001600761
E / heli@helichina.com
微信搜索“HELI合力叉车”公众号
抖音搜索“HELI合力叉车”官方号

品 质 改

DEVELON
Powered by Innovation

零碳施工
SDLG
山东临工工程机械有限公
网址: www.sdlg.cn 地址: 山东省
服务电话: 4006587911 / 40065879

广告
绿动未来
SDLG
山东临工
技术开发区临工工业园

湘江涂料打造粉末涂料行业新标杆，扩、并、合多重发力

湘江涂料集团始建于1950年，是一家以涂料和树脂研发、生产、销售及涂装服务为核心业务的综合型涂料集团。目前，公司有员工2000余人，建有4个具有先进水平的涂料生产基地。涂料生产基地占地面积约66.7万m^2（1000亩），涂料年生产能力超过50万t，年销售收入超过45亿元。公司产品涵盖国家涂料标准18大类、1000余种。

湘江涂料集团旗下有湘江关西、湘江科技、双塔科技、湘江粉末、湘江建筑五大涂料事业部，其中，湘江关西是与日本关西涂料合资、国内较早成立的汽车原厂漆生产企业，已建成全球单工厂规模大、设备先进、设施完善的汽车涂料研发生产基地。公司是国家高新技术企业、中国石油和化工百强民营企业、全国工业品牌培育示范企业，建有国家实验室和多个省级技术中心，设有博士后科研流动站协作研发中心，与湖南大学、华北水利水电大学、湖南科技大学等科研院所建立了长期的产学研中心。在《涂界》发布的2024年全球工业涂料品牌20强榜单中，湘江涂料再次跻身全球工业涂料20强，位列第16位，排名较2023年上升了1位。

作为中国工业涂料的龙头企业，湘江涂料是国内较早涉足粉末涂料生产的企业之一。早在1987年，公司就引进了瑞士Buss公司全套粉末涂料生产技术，成为中国早期先进的粉末涂料制造商之一。经过37年的发展，公司在粉末涂料领域积累了极为丰富的经验，已形成了完善的粉末涂料产品体系。产品广泛应用于商用车、专用车辆、汽车零部件、工程机械、农业机械以及建筑、家电、家居、重防腐、新能源、一般工业等领域，成为各行业绿色涂装的主要品牌之一。目前公司拥有16条现代化、智能化的粉末涂料生产线，建有专门的粉末涂料研发中心，具有较强的粉末涂料技术研发与生产能力。公司陆续推出了超耐候、高边缘包覆、高流平、耐腐蚀、耐高温、低温固化等一系列高性能粉末涂料新产品，能全方位满足客户的各类需求。

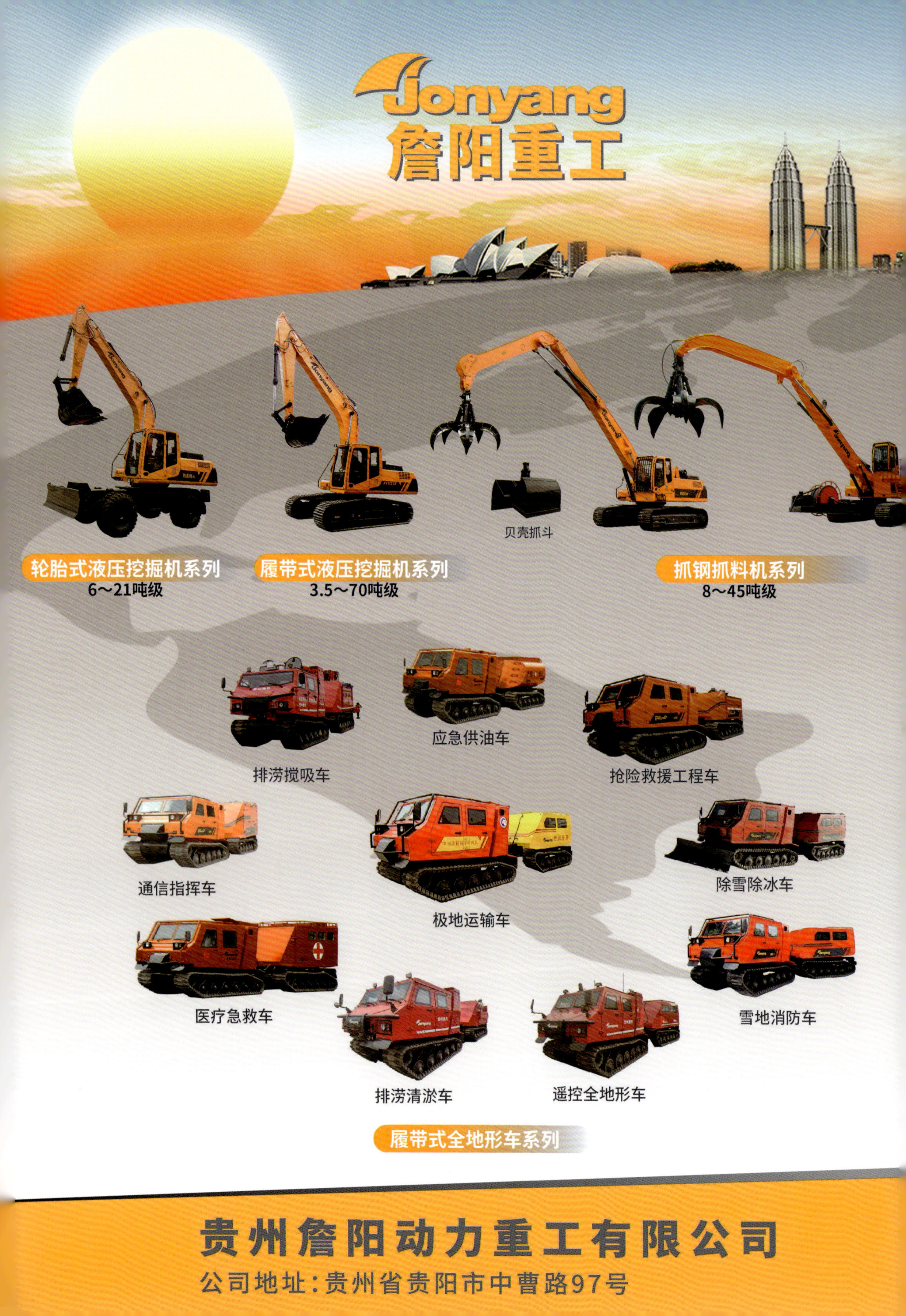
Jonyang
詹阳重工
贝壳抓斗
轮胎式液压挖掘机系列
6～21吨级
履带式液压挖掘机系列
3.5～70吨级
抓钢抓料机系列
8～45吨级
排涝搅吸车
应急供油车
抢险救援工程车
通信指挥车
极地运输车
除雪除冰车
医疗急救车
雪地消防车
排涝清淤车
遥控全地形车
履带式全地形车系列
贵州詹阳动力重工有限公司
公司地址：贵州省贵阳市中曹路97号

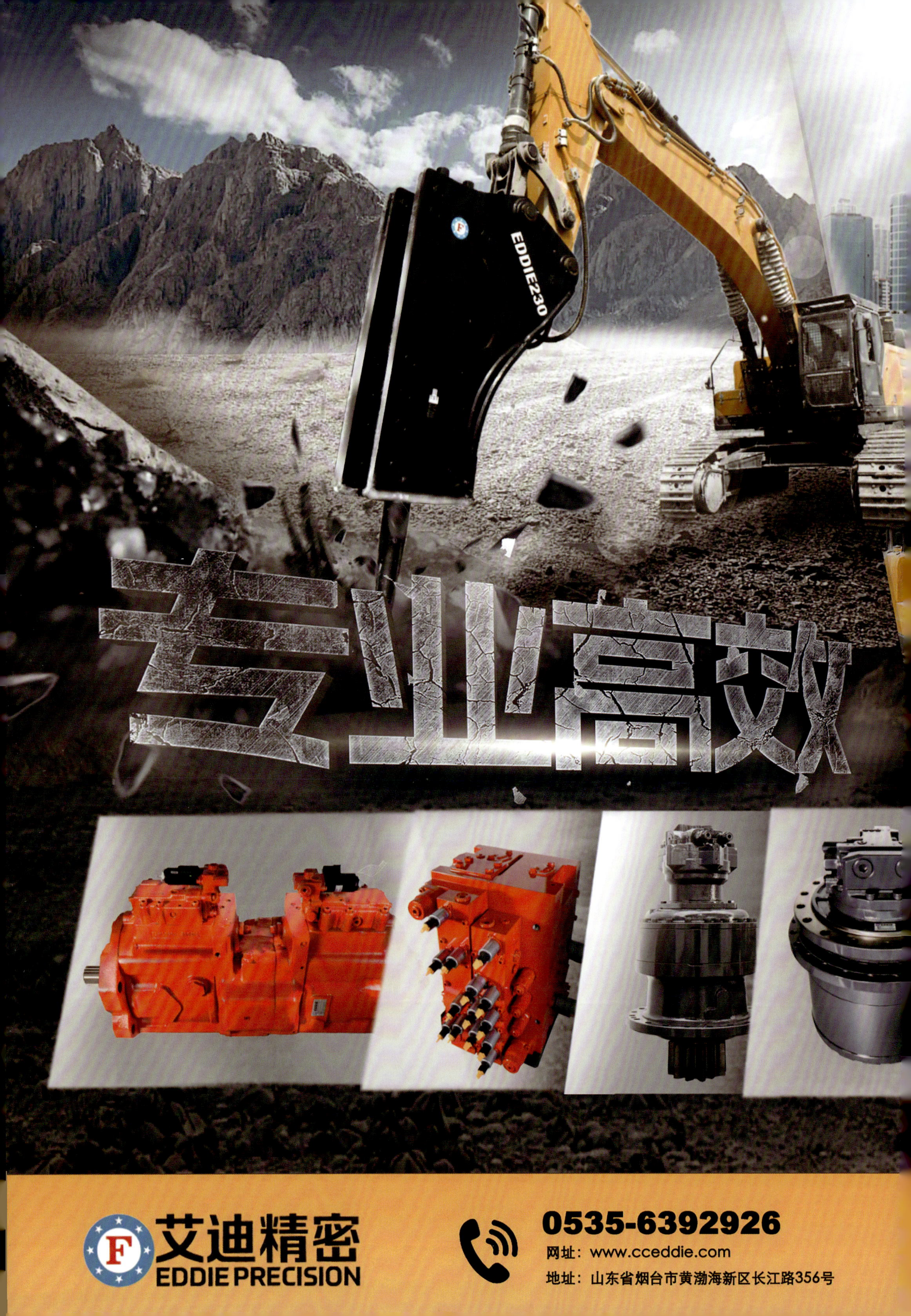
EDDIE230
专业高效
艾迪精密
EDDIE PRECISION
0535-6392926
网址：www.cceddie.com
地址：山东省烟台市黄渤海新区长江路356号

中国机械工业年鉴系列

中国工程机械工业年鉴

2024

中国工程机械工业协会
中国机械工业年鉴编辑委员会 编

本书主要内容包括综述篇、大事记、行业篇、企业篇、市场篇、调研篇、统计资料和标准篇 8 个栏目，集中反映了 2023 年工程机械行业的发展情况，详细记载了挖掘机械、铲土运输机械、工程起重机、工业车辆、筑养路机械、凿岩机械与气动工具、桩工机械、掘进机械、市政与环卫机械、装修与高空作业机械、观光车及非道路低速专用车、混凝土机械、建筑起重机械、工程建材制品机械、工程机械配套件、属具、工程机械租赁、工程机械后市场等分行业的发展情况，提供了工程机械行业的经济指标。

本书主要发行对象为政府决策机构、机械工业相关企业决策者和从事市场分析、企业规划的中高层管理人员，以及国内外投资机构、贸易公司、银行、证券、咨询服务部门和科研单位的机电项目管理人员等。

图书在版编目（CIP）数据

中国工程机械工业年鉴 . 2024 / 中国工程机械工业协会 , 中国机械工业年鉴编辑委员会编 . -- 北京 : 机械工业出版社 , 2024. 11. -- (中国机械工业年鉴系列).
ISBN 978-7-111-76881-4

Ⅰ. F426.4-54

中国国家版本馆 CIP 数据核字第 2024LH7557 号

机械工业出版社（北京市百万庄大街 22 号　邮政编码 100037）
策划编辑：魏素芳　　　　　　责任编辑：魏素芳
责任校对：郑　雪　李　杉　　责任印制：李　昂
河北宝昌佳彩印刷有限公司印刷
2024 年 11 月第 1 版第 1 次印刷
210mm × 285mm · 15.5 印张 · 33 插页 · 608 千字
标准书号：ISBN 978-7-111-76881-4
定价：400.00 元

电话服务　　　　　　　　　　网络服务
客服电话：010-88361066　　机　工　官　网：www.cmpbook.com
　　　　　010-88379833　　机　工　官　博：weibo.com/cmp1952
　　　　　010-68326294　　金　　书　　网：www.golden-book.com
封底无防伪标均为盗版　　机工教育服务网：www.cmpedu.com

中国机械工业年鉴系列

作为『工业发展报告』

记录企业成长的每一阶段

中国机械工业年鉴

编辑委员会

中国工程机械工业年鉴

『鉴』证行业发展 挖掘企业亮点

中国工程机械工业年鉴 执行编辑委员会

中国工程机械工业年鉴

『鉴』证行业发展
挖掘企业亮点

机工工程机械视频号

中国工程机械工业年鉴
编写人员

（排名不分先后）

吕　莹	尹晓荔	宋金云	王金星	廖　志	刘智慧	徐海峰	郑海宁
马英磊	刘　涛	刘佳星	赵　亮	马博文	刘一凡	赵丽媛	史　燕
张　剑	刘　妍	张　洁	王海舟	黄志明	郭　波	张西农	蒋　燕
王大鹏	李祥兰	周　平	石小虎	邓艳芳	张磊庆	侯宝佳	崔文娟
李宏宝	李涵兵	谢雨来	宋振华				

中国工程机械工业年鉴
编辑出版工作人员

总　编　辑　周宝东

主　　　编　田付新

副　主　编　刘世博

责任编辑　魏素芳

编　　　辑　陈美萍

地　　　址　北京市西城区百万庄大街 22 号（邮编 100037）

编　辑　部　电话（010）88379815　88379827

发　行　部　电话（010）88379838　88379054

电子邮箱　cmiy_cmp@163.com

中国工程机械工业年鉴

『鉴』证行业发展

挖掘企业亮点

中国工程机械工业年鉴
特约顾问单位特约顾问

（按姓氏笔画排列）

特约顾问单位	特约顾问
DEVELON（迪万伦）	丁郁真
雷沃重工集团有限公司	王　宾
临沂临工机械集团	王志中
中船（青岛）轨道交通装备有限公司	王志平
北京华德液压工业集团有限责任公司	王晨龙
邦飞利传动设备（上海）有限公司	邓碧伟
抚顺永茂建筑机械有限公司	田若南
浙江新柴股份有限公司	白洪法
贵州詹阳动力重工有限公司	吕　黔
湖南湘江涂料集团有限公司	刘英豪
陕西同力重工股份有限公司	许亚楠
南京高速齿轮制造有限公司	李苏东
徐工集团工程机械股份有限公司	杨东升
安徽合力股份有限公司	杨安国
浙江中力机械股份有限公司	何金辉
烟台艾迪精密机械股份有限公司	宋　飞
山重建机有限公司	张　民
河北宣工机械发展有限责任公司	张润泽
北京福田康明斯发动机有限公司	陈　华
无锡瑞吉德机械有限公司	陈雪松
中铁高新工业股份有限公司	卓普周
山推工程机械股份有限公司	周　琦
杭叉集团股份有限公司	赵礼敏
杭州爱知工程车辆有限公司	俞　沉
珠海仕高玛机械设备有限公司	郗俊峰
小松（中国）投资有限公司	费春江
河南嘉晨智能控制股份有限公司	姚　欣
方圆集团有限公司	高　秀
三一集团有限公司	梁稳根
太原重型机械集团有限公司	韩珍堂
利星行机械集团	傅耀生
宁波如意股份有限公司	储　江
广西柳工机械股份有限公司	曾光安
中联重科股份有限公司	詹纯新
广西玉柴机器股份有限公司	谭贵荣

中国工程机械工业年鉴

『鉴』证行业发展 挖掘企业亮点

中国工程机械工业年鉴
特约顾问单位特约编辑

（按姓氏笔画排列）

特约顾问单位	特约编辑
中铁高新工业股份有限公司	王杜娟
北京福田康明斯发动机有限公司	王宏忠
山重建机有限公司	王启超
DEVELON（迪万伦）	王思思
广西柳工机械股份有限公司	王曙光
浙江新柴股份有限公司	石　荣
南京高速齿轮制造有限公司	卢梦晴
宁波如意股份有限公司	叶国云
河北宣工机械发展有限责任公司	冯嘉花
徐工集团工程机械股份有限公司	刘　彬
广西玉柴机器股份有限公司	刘嘉欣
北京华德液压工业集团有限责任公司	齐　羽
抚顺永茂建筑机械有限公司	孙鹏宇
河南嘉晨智能控制股份有限公司	李　飞
临沂临工机械集团	李　晓
利星行机械集团	李依依
安徽合力股份有限公司	李学江
烟台艾迪精密机械股份有限公司	李娇云
湖南湘江涂料集团有限公司	佘维佳
方圆集团有限公司	汪新军
雷沃重工集团有限公司	张再峰
三一集团有限公司	陆　娴
珠海仕高玛机械设备有限公司	陈若枝
中联重科股份有限公司	罗雅萌
杭州爱知工程车辆有限公司	金　恺
贵州詹阳动力重工有限公司	金模琰
浙江中力机械股份有限公司	赵　晨
日立建机销售（中国）有限公司	姜学倩
上海新动力汽车科技股份有限公司	袁庆涛
山推工程机械股份有限公司	徐　坤
太原重型机械集团有限公司	陶家晋
中船（青岛）轨道交通装备有限公司	宿　可
杭叉集团股份有限公司	傅小虹
陕西同力重工股份有限公司	冀　鹏
小松（中国）投资有限公司	魏　聪

前　言

2023 年，面对世界经济复苏乏力、国内改革发展稳定任务艰巨等多重挑战，我国经济顶住了压力，稳定了规模，提升了质量，交出了一份回升向好的成绩单。

2023 年，工程机械行业全面贯彻落实党的二十大精神和党中央决策部署，扎实开展学习贯彻习近平新时代中国特色社会主义思想主题教育，认真面对国内房地产等行业持续下降等诸多因素的影响，积极应对国际市场环境变化，攻坚克难，奋发有为，全行业创新能力大幅度增强，产品结构持续优化，产品质量显著提高，出口额连续增长，全行业实现了稳定发展。

在科技创新引领下，工程机械行业改变了外延式增长的发展模式。2023 年，部分主要工程机械产品国内市场销量虽然降幅较大，但企业总体经营质量和经济效益保持稳定增长，全行业营业收入为 8 101 亿元，比上年下降 4.58%。利润总额为 420 亿元，比上年增长 18.35%。据不完全统计，全行业完成固定资产投资 317 亿元，比上年增长 2.43%。据中国工程机械工业协会对重点联系的企业集团统计，营业收入同比下降 2.44%，利润总额同比增长 21.9%，应收账款同比下降 6.25%，产成品存货同比增长 2.72%，研发费用同比增长 4.31%，职工从业人员同比增长 0.78%，工资总额同比增长 12.6%。

我国工程机械产品出口在连续两年出现大幅度上涨基础上，2023 年继续在高位保持稳定增长态势，出口额达到创纪录的 485.52 亿美元（按人民币计价达到 3 414 亿元）。在实现了国际市场占有率快速提升的同时，发挥了支持我国工程机械行业稳定发展的重要作用。

《中国工程机械工业年鉴》一直致力于真实记载工程机械行业的发展变化，记录工程机械行业从规模扩张到质量提升的重大历史转变。作为行业发展史料，《中国工程机械工业年鉴》将继续发挥其独特的作用，引导工程机械行业由大变强，实现高质量发展再上新台阶，与广大企业、用户和关心我国工程机械行业的读者一起推动我国工程机械在高质量发展道路上不断前行。

中国工程机械工业协会会长

2024 年 9 月

中国机械工业年鉴系列

《中国机械工业年鉴》
《中国电器工业年鉴》
《中国工程机械工业年鉴》
《中国机床工具工业年鉴》
《中国通用机械工业年鉴》
《中国机械通用零部件工业年鉴》
《中国模具工业年鉴》
《中国液压气动密封工业年鉴》
《中国重型机械工业年鉴》
《中国农业机械工业年鉴》
《中国石油石化设备工业年鉴》
《中国塑料机械工业年鉴》
《中国齿轮工业年鉴》
《中国磨料磨具工业年鉴》
《中国机电产品市场年鉴》
《中国热处理行业年鉴》
《中国电池工业年鉴》
《中国工业车辆年鉴》
《中国机器人工业年鉴》
《中国机械工业集团有限公司年鉴》

编辑说明

一、《中国机械工业年鉴》是由中国机械工业联合会主管、机械工业信息研究院主办、机械工业出版社出版的大型资料性、工具性年刊，创刊于1984年。

二、根据行业需要，中国机械工业年鉴编辑委员会于1998年开始出版分行业年鉴，逐步形成了“中国机械工业年鉴系列”。该系列现已出版了《中国电器工业年鉴》《中国工程机械工业年鉴》《中国机床工具工业年鉴》《中国通用机械工业年鉴》《中国机械通用零部件工业年鉴》《中国模具工业年鉴》《中国液压气动密封工业年鉴》《中国重型机械工业年鉴》《中国农业机械工业年鉴》《中国石油石化设备工业年鉴》《中国塑料机械工业年鉴》《中国齿轮工业年鉴》《中国磨料磨具工业年鉴》《中国机电产品市场年鉴》《中国热处理行业年鉴》《中国电池工业年鉴》《中国工业车辆年鉴》《中国机器人工业年鉴》和《中国机械工业集团有限公司年鉴》。

三、《中国工程机械工业年鉴》于2000年创刊。自2002年起，中国机械工业年鉴编辑委员会和中国工程机械工业协会开始合作编撰，2024年版是第24期。该年鉴记载了工程机械行业的运行情况、产品状况、产销情况，对市场情况、行业发展趋势进行了系统分析，全面系统地提供了工程机械行业的主要经济技术指标。2024年版设置综述篇、大事记、行业篇、企业篇、市场篇、调研篇、统计资料和标准篇栏目。

四、统计资料中的数据由中国工程机械工业协会提供，数据截至2023年12月31日。因统计口径不同，有些数据难免出现不一致的情况。

五、在年鉴编撰过程中得到了中国工程机械工业协会及各分会、行业专家和企业的大力支持和帮助，在此深表感谢。

七、由于编者水平有限，书中难免出现错误及疏漏之处，敬请读者批评指正。

中国机械工业年鉴编辑部

2024年9月

综合索引

『鉴』证行业发展

挖掘企业亮点

分析总结2023年工程机械行业发展情况、工程机械质量检验情况，介绍工程机械行业科研成果

P3～21

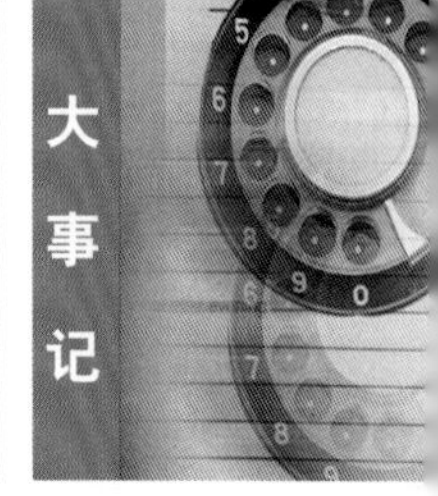

记载2023年工程机械行业的重大事件

P25～30

从生产发展、市场及销售、产品进出口、科技成果及新产品等方面，阐述工程机械各分行业2023年的发展状况

P33～104

公布2023年工程机械行业主要企业经营规模排序情况，介绍部分企业转型升级、创新的最新成果

P107～123

分析2023年工程机械产品进出口贸易情况、工程机械行业上市公司的总体情况、塔式起重机租赁行业运行情况

P127～149

公布2023年工程机械行业用户需求部分调查结果

P153～162

公布2023年工程机械行业主要统计数据，准确、系统、全面地反映工程机械行业的主要经济指标

P165～218

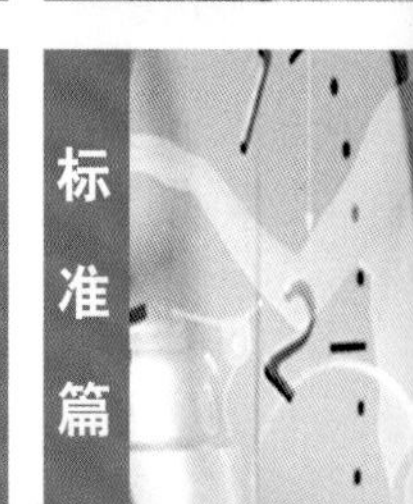

介绍2023年工程机械行业团体标准工作的开展情况，公布工程机械产品国家标准

P221～246

索

引

『鉴』证行业发展
挖掘企业亮点

广告索引

序号	单位名称	页码
1	徐工集团工程机械股份有限公司	封套封面
2	利星行机械（昆山）有限公司	封面
3	安徽合力股份有限公司	封二联版
4	三一集团有限公司	前特联版
5	中联重科股份有限公司	前特联版
6	艾奇蒂现代迪万伦工程机械有限公司	前特联版
7	山东临工工程机械有限公司	前特联版
8	湖南湘江涂料集团有限公司	前特联版
9	贵州詹阳动力重工有限公司	前特联版
10	烟台艾迪精密机械股份有限公司	前特联版
11	抚顺永茂建筑机械有限公司	前特页
12	中铁高新工业股份有限公司	前特页
13	上海新动力汽车科技股份有限公司	前特页
14	方圆集团有限公司	后特页
15	太原重型机械集团有限公司	封三联版
16	浙江中力机械股份有限公司	封底
17	中国（北京）国际工程机械、建材机械及矿山机械展览会	封套封底

企业风采

序号	单位名称	页码
18	广西柳工机械股份有限公司	A2 ～ A3
19	陕西同力重工股份有限公司	A4 ～ A5
20	山推工程机械股份有限公司	A6 ～ A7
21	日立建机销售（中国）有限公司	A8 ～ A9
22	杭叉集团股份有限公司	A10 ～ A11
23	珠海仕高玛机械设备有限公司	A12 ～ A13
24	北京华德液压工业集团有限责任公司	A14 ～ A15

索

引

『鉴』证行业发展

挖掘企业亮点

广告索引

序号	单位名称	页码
25	广西玉柴机器股份有限公司	A16～A17
26	山重建机有限公司	A18～A19
27	雷沃重工集团有限公司	A20
28	小松（中国）投资有限公司	A21
29	宁波如意股份有限公司	A22
30	北京福田康明斯发动机有限公司	A23
31	浙江新柴股份有限公司	A24
32	邦飞利传动设备（上海）有限公司	A25
33	河南嘉晨智能控制股份有限公司	A26
34	无锡瑞吉德机械有限公司	A27
35	河北宣工机械发展有限责任公司	A28
36	中船（青岛）轨道交通装备有限公司	A29
37	南京高速齿轮制造有限公司	A30
38	杭州爱知工程车辆有限公司	A31
39	上海国际工程机械、建材机械、矿山机械、工程车辆及设备博览会	A32

企业风采
Corporate
Profiles

同力重工
TONLY
同力重工
TONLY
抖音号
同力国际
视频号
公众号
地　　址：陕西省西安市沣东新城丰产路2339号
服务专线：029-38001210　　400-6863853
销售热线：029-38001222
网　　址：www.sntonly.com

助力矿山施工更经
山推矿
SHANTUI
SHANTUI
SE980LC
山推微信公众号
全国统一服务热线
400-666-3666
山推工程机械股份有限公司
地址：山东省济宁市327国道58号 网址：www.shantui.com
国内销售热线：0537-2909188 国际销售热线：0086-537-2909369

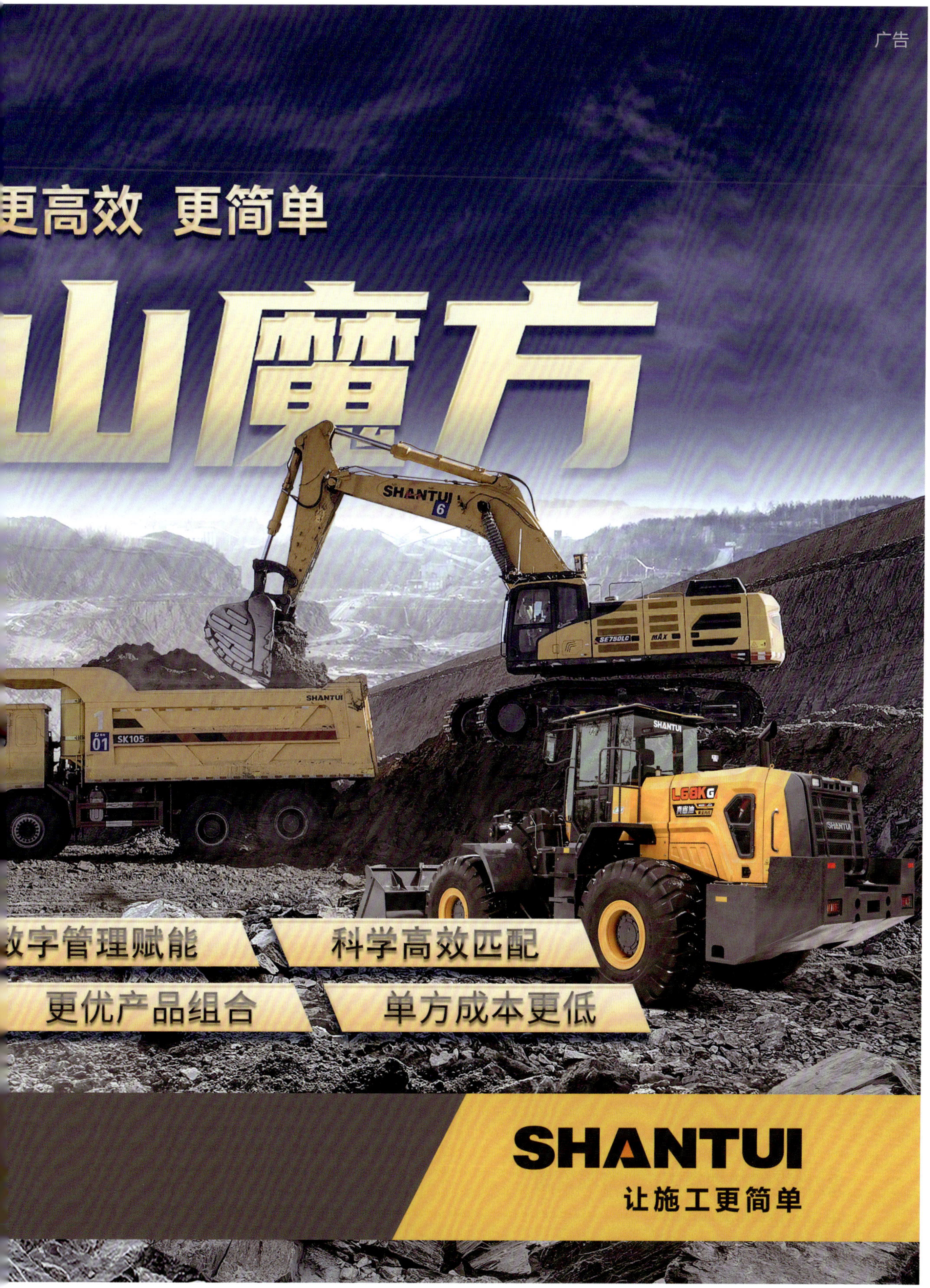
广告
更高效 更简单
山魔方
SHANTUI
SE750LC
SK105
L68KG
数字管理赋能
科学高效匹配
更优产品组合
单方成本更低
SHANTUI
让施工更简单

广告

HITACHI

Reliable Solutions

日立建机(中国)有限公司简介

位于合肥的日立建机（中国）有限公司作为日立建机销售（中国）有限公司的产品生产基地，基于日立建机原创设计，结合中国多种施工环境，设计制造了系列齐全的液压挖掘机及特种工作装置。产品不仅满足了中国客户需求，还远销国外，享誉全球。

微信公众号

官方抖音

股票名称：杭叉集团
股票代码：603298

杭叉的世界 · 世界的杭叉
THE WORLD OF HANGCHA
HANGCHA GROUP CO.,LTD.

HANGCHA

45t高压锂电正面起重机

高压锂电空箱堆高机

高压锂电港口设备
THE WORLD OF HANGCHA

16～48t高压锂电专用叉车

WWW.ZJHC.CN

杭叉集团股份有限公司
HANGCHA GROUP CO. , LTD.

公司主营产品：1～48t内燃叉车、0.6～48t蓄电池叉车、集装箱专用叉车、45t集装箱正面起重机、空箱堆高机、牵引车、搬运车、堆高车、越野叉车、侧面叉车、伸缩臂叉车、登高车及各类智能工业车辆等全系列产品。

仕高玛 珠海仕高玛机械设备有限公司
SICOMA SICOMA ZHUHAI CO., LTD.

企业介绍

珠海仕高玛机械设备有限公司由隶属于中国兵器集团的西北工业集团、意大利SICOMA公司和香港志豪（中国）有限公司共同投资组建，专注于高品质混凝土搅拌机械设备的研发、生产、销售与服务。公司占地总面积达10万m^2，拥有员工550余人。

公司把意大利SICOMA公司处于欧洲前沿的先进搅拌机技术与中国市场需求完美地结合，汇聚众多优秀的专业技术人才和经营丰富的管理团队，并与长安大学、武汉理工大学、香港大学等高校、研究院深入开展一系列产学研合作。公司拥有200多项专利技术，连续多年获得“高新技术企业”称号，被认定为广东省工程技术研究中心、珠海市重点企业中心。

公司的主要产品有混凝土搅拌机、砂浆搅拌机、稳定土搅拌机、沥青搅拌机、干粉搅拌机、轻质混凝土搅拌机、飞灰固化搅拌机、陶瓷搅拌机、人造石搅拌机、矿山搅拌机以及教学实验搅拌机等18个系列、近百种型号搅拌机和配套产品，在北京奥运会、上海世博会、上海环球金融中心、溪洛渡水电站、阳江核电站、广州白云机场、高铁建设以及港珠澳大桥等多个国家重点工程项目中投入使用。此外，公司还与20多个国家和地区的企业建立了广泛业务联系，产品性能和品质得到国内外行业专家和客户的一致认可和高度评价，市场占有率稳居行业前列。

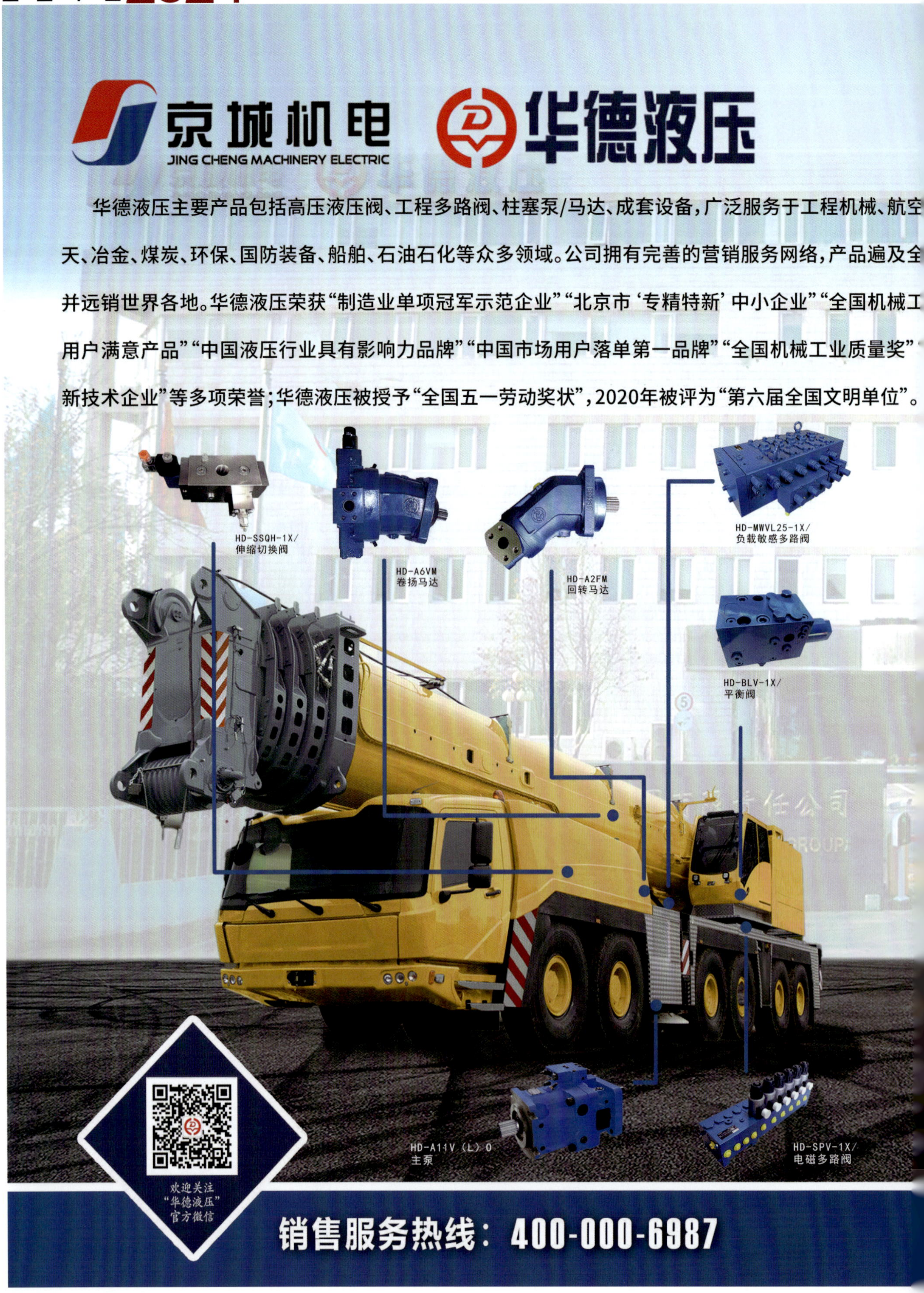
京城机电
JING CHENG MACHINERY ELECTRIC
华德液压
华德液压主要产品包括高压液压阀、工程多路阀、柱塞泵/马达、成套设备，广泛服务于工程机械、航空
天、冶金、煤炭、环保、国防装备、船舶、石油石化等众多领域。公司拥有完善的营销服务网络，产品遍及全
并远销世界各地。华德液压荣获“制造业单项冠军示范企业”“北京市‘专精特新’中小企业”“全国机械工
用户满意产品”“中国液压行业具有影响力品牌”“中国市场用户落单第一品牌”“全国机械工业质量奖”
新技术企业”等多项荣誉；华德液压被授予“全国五一劳动奖状”，2020年被评为“第六届全国文明单位”。
HD-SSQH-1X/
伸缩切换阀
HD-A6VM
卷扬马达
HD-A2FM
回转马达
HD-MWVL25-1X/
负载敏感多路阀
HD-BLV-1X/
平衡阀
HD-A11V (L) O
主泵
HD-SPV-1X/
电磁多路阀
欢迎关注
“华德液压”
官方微信
销售服务热线：400-000-6987

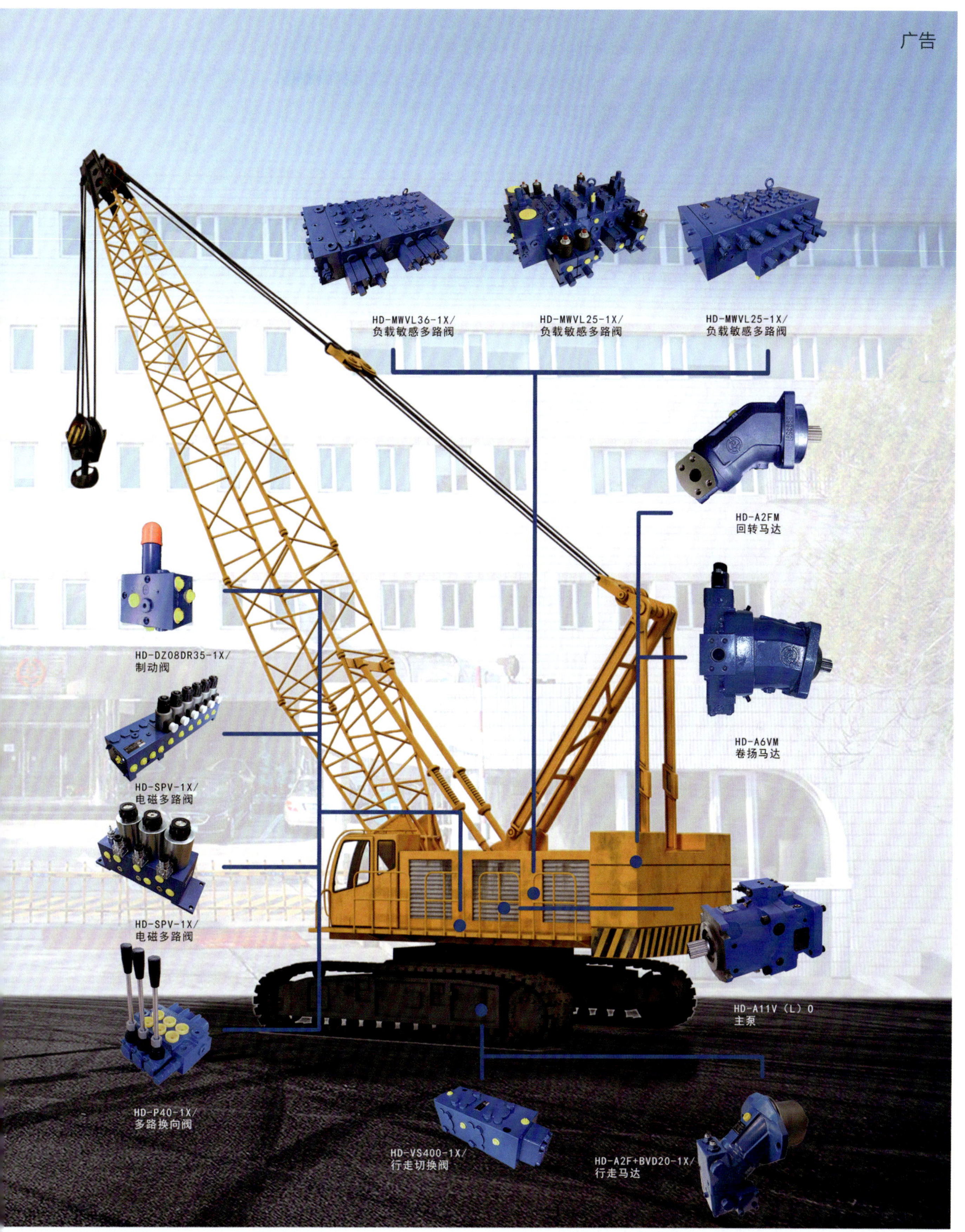

http://www.huade-hyd.com.cn

公司介绍

广西玉柴机器股份有限公司始建于1951年，是中国大型的独立内燃机系统制造商。公司总资产256亿元，发动机年生产力达75万台。2020年，在全球新冠疫情严峻的形势下，公司实现销售收入300亿元，发动机海外市场保有量突破50万台。

公司拥有玉林、南宁、欧洲三个研发基地，与40多家国内外科研机构合作建立联合开发中心，打造了国际前沿的科研基地。

公司搭建了行业内产品链丰富、完整、适配性强的产品谱系，涵盖十四大平台的49个系列、2000多个品种，功率覆盖15～4200kW。产品包括柴油机、燃气机、燃料电池、混合动力系统、纯电动系统，广泛应用于载货汽车、客车、工程机械、农业装备、船舶及发电设备等领域，远销180多个国家和地区。

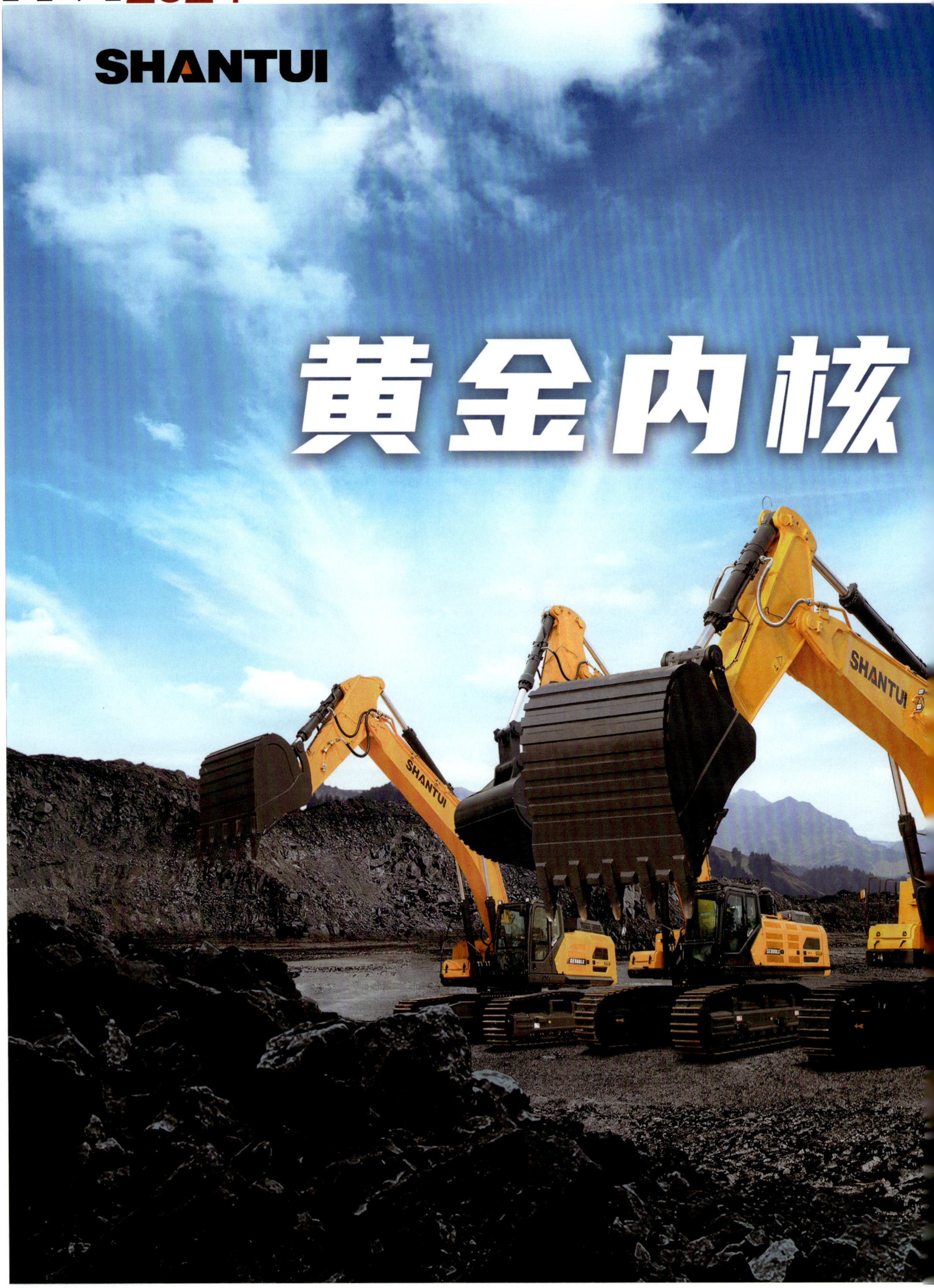
SHANTUI
黄金内核
SHANTUI
SHANTUI

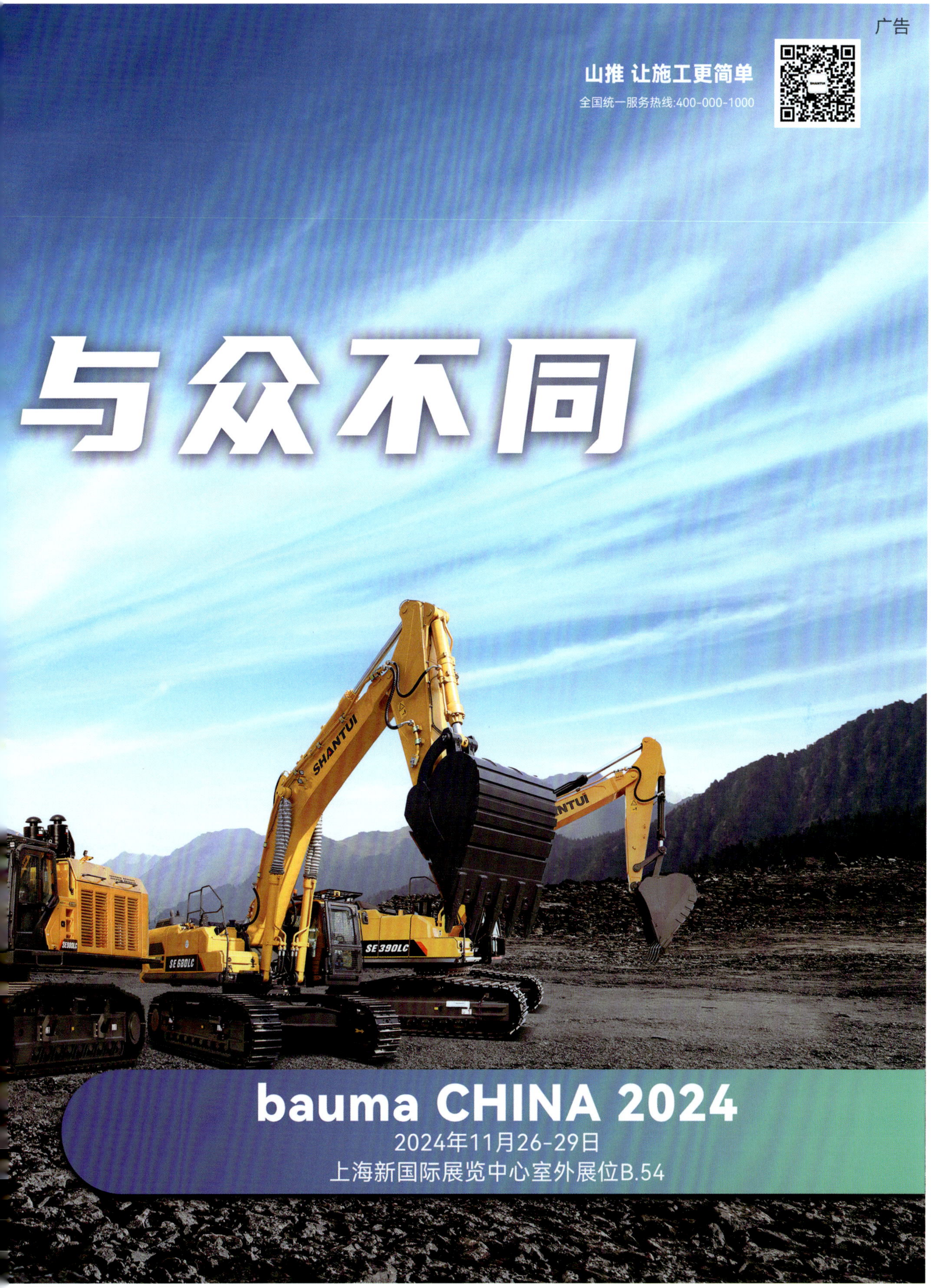
广告
山推 让施工更简单
全国统一服务热线:400-000-1000
与众不同
SHANTUI
SE390LC
SE680LC
bauma CHINA 2024
2024年11月26-29日
上海新国际展览中心室外展位B.54

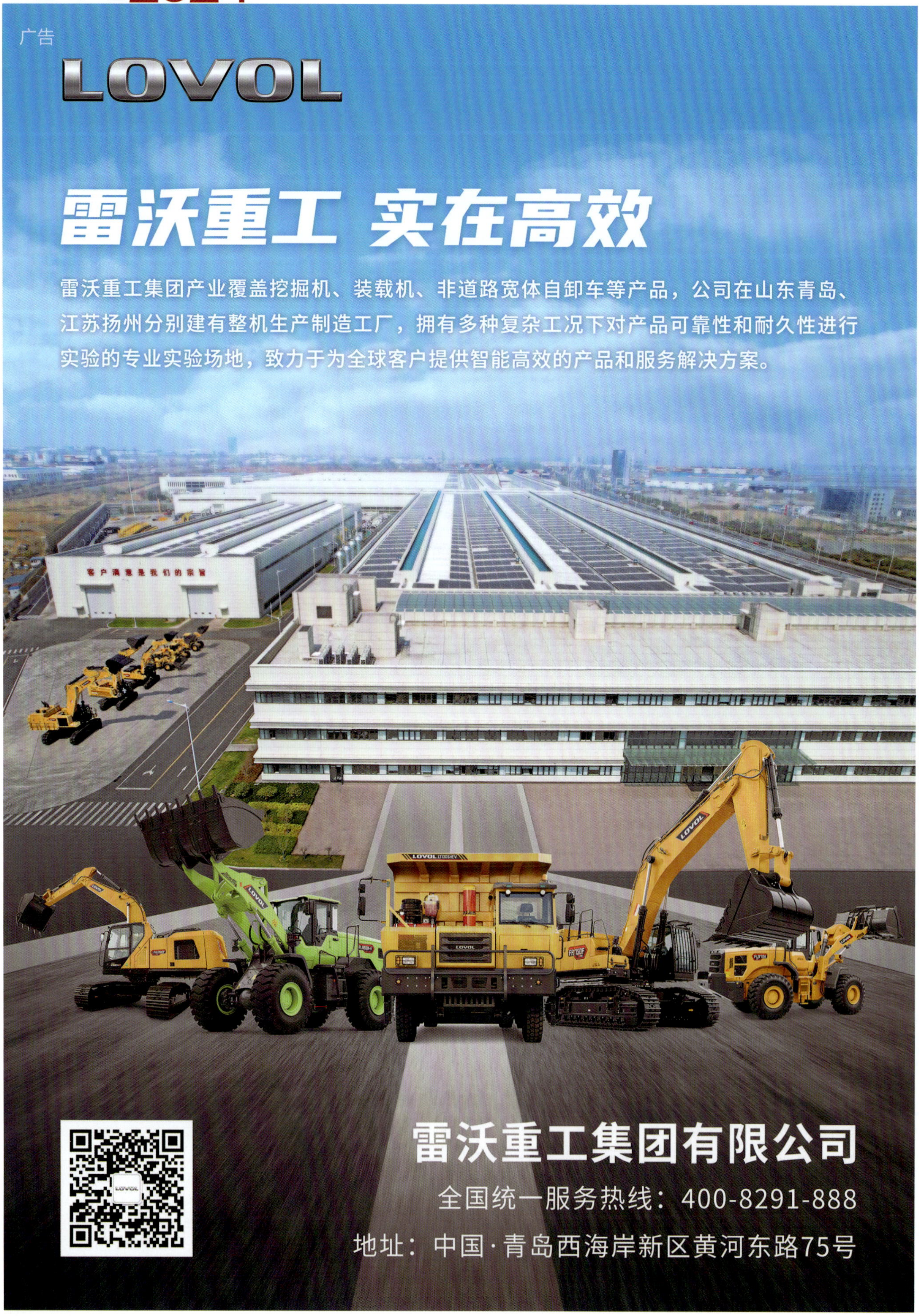
广告
LOVOL
雷沃重工 实在高效
雷沃重工集团产业覆盖挖掘机、装载机、非道路宽体自卸车等产品，公司在山东青岛、江苏扬州分别建有整机生产制造工厂，拥有多种复杂工况下对产品可靠性和耐久性进行实验的专业实验场地，致力于为全球客户提供智能高效的产品和服务解决方案。
客户满意是我们的宗旨
雷沃重工集团有限公司
全国统一服务热线：400-8291-888
地址：中国·青岛西海岸新区黄河东路75号

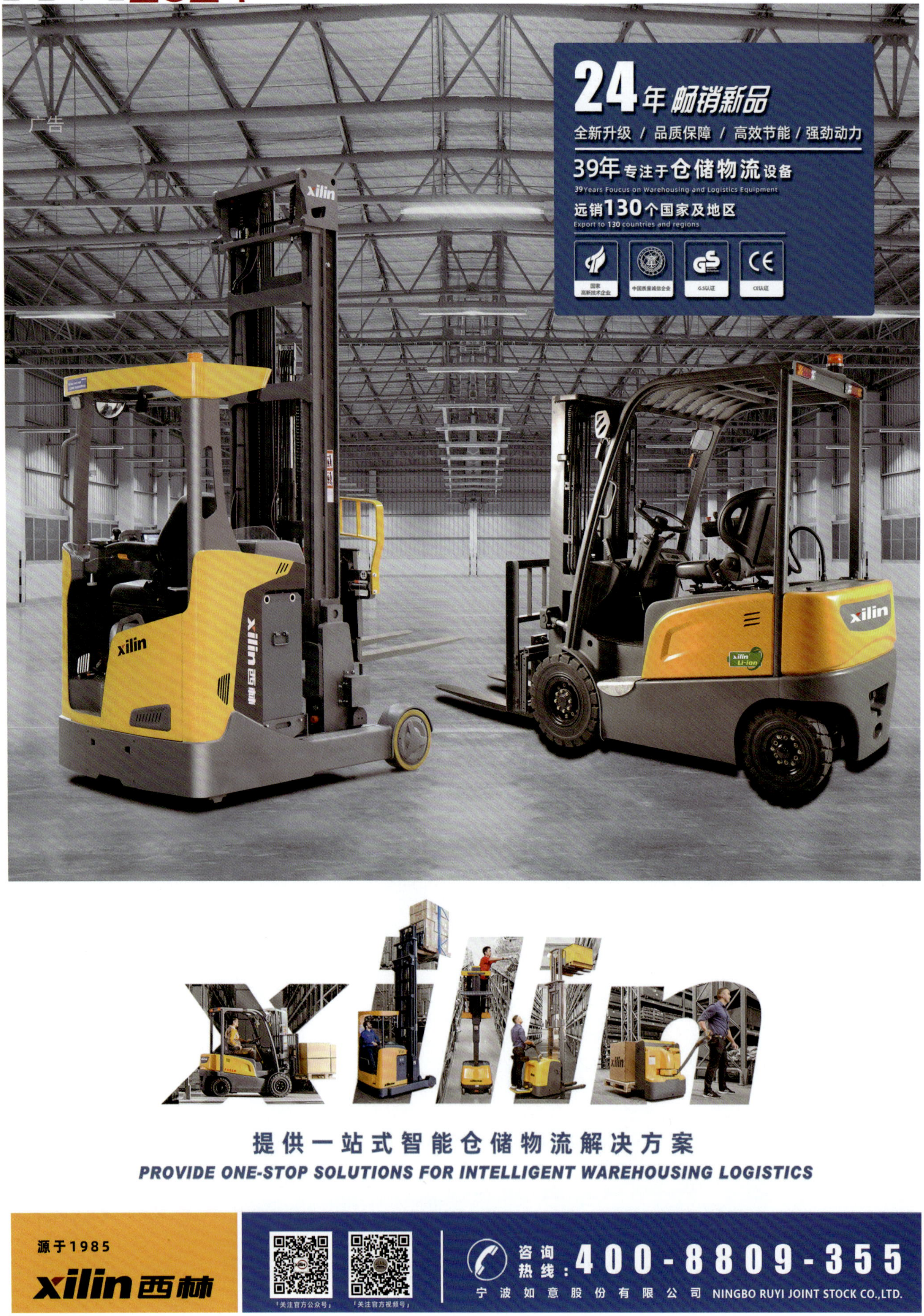
广告
24年畅销新品
全新升级 / 品质保障 / 高效节能 / 强劲动力
39年专注于仓储物流设备
39Years Foucus on Warehousing and Logistics Equipment
远销130个国家及地区
Export to 130 countries and regions
国家高新技术企业
中国质量诚信企业
G.S认证
CE认证
xilin
提供一站式智能仓储物流解决方案
PROVIDE ONE-STOP SOLUTIONS FOR INTELLIGENT WAREHOUSING LOGISTICS
源于1985
xilin 西林
「关注官方公众号」
「关注官方视频号」
咨询热线：400-8809-355
宁波如意股份有限公司 NINGBO RUYI JOINT STOCK CO.,LTD.

广告

浙江新柴股份有限公司
ZHEJIANG XINCHAI CO.,LTD.

股票代码：301032

企业简介
COMPANY PROFILE

浙江新柴股份有限公司是一家主营柴油发动机及相关零部件研发、生产与销售的上市公司。客户的认同和优秀的企业文化成就了“新柴”品牌。产品畅销全国，远销东南亚及欧美地区，为社会提供不竭的优质动力。

公司产品涵盖N、D、K、E、B、H、F七大系列，100多个机型、1300多个变型产品，形成了完整的市场配套结构，构筑起工程机械、农业机械、发电机组等市场的良好发展格局。公司坚持以客户为中心，构建“慧眼”平台，贯穿产品全生命周期，满足客户多元化的需求。

公司拥有省级企业技术研发中心和国家博士后科研工作站，构建了完善的产品研发平台，并积极与国内外著名研发机构及院校进行项目合作开发。

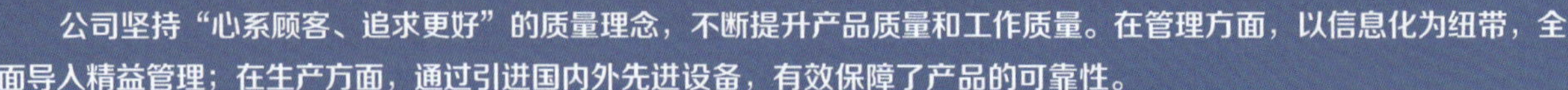

公司坚持“心系顾客、追求更好”的质量理念，不断提升产品质量和工作质量。在管理方面，以信息化为纽带，全面导入精益管理；在生产方面，通过引进国内外先进设备，有效保障了产品的可靠性。

搏潮头而立，创百年为志。公司坚持创新发展的理念，与时俱进，努力把新柴打造成为非道路小型柴油机行业国际知名品牌。

新柴推进动力，动力推进世界！

地址：浙江省新昌县大道西路888号　电话：0575-86230700　E-mail: office@xinchaipower.cn
http://www.xinchaipower.com

JIACHEN

TSG81 人脸授权控制器

不同应用场景、多种授权方式，满足各地区法规要求，让您的车辆使用无忧。

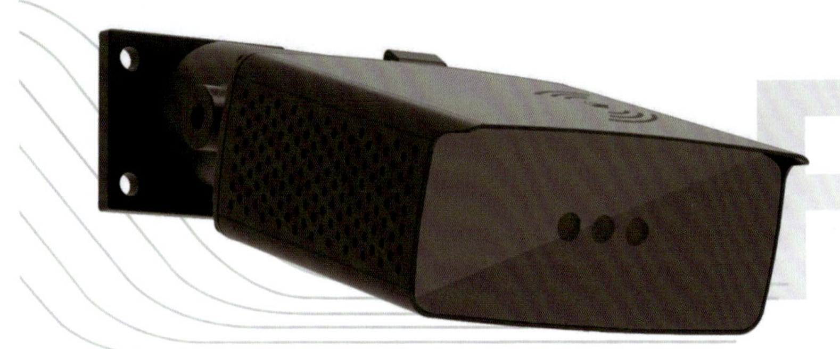

FAC

更智能

更安全

更高效

解决方案

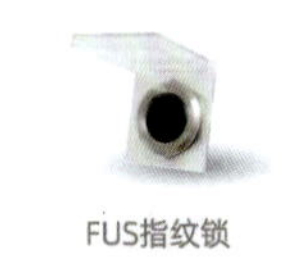

FUS指纹锁

EKS终端

刷卡仪表

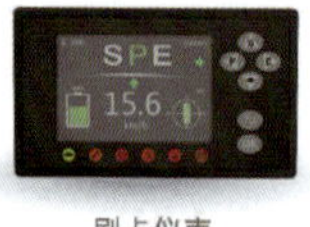

刷卡仪表

驾驶员授权管理

指纹锁　刷卡　小程序

小程序与设备配套使用

手机端即可高效完成驾驶员信息的增删改查、历史记录追溯驾驶员授权管理等各项操作。

类别	非生物识别		生物识别	
功能	EKS终端	仪表	指纹锁	FAC人脸识别控制器
可实现开机双重认证	刷卡+密码	刷卡+密码	-	人脸+刷卡
储存驾驶员信息	✓	✓	✓	✓
完成历史驾驶信息追溯	✓	✓	✓	✓
蓝牙链接：小程序、APP	✓	✓	✓	✓
与控制器通讯获取更多车辆作业信息	✓	✓	✓	✓
驾驶过程中进行驾驶员实时认证	-	-	-	✓
可选配网联功能，实现在线管理	✓	✓	✓	✓
驾驶证有效期管理	✓	✓	✓	✓

河南嘉晨智能控制股份有限公司

电　话：0086-371-56573666

邮　箱：infoajiachenin.com

地　址：河南自贸试验区郑州片区（经开）经北六路99号

官　网

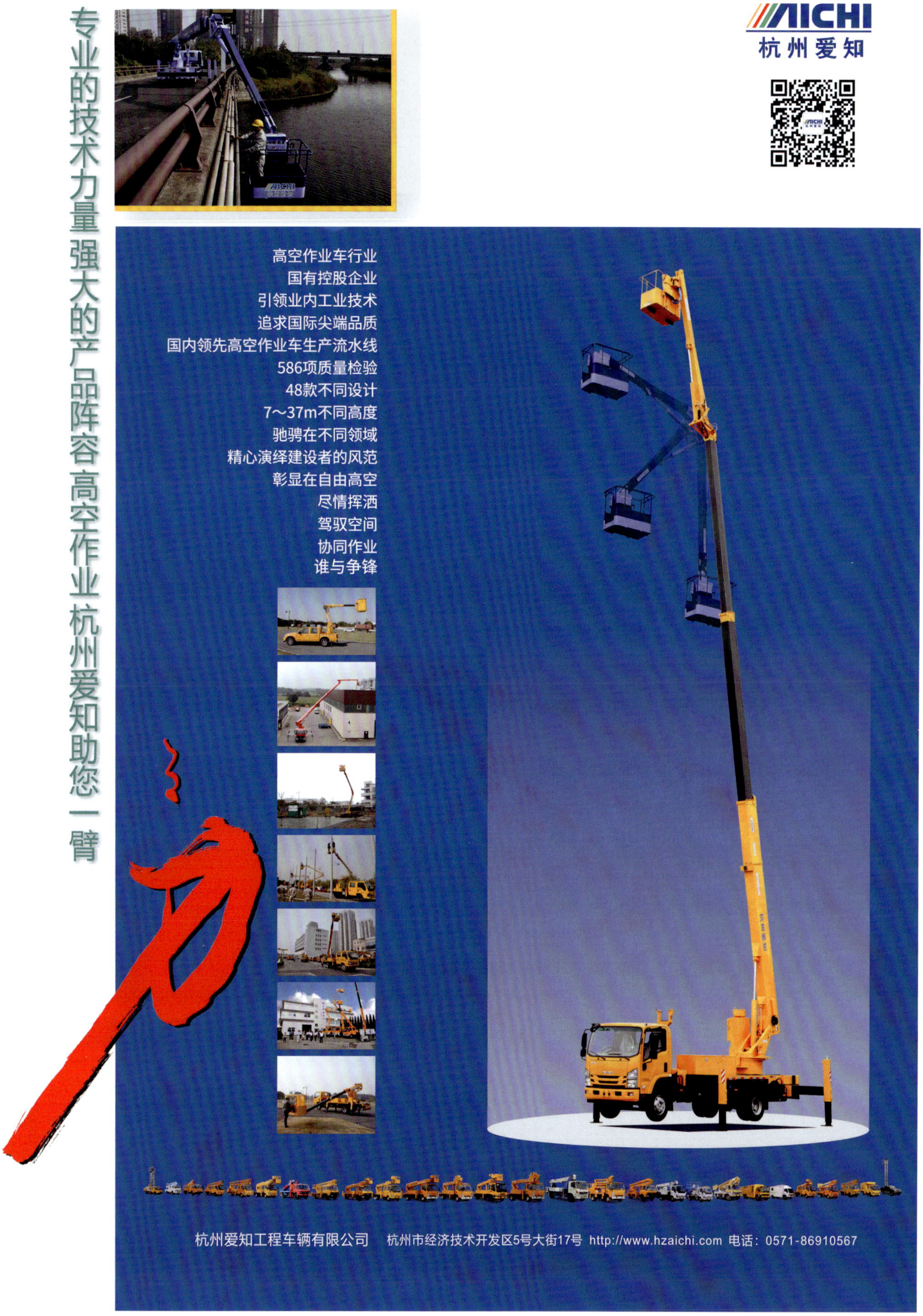

专业的技术力量强大的产品阵容高空作业杭州爱知助您一臂

高空作业车行业
国有控股企业
引领业内工业技术
追求国际尖端品质
国内领先高空作业车生产流水线
586项质量检验
48款不同设计
7～37m不同高度
驰骋在不同领域
精心演绎建设者的风范
彰显在自由高空
尽情挥洒
驾驭空间
协同作业
谁与争锋

力

杭州爱知工程车辆有限公司　杭州市经济技术开发区5号大街17号 http://www.hzaichi.com 电话：0571-86910567

2026年
我们再相聚！

目　录

综　述　篇

2023 年工程机械行业发展综述 ………………… 3

2023 年中国工程机械主要设备保有量 ………… 7

2023 年工程机械质量检验情况 ………………… 10

2023 年工程机械行业“机械工业科学技术奖”获奖情况介绍 ………………… 18

大　事　记

2023 年中国工程机械行业大事记 ……………… 25

行　业　篇

挖掘机械 ………………… 33

铲土运输机械 ………………… 40

工程起重机 ………………… 45

工业车辆 ………………… 50

筑养路机械 ………………… 56

凿岩机械与气动工具 ………………… 63

桩工机械 ………………… 66

掘进机械 ………………… 73

市政与环卫机械 ………………… 74

装修与高空作业机械 ………………… 83

观光车及非道路低速专用车 ………………… 86

混凝土机械 ………………… 87

建筑起重机械 ………………… 89

工程建材制品机械 ………………… 90

工程机械配套件 ………………… 93

属具 ………………… 98

工程机械租赁 ………………… 100

工程机械后市场 ………………… 103

企　业　篇

2023 年工程机械行业主要企业经营规模排序（营业收入前 100 名单位）………………… 107

企业专栏 ………………… 110

市　场　篇

2023 年工程机械产品进出口贸易情况分析 …… 127

2023 年工程机械上市公司总体表现分析 ……… 134

2023 年国内塔式起重机租赁行业运行情况分析 … 145

调　研　篇

2023 年工程机械用户需求调查报告（摘要）· · · 153

统 计 资 料

2023 年工程机械行业主要企业产品产销存情况· · · 165
2023 年工程机械行业主要企业主要经济指标完成情况· 184
2023 年工程机械行业十大类主机产品产销存情况· 185
2023 年工程机械产品进出口分类统计 · · · · · · · · · · 186
2023 年工程机械进口月报 · 188
2023 年工程机械出口月报 · 196
2023 年工程机械进出口量值 · · · · · · · · · · · · · · · · · 204
2023 年工程机械进出口按国别（地区）统计情况· 206
2023 年工程机械各国家（地区）进出口额排序情况· 212

标　准　篇

2023 年工程机械行业团体标准工作开展情况暨标准化工作· 221
工程机械国家标准目录· 227

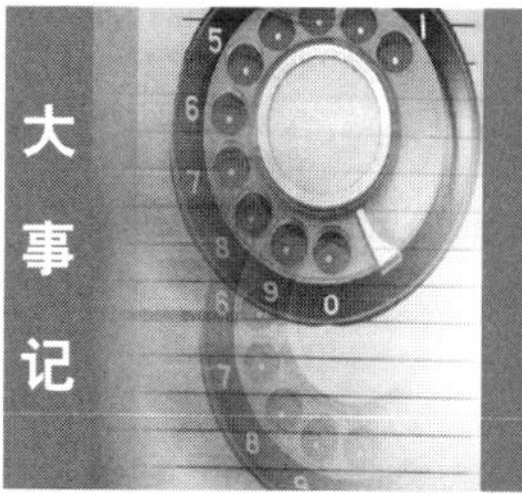

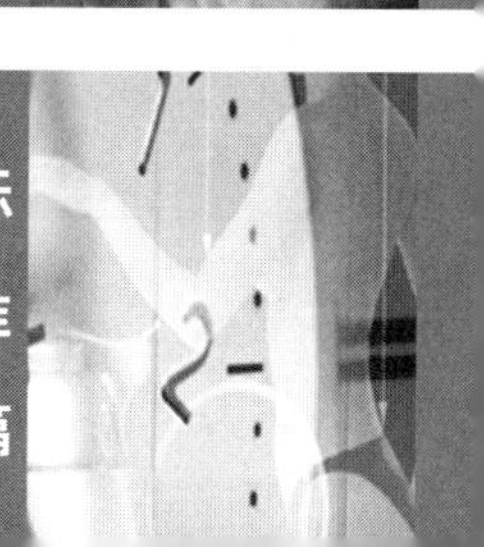

中国工程机械工业年鉴2024

综述篇

分析总结2023年工程机械行业发展情况、工程机械质量检验情况，介绍工程机械行业科研成果

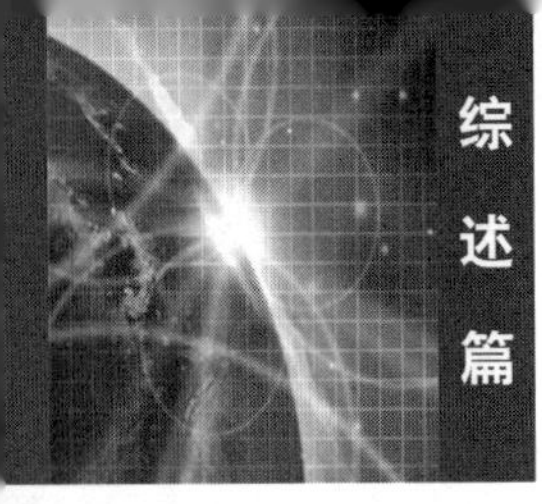

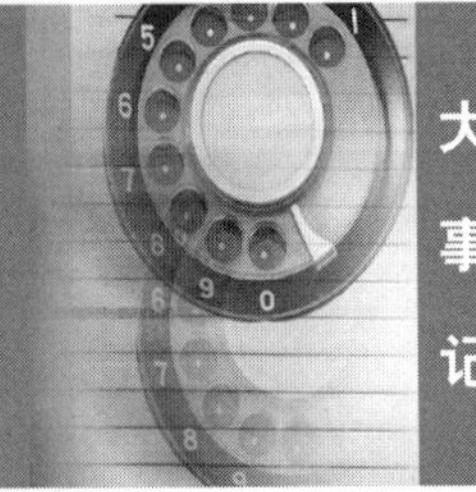

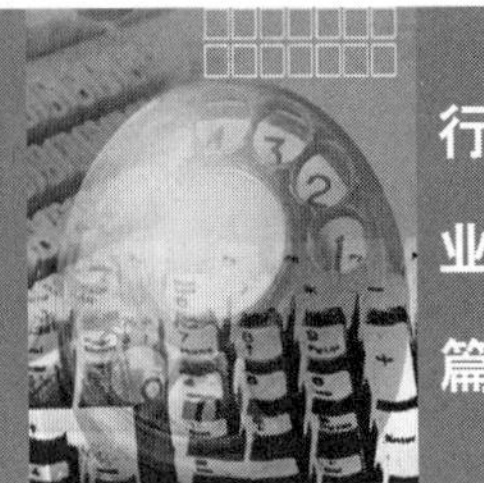

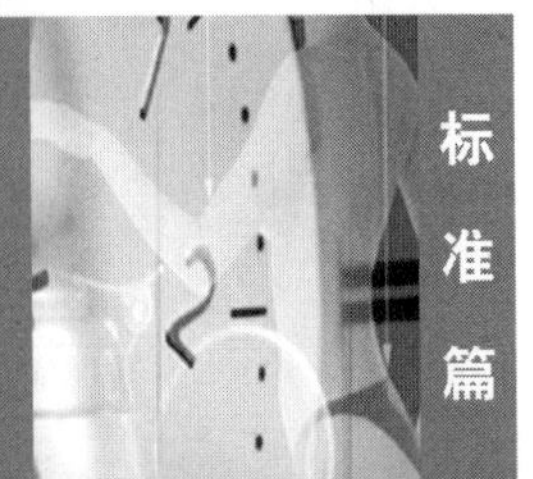

综述篇

2023 年工程机械行业发展综述

2023 年中国工程机械主要设备保有量

2023 年工程机械质量检验情况

2023 年工程机械行业“机械工业科学技术奖”获奖情况介绍

2023 年工程机械行业发展综述

2023 年是全面贯彻党的二十大精神的开局之年，工程机械行业企业全面贯彻落实党中央决策部署，坚持稳中求进，砥砺前行，抢抓机遇、开拓市场，强化巩固外贸出口快速增长的支撑作用，主要经济指标呈稳定态势，高质量发展有序推进。但当前行业仍面临市场需求持续低迷、账款回收难等问题，部分子行业仍存在下行压力。

一、工程机械行业经济运行总体呈现稳定发展态势

2023 年，工程机械经济运行外部环境更加严峻，国内市场需求下降势头延续，在多重压力下，出口继续保持增长。工程机械行业全年基本实现稳定发展，实现营业收入 8 101 亿元，比上年下降 4.58%；利润总额为 420 亿元，比上年增长 18.35%。据不完全统计，全行业完成固定资产投资 317 亿元，比上年增长 2.43%。行业呈现稳定向好的发展势头和较强的持续发展能力，高质量发展进一步深化。

1. 主要企业经济效益呈恢复性增长态势

据中国工程机械工业协会对部分工程机械企业经济指标统计，2023 年，主要企业营业收入同比下降 1.12%，营业成本同比下降 3.11%，利润总额同比增长 27.2%，发展质量稳步提高。企业经营状态保持良好，销售费用、管理费用分别同比增长 7.59%、11.8%，企业利息支出同比下降 4.22%。企业发展态势保持良好，研发费用、从业人员人数和工资总额分别同比增长 8.2%、3.86% 和 13.8%，应收账款同比下降 5.89%。但由于市场销售低迷，存货同比增长 5.71%，产成品库存增长 7.5%。2023 年工程机械行业重点联系企业经济效益指标完成情况见表 1。

表 1　2023 年工程机械行业重点联系企业经济效益指标完成情况

指标名称	单位	实际完成	同比增长（%）
营业收入	万元	48 475 789	-1.12
营业成本	万元	39 302 604	-3.11
营业税金及附加	万元	231 782	13.80
销售费用	万元	2 512 662	7.59
管理费用	万元	1 230 647	11.80
研发费用	万元	2 295 435	8.20
财务费用	万元	26 905	361.30
其中：利息支出	万元	306 736	-4.22
利润总额	万元	2 898 910	27.20
资产合计	万元	77 932 434	0.25
流动资产平均余额	万元	51 116 623	-1.93
其中：应收账款	万元	15 733 746	-5.89
存货	万元	11 908 087	5.71
其中：产成品	万元	6 362 471	7.50
应交增值税	万元	585 716	-9.40
从业人员人数	人	171 368	3.86
工资总额	万元	3 084 345	13.80

2. 主要产品销售呈分化态势，内需市场弱于国外市场

2023 年，工程机械行业主要产品销售总体呈稳定状态，12 种主要产品总销量同比增长 3%。部分产品销量下降幅度较大，其中，挖掘机销量同比下降 25.4%，摊铺机销量同比下降 17.6%，装载机销量同比下降 15.8%，塔式起重机销量同比下降 13.1%，平地机销量同比下降 8.5%，

压路机销量同比下降6.3%，汽车起重机销量同比下降6.5%。随车起重机销量同比增长38%，高空作业车销量同比增长23.4%，机动工业车辆销量同比增长12%，升降工作平台销量同比增长5.3%。

上述产品的内需市场销量同比下降0.4%，出口量同比增长9.1%，出口支撑作用明显。2023年工程机械行业主要产品销售情况见表2。

表2　2023年工程机械行业主要产品销售情况

产品名称	总销量		出口量		内销量	
	数量（台）	同比增长（%）	数量（台）	同比增长（%）	数量（台）	同比增长（%）
挖掘机	195 018	-25.4	105 038	-4.0	89 980	-40.8
装载机	103 912	-15.8	47 360	11.5	56 552	-30.1
平地机	6 606	-8.5	5 663	-6.2	943	-20.4
汽车起重机	24 258	-6.5	7 438	35.1	16 820	-17.7
履带起重机	3 208	-0.2	1 795	23.9	1 413	-20.0
随车起重机	24 108	38.0	4 772	62.4	19 336	33.1
塔式起重机	18 282	-13.1	1 905	130.4	16 377	-19.0
机动工业车辆	1 173 773	12.0	405 405	12.1	768 368	11.9
压路机	14 146	-6.3	7 724	15.5	6 422	-23.6
摊铺机	1 231	-17.6	209	56.0	1 022	-24.9
升降工作平台	206 531	5.3	76 642	7.2	129 889	4.2
高空作业车	4 139	23.4	71	65.1	4 068	22.9
合计	1 775 212	3.0	664 022	9.1	1 111 190	-0.4

此外，一些产品虽总体表现一般，但内在结构调整呈高质量发展态势，大型、高端、绿色、智能化产品占比明显增加。例如，30吨级以下挖掘机销量同比下降27.3%，30吨级及以上挖掘机销量同比下降12.8%。升降工作平台销量同比增长5.29%，其中16m以上臂式平台销量同比增长43.4%。电动叉车销量同比增长18.1%，高于机动工业车辆销量增幅6.1个百分点。电动装载机销量同比增长210%，远高于装载机销量增幅。2023年工程机械主要产品按地区统计销量见表3。

表3　2023年工程机械主要产品按地区统计销量　（单位：台）

省、自治区、直辖市	挖掘机	装载机	平地机	压路机	摊铺机	铣刨机	升降工作平台	高空作业车
北京	1 382	1 543	19	242	29	51	2 618	21
天津	311	665	20	161	10	10	2 168	93
河北	3 406	3 607	48	335	62	46	1 339	150
山西	3 719	3 819	29	242	49	17	1 559	144
内蒙古	3 745	3 808	42	238	38	22	1 221	99
辽宁	1 603	2 052	13	155	22	23	6 253	126
吉林	1 125	1 010	9	91	19	4	1 124	116
黑龙江	642	1 510	31	112	16	8	201	106
上海	1 422	539	14	100	11	12	17 618	34
江苏	6 294	2 819	135	591	112	44	11 673	300
浙江	4 147	2 208	24	283	68	64	25 256	260
安徽	4 802	1 929	42	338	48	16	5 118	248

（续）

省、自治区、直辖市	挖掘机	装载机	平地机	压路机	摊铺机	铣刨机	升降工作平台	高空作业车
福建	3 437	2 237	14	158	13	8	1 612	115
江西	3 932	1 484	13	217	43	11	1 650	180
山东	4 378	3 691	76	423	79	37	5 456	224
河南	3 588	2 308	41	264	49	24	3 487	133
湖北	3 898	1 632	19	216	40	12	3 128	182
湖南	3 117	1 014	24	190	28	4	1 762	114
广东	5 520	1 825	64	361	63	25	19 245	316
广西	3 436	1 354	20	141	20	5	1 363	98
海南	902	451	4	58	10	2	1 164	44
重庆	1 934	752	11	91	9	7	1 363	102
四川	4 995	1 945	21	263	42	35	5 202	178
贵州	2 143	1 348	13	90	7	4	939	73
云南	4 050	1 863	18	135	10	13	568	142
西藏	1 321	376	11	65	1	1	60	2
陕西	2 845	2 917	40	291	41	24	4 083	140
甘肃	2 196	1 747	16	155	30	17	902	86
青海	741	468	10	52	10	1	150	23
宁夏	820	1 227	16	105	13	13	776	46
新疆	4 129	2 404	86	259	30	15	831	173

3. 出口高位运行，国际市场需求逐步紧缩

据海关数据统计，2023 年，我国工程机械进出口贸易额为 510.63 亿美元，同比增长 8.57%。其中，进口额为 25.11 亿美元，同比下降 8.03%；出口额为 485.52 亿美元，同比增长 9.59%。贸易顺差为 460.41 亿美元，同比增加 44.68 亿美元。2013—2023 年我国工程机械各月出口情况见图 1。2013—2023 年我国工程机械各月进口情况见图 2。

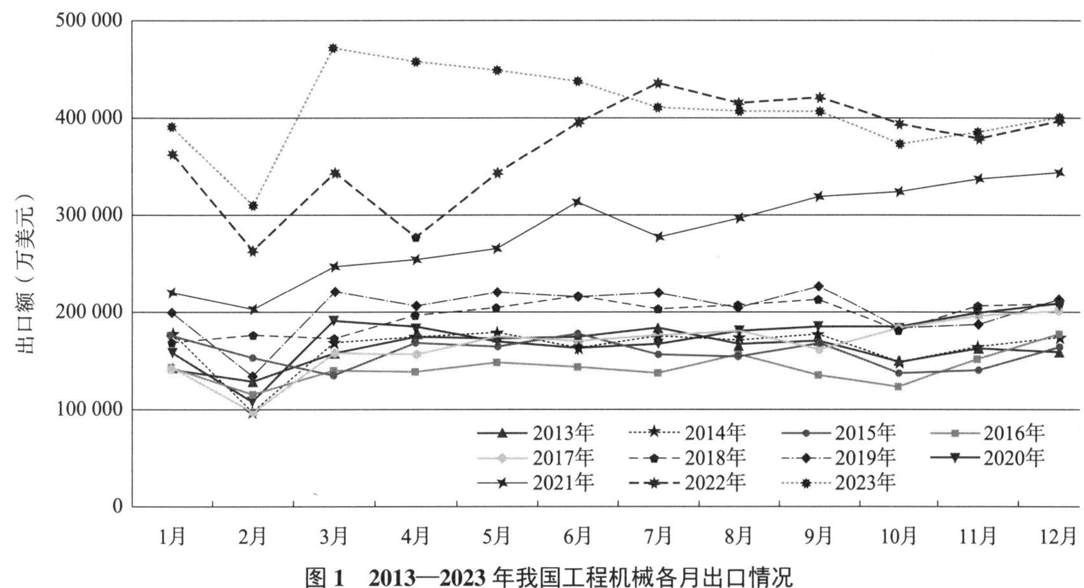

图 1　2013—2023 年我国工程机械各月出口情况

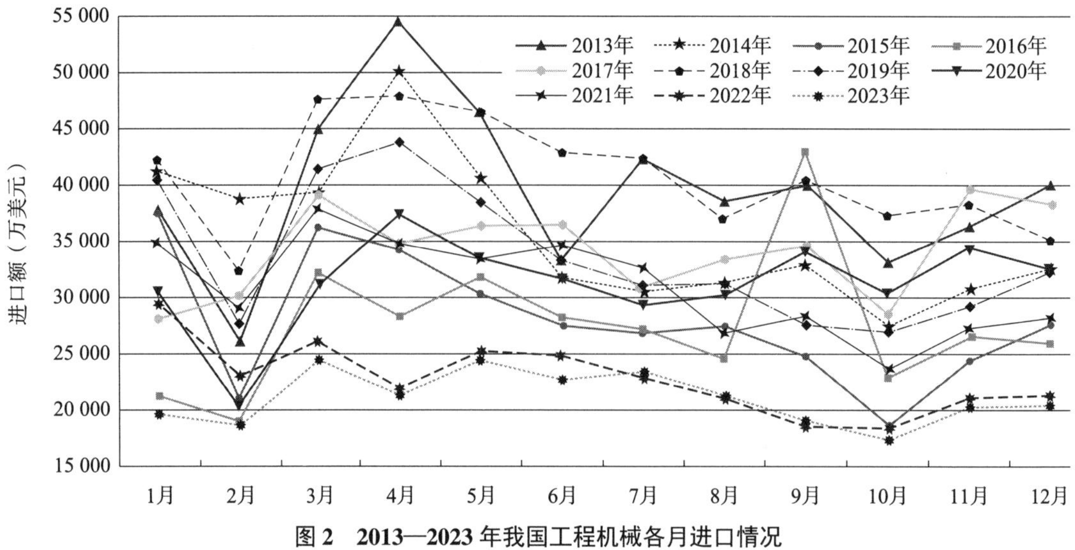

图2　2013—2023年我国工程机械各月进口情况

按照以人民币计价的出口额计算，2023年，我国工程机械出口额为3 414.05亿元，同比增长15.8%。

2023年我国工程机械出口情况按季度统计：一季度出口额为117.02亿美元，同比增长20.6%；二季度出口额为132.9亿美元，同比增长30.8%；三季度出口额为121.21亿美元，同比下降4.64%；四季度出口额为114.39亿美元，同比下降2.47%。

2023年，整机出口额为341.34亿美元，同比增长16.4%，占出口总额的70.3%；零部件出口额为144.17亿美元，同比下降3.81%，占出口总额的29.7%。整机出口增幅高于零部件出口增幅20.21个百分点。

高技术工程机械出口额继续保持较快增长。其中，其他挖掘机出口额同比增长144%，320马力（1马力≈735.5W）以上推土机出口额同比增长132.6%，摊铺机出口额同比增长114.5%，最大起重量100t以上汽车起重机出口额同比增长107.2%，其他全路面起重机出口额同比增长81.4%，最大起重量100t以上全地面起重机出口额同比增长73.3%，随车起重机出口额同比增长73.1%，塔式起重机出口额同比增长67.1%，牵引车出口额同比增长62.7%，其他工程车辆出口额同比增长62.6%，沥青搅拌设备出口额同比增长57.7%，混凝土泵出口额同比增长44.5%，履带式起重机出口额同比增长44.4%，混凝土搅拌运输车出口额同比增长43.4%，其他汽车起重机出口额同比增长36%，电动叉车出口额同比增长34.9%，非公路矿用自卸车出口额同比增长26.1%，隧道掘进机出口额同比增长16%。

各主要区域经济体中，对美国、加拿大、墨西哥自贸区出口额为60.38亿美元，同比下降0.73%，占出口总额的12.44%；对欧盟和英国出口额为62.65亿美元，同比下降2.97%，占出口总额的12.9%；对东盟出口额为71.6亿美元，同比下降10.2%，占出口总额的14.75%。以上经济体需求不振是我国工程机械产品下半年出口下滑的主要原因。

2023年，我国工程机械对“一带一路”沿线国家出口额为210.55亿美元，同比增长24.1%，占出口总额的43.4%，保持了较好的增长势头。对金砖四国出口额为99.2亿美元，同比增长35.9%，占出口总额的20.4%。其中，对巴西、南非出口分别下降4.87%和3.97%，对俄罗斯和印度出口保持较好增长态势。

在2023年的233个贸易伙伴中，贸易顺差的国家（地区）有231个，贸易逆差的国家（地区）有2个，分别为瑞士（逆差为747.8万美元）、列支敦士登（逆差为9 806美元）。

二、2023年工程机械行业取得不俗的发展成绩

1. 工程机械行业高质量发展成效显著

（1）创新发展成为核心增长动力。近两年，工程机械行业企业持续加大科研投入，加快科技创新能力建设。企业科技进步已经进入快车道，重点关键技术不断取得突破，传统产品提质升级，新技术广泛应用，企业新产品和高端产品占比显著增加，在许多领域达到或接近世界领先水平，逐步形成与我国经济发展相适应的创新发展能力。

（2）工程机械行业走上可持续发展轨道。行业企业改变了外延式增长的发展模式，在市场销售出现较大波动的情况下，企业总体经营质量和经济效益保持稳定增长。新能源工程机械得到广泛应用，电动、氢燃料动力、混合动力工程机械均实现场景应用，低碳发展策略在众多领域获得广泛实践和发展成效。数字化技术在多领域、多层面助力企业数字化转型和能力水平全面提升。

（3）产业结构持续优化。中高端工程机械呈结构性增长，高端工程机械产出能力显著增强，智能化工程机械获得实际应用，国民经济建设急需的重大、新型工程机械研发、制造能力提升，有力支撑了国家重大工程建设。大中小微企业协同发展，外资企业、民营企业、国有企业发挥各自优势，实现相互借鉴、优势互补、共同发展。产业聚集区发展优势得到进一步发挥，产业集群能力得到进一步增强。

（4）国际化稳步推进。工程机械行业海外业务持续发展，海外业务布局不断优化，北美、西欧市场辐射能力增强，传统市场继续保持增长。工程机械出口连续实现高速增长，高技术工程机械出口增长加快。海外投资进一步优化，海外营销服务体系进一步完善。

2. 基础关键技术重点发展项目实现多点突破

工程机械动力系统、传动系统、操作控制系统、液压系统、电气系统、执行机构等一批基础关键技术取得了一批科研成果并得到推广应用，为工程机械整机提质升级发挥了支撑作用。

3. 产业基础高级化和产业链现代化上新台阶

行业重点企业摆脱了低端重复生产和低水平竞争局面，实现了中高端竞争发展格局。关键核心零部件逐步破解“卡脖子”难题，基础共性技术研发不断取得新成果，新材料应用支撑了产品的轻量化，智能制造实现了普遍应用和更高程度的智能制造技术应用，标准化方面实现了国家标准、行业标准和团体标准的协同发展，并从制造厂延伸至工程施工和后市场。搭建数字化产业链，产业链逐步实现技术、研发、生产、储运的高效协同，产业链现代化稳步推进。

4. 电动工程机械加快发展

随着电动工程机械电池、电器及控制系统和技术的发展，电动工程机械需求场景不断出现，电动工程机械投入使用的数量快速增长，相关技术及配套设施得到快速完善。电动装载机、电动叉车、电动升降工作平台产销占比大幅度上升，满足了特殊施工环境下的施工作业要求。

5. 重大技术装备和高端装备实现新的突破

针对核电、风电、化工、桥梁、隧道、矿山等大型建设项目的实际需求，行业内已成功研发出超大型履带起重机、超大直径盾构机、超大型塔式起重机等产品。这些产品用于施工作业中，取得了较好的效果。

6. 关键核心零部件总体实现自主可控

在主机企业的引领下，在零部件企业的积极参与下，行业企业持续加大关键核心零部件的协同攻关、测试、工业性考核，取得了较大的进展。一批关键零部件实现了替代进口产品，自主可控能力进一步提升。

7. 出口实现大幅度增长，贸易出口实现了高质量发展

经过多年创新发展的积累，我国工程机械行业能力水平得到较大幅度提升。在国际市场需求增长的情况下，我国工程机械产品出口实现连续大幅度增长。出口产品的国际市场占有率显著提升，尤其是高技术工程机械出口实现快速增长。

三、2024 年工程机械总体发展水平好于 2023 年

2024 年是中华人民共和国成立 75 周年，是实现“十四五”规划目标任务的关键一年。中央经济工作会议明确了 2024 年经济工作的总体要求和政策取向，系统部署了 9 个方面的重点任务，强调要坚持稳中求进、以进促稳、先立后破，各项推动经济稳定增长的政策措施将陆续出台。2024 年，我国发展面临的有利条件强于不利因素，经济回升向好、长期向好的基本趋势没有改变。国际经济环境有改善趋势，我国经济韧性强、潜力大、长期向好的基本特点没有变。工程机械行业服务于国民经济建设，是国家稳增长宏观经济政策的主要受益者，必将在国家稳增长经济政策的带动下实现质的有效提升和量的合理增长。2024 年，在国际市场需求保持较高水平的影响下，工程机械出口将呈高位稳定运行态势，工程机械行业企业的经济效益继续呈恢复态势。

〔撰稿人：中国工程机械工业协会吕莹〕

2023 年中国工程机械主要设备保有量

截至 2023 年年底，中国工程机械主要产品保有量为 862 万～934 万台，比上年增长 0.75%。其中，液压挖掘机保有量为 191 万～206.9 万台，73.5kW（100 马力）以上推土机保有量为 3.76 万～4.07 万台，装载机保有量为 86.6 万～93.8 万台，平地机保有量为 1.46 万～1.58 万台，摊铺机保有量为 1.7 万～1.84 万台，压路机保有量为 14.3 万～15.5 万台，轮式起重机保有量为 28.7 万～31.1 万台，塔式起重机保有量为 30.6 万～33.1 万台，叉车保有量为 432.2 万～468.2 万台，混凝土搅拌输送车保有量为 56.2 万～60.8 万台，混凝土泵车保有量为 6.29 万～6.82 万台，混凝土泵保有量为 3.06 万～3.32 万台，混凝土搅拌站保有量为 6.58 万～7.13 万台。

2014—2023 年国内工程机械主要产品销量见表 1。2014—2023 年工程机械主要产品进出口量见表 2。2014—2023 年国内市场工程机械主要产品实际需求量见表 3。2014—2023 年国内产品销售额与固定资产投资额比例关系见表 4。2014—2023 年我国工程机械进出口贸易额见表 5。

表 1　2014—2023 年国内工程机械主要产品销量

年份		2014	2015	2016	2017	2018	2019	2020	2021	2022	2023
挖掘机	销量（台）	103 227	60 514	73 390	144 867	211 214	243 457	327 605	342 784	261 346	195 018
	同比增长(%)	-18.3	-41.4	21.3	97.4	45.8	15.3	34.6	4.6	-23.8	-25.4
装载机	销量（台）	156 272	73 581	75 445	99 063	133 466	130 625	131 176	140 509	123 355	103 912
	同比增长(%)	-17.1	-52.9	2.5	31.3	34.7	-2.1	0.4	7.1	-12.2	-15.8
平地机	销量（台）	3 662	2 620	3 184	4 522	5 261	4 348	4 483	6 990	7 223	6 606
	同比增长(%)	-8.8	-28.5	21.5	42.0	16.3	-17.4	3.1	55.9	3.3	-8.5
73.5kW（100 马力）以上推土机	销量（台）	7 742	3 682	4 061	5 719	7 600	5 807	5 907	6 914	7 241	7 200
	同比增长(%)	-19.0	-52.4	10.3	40.8	32.9	-23.6	1.7	17.0	4.7	-0.6
压路机	销量（台）	14 270	10 388	11 959	17 421	18 376	16 978	19 479	19 519	15 092	14 146
	同比增长(%)	-9.3	-27.2	15.1	45.7	5.5	-7.6	14.7	0.2	-22.7	-6.3
摊铺机	销量（台）	1 737	1 804	1 971	2 390	2 319	2 773	2 610	2 377	1 494	1 231
	同比增长(%)	-15.9	3.9	9.3	21.3	-3.0	19.6	-5.9	-8.9	-37.1	-17.6
轮式起重机	销量（台）	14 096	9 327	9 568	20 434	32 278	42 959	54 176	49 136	26 450	25 253
	同比增长(%)	-21.2	-33.8	2.6	113.6	58.0	33.1	26.1	-9.3	-46.2	-4.5
塔式起重机	销量（台）	50 657	20 000	7 000	11 000	23 000	40 000	52 000	44 823	21 045	18 282
	同比增长(%)	-20.5	-60.5	-65.0	57.1	109.1	73.9	30.0	-13.8	-53.0	-13.1
叉车	销量（台）	359 622	327 626	370 067	496 738	597 252	608 341	800 239	1 099 382	1 047 967	1 173 773
	同比增长(%)	9.4	-8.9	13.0	34.2	20.2	1.9	31.5	37.4	-4.7	12.0
混凝土泵	销量（台）	5 040	3 628	3 817	5 100	5 412	7 035	7 687	5 486	1 102	574
	同比增长(%)	-27.9	-28.0	5.2	33.6	6.1	30.0	9.3	-28.6	-79.9	-47.9
混凝土搅拌站	销量（台）	5 170	3 715	5 873	6 873	6 987	8 353	6 674	6 238	3 777	4 355
	同比增长(%)	-33.2	-28.1	58.1	17.0	1.7	19.6	29.5	-6.5	-39.5	15.3
混凝土搅拌车	销量（台）	44 329	32 067	24 442	35 656	62 193	74 641	105 243	98 689	23 390	27 538
	同比增长(%)	-3.2	-27.7	-23.8	45.9	74.4	20.0	41.0	-6.2	-76.3	17.7
混凝土泵车	销量（台）	5 700	4 012	2 811	3 532	4 795	7 179	11 917	11 000	3 350	4 410
	同比增长(%)	-28.4	-29.6	-29.9	25.6	35.8	49.7	66.0	-7.7	-69.5	31.6

表 2　2014—2023 年工程机械主要产品进出口量　　（单位：台）

年份	进出口	挖掘机	装载机	筑路机及平地机	73.5kW（100 马力）以上推土机	压路机	摊铺机	叉车	轮式起重机	塔式起重机	混凝土泵	混凝土搅拌车	混凝土泵车
2014	进口	11 051	526	23	159	391	370	8 801	1	15	1 117	1	2
	出口	11 474	40 640	4 119	3 910	4 979	803	131 727	5 239	3 928	2 551	5 673	567
2015	进口	10 132	471	5	91	516	317	9 238	4	37	222	2	1
	出口	13 400	30 559	3 009	1 948	3 671	541	133 286	3 391	3 308	2 232	6 483	677
2016	进口	13 511	419	9	59	402	515	9 102	4	23	417		
	出口	13 902	28 468	3 117	1 627	1 760	730	166 789	2 449	2 565	1 779	6 297	644
2017	进口	18 780	1019	6	65	612	710	12 463	3	31	547		
	出口	19 170	41 020	2 495	2 772	2 278	1 568	223 060	2 879	2 407	2 000	8 183	729

（续）

年份	进出口	挖掘机	装载机	筑路机及平地机	73.5kW（100马力）以上推土机	压路机	摊铺机	叉车	轮式起重机	塔式起重机	混凝土泵	混凝土搅拌车	混凝土泵车
2018	进口	20 904	917	5	82	613	656	14 598	3	27	488	1	
	出口	27 584	47 591	4 386	2 953	3 202	2 021	285 691	2 844	2 259	3 001	6 459	482
2019	进口	15 656	943	9	79	345	268	11 812	3	26	231		225
	出口	38 470	49 692	3 659	2 534	2 948	2 436	305 702	2 967	9 558	4 673	7 721	600
2020	进口	12 236	589	21	93	218	241	12 342		8	301		
	出口	48 614	51 881	3 672	2 300	3 163	1 535	339 977	2 511	1 372	4 714	5 041	446
2021	进口	5 977	812	10	140	361	309	13 597	1	3	222		
	出口	68 427	72 645	5 550	3 969	5 323	1 767	591 687	3 887	1 551	4 534	7 275	896
2022	进口	2 010	508	9	68	136	125	10 329	1	2	149		
	出口	139 457	42 461	6 039	4 488	6 687	134	501 541	6 843	1 868	4 816	9 544	1 308
2023	进口	3 331	173	6	90	35	99	8 571			222		
	出口	105 038	47 360	5 663	5 000	7 724	209	711 071	11 207	4 278	7 354	13 548	1 468

表3　2014—2023年国内市场工程机械主要产品实际需求量　（单位：台）

年份	挖掘机	73.5kW（100马力）以上推土机	装载机	摊铺机	叉车	压路机	轮式起重机	塔式起重机	混凝土搅拌车	混凝土泵	混凝土泵车
2014	102 804	3 991	116 158	1 304	236 696	9 682	8 858	46 744	38 657	3 606	5 135
2015	57 246	1 825	43 493	1 580	203 578	7 233	5 940	16 729	28 591	2 820	4 012
2016	72 999	2 493	47 396	1 756	212 380	10 601	7 123	4 458	24 442	3 817	2 811
2017	144 477	3 012	59 062	1 532	286 141	15 755	17 558	8 624	34 203	3 647	2 803
2018	204 534	4 729	86 792	1 554	326 159	15 787	29 437	20 768	55 735	2 899	4 313
2019	220 643	3 352	81 876	1 605	314 451	14 375	39 995	30 468	66 920	2 593	6 804
2020	291 227	3 700	79 884	1 316	472 604	16 534	51 665	50 636	100 202	3 274	11 471
2021	280 334	3 085	68 676	919	521 292	14 557	45 250	43 275	91 414	1 174	10 104
2022	123 899	2 821	81 402	1 485	556 755	8 541	19 608	19 179	13 846	1 102	2 042
2023	93 311	2 290	56 725	949	471 273	6 457	1 121	14 046	14 004	13 990	574
合计	1 591 474	31 298	721 464	14 000	3 601 329	119 522	226 555	254 927	468 014	38 922	50 069

表4　2014—2023年国内产品销售额与固定资产投资额比例关系

年份	营业收入（亿元）	同比增长（%）	国内实际使用工程机械金额（亿元）	同比增长（%）	全社会固定资产投资额（亿元）	工程机械使用金额占全社会固定资产投资额比例（%）
2014	5 175	-8.6	4 247	-12.2	512 761	0.83
2015	4 570	-11.7	3 603	-15.2	562 000	0.64
2016	4 795	4.9	3 895	8.1	596 501	0.65
2017	5 403	12.7	4 319	10.9	631 684	0.68
2018	5 964	10.4	4 732	9.6	635 636	0.74
2019	6 681	12.0	5 286	11.7	560 874	0.94
2020	7 751	16.0	6 558	24.1	518 907	1.26

（续）

年份	营业收入（亿元）	同比增长（%）	国内实际使用工程机械金额（亿元）	同比增长（%）	全社会固定资产投资额（亿元）	工程机械使用金额占全社会固定资产投资额比例（%）
2021	9 065	17.0	7 117	8.5	544 547	1.31
2022	8 490	-6.3	5 716	-19.7	579 556	0.99
2023	8 101	-4.6	4 864	-14.9	509 708	0.95

表5　2014—2023年我国工程机械进出口贸易额

年份	进口		出口		进出口比（进口 / 出口）
	金额（亿美元）	同比增长（%）	金额（亿美元）	同比增长（%）	
2014	42.85	-9.5	197.91	1.3	0.217 ∶ 1
2015	33.67	-21.4	189.78	-4.1	0.177 ∶ 1
2016	33.17	-1.5	169.60	-10.6	0.196 ∶ 1
2017	40.86	23.2	201.05	18.5	0.203 ∶ 1
2018	48.99	19.9	235.82	17.3	0.208 ∶ 1
2019	40.36	-17.6	242.76	2.9	0.166 ∶ 1
2020	37.53	-7.1	209.64	-13.6	0.179 ∶ 1
2021	37.19	-1.1	340.26	62.3	0.109 ∶ 1
2022	27.31	-26.6	443.02	30.2	0.062 ∶ 1
2023	25.11	-8.0	485.52	9.6	0.052 ∶ 1

说明：

（1）统计的年份。工程机械平均使用期一般为10年。虽有些大型设备使用年限超过10年，设备状况仍属正常，但考虑到大部分设备的使用状况和环保排放的要求，在统计中仍以10年为准。

（2）国内实际需求量的统计方法：境内企业当年销售量 + 同类产品当年进口量 - 同类产品当年出口量 = 当年国内市场实际需求量。

（3）将2014—2023年的当年国内实际需求量相加后，拟再增加20%即为全国保有量。因为在统计中有统计数据的不完整、未进入海关统计范围的进口量、使用年限超过10年等因素，所以拟增加20%～30%为宜。

（4）自2005年以后，主要设备保有量取消了电梯与扶梯，主要原因是可与世界各国统计的范围相一致，更具有可比性。

（5）海关在2013年对混凝土泵车分列税号，而混凝土搅拌站至今没有单列税号，只能以国内销量进行估算。海关统计的筑路机与平地机在同一税号中，故无法准确统计平地机的实际进出口量，其保有量为估算值。每年约有数万台小型、简易的塔式起重机产品未统计在内。

（6）以上表格中统计的混凝土泵包含拖泵及车载泵等。

（7）工程机械保有量的调查统计和测算基于中国工程机械工业协会老领导、行业老专家的经验与各方面的数据积累，协会各有关分支机构和企业也积极配合，在此一并致谢。

（8）以上调查统计测算因现有条件所限和数据口径变化等原因，不能保证其绝对准确，仅供参考。

〔撰稿人：中国工程机械工业协会吕莹〕

2023年工程机械质量检验情况

国家工程机械质量检验检测中心（简称质检中心）在多年的试验、检验数据的基础上，开展了典型工程机械产品失效统计和分析工作。本文选取挖掘机、装载机、工程起重机、非公路自卸车、叉车、推土机、压路机、观光车等典型产品，针对其可靠性试验中发生的失效，按照平均失效间隔时间、失效类别、失效模式、失效所属系统等进行统计，给出分析建议，希望对行业产品的可靠性提高有所帮助。

一、典型工程机械产品质量状况分析

（一）挖掘机产品质量状况分析

1. 挖掘机行业发展情况

随着非道路移动机械国四排放标准的实施，挖掘机行业步入环保、高效的全新阶段。以电力驱动的挖掘机凭借低噪声、低排放等优势，在大型矿山、城市等施工领域的市场占有率正在逐步扩大，产品水平持续提升。

国内挖掘机行业主要采取零部件供应商配套生产的模式，然而零部件产品的质量良莠不齐，制造工艺与水平各异，这对挖掘机产品质量造成了一定的影响。

总体而言，挖掘机行业整体技术水平取得了一定的进步，超大型、低噪声等产品的发展取得新的突破。不过，与国际高端挖掘机相比，产品的零部件水平与工艺的一致性、整机的耐久性等仍有待进一步提升。

2. 挖掘机可靠性试验数据统计与分析

质检中心选取 157 台 6t 以上挖掘机、35 台 6t 以下挖掘机为样本，按照失效类别、失效模式、失效所属系统，对失效发生时间、发生部位和发生次数进行统计与分析。6t 以上挖掘机平均失效间隔时间约为 964h，6t 以下挖掘机平均失效间隔时间约为 982h。

按失效类别统计：轻微失效为 86 次，占总失效次数的 88.7%；一般失效为 11 次，占总失效次数的 11.3%。未发生严重失效和致命失效。

按失效模式统计：松脱性失效比例为 35.7%，泄漏性失效比例为 26.8%，损伤性失效比例为 18.7%，断裂性失效比例为 9.7%，其他失效比例为 9.1%。通过数据分析可见，在挖掘机各模式的失效率中，松脱性、泄漏性失效模式的失效次数较高。主要表现为由于整机工作时的振动而致使连接件脱开、液压接口与管件脱开，进而出现关键位置螺栓等紧固件松动脱落、液压接口疲劳变形以及松脱等情况。

按失效所属系统统计：液压系统失效比例为 32.6%，电气系统失效比例为 29.4%，行走系统、回转系统失效比例为 18.4%，动力系统失效比例为 13.9%，传动系统、制动系统失效比例为 5.7%。通过数据分析可见，挖掘机各系统的失效率中，液压系统与电气系统的失效率较高。液压系统失效原因较为复杂，主要表现为液压油泄漏以及系统压力不足，油阀与密封部件失效进而导致起臂动力微弱等。

3. 提高挖掘机产品质量的建议

（1）完善产品评价体系。挖掘机产品应构建全方位的产品评价体系。要结合检验、检测数据分析结果，从噪声、排放、能效等多个维度评价整机产品。结合整机性能与可靠性数据结果，考察产品设计、工艺、试验等全阶段质量管理流程，推动质量管理体系的完善，进而提升挖掘机产品质量。

（2）产品向智能化、高端化方向发展。智能化是指从智能化采集到智能化作业，到机群智能化，再到智慧矿山、智慧施工，通过数字驱动、数字赋能，实现强化人机协同能力、简单任务“零”失误、复杂任务更高效、人机安全更可靠、产品能耗高性价比的目的。在产品制造工艺、零部件制造方面也应推行智能化技术，规范制造流程，提升产品一致性；挖掘机生产企业要持续推进产品高端化，研发环境适用性强以及安全性能高的挖掘机产品。

（3）定向推进关键区域产品的发展。建议深入开展研发制造工作，实现大型矿山作业“大而巧”、城市建设“小而精”。“大而巧”侧重于适应大型矿山作业，以高效率、低油耗的挖掘机为主，不断提升其恶劣环境适应性、转场作业灵活性、整机可靠性与安全性等。“小而精”侧重于适应城市化施工作业，以低噪声、低排放的挖掘机为主，提高其灵动性，满足城区复杂环境下的作业需求。

（4）加强零部件供应管理。加强零部件供应管理，从工艺水平、加工精度、钢材选用等基础层面着手，建立零部件质量管理体系。针对挖掘机在实际作业过程中因振动断裂、强度不足、零部件产品缺陷等所导致的失效，对产品进行优化和改善。

（二）装载机产品质量状况分析

1. 装载机行业发展情况

（1）纯电动装载机逐渐成为装载机市场的生力军。近年来，随着纯电动技术日趋成熟且广泛应用于工程机械领域，纯电动装载机凭借其高效能、零排放、低噪声等优点，深受用户青睐。纯电动装载机无需燃油，节能效果显著；污染小，噪声低，比传统内燃动力装载机的噪声低 6～10dB。纯电动装载机失效率明显降低，成熟配套的充电设施也成为推广应用纯电动装载机的有力支撑。

（2）差异化、订单式研发生产已成为常态。随着市场需求愈发多样化和个性化，装载机的差异化、订单式研发生产成为常态。这种模式方向明确，能精准对接市场用户群体所要求的作业环境，具有广阔的发展前景。根据用户需求定制的装载机产品，主要是工作装置或附属装置的变形衍生品，部分机型车架结构有较大变化，如由普通装载机衍生出的抓草机、夹木机、叉装机和井下装载机等。

（3）智能化、无人化的装载机产品持续优化升级。智能化、无人化的装载机产品主要是针对部分特殊作业环境而研制。因产品技术含量高、制造成本高、维护成本更高，在我国要实现量化生产，需要经历相当长的一个周期。当前这类产品的研发与调试工作主要集中在 6t、7t 装载机产品上。

（4）低成本小型装载机市场持续火爆。在我国，除了主流装载机生产企业外，还有部分主要生产 3t 以下小型装载机的企业。这类企业生产的装载机除用作土方机械或工程机械外，还用于农田抓取秸秆、粮库装载粮食、乡村基建作业、小型垃圾搬运等。该小型装载机产品造价低，其作业性能指标不能完全按照土方机械装载机产品标准进行验证，但因能解决劳动力问题，深受小型作业环境市场欢迎，有很大的市场发展空间。

（5）安全性、舒适性要求仍是常态目标。当前，国内装载机产品基本性能大同小异，但整机的细节设计却相差甚远。装载机的试验验证方法标准及技术条件多侧重于产品的安全性、舒适性，对于产品的基本性能指标不做过多限定，但对于产品工作装置操作的舒适性（如操纵力、操纵装置的布置位置是否在可及范围内，通道尺寸、机器噪声、烟度排放、机器稳定性等）有指标限制。

（6）可靠性有待持续改进和不断完善。可靠性作为装载机产品的关键指标，不论何时都不容忽视。尽管装载机产品的可靠性整体已有较大幅度提升，但依然存在维护保养跟不上、小型装载机失效率偏高等问题。

2. 装载机可靠性数据统计和分析

质检中心选取 2021—2023 年的 90 台装载机为样本，对其可靠性试验结果分别进行统计。2021 年平均失效间隔时间约为 982h，2022 年平均失效间隔时间约为 1 000h，2023 年平均失效间隔时间约为 1 000h。

2021 年的 25 个样本总失效次数为 126 次。其中，一般失效为 12 次，占总失效次数的 9.5%；轻微失效为 114 次，占总失效次数的 90.5%。按失效所属系统统计：其他系统及部件失效比例为 38.2%，电气系统失效比例为 35.8%，液压系统失效比例为 11.4%，传动系统失效比例为 4.2%，制动系统失效比例为 3.9%，工作装置失效比例为 2.8%，转向系统失效比例为 2.5%，发动机失效比例为 1.2%。按失效时间统计：渐变失效为 92 次，占总失效次数的 73.0%；偶然失效为 26 次，占总失效次数的 20.6%；损耗失效为 6 次，占总失效次数的 4.8%；突发失效为 2 次，占总失效次数的 1.6%。没有发生早期失效。

2022 年的 44 个样本总失效次数为 96 次。其中，一般失效为 13 次，占总失效次数的 13.5%；轻微失效为 83 次，占总失效次数的 86.5%。按失效所属系统统计：其他系统及部件失效比例为 44.5%，电气系统失效比例为 30.3%，液压系统失效比例为 14.2%，转向系统失效比例为 2.5%，传动系统失效比例为 2.4%，发动机、制动系统失效比例均为 1.8%，行驶系统失效比例为 1.7%，工作装置失效比例为 0.8%。按失效时间统计：渐变失效为 88 次，占总失效次数的 91.7%；偶然失效为 8 次，占总失效次数的 8.3%。没有发生早期失效、损耗失效和突发失效。

2023 年的 21 个样本总失效次数为 95 次。其中，一般失效为 9 次，占总失效次数的 9.5%；轻微失效为 86 次，占总失效次数的 90.5%。按失效所属系统统计：其他系统及部件失效比例为 39.2%，电气系统失效比例为 30.6%，液压系统失效比例为 12.1%，传动系统失效比例为 10.5%，发动机、制动系统、转向系统失效比例均为 2.1%，工作装置失效比例为 1.3%。按失效时间统计：渐变失效为 82 次，占总失效次数的 86.3%；偶然失效为 13 次，占总失效次数的 13.7%。没有发生早期失效和损耗失效。

从统计数据来看，因维护保养不到位导致的失效明显偏多，体现在对设备的定期检查不细致，未能及时发现潜在问题，对关键部件的润滑、清洁等工作做得不彻底，没有按照规定的时间和标准进行维护操作等方面。另外，在装配时因工人操作不当导致部件连接不紧密、位置不准确等装配质量问题，引发后续的失效；某些零部件在生产制造过程中就存在着材料缺陷、加工精度不够等问题，在设备运行一段时间后这些问题可能逐渐显现出来并导致失效。

3. 装载机行业发展方向

从当前国内装载机市场来看，以内燃机为动力的装载机已全部实施国四排放标准，仍占据着一定的市场份额。随着电控技术和智能化技术的迭代、升级与优化，纯电动装载机、混合动力装载机以及智能化装载机将成为今后装载机发展的主要方向。智能化维护保养、GPS 跟踪定位、失效远程保修等新技术也在逐步更新与应用。远程遥控、无人驾驶装载机及无人驾驶操作机群将会成为国内装载机市场不可忽视的发展方向。总之，装载机行业正朝着更加环保、智能、高效的方向发展，这将为行业带来新的机遇和挑战，推动装载机技术不断创新和升级。

（三）工程起重机产品质量状况分析

1. 工程起重机行业发展情况

在“双碳”和人工智能的背景下，工程起重机行业发展呈现以下特点：

（1）环保化。工程起重机通过采用环保燃料和动力系统，达到减少废气排放和降低噪声的目的；通过优化设计来提高能效。2023 年，多家生产企业在流动式起重机上车作业时采用拖电方式作为动力源，获得用户一致好评。生产企业推出不同形式的混合动力起重机，以满足用户的不同需求。

（2）智能化。随着人工智能技术的持续进步，工程起重机行业数字化转型不断深入。在产品应用端配备先进的自动化控制系统和智能人机交互系统，可以实现自动定位、自动卸载等功能，大幅提高了操作效率和安全性。借助互联网和物联网技术，能够实现流动式起重机远程监控和管理。运营人员可通过手机或计算机实时监测起重机的运行状态，及时处理异常情况。

（3）高端化。高端化是指利用先进的设计理念、制造工艺、测试手段等技术，实现起重设备的超大吊装能力、超长作业范围、超高精度控制、复杂作业环境适应性等功能，提高起重设备的市场竞争力。一些高端工程起重机采用先进的材料（如高强度合金），在减轻自重的同时提高承载能力；具备先进的防摇摆技术，让重物起吊和移动更加平稳；具有较高的可靠性和适应性，可以适应恶劣的施工环境（如高温、高寒、高海拔等特殊场景）。

2. 工程起重机可靠性数据统计与分析

质检中心依据随机抽样原则，分别选取了 2021 年、2022 年、2023 年的各 50 台工程起重机（汽车起重机和全地面起重机 40 台、履带起重机 4 台、轮胎起重机 3 台、随车起重机 3 台）作为样本，对其可靠性试验结果分别进行统计。

2021年的50个样本总失效次数为91次。其中，一般失效为69次，占总失效次数的75.8%；轻微失效为22次，占总失效次数的24.2%。按失效所属系统统计：液压系统失效比例为37.3%，电子、电气系统失效比例为33.0%，发动机及传动系统失效比例为26.4%，其他系统及部件失效比例为2.2%，结构失效比例为1.1%。

2022年的50个样本总失效次数为84次。其中，一般失效为49次，占总失效次数的58.3%；轻微失效为35次，占总失效次数的41.7%。按失效所属系统统计：液压系统失效比例为35.9%，电子、电气系统失效比例为36.7%，发动机及传动系统失效比例为24.7%，其他系统及部件失效比例为1.9%，结构失效比例为0.8%。

2023年的50个样本总失效次数为63次。其中，一般失效为38次，占总失效次数的60.3%；轻微失效为25次，占总失效次数的39.7%。按失效所属系统统计：电子、电气系统失效比例为43.6%，液压系统失效比例为33.2%，发动机及传动系统失效比例为21.7%，其他系统及部件失效比例为1.2%，结构失效比例为0.3%。

2023年，工程起重机在质量及可靠性方面有较显著提升，具体表现为总体失效次数降低。这是因为生产企业针对此前产生的问题展开专项分析并采取针对性改善方法，在液压系统方面的提升较为明显。

传统工程起重机作业失效通常是由其特殊的工作环境以及高频率使用所导致。纯电动起重机的结构相较传统起重机更为简单，然而作为重型车辆，在续航方面无法满足实际需求。对于混合动力起重机而言，虽然解决了续航难题，但其机械结构更为复杂，电控系统逻辑也更为繁琐，致使电子、电气系统方面的失效略有增加。液压系统是工程起重机作业装置的核心系统。随着工程起重机在起升高度和起重量上的不断突破，所装配的液压元器件的精度和数量大幅提升，对液压系统清洁度的敏感性要求也越来越高。当前，随着工艺条件的改善，液压系统的清洁度控制正逐步得到优化。

新能源流动式起重机在节能环保方面具有很大的优势，但是在电池、电动驱动系统、电子控制系统的质量方面会遇到一些问题。①电池性能与寿命。新能源流动式起重机通常将电池作为动力来源，电池的性能和寿命直接影响起重机的使用效果和寿命。质量欠佳的电池可能导致起重机续航能力不足、充电周期过长等问题。②电动驱动系统。新能源起重机需要稳定、可靠地提供动力的电动驱动系统。如果电动驱动系统的设计或制造存在缺陷，可能出现起重机运行不稳定、失效频发等质量问题。③电子控制系统。新能源起重机的智能化程度较高，通过电子控制系统来实现自动化操作和远程监控。如果电子控制系统设计或软件编程存在问题，可能导致起重机性能不稳定或操作失灵。

3. 提升工程起重机产品质量的建议

（1）加强新能源起重机售后服务保障。随着新能源起重机市场占有率的不断提高，新能源起重机的售后服务保障需要进一步强化。生产企业应培养新能源重型车辆的专业维修技术人员，并定期开展安全与技术培训，以避免在维修过程中出现触电等安全事故。

（2）加大信息安全管理力度。电动化、智能化、网联化、共享化正逐渐成为工程起重机行业的发展趋势，其网络安全风险也随之增大。信息安全问题不仅涉及个人隐私泄露与财产损失，甚至会威胁人员生命安全以及国家公共安全，因此，对起重机的信息安全需要及时监督和指导。

（3）大力推动我国生产企业“走出去”。2023年，国内市场趋于饱和，为寻求更为广阔的销售渠道和利润空间，我国生产企业逐步从国内市场竞争向国际市场竞争转移。建议工程起重机行业组织充分发挥平台作用，构建沟通协调机制，促使国内生产企业“走出去”，实现可持续发展，形成多方共赢的局面。

（四）非公路自卸车产品质量状况分析

1. 非公路自卸车行业发展情况

（1）非公路自卸车产品技术发展迎来新高潮。2023年，非公路自卸车发动机的动力性、经济性和环保性均显著提升。非公路自卸车发动机展现出更为强劲的输出能力，能够轻松应对各种复杂路况和繁重任务；通过先进的技术改进，燃油利用率更高，成本消耗大幅降低；尾气排放更加清洁，对环境的影响进一步减小。

（2）非公路自卸车产品生产定制化。当前，生产企业能够充分依据用户的实际需求进行产品的量身定制；通过考量用户在不同作业场景下的具体要求以及所涉及的矿石特性等诸多因素，为其提供高度专业化的服务。不仅如此，在定制生产方面，产品涵盖多种类型的车辆，包括汽车、重型货车、自卸车及一些特殊设备车辆等。

（3）智能网络技术逐步得到应用与推广。随着智能网络技术在非公路自卸车上的应用，不仅增强了车辆自身的安全性和可靠性，而且还能够有效减少操作成本，可提供全面而精准的矿业数据分析，进而提高矿业运营效率。比如，在车辆安全性方面，通过智能网络技术能够实时监测车辆的运行状态，及时预警潜在风险；在成本控制方面，精准的数据分析可优化资源配置，降低不必要的资源消耗；在矿业运营方面，通过对各类数据的深入挖掘和分析，能帮助企业制订更合理的生产计划和策略等。

（4）搭载电池能量回收系统。随着纯电动自卸车技术不断发展进步，部分大吨位电传动矿用自卸车已成功搭载电池能量回收系统。电传动自卸车搭载电池能量回收系统后，能够把部分电能予以储存，在机器启动、满载爬坡时将其释放出来，以增强机械的动力性能，既节约了能量，又提高了产品性能。

2. 非公路自卸车可靠性数据分析与统计

质检中心对2021—2023年生产的非公路自卸车产品的可靠性试验结果按照失效类别、失效模式、失效所属系统等进行统计。

非公路自卸车行业在进行失效统计时同其他工程机

械行业有一定区别。有些部件被业内认为是易损件（如轮胎、离合器等），不计入统计范围，但在非公路自卸车行业多被认为是消耗品。在恶劣的作业环境中，轮胎的寿命仅为几个月。许多企业在司机操作手册中标注轮胎的调整方法和更换要求，甚至一些企业在签订合同时对轮胎的质保有单独规定。另外，非公路自卸车装载时，大块物料冲击车厢导致钢板开裂；因尘土较多，未发现螺栓松动，未及时紧固，导致其他失效；行驶中未能绕开颠簸或落石路面，导致零部件损坏等人为因素的失效。无人驾驶非公路自卸车由于接入线控系统或使用遥控箱操控，在矿山实际作业中，因场地环境与信号问题，经常出现系统断触停车失效。因此，非公路自卸车在实际使用中的失效率高于统计的失效率。

本次选取的 20 台试验样机（非公路电传动矿用自卸车 3 台、非公路机械传动矿用自卸车 2 台、无人驾驶非公路机械传动自卸车 2 台、非公路机械传动宽体自卸车 13 台）进行了 1 000h 内可靠性试验，平均失效间隔时间为 345h。按失效类别统计：轻微失效次数占总失效次数的 53.5%，一般失效次数占总失效次数的 46.5%。未发生致命失效。

按失效模式统计：断裂性失效比例为 22.8%，松脱性失效比例为 17.1%，损伤性失效比例为 14.4%，其他失效比例为 11.0%，泄漏性失效比例为 10.3%，失调性失效比例为 8.8%，退化性失效比例为 8.1%，堵塞性失效比例为 7.5%。

按失效所属系统统计，动力系统失效比例为 17.4%，行走系统失效比例为 16.1%，电气系统失效比例为 15.6%，液压系统失效比例为 13.8%，传动系统失效比例为 12.3%，制动系统失效比例为 10.8%，转向系统、操纵系统失效比例均为 5.0%，工作装置失效比例为 4.0%。

非公路自卸车经过几十年的发展，其相关技术已经趋于成熟，在试验期间未发生危及驾驶人员和机械安全的严重失效。统计样本中，无人驾驶自卸车的失效率相对偏高，两台无人驾驶自卸车平均失效间隔时间为 198h。这主要是由于其作为行业的新兴产品，在可靠性技术方面还需进一步强化。宽体自卸车与传统的自卸车相比，失效率偏高。究其原因，一方面，在产品定位之时，因强化产品的经济性，对可靠性要求有所取舍；另一方面，宽体自卸车是一个崭新的产品类别，且发展极为迅速，对零部件不断提出新的要求，进而导致宽体自卸车失效率增加。

3. 非公路自卸车行业发展方向

（1）矿产资源开发将有力推动非公路自卸车需求的增长。在采矿、选矿和矿石运输等诸多环节中，非公路自卸车凭借其出色的承载能力以及在恶劣环境下所展现的稳定性，已成为矿产资源开发过程中不可或缺的重要装备。随着国内外矿产资源的持续不断开发和利用，非公路自卸车在这一领域的应用必然会更为广泛。

（2）非公路宽体自卸车行业将朝着绿色化、智能化、网络化方向发展。随着环保政策日益严格，非公路宽体自卸车将不断优化设计，采用电动或混合动力技术、更加环保的材料等；智能化将成为非公路宽体自卸车行业发展的核心驱动力之一，车辆将配备先进的传感器、智能控制系统和自动驾驶技术，能够实现自主导航、精准装卸、智能调度等功能；随着网络技术的发展，互联网与非公路宽体自卸车的结合也将成为未来的发展方向，如运输信息的实时监控、任务的在线派发等。

随着国家对基础设施建设的重视和持续投入，非公路自卸车作为重要的工程机械设备，在各类建筑项目中发挥着举足轻重的作用。无论是城市的道路建设，还是偏远地区的交通网络完善，都离不开自卸车。基础设施建设的深入推进为非公路自卸车提供了更加广阔的发展空间。

（五）叉车产品质量状况分析

1. 叉车行业发展情况

（1）新规程实施促进行业规范化发展。由国家市场监督管理总局发布的 TSG 81—2022《场（厂）内专用机动车辆安全技术规程》规定，自 2023 年 12 月 1 日起，新生产的叉车必须依照新规程要求安装安全监控装置。这一规定对叉车生产企业和用户极为重要。生产企业需及时调整生产流程，以保证新叉车生产符合规程要求；用户则需在规定时间内对叉车进行检修和升级，以满足新规程要求。新规程的实施旨在通过引入强制性安全监控装置来增强叉车操作的可视化和可控性，各生产企业和用户必须严格遵循新规程，以确保叉车操作的安全性。

（2）叉车产业链、供应链逐渐完备。叉车行业产业链的上游包括钢材、发动机、蓄电池、电动机、电控系统、液压系统、轮胎等零部件供应商；中游为叉车生产制造环节，主要包括内燃叉车及电动叉车等生产企业；下游涉及仓储物流、交通运输、工业制造、食品饮料、批发零售等应用领域。随着仓储物流、食品、医药等行业投资的提升以及传统行业供给侧结构性改革的持续推进，国内叉车下游产业升级明显。

（3）新能源化、锂电化发展趋势日益显著。从长期来看，我国人口红利逐渐消失，叉车对人工的替代作用持续凸显。随着环保政策的日益严格，新能源化、锂电化成为叉车行业的主要发展趋势。相较于传统的铅酸电池叉车和内燃叉车，锂电叉车具有更高的运行效率、更长的续航时间、更广泛的应用场景以及更环保等优势。

（4）AGV（自动导引车辆）叉车产品应用广泛。AGV 叉车是一种具有高度自主性和智能化的物料搬运设备，配备先进的传感器、导航系统和控制系统，能够自动感知周围环境，识别路径和障碍物，并沿着预设的路线精准、稳定地行驶。AGV 叉车应用于制造业的生产车间、物流仓储中心、港口码头等场合，极大地推动物流和生产领域的自动化、智能化发展。

2. 叉车可靠性数据统计与分析

2023 年，质检中心选取 40 台叉车（内燃叉车 20 台、蓄电池叉车 20 台）作为样本，对其可靠性试验结果进行统计。2023 年，内燃叉车平均失效间隔时间约为 371.1h，蓄电池叉车平均失效间隔时间约为 189.6h。

2023 年的 40 个样本总失效次数为 56 次。其中，一般失效为 13 次，占总失效次数的 23.3%；轻微失效为 43 次，占总失效次数的 76.7%。未发生致命失效和严重失效。一般失效发生次数所占比例持续下降，整机质量有所提升。

按失效模式统计：配套件性、泄漏性失效比例为 25.9%，电气性失效比例为 20.7%，加工性失效比例为 19.0%，装配性失效比例为 18.9%，焊接性、其他失效比例为 15.5%。

按失效所属系统统计：液压系统失效比例为 48.2%，电气系统失效比例为 15.7%，工作装置失效比例、制动系统与传动系统失效比例均为 10.3%，转向系统、行驶系统和其他失效比例为 8.6%，发动机失效比例为 6.9%。

按液压系统失效分类统计：油管、管接头失效比例为 39.3%，密封件失效比例为 28.6%，液压缸、泵、阀失效比例为 21.4%，电动机失效比例为 10.7%。

从数据统计与分析可以看出，叉车可靠性较前两年有所提高，产品质量稳定性稳步提升。从选取样品的失效率可以看出，可靠性问题较多，主要表现在液压、松动、断裂、脱落、泄漏、电气系统等轻微失效方面。由于制造工艺薄弱、检测手段相对落后、技术研发存在不足等，叉车配套件质量不过关，导致国产叉车与国际品牌产品还存在一定的差距。

3. 提高叉车产品质量的建议

（1）开展关键零部件的技术攻关。对于发动机、电动机、控制器、液压件等核心部件，国内叉车企业基本上都从外部采购。企业在自身条件尚不成熟的情况下，可联合国内高校、检测机构等开展技术攻关，针对整机关键零部件的最优匹配以及适应性改进进行可行性分析，优化主要部件性能，实现国内叉车技术从跟随到领跑的转换目标。

（2）切实注重人机工程的应用。随着叉车设计水平的不断提高，在注重叉车本身性能指标的同时，还应切实注重人机工程在叉车设计中的应用，从多个层面来考量和优化叉车的设计，如合理布置各操作装置的位置、优化设计司机座椅等，提高叉车产品操纵的舒适性和准确性，进而增强产品质量竞争的软实力。

（3）加强产品出厂检测，严格把控产品质量。产品检测作为叉车出厂前质量控制的最后环节，其重要性不言而喻。生产企业必须高度重视这一环节，应以电气、液压、结构、环境、认证、材料、整车性能等为核心检测指标，建立叉车产品检验中心，加大相关检验检测设备的投入力度，为叉车零部件及整车检测提供强有力的硬件支持。

（4）不断完善叉车安全“一条龙”监管。所谓“一条龙”监管，即指从叉车设计、制造、经营、使用、改造、维修、检验直至报废等各个环节的全方位、全流程监管，做到环环紧密相扣，实现闭环式管理。生产企业应定期对监管工作进行评估和改进，不断完善监管机制，以适应不断变化的形势和需求。

（5）推动新能源叉车持续发力。随着新能源车渗透率的提升，新能源叉车产业链将深度受益。叉车企业应以科技创新为引领，进一步加快新能源产品研发进度，完善新能源产品型谱；加快实施技术改造，增强新能源产品零部件和整机的生产能力。

（六）推土机产品质量状况分析

1. 推土机行业发展情况

（1）产品系列呈多样化。推土机不仅在建筑工地得到广泛应用，而且还应用于通信、石油等多个领域。当前，推土机行业不断完善产品体系，设计开发各类机型，以满足不同用户的需求。多样化的产品系列使得推土机在各种应用场景中均能发挥出最佳的工作效率。

（2）有效提高驾驶安全性。为增强司机的安全性和舒适性，在推土机设计过程中融入人机工程学原理，如配置全密封驾驶室、可调节座椅等，为司机提供更优良的工作环境；为提高司机的操作技能和安全意识，加强培训和认证工作，确保司机能够熟练掌握操作技能和安全知识。

（3）提升产品的稳定性和可靠性。在推土机的设计与生产过程中，生产企业注重产品的稳定性和可靠性，通过严格的测试和质量控制，确保推土机在各种恶劣环境下都能稳定运行。为保持产品的可靠性，持续进行产品的升级与改造，不仅提升现有产品的性能，也使得新产品能够更好地适应市场需求。

（4）提供高效、安全、可靠的工作模式。生产企业通过采用数字化设计和生产工艺，利用优质材料和先进工艺进行制造，进而提升推土机的产品性能和寿命，使其能够适应不同的工作环境和工作条件，为用户提供高效、安全、可靠的工作模式。

2. 推土机可靠性数据统计与分析

2023 年，质检中心采集 15 台推土机在 1 000h 现场跟踪可靠性试验数据，其中，90～260 马力（1 马力≈735.5W）推土机共 9 台，260～460 马力推土机共 5 台，460 马力及以上推土机共 1 台，具有广泛的代表性。通过对推土机的失效发生时间、发生部位和发生次数进行统计分析，结果表明：推土机在 1 000h 内可靠性试验中未发生致命失效和严重失效，一般失效次数占总失效次数的 20.5%，轻微失效次数占总失效次数的 79.5%。

按失效模式统计：松脱性失效比例为 36.3%，泄漏性失效比例为 29.7%，其他失效比例为 28.1%，断裂性失效比例为 5.9%。

按失效所属系统统计：其他失效比例为 46.8%，行走系统、传动系统失效比例为 21.3%，电气系统失效比例为 18.5%，液压系统、动力系统失效比例为 13.4%。

统计结果表明，推土机失效频率最高的系统为主要覆盖件或附属部件，这往往是由于设计不合理或装配工艺不当致使覆盖件或附属部件出现磨损。为防止此类失效情况的发生，在进行装配时，要执行严格的质量控制标准。在推土机各类失效模式中，松脱性失效模式的失效次数最高。

质检中心对 2021—2023 年的国内推土机产品可靠性

试验（1 000h 定时截尾）进行了统计分析。2021—2023 年统计的推土机多样本平均失效间隔时间观测值为 907h。通过优化设计方案、采用先进工艺、加强售后服务等手段，确保推土机在长时间使用中保持稳定性能和高效工作效率，不易出现失效或停机情况。

3. 提高推土机产品质量的建议

（1）重视节能环保。应优先选择低污染且可回收的材料，以降低产品对环境造成的影响；优化发动机性能，提高燃油效率，减少废气排放量；合理设计液压系统，降低能源消耗，确保产品在设计、生产、销售等各个环节都符合国家及地区的环保法规要求，避免因环保问题导致法律纠纷和经济损失。

（2）采用先进的新技术。应持续进行技术研发和创新，引入新技术、新工艺和新材料，提高产品技术含量和附加值；借助物联网、大数据等先进技术，实现推土机智能化管理和维护，提高工作效率和安全性；深入了解用户需求和使用习惯，不断优化产品设计和操作界面，提升用户满意度。

（3）提高生产可靠性。在推土机的生产过程中，应对各项性能实施严格的测试，包括极限工况下的耐久性测试、失效模拟测试等，确保产品在各种环境下都能稳定运行；合理设计维护周期和项目，简化维护流程，提供易损件的快速更换方案，降低因维护不当导致的失效；确保关键零部件的供应商具有稳定的质量保障能力，减少因供应链问题导致生产中断。

4. 推土机行业发展方向

（1）安全舒适化。为提高司机的舒适性，推土机将更多地运用人机工程学原理，如采用全密封的低噪声增压驾驶室、配置全方位调节的豪华座椅等，以减缓驾驶人员的疲劳。为提高司机的作业安全性，推土机将配备先进的安全系统，如超声波障碍探测系统，能够实时对周围环境进行监测。

（2）自动化、智能化。通过集成信息技术、传感技术和控制技术，推土机将实现更高水平的自主操作和智能控制，从而提高工作效率，降低司机的劳动强度。随着技术的发展，未来的推土机将实现无人驾驶，通过远程操控或完全自主作业，减少人为错误，提高作业安全性。

（3）多功能化。推土机将不仅局限于土石方物料的开挖、运输和回填等作业，还集成其他功能，如破碎、平整等，实现一机多用，提高设备的综合利用率。为适应不同工作环境，推土机将具备更强的适应性和灵活性，能够迅速调整配置和作业模式。

（4）智能网联化。通过物联网技术，实现对推土机的远程监控与维护，及时发现并解决潜在问题，提高设备的可靠性。在多台推土机协同作业的场景中，通过智能调度系统，实现各设备之间的协同作业，提高整体工作效率。

（七）压路机产品质量状况分析

1. 压路机行业发展情况

2023 年，压路机行业继续保持蓬勃发展态势，以技术创新和产品升级为主要动力，不断缩小与国际先进水平之间的差距。

（1）环保性能和人性化设计成为产品开发的核心关注点。随着用户环保意识的日益增强，用户对于低噪声、低排放以及舒适操作的需求持续上升。压路机生产企业致力于提升产品的环保性能，通过采用环保材料和先进的生产工艺，来降低产品的能耗和排放；通过配置智能控制系统、自动化操作装置等，提高压路机的性能和效率，提升用户的使用舒适度。

（2）智能化技术应用于压路机作业中。通过引入先进的传感器和控制系统，实现对压路机的智能化控制，提高作业效率和精度；利用物联网和大数据技术，实现设备的远程监控与失效诊断，以降低维护成本，缩短停机时间；通过智能化技术，使压路机能够根据不同的作业环境和材料特性自动调整作业参数，提高作业效果。

（3）无人驾驶压路机逐步进入市场。近年来，无人驾驶压路机的研发成果已逐渐得到应用。通过采用先进的自动驾驶和物联网技术，实现压路机全时段、全天候、全地形的自动化作业，可大大提高工作效率和施工质量。随着相关技术的不断发展和完善，无人驾驶压路机的应用前景广阔，有望在未来得到广泛应用。

2. 压路机可靠性数据统计与分析

2023 年，质检中心采集 35 台压路机在 600h 现场的可靠性试验数据，对压路机的失效发生时间、发生部位和发生次数进行统计。

按失效类别统计：轻微失效为 13 次，占总失效次数的 100%。未发生一般失效、致命失效和严重失效。这反映出压路机在设计和制造上的可靠性较高，能够避免严重的失效或系统性问题。

按失效模式统计：松脱性、泄漏性失效比例均为 30.8%，断裂性、电气系统报警失效比例均为 15.4%，装置失效比例为 7.6%。通过数据分析可见，在压路机各模式的失效率中，松脱性、泄漏性失效次数较高，主要表现为连接零部件的螺栓 / 螺母松脱、密封圈损坏等。松脱性和泄漏性失效的高比例提示，在设计和维护时需要特别关注这些连接部件和密封部件的可靠性。

按失效所属系统统计：动力系统失效比例为 30.8%、电气系统、行走系统失效比例均为 23.1%，振动系统失效比例为 15.3%，液压系统失效比例为 7.7%。这表明动力系统的可靠性问题较为突出，需要在设计和维护时予以重点关注。电气系统和行走系统的失效比例也较高，需要加强对电气部件和行走部件的质量控制和维护。

通过上述分析可以看出，压路机的失效主要集中在连接部件和密封部件，具体表现为松脱性和泄漏性失效。动力系统、电气系统和行走系统是失效的高发区域，需要重点提升连接部件和密封部件的设计和制造质量，增强动力系统、电气系统和行走系统的稳定性和耐久性。

3. 提高压路机产品质量的建议

（1）加强材料和工艺质量控制。连接零部件（如螺栓、螺母等）采用强度更高的材料，以确保其固定力和耐久性；提升密封圈的材料质量，确保其耐磨损、耐高压。

（2）优化设计与制造工艺。重新评估连接零部件的设计，确保其能够承受压路机工作时的振动和压力，防止出现松脱性失效；优化密封圈的安装工艺，确保安装正确并能有效密封，防止泄漏性失效的发生。

（3）加大质量检验和监测力度。引入更为严格的质量检验标准，保证每个连接零部件和密封圈都符合规定的质量要求；增加生产线上的监控设施，实时监测产品的质量状况，及时发现并解决潜在的质量问题。

（4）加强售后服务和用户培训工作。对用户进行培训，让用户学会正确操作和维护压路机，从而减少因误操作导致的松脱性和泄漏性失效；构建完善的售后服务体系，及时响应并满足用户的维修需求，提供专业的技术支持和维修服务。

4. 压路机行业发展方向

未来，压路机行业将朝着智能化、绿色化、定制化、服务化方向发展。随着人工智能和物联网技术的不断进步，压路机将实现智能化控制和远程监控，进而提升作业效率和安全性。随着人们环保意识的提高和相关政策的有力推动，将促使压路机向着更加绿色、环保的方向发展。随着市场需求的多样化发展，压路机将推出更多定制化产品与服务，以满足不同用户的需求。随着压路机市场竞争的加剧，将促使企业更加注重服务质量的提升，为用户提供全方位的服务支撑。

（八）观光车产品质量状况分析

1. 观光车行业发展情况

（1）自动驾驶技术逐步在观光车行业得到应用。在技术层面，自动驾驶观光车配备先进的传感器系统（如激光雷达、摄像头和毫米波雷达等），这些传感器能够实时感知周围环境，精准识别道路状况、行人和其他物体；车辆的自动驾驶系统基于强大的计算能力和智能算法，能够迅速做出决策，使车辆平稳、安全地行驶。由此，从传感器、芯片等关键零部件的研发制造，到软件算法的不断优化，再到系统集成和测试等环节，都迎来了新的发展契机。众多企业和科研机构纷纷投入研发，共同推动自动驾驶技术在观光车领域的应用，为观光车行业注入了强大的创新动力和发展活力。

（2）观光车的动力新选择——方形磷酸铁锂电池。当前，观光车行业所用的锂电池是安全性更高的方形磷酸铁锂电池。锂电池的框架运用钢质钣金材质，坚固、质轻，且散热良好；电池串并联以及采样线的电连接通过 FPC（柔性电路板）来实现，以确保连接安全稳固；电池电极与电连接则由高强度的工程塑料件予以支撑和隔离，可防止触摸且能长期保持良好的绝缘性；锂电池观光车模组开展标准化、系列化的设计，这有利于 PACK（电池包）的标准设计、装配以及具备高可靠性。

（3）新能源观光车迎来蓬勃发展的时期。近年来，企业纷纷加大对电动观光车和氢动力观光车的研发投入，以满足市场需求。电动观光车采用电能作为动力源，具有零排放、低噪声等优点，逐步替代内燃观光车，成为新能源观光车领域的主流。氢动力观光车是新能源观光车的另一个发展方向。氢燃料电池具有加注时间短、续航里程长等优势，但其技术难度和成本较高。一些企业已经进行氢动力观光车的试点运营，并取得了一定的成果。

（4）观光车产品定制化路线不断拓宽。当前，景区与观光车生产企业紧密合作，根据景区的主题、风格和文化内涵，精心设计和打造出别具一格的观光车。这些定制化的观光车不仅是交通工具，而且它们通过独特的造型、绚丽的色彩、富有创意的装饰等元素，与景区的整体氛围完美融合，成为景区内的热门打卡点。

2. 观光车可靠性数据统计与分析

2023 年，质检中心选取 20 台具有代表性的观光车（内燃观光车 5 台、锂电池观光车 5 台、铅酸蓄电池观光车 10 台）作为样本，对其可靠性试验结果进行统计。2023 年，内燃观光车平均失效间隔时间约为 152h，锂电池观光车平均失效间隔时间约为 155h，铅酸蓄电池（免维护）观光车平均失效间隔时间约为 148h。

20 台观光车试验中所发生的失效次数为 57 次。其中，一般失效为 23 次，占总失效次数的 40.4%；轻微失效为 34 次，占总失效次数的 59.6%。

按失效模式统计：松脱性失效比例为 60.1%，退化性失效比例为 19.2%，其他失效比例为 20.7%。损伤性失效和断裂性失效均未发生。

按失效所属系统统计：车体系统失效比例为 44.5%，电气系统失效比例为 35.2%，其他系统失效比例为 12.9%，传动系统失效比例为 3.1%，转向系统失效比例为 2.7%，制动系统失效比例为 1.6%。

从统计结果来看，观光车整体产品质量较 2022 年有所提升。因统计样本数量增多，电动车辆所占比例增大，电气系统出现的问题也随之增多，其原因在于配套件企业生产能力参差不齐，且配套件之间的匹配技术水平不一致，导致样本试验过程中出现的失效次数较多。

3. 提高观光车产品质量的建议

（1）加强产品试制工作。要加强试制工作与型式试验之间的协同，及时将试验结果反馈到试制环节，让产品的质量问题暴露在研发试制阶段，以此降低市场风险，减少售后成本。

（2）重视零部件进厂检验工作。随着电动观光车产品数量日益增多，应加大基础检测设备投入力度，根据不同部件的特性制订检验计划，严格按照检验计划进行全面、细致、精准的检测，从源头提升零部件产品质量，从而筑牢整机产品质量根基。

（3）完善工艺文件，加强产品出厂检验。企业应完善工艺文件，确保产品满足设计要求。针对组装过程中没有严格按照工艺要求执行的情况，应加强产品检验，优化台检、抽检项目，做好质量记录工作，确保每台样机组装、检验过程都具有可追溯性。

(4) 提高技术人员学习能力。技术人员应持续不断地学习国内外标准法规，深入了解国内外产品技术差距，做到取长补短，提升观光车产品质量和市场竞争力。

二、发展建议

未来，工程机械行业企业应打造覆盖主机装备和关键零部件的产业协同创新体系，加速核心零部件、共性关键技术的突破和产业化推广，构建世界级的工程机械产业集群；应着力解决影响核心基础零部件（元器件）产品性能和稳定性的关键共性技术，建立基础工艺创新体系，建立工程机械行业基础数据库，加强企业试验检测数据和计量数据的采集、管理、应用和积累；应加大先进节能环保技术、工艺和产品的研发力度，加快工程机械企业绿色改造升级，积极推行低碳化、循环化和集约化，提高行业资源利用效率，强化产品全生命周期绿色管理，努力构建高效、清洁、低碳、循环的绿色制造体系；应通过系统构建网络、平台和安全功能体系，打造人、机、物等要素全面互联的新型网络基础设施，形成智能化发展的应用模式，建成以数字化、网络化、智能化为主要特征的工程机械产业生态体系。

〔撰稿人：国家工程机械质量检验检测中心刘智慧、徐海峰、郑海宁、马博文、刘一凡、刘佳星、赵亮、马英磊、刘涛、王大鹏〕

2023 年工程机械行业“机械工业科学技术奖”获奖情况介绍

2023 年，工程机械行业深入实施创新驱动发展战略，创新能力和效率进一步提升，高技术与传统产业全面结合，在大型、高端、绿色、智能产品核心技术研发和应用等方面取得突破，涌现出一大批科研成果。这些科研成果将成为行业持续增长的重要动力。

一、获奖情况

2023 年，有 100 多家工程机械行业企业和专业高校独立或联合报送了 66 项科技成果，涉及掘进机械、混凝土机械、铲运机械、工业车辆、桩工机械、起重机械、挖掘机械、路面机械、工程运输机械、高空作业机械、凿岩机械等的关键技术及智能化控制技术。申报项目呈现出创新点多、技术含量高、社会效益和经济效益显著等特点。

2023 年 8 月 11 日，根据机械工业科学技术奖励工作办公室的统一安排，工程机械专业组在安徽合肥组织召开了科技成果项目评审会。评委从技术先进性、技术难度、经济和社会效益以及对行业的促进作用等维度展开项目的评审，最终共推荐获奖项目 29 项。10 月 13 日，推荐的 29 项获奖项目经终审、公示后，全部得以确认。2023 年度工程机械行业“机械工业科学技术奖”获奖项目见表 1。

表 1　2023 年度工程机械行业“机械工业科学技术奖”获奖项目

项目名称	主要完成单位	获奖等级
面向大口径深桩硬地层的超大桩基础施工装备关键技术及产业化	徐州徐工基础工程机械有限公司	一等奖
智能型大断面巷道快速掘锚成套装备关键技术及应用	中国铁建重工集团股份有限公司、中国矿业大学、中南大学	一等奖
超高米段臂式高空作业平台关键技术及应用	湖南中联重科智能高空作业机械有限公司	一等奖
新能源工业车辆智能驱动控制系统系列产品研发及产业化	河南嘉晨智能控制股份有限公司、杭叉集团股份有限公司、清华大学、诺力智能装备股份有限公司、龙工（上海）叉车有限公司	二等奖
全断面隧道掘进机再制造关键技术研究与应用	盾构及掘进技术国家重点实验室、中铁隧道局集团有限公司、中铁工程装备集团有限公司、洛阳 LYC 轴承有限公司、徐州徐工液压件有限公司、山东大学	二等奖
面向全球高端市场和极端工况的高端平地机关键技术研究及产业化	徐州徐工筑路机械有限公司、江苏徐工工程机械研究院有限公司、江苏徐工国重实验室科技有限公司	二等奖
1.5～5t 高效可靠内燃越野叉车关键技术研究及应用	杭叉集团股份有限公司、浙江中柴机器有限公司	二等奖
工业车辆数字化集成测试平台研究与建设	安徽合力股份有限公司	二等奖

（续）

项目名称	主要完成单位	获奖等级
煤矿安全智能快速掘锚设备关键技术研发及产业化	徐州徐工基础工程机械有限公司	二等奖
基于高寒高海拔环境的智能高效混凝土搅拌站及关键技术	湖南中联重科混凝土机械站类设备有限公司、中联重科股份有限公司	二等奖
基于高空高效救援的消防车安全控制技术研究及应用	徐工消防安全装备有限公司、江苏徐工工程机械研究院有限公司	二等奖
起重机作业智能导航技术研发及应用	徐州重型机械有限公司	二等奖
静液压传动装载机节能关键技术与应用	广西柳工机械股份有限公司、柳工柳州传动件有限公司	二等奖
面向复杂环境的大跨度消防车关键技术研究与应用	三一汽车制造有限公司	二等奖
叉车与装载机专用液压阀及其阀控系统关键技术和产业化应用	浙江工业大学、浙江海宏液压科技股份有限公司、山东临工工程机械有限公司、浙江高宇液压机电有限公司、宁波市鄞州通力液压电器厂	二等奖
高韧性 PDC 复合片及其在破岩机械中的应用	郑州机械研究所有限公司、河南四方达超硬材料股份有限公司、宁波中机松兰刀具科技有限公司、中铁工程装备集团隧道设备制造有限公司、中南大学、吉林大学、中煤科工西安研究院（集团）有限公司	三等奖
工程机械多系统仿真关键技术研究与应用	广西柳工机械股份有限公司	三等奖
面向沙漠油田施工的 ZRT1100 越野轮胎起重机关键技术及应用	中联重科股份有限公司	三等奖
智能型新能源系列非公路宽体自卸车关键技术研究及应用	陕西同力重工股份有限公司、陕西同力重工新能源智能科技有限公司、西安主函数智能科技有限公司	三等奖
高空作业装备安全及跨障关键技术研究与应用	徐州徐工随车起重机有限公司、江苏徐工国重实验室科技有限公司、江苏徐工工程机械研究院有限公司	三等奖
新一代智能泵车关键技术研究及应用	三一汽车制造有限公司	三等奖
轻质工业车辆结构件柔性共平台智能制造关键技术应用研究	安徽合力股份有限公司	三等奖
固废高质再生利用压振一体式智能化生产装备技术及应用	西安银马实业发展有限公司	三等奖
大型工程机械总装生产线智能制造集成关键技术	山推工程机械股份有限公司、山东大学、山东建筑大学、济南大学	三等奖
智能化、信息化湿喷台车研制	中铁工程装备集团有限公司、中铁工程装备集团隧道设备制造有限公司、山东大学、中铁十局集团有限公司、中铁隧道集团二处有限公司	三等奖
爆炸性环境用新能源防爆电动工业车辆关键技术及应用	衡阳合力工业车辆有限公司	三等奖
面向智能高效安全施工的新一代液压驱动轮胎压路机研发及产业化	徐工集团工程机械股份有限公司道路机械分公司	三等奖
考虑复杂轮胎力学特性的车辆防侧翻关键技术研究与应用	北汽重型汽车有限公司、江苏理工学院、常州机电职业技术学院	三等奖
超小转弯半径组合式集装箱自动搬运机器人关键技术与应用	浙江华叉智能装备有限公司、杭州电子科技大学、中国计量大学	三等奖

二、部分获奖项目介绍

1. 智能型大断面巷道快速掘锚成套装备关键技术及应用

该项目获得 2023 年度机械工业科学技术奖一等奖。完成单位：中国铁建重工集团股份有限公司、中国矿业大学、中南大学。

煤炭是保证我国能源安全稳定供应的战略基石。为提升煤矿智能化水平，促进我国煤炭工业高质量发展，2020 年，国家发展改革委等八部门联合印发了《关于加快煤矿智能化发展的指导意见》。近年来，国内外相继研发了掘锚一体机械化作业装备，但井下巷道掘进环境恶劣、作业空间狭小、地质条件多变、掘支工序复杂，作业工效低、安全风险高问题依旧突出。

煤矿智能掘进装备主要面临掘支平行作业难、成巷精准控制难、支护自动化作业难、远程集中管控难等难题。研发团队经过8年产学研联合攻关，取得了如下创新成果：

（1）探－掘－支－运全工序高效协同作业技术。发明了掘锚一体机智能超前探放集成技术，构建了“掘锚同步、时空协同平行作业”一体化施工工法，打造了“以掘定支”协同作业新模式，攻克了煤矿井下超长距离不停机延伸输送带的连续运输技术，首创了探－掘－支－运高效协同作业技术，创造了掘支一次成巷月进尺2 020m的行业纪录，较传统掘进工艺月进尺提升80%。

（2）巷道精准成型智能掘进技术。研制了顺序式可扩展横轴截割头，首次提出了产尘源全覆盖的泡沫静音抑尘技术，开发了多传感器融合的实时精确导向与自主纠偏技术，研发了边界自追踪、进刀自规划、速度自调节的截割控制系统，打造了“定位－行走－截割”巷道智能掘进新模式，成巷精度较设计标准提高一倍。

（3）“铺－钻－锚”全方位自动支护技术。提出了自动连续延展的柔性摊铺式锚网快速支护方法，研制了集钻、锚于一体的全自动锚杆钻机，发明了内置树脂锚固剂的新型集成锚杆，开发了巷道随掘动态支护智能决策系统，实现了巷道全方位锚网－锚索－锚杆自动支护。

（4）“井－地－云”架构智能掘进管控技术。攻克了掘进工作面安全透明在线监控技术，创建了基于“人－机－环”状态实时监测和风险智能预警的安全管控系统，研制了井下集控中心、地面调度中心云端协同管理平台，实现了煤矿巷道掘进“井－地－云”三位一体远程智能管控。

该项目实施期内累计获得授权发明专利50项、实用新型专利22项、软件著作权13项。自主研制的国产首台大断面智能型快速掘锚成套装备成为全国煤矿快速掘进现场交流会的推广典型，并获得煤机行业“十三五”科技创新奖。系列装备已在国家能源、陕煤化、中煤等大型煤炭集团广泛应用。鉴定委员会认为，项目整体技术达到国际领先水平。

2. 超高米段臂式高空作业平台关键技术及应用

该项目获得2023年度机械工业科学技术奖一等奖。完成单位：湖南中联重科智能高空作业机械有限公司。

当前，我国以大型石化设备、大型场馆、城市高楼群为代表的高层建筑设施外立面施工急需作业高度超过60m的超高米段高空作业平台产品，而国内现有超高米段高空作业平台产品存在平台晃动较大、X型支腿四轮协调差等问题，不能实现平稳作业。超高米段产品存在超长臂架系统设计制造、超长臂架动作控制难、底盘行走控制难等技术难点，限制了产品向60m以上高度发展。而国外超高米段高空作业平台价格昂贵。

该项目依靠企业在高空作业机械研发和制造方面的雄厚技术基础和研发实力，在超高米段多边形臂架系统设计、高精度X型支腿多轮协同转向、超长臂架的高效智能控制等关键技术方面实现了重大技术突破和实质性创新：

（1）首创了超高米段高空作业平台新型多边形臂架系统，解决了超高米段臂架系统作业晃动大、伸缩抖动严重等行业技术难题，臂架刚性大幅提升，晃动幅度小于0.5m，伸缩抖动加速度显著降低。

（2）首次提出高精度X型支腿多轮协同转向技术，开发了一种适用于X型支腿高空作业工况的滑模控制系统，四轮转向同步误差显著减小，角度同步误差小，举高行走时工作平台晃动量显著降低，提高了设备稳定性、操控性及作业效率。

（3）研发了超长臂架高效智能控制技术，发明了一种基于超长臂架舒适度模型和多传感器融合的复合动作运动控制专家系统，在保证动作平稳性的同时，实现了臂架举升工作效率提升30%。

（4）研发了适用于超高米段双变幅液压缸独立锁止的变幅平衡阀及其液压系统，解决了双变幅液压缸高精平稳控制难题。

（5）发明了摆臂式防挤压系统，实现了融合缓冲、检测与避让三段渐进式分区安全控制，可以有效保护人员和设备安全。

该项目技术成果成功应用于超高米段系列产品（如ZT68J自行走直臂式高空作业平台、ZT58J自行走直臂式高空作业平台、ZT42J U型臂架自行走直臂式高空作业平台等）的设计制造中，满足了国家重大工程建设需求，填补了行业内60m以上自行走超高米段高空作业平台的空白。

该项目已申请专利40项，其中国内专利35项；获得授权专利20项，包括发明专利12项、实用新型专利7项、外观设计专利1项。鉴定委员会认为，该项目总体技术性能指标达到国际领先水平。

3. 面向大口径深桩硬地层的超大桩基础施工装备关键技术及产业化

该项目获得2023年度机械工业科学技术奖一等奖。完成单位：徐州徐工基础工程机械有限公司。

随着国家新型基础设施、新型城镇化建设、交通水利等重大工程建设的持续推进，对关键施工设备的施工能力、施工效率、施工安全等提出了更高的要求。桩基础是项目施工的重中之重，直接关系到工程建设的质量和安全。传统的大口径桩基础施工装备主要为反循环钻机，存在施工效率低、环境污染大、拆装运输不便、软硬交替等复杂地层无法施工等系列问题，直接影响工程建设的进度及质量，制约了我国桩基础施工工艺的发展。基于以上问题，开展了超大吨位旋挖钻机关键技术研究。

该项目攻克了大口径、超深桩、硬地层施工技术，基于复杂地质工况的高效施工、整机安全控制、模块化组合施工及拆装等关键技术，实现了以下关键技术创新：

（1）攻克了超大口径、超深桩、硬地层施工技术。发明了基于旋挖钻机驱动的移动式全回转工作装置，提高了大口径套管施工能力；发明了大直径超长钻杆的焊前预热及焊后热处理反变形控制技术，提高了钻杆的使用寿命；研发了硬岩分级钻进施工工艺及动力头增扭技术，提高了大口径硬地层施工能力。

（2）提出了基于复杂地质工况的高效施工技术。发明了基于地层识别的自适应钻进技术，提高了工况适应性，降低了机手的劳动强度；发明了适应不同地质工况的动力头多挡模式控制技术，提高了硬岩施工效率与钻具使用寿命；发明了主卷扬上下抖土、动力头自动甩土及强力甩土等多模式控制技术，提高了甩土效率。

（3）创新了旋挖钻机安全控制技术，解决了复杂地质工况的安全施工问题。发明了旋挖钻机卷扬机构保护系统，降低了钢丝绳断裂及减速机制动失效带来的风险；研发了大钻深、大扭矩的动力头减震及驱动装置，提升了动力头使用安全性；发明了一种远程升级及故障诊断、预测技术，保证了安全施工。

（4）创新了超大吨位旋挖钻机模块化组合施工及拆装技术。发明了基于钻孔直径与钻深的模块化动力头、钻桅、钻孔中心距无级可调技术，提高了工况适应性；发明了基于液压缸自动拆卸的大吨位旋挖钻机便捷拆装技术及配重自拆卸技术，提高了拆装效率。

该项目获得授权专利45项（含发明专利20项）、软件著作权5项。鉴定委员会认为，该项目技术达到国际先进水平，其中，“基于模拟实际工况的超大吨位旋挖钻机综合性能试验方法及装置”“基于大吨位旋挖钻机驱动的移动式全回装工作装置”达到国际领先水平。项目成果应用于川藏线、港珠澳大桥等国家重点工程中，具有重大的社会效益。

〔撰稿人：中国工程机械工业协会尹晓荔〕

中国工程机械工业年鉴2024

记载2023年工程机械行业的重大事件

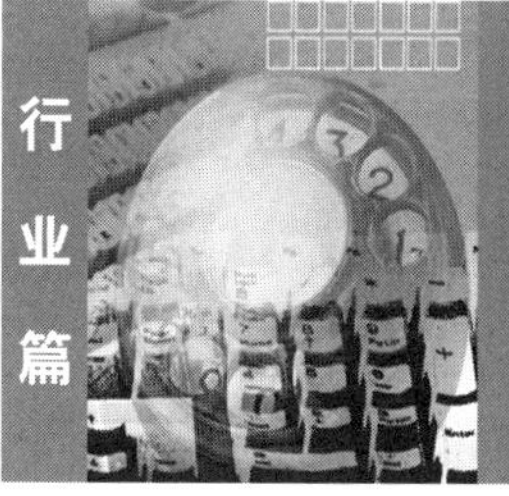

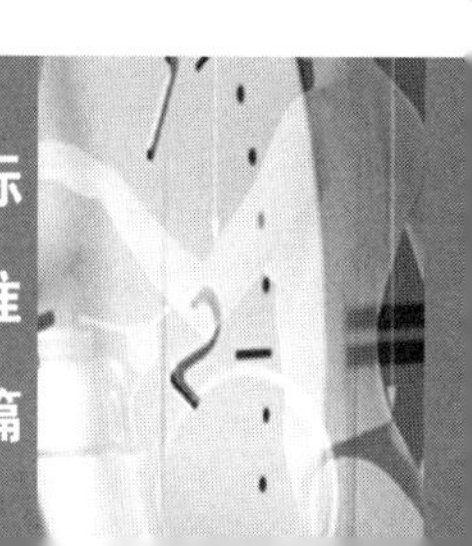

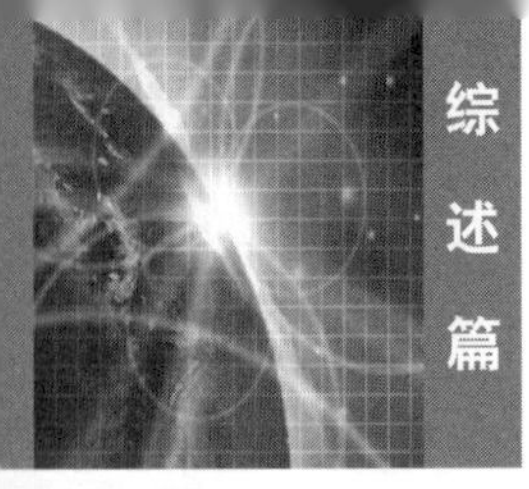
综述篇

大事记

行业篇

企业篇

市场篇

调研篇

统计资料
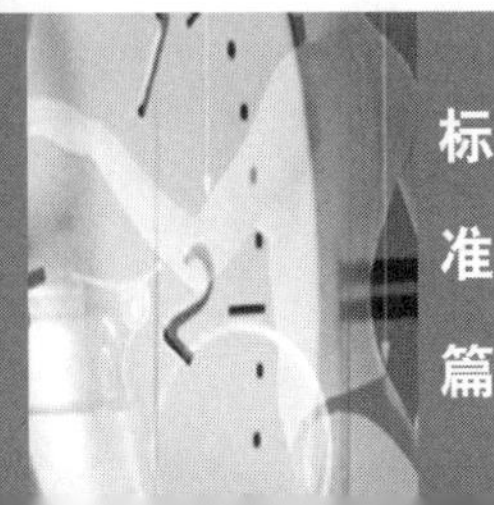
标准篇

中国工程机械工业年鉴2024

大事记

2023 年中国工程机械行业大事记

2023 年中国工程机械行业大事记

1 月

6 日　中国工程机械工业协会发布 T/CCMA 0143—2023《预制混凝土构件平模流水生产线》、T/CCMA 0144—2023《装配式建筑预制混凝土构件模台、模具及附件》团体标准。

10 日　陕西同力生产的 TLH130 甲醇混动非公路宽体自卸车正式下线。这是行业内首批投放市场的甲醇混动非公路宽体自卸车，是该公司在继纯电、氢能技术之后，在新的清洁能源领域又一技术创新的商业化应用。

10 日　中铁装备研制的首台硬岩泥水平衡顶盾机“中铁 1268 号”在南昌生产基地成功下线。该设备创新性地采用“顶管 + 盾构”的设计概念，可有效满足城市地下管网建设中非开挖、小直径、长距离、曲线顶进等特殊要求，对提升城市地下管网机械化建设具有重要意义。

12 日　满载柳工设备的 X9132 次中欧班列从南宁国际铁路港启程开往乌兹别克斯坦塔什干，这是柳工中亚跨境班列的首趟列车。

30 日　中国工程机械工业协会发布 T/CCMA 0145—2023《混凝土机械　产品安全标识》团体标准。

月内　国务院国资委公布了 2022 年度碳达峰碳中和行动典型案例评选结果，由柳工申报的“柳工产品及生产过程碳中和碳节约应用”案例荣获一等奖。

2 月

6 日　中国机械工业联合会、中国工程机械工业协会、中联认证中心（北京）有限公司在北京共同签署工程机械产品质量等级评定认证项目合作协议，旨在共同为推进工程机械产品质量等级评定认证工作贡献力量。

27 日　中国工程机械工业协会发布 T/CCMA 0146—2023《隧道施工电机车锂电池系统技术规范》团体标准。

月内　三一重工自主研发的 SCL10000 全地面桁架臂起重机成功交付澳大利亚昆士兰州 Tutt Bryant 设备公司。这是中国出口澳大利亚的首台 1 000 吨级全地面桁架臂起重机。

3 月

5 日　全国两会在北京召开，杨华勇、向文波、单增海、周颖峰、刘飞香、王杜鹃等工程机械行业代表结合企业自身的发展情况，积极为工程机械行业的发展建言献策。所提议案涵盖推动行业科技成果转化、增强核心技术、数智化、电动化、国际化、职业技能、知识产权保护及绿色等多个维度。

7 日　中国工程机械工业协会发布 T/CCMA 0015—2023《高处作业吊篮和擦窗机检查、维护保养和安全操作规则》、T/CCMA 0147—2023《异型吊篮安装、使用和拆卸安全技术规程》及 T/CCMA 0148—2023《擦窗机使用手册编制规则》团体标准。

11 日　诺力智能装备股份有限公司检测中心收到来自中国合格评定国家认可委员会下发的认可决定书和认可证书。

16 日　国务院国资委公布创建世界一流示范企业和专精特新示范企业名单。其中，7 家地方国有企业入选创建世界一流示范企业，200 家企业入选创建世界一流专精特新示范企业。柳工欧维姆公司入选“世界一流专精特新示范企业”，成为此次广西壮族自治区唯一上榜的企业。

18 日　中联重科工程起重机公司与阿根廷客户签约出口 800t 起重机，创造了中国出口南美市场最大吨位起重机的纪录。这台起重机将参与风电项目的保养维护工作，后续将为石化、油气等大型项目建设提供吊装服务。

21—22 日　中共中央政治局常委、国务院总理李强在湖南调研并主持召开先进制造业发展座谈会。在长沙，李强考察了铁建重工等企业。他指出，企业是科技创新的主体，要培育世界一流的龙头企业和专精特新企业，实打实帮助企业解决困难，大力弘扬优秀企业家精神，不断增强企业发展新动能。要下功夫拉长长板、补齐短板，在优势领域巩固领先地位，在更多新领域新赛道实现领跑，构建一批新的增长引擎。

30 日　工业和信息化部冰雪装备行业标准化工作组在河北张家口正

式成立。该工作组的成立，旨在通过标准提升冰雪装备制造水平，规范冰雪装备健康发展壮大，助力我国“制造强国”和“体育强国”建设。

4月

19日 由铁建重工和中铁十四局联合打造的复合式土压平衡盾构机独头掘进13.8km，顺利贯通国内某输水工程施工区间，创下国内盾构独头掘进新纪录。

20日 铁建重工“天岳号”可变径开挖的隧道掘进机在长沙第一产业园下线。该设备可灵活变身，实现开挖直径6.53m和8m的自由切换，并且兼具水平平洞与50°超大倾角斜井连续作业能力。该设备填补了我国超大坡度两级斜井全断面机械化施工装备领域的空白。

20日 山东省民营经济高质量发展工作会议在济南市召开。在会上，临工重机股份有限公司董事长于孟生等12位企业家荣获“领军型企业家”殊荣。

22日 T/CCMA 0134—2022《工程机械　润滑脂集中润滑系统》团体标准正式发布。该标准明确了工程机械行业集中润滑的技术要求，为工程机械行业集中润滑的设计选型提供了依据，规范了工程机械行业集中润滑的维护保养流程，有利于促进工程机械智能化控制，保证工程机械的安全稳定运行。

24日 三一集团与华通集团在长沙签署战略合作协议，双方将发挥各自优势，共同致力于在制氢、加氢站、新能源车辆、工程机械方面持续发展和深化长期战略合作关系，通过科技创新、生产配套、市场合作、生态建设等方面的合作，形成相互支撑、共同发展的良性局面。

26日 三一湖州产业园生产的第10 000台履带起重机在总装车间下线。三一湖州产业园已成为全球履带起重机的三大研发生产基地之一。

5月

8日 中国工程机械工业协会发布T/CCMA 0149—2023《旋挖钻机用液压缸技术要求》团体标准。

11日 中联重科发布行业首份《塔式起重机数字化宣言》企业标准。

18日 三一重机SR275E插电混动旋挖钻机在昆山产业园正式下线。SR275E标配业内领先、三一独创的L2级智能化功能，主泵、动力头、主卷扬、回转等关键部件均采用电动机直驱，并配置了高效的势能回收系统，是全新一代电动化和智能化相结合的旋挖钻机产品。

19日 工业和信息化部、生态环境部、住房和城乡建设部、国家市场监督管理总局联合发布《低噪声施工设备指导名录（第一批）》，共有46款工程机械设备上榜。其中，挖掘机21款、装载机9款、压路机10款、推土机4款、平地机2款。

22日 中国工程机械工业协会发布T/CCMA 0150—2023《工业车辆用氢燃料电池动力系统技术规范》、T/CCMA 0151—2023《氢燃料电池工业车辆》团体标准。

26日 合力全新一代智能i系列全球上市发布会在合力工业园隆重举行。首批上市的i系列有平衡重式AGV、搬运型AGV、前移式AGV、插腿式AGV、堆垛型AGV五大类产品，构建整机智造、系统开发与场景应用的一站式智能物流集成解决方案，是合力智能物流产业发展的重要里程碑。

27日 中联重科“ZAT24000H全地面起重机关键技术及产品应用”项目顺利通过科技成果鉴定。鉴定委员会一致认为，ZAT24000H全地面起重机的研发技术难度大、创新性强，整体技术及产品指标达到国际领先水平。尤其是突破了大起升高度大起重量臂架设计制造、底盘重载行驶等全地面起重机设计制造控制成套关键技术，实现了2 400t全地面起重机高集成度一体化设计和双“175”臂长-起重量下复杂组合臂架系统的高精平稳安全作业。

月内 由山河智能与中科慧拓等多家科研单位联手打造的智能运载机器人SWK90EA载山CarMo在鄂尔多斯发布。这是我国首台（套）具备产业化标准要求以及完全自主知识产权的新能源运载装备。

6月

9日 中交天和与中国科学院联合研制的我国首台超大型盾构机用主轴承“破壁者”通过专家组评审。专家一致认为，国产主轴承的各项指标达到了同类进口产品先进水平，部分指标处于国际领先水平。该主轴承直径为8.01m，质量为60t，是我国研制的首台（套）直径最大、单体最重的盾构机用主轴承，可应用于直径16米级超大型盾构机。

15日 中国工程机械工业协会发布T/CCMA 0152—2023《沥青纤维碎石同步封层车作业质量试验方法》团体标准。

20日 第十一届中德经济技术合作论坛和中德企业家圆桌会在柏林举行。作为中方企业代表，三一集团受邀出席中德企业家圆桌会、第十一届中德经济技术合作论坛，是受邀企业中唯一的工程机械企业。三一集团轮值董事长向文波参会并发表主题讲话。

21日 由铁建重工联合中铁十八局打造的国内最小硬岩掘进机（TBM）“水源号”助力十堰市中心城区水资源配置工程马百支线输水隧洞顺利贯通。“水源号”TBM施工时开挖直径仅2.5m，是我国最小的硬岩掘进机，也是我国隧洞首次尝试超小直径的隧道掘进机作业。

23日 墨西哥驻华大使施雅德一行到临工重机股份有限公司，参观了临工重机创新中心、数字化工厂车间等，深入了解了临工重机的企业发展情况。

25日 中国工程机械工业协会发布T/CCMA 0153—2023《混凝土搅拌站（楼）用砂石立体料库设计规范》团体标准。

7月

12日 中共中央政治局常委、国务院总理李强主持召开平台企业座谈会，听取对更好促进平台经济规范健康持续发展的意见建议。作为工业互联网企业代表，徐工汉云总经理张启亮应邀参加座谈会并发言。

12日 北方股份公司和国能准能集团共同研发的300吨级矿用自卸车正式交付哈尔乌素露天煤矿。该设备打破了进口产品技术和价格的双重垄断，是国内电动轮矿用车发展史上的里程碑。它的问世，标志着我国攻克了矿用重型货车大功率柴油发动机、电驱动系统等诸多核心“卡脖子”技术，提升了我国在矿用车关键基础零部件、基础材料、基础工艺、产业技术等方面的综合实力，具有划时代的意义。

14日 由铁建重工牵头的湖南省科技重大专项“超级地下工程智能成套装备关键技术研究与应用”项目在长沙通过综合验收。验收专家组认为，该专项攻克了超大断面竖井刀盘设计与管片快速拼装同步技术、地质探测装备高精度定位与深部岩体应力检测等十余项关键技术难题，研制的部分装备填补了国际空白，满足了高原铁路、引绰济辽等国家重大工程项目建设需求，取得显著的社会效益与经济效益。该项目有效解决了地下工程建设感知难、开挖难、钻探难、机群协同难和智能管控难等问题。

17日 由铁建重工和中铁十四局共同打造的超大直径高铁隧道盾构机“英雄号”在湖南长沙下线。“英雄号”整机长约134m，开挖直径达14.8m，是当前应用于国内350km/h最高时速、最大直径高铁隧道施工的盾构机，也是江西省首次采用的超大直径隧道盾构机。

20日 在以“聚焦1650 聚力强群韧链”为主题的国家工程机械先进制造业集群（徐州）创新发展大会上，徐工集团“领航·攀登”行动计划正式对外发布。该行动计划聚焦打造“创新开放、资源互补、互惠共赢、协同发展的世界级先进制造业集群”目标，聚力实施“科技自立自强、梯队培育孵化、智改数转赋能、绿色低碳转型、扩大国际合作、服务延伸增值、人才引育集聚”七大行动，加快向世界级先进制造业集群跃升。

21日 国家知识产权局公布第二十四届中国专利奖获奖项目名单。工程机械行业共有13项专利入选。其中，中联重科的“臂架监测方法、系统、工程机械及机器可读存储介质”获得中国专利金奖；徐工的“履带起重机”获得中国外观设计金奖。有11项专利获得中国专利优秀奖，其中，中联重科3项，柳工3项，徐工、太原重工、铁建重工、诺力股份、恒立液压各1项。

24日 中国工程机械工业协会在北京召开了2023年度第一次新闻发布会。会上重点发布了工程机械行业2022年年报有关数据，总结分析工程机械行业2023年上半年经济运行情况及下半年趋势展望。

月内 首台柳工975F欧洲版大型挖掘机在柳工国际工业园成功下线，并发往英国。该设备是柳工针对欧洲市场开发的75吨级F系列大型挖掘机，满足了欧洲客户对挖掘机设备的个性化需求。

月内 河南蒲瑞精密机械有限公司、郑州奥特科技有限公司成功入选2023年河南省制造业单项冠军企业。

8月

1日 中国工程机械工业协会发布T/CCMA 0154—2023《混凝土机械 立轴行星式搅拌机》团体标准。

1日 工业和信息化部发布2023年新增跨行业跨领域工业互联网平台清单，新增23个国家级“双跨”平台，中联重科的中科云谷工业互联网平台成功入选。

3日 由铁建重工和四川路桥共同打造的西香高速敞开式TBM“蜀畅一号”在湖南长沙下线。“蜀畅一号”整机长约170m，开挖直径达8.53m，是西南地区首台同步平导多支护敞开式TBM。

16日 中国工程机械工业协会发布T/CCMA 0155—2023《流动式起重机 排气烟度 汽车起重机和全地面起重机测量方法》、T/CCMA 0156—2023《流动式起重机 排气烟度 轮胎起重机测量方法》团体标准。

16日 徐工挖掘机首家全球培训中心（印度培训基地）正式揭牌成立。该基地位于徐工印度工厂，是集品牌与产品推广、服务技能培训和营销培训等功能为一体的综合培训基地，标志着徐工推进国际化战略迈出坚实的一步。

18日 徐工第600 000条履带底盘下线交付。十年来，徐工形成“全系列、全工况、全天候”履带底盘产品体系，在国内率先掌握履带底盘多体动力学与疲劳仿真分析技术，攻克30余项行业关键核心技术，占领行业技术制高点。

21日 中国工程机械工业协会发布T/CCMA 0157—2023《旋挖钻机动力头扭矩测试方法》、T/CCMA 0158—2023《桩架内涨式离合器自由下放卷扬机装机测试方法》、T/CCMA 0159—2023《液压式压桩机用整体多路阀》团体标准。

25日 中国工程机械工业协会发布T/CCMA 0160—2023《非公路洒水车》、T/CCMA 0161—2023《非公路移动式加油车》、T/CCMA 0162—2023《非公路移动式加油车　安全使用规范》团体标准。

月内 徐工大吨位水平定向钻机XZ6600顺利完成尼日利亚石油管道铺设项目首钻，创下27h不停机施工，管径12.75in（324mm）、长度2 640m的定向钻穿越佳绩，创造了尼日利亚非开挖行业施工纪录。

月内 中联重科2 850tm（1tm=10kN·m）塔式起重机在西非正式交付客户。该塔式起重机额定起重量达120t，这是迄今中国出口非洲吨位最大的塔式起重机。

9月

1日 山东省工业和信息化厅公布了首批山东省制造业领航培育企业名单，山东临工凭借雄厚的综合实力成功入选。

4日 中国工程机械工业协会发布T/CCMA 0163—2023《履带式液压挖掘机维修工时定额》团体标准。

7日 中国工程机械工业协会发布T/CCMA 0164—2023《工程机械电气线路布局规范》、T/CCMA 0165—2023《工程机械　半消声室内变速箱声功率级的测试方法》团体标准。

19日 工业和信息化部联合国家发展改革委、国务院国资委出台《关于支持首台（套）重大技术装备平等参与企业招标投标活动的指导意见》（工信部联重装〔2023〕127号）。

20日 徐工发布全球最大吨位可上绿牌混动全地面起重机XCA300L8-HEV。该产品的增程模式高效油电转化，每年节约运营成本8万～10万元。

20—23日 第十六届中国（北京）国际工程机械、建材机械及矿山机械展览与技术交流会（BICES 2023）在北京成功举办。BICES 2023展出面积超过15万m^2，展馆容积率再创历史新高；参展商总数1 320家，其中全球工程机械头部企业均以总部直接参展；70多个国家和地区的超15万人次专业观众线下到场参观，展会期间线上线下观众超30万人次。

由中国工程机械工业协会筹办的“奋进新征程，建功新时代”新时代工程机械科技创新成果展也同期展示。通过千余张珍贵照片和图表，分“政策引领，科技强国”“科技创新，成果丰硕”“科研实力，突飞猛进”“装备保障，建设脊梁”“工程机械行业技术创新突出贡献人物”“历届BICES展会首发新品”六大主题板块，集中展示了2012年以来工程机械行业取得的新成果。

21日 《中国工程机械行业志（2016—2020）》在BICES 2023展会现场发布。编写和发行《中国工程机械行业志》是中国工程机械工业协会服务政府和企业的一大举措，是建设行业文化的重要组成部分，是回顾行业历史和展望未来发展的宏观资料，对于促进工程机械行业全面可持续发展、坚定工程机械行业高质量发展的信心和决心具有重大的现实意义。

22日 中国工程机械工业协会后市场产销分会组织召开二手非公路宽体自卸车检测评估标准草案启动工作会。该标准将有力地促进二手和存量非公路宽体车的公平公正交易和资产评估，并提供评估基础依据，提高设备流通效率和行业效益。

月内 三一菲律宾子公司、越南子公司正式开业，标志着三一在当地市场发展迈入新阶段，进一步完善了三一集团全球化战略布局。

10月

7日 中国工程机械工业协会发布T/CCMA 0166—2023《施工升降机　标识》、T/CCMA 0167—2023《施工升降机　图形符号》团体标准。

9日 中国工程机械工业协会发布T/CCMA 0168—2023《土方机械　电控手柄技术要求及试验方法》、T/CCMA 0169—2023《平地机辅助找平系统》、T/CCMA 0170—2023《挖掘装载机　燃油消耗量试验方法》、T/CCMA 0171—2023《挖掘装载机　热平衡试验方法》团体标准。

12日 由铁建重工自主研制的直径为8.61m的盾构机主轴承在长沙下线，这是迄今全球直径最大、单体最重、承载最高的整体式盾构机主轴承。它的成功研制，标志着国产超大直径主轴承研制取得重大突破，实现了国产盾构机主轴承从中小直径到超大直径型谱的全覆盖。

13日 经机械工业科学技术奖

管理委员会组织项目终审，工程机械行业有29项科技成果获得2023年度机械工业科学技术奖。

13日 中国工程机械工业协会发布T/CCMA 0172—2023《移动式升降工作平台施工现场管理规程》团体标准。

16日 由中国环境科学研究院主办，国际清洁交通委员会、中国工程机械工业协会共同组织的零排放工程机械研讨会在北京召开。此次会议旨在共同寻求和促进具有成本效益的零排放技术和推广方案，探讨零排放机械市场发展方向和政策导向，推动工程机械领域加速向零排放过渡转型。

17日 徐工新能源动力科技有限公司生产的首台动力电池正式下线。该动力电池是由多个电芯组成的“电池包”，其长度为2m，宽度为68cm，高度为27cm，在安全稳定方面处于行业领先水平。

18日 由徐州市人民政府和中国工程机械工业协会联合主办的首届工程机械技术创新大会在徐州开幕。此次大会旨在通过搭建政府、行业组织、高校、科研院所、主机企业及零部件配套企业的对话交流平台，集聚行业创新资源和人才优势，扩大创新合作领域和对外开放，构建创新发展生态和文化氛围，共同推动行业高质量发展。

18日 工程机械市场指数工作机制正式启动。工程机械市场指数是指基于工程机械设备运行情况，通过深入分析数据内在逻辑和相关因素、不同施工领域作业情况的变化态势，成为宏观经济研判、微观企业的运营决策的重要参考指标。该指数可以为宏观经济研判和企业运营决策提供重要参考。

18日 《工程机械知识产权蓝皮书（2023）》正式发布。该蓝皮书由中国工程机械工业协会、徐州工程机械集团有限公司、江苏省知识产权保护中心、中国贸促会专利商标事务所等组织机构共同发布，以工程机械行业典型的15个产品类别为研究对象，分析了全球工程机械制造行业50家代表企业的专利信息，进行全面深度解读，并给出专业的措施建议。

20日 中国工程机械工业协会发布T/CCMA 0173—2023《流动式起重机用高性能平衡阀》团体标准。

25—27日 中国工程机械工业协会在山东临沂组织召开《液压挖掘机 排气污染物车载测量方法》《轮胎式装载机 排气污染物车载测量方法》团体标准宣传贯彻会议。这两项标准由国家工程机械质量检验检测中心牵头，行业相关企业共同参与制定，旨在共同推动国四排放标准的顺利实施，为改善大气环境质量贡献行业力量。

31日 中国工程机械工业协会发布T/CCMA 0174—2023《非道路低速专用车辆 环境适应性 技术条件及试验方法》、T/CCMA 0175—2023《移动工作站》团体标准。

11月

9日 中国工程机械工业协会双碳标准化技术委员会成立大会暨第一届委员会议在江苏省常州市召开。

12日 工业和信息化部印发《2023年5G工厂名录》，三一重工5G灯塔工厂、北京三一智造5G工厂、三一起重5G智慧工厂、三一重机5G工厂、浙江三一装备履带起重机5G工厂、三一韶山超级5G工厂共6个5G工厂项目入选。

14日 由工业和信息化部、福建省人民政府联合主办的2023金砖国家工业创新大赛决赛在厦门成功举办。由徐工研究总院提报的“大型工程机械产品全生命周期降碳管理系统集成研发与应用”项目突出重围，获得“绿色循环”赛道优秀奖。

15日 中国工程机械工业协会组织召开了《挖掘铲运和桩工机械司机国家职业技能等级认定培训教程》编写启动会。

15日 三一南非总部基地项目在南非约翰内斯堡破土启动。该基地定位区域制造中心、物流中心和人才中心，投资3亿兰特（约合1.15亿元人民币），计划2024年9月竣工交付，建成后预计每年可生产1 000台挖掘机和其他工程机械设备。

16日 工业和信息化部公布拟认定的第六批国家级工业设计中心名单，湖南省共有7家企业拟认定，星邦智能位列其中。

17日 中国工程机械工业协会属具分会在江苏常州正式成立。经会员单位代表选举，俞宏福当选为属具分会会长，李宏宝当选为属具分会秘书长；三一重机有限公司为会长单位，徐州徐工挖掘机械有限公司等11家单位为副会长单位。

20日 柳工挖掘机智慧工厂首台产品下线，标志着柳工挖掘机智慧工厂的发展迈入新阶段。

23日 三一集团宣布，在湖州市吴兴区投资建设三一高空机械全国总部和三一长三角研究院。其中，三一高空机械全国总部建成后，将形成年产15万台各类臂式、剪叉式高空作业自行平台及大型智能高位高空作业平台的生产能力；三一长三角研究院致力于引育一批科研人才，加强科技研发，推动成果转化，为加快实力新湖州建设、打造湖州版现代化产业体系提供有力支撑。

26日 柳工集团创建65周年庆祝大会暨11·26全球客户节在广西柳州市举行。

27日 由国家市场监督管理总局、国家标准化管理委员会联合发文的GB/T 43441.1—2023《信息技术 数字孪生 第1部分：通用要求》正式发布，拟于2024年6月1日开始实施。在80多家全国参编单位中，三一重机是唯一的工程机械行业企业。

27日 由柳工报送的“重器出海 共绘‘一带一路’工笔画”案例入选2023中国企业国际形象建设案例征集活动“共建新丝路类”优秀案例，这是广西企业首次获评该奖项。

月内 2023年江苏独角兽企业暨高新区瞪羚企业评估结果发布会在南京举行。众能联合数字技术有限公司凭借其强大的创新实力和行业影响力，成功入选2023年省级“独角兽”企业名单。

12月

1日 中国工程机械工业协会发布T/CCMA 0176—2023《工程机械维修企业能力评价规范》团体标准。

4日 铁建重工的“大型全断面隧道掘进机主驱动轴承关键技术研究与应用”项目通过中国工程机械工业协会鉴定委员会科技成果鉴定。铁建重工经过多年自主攻关，在主驱动轴承材料、设计、制造、试验、应用上取得了重大突破，研制了ϕ3～8.61m的系列轴承，打破了国外长期技术垄断。鉴定委员会认为，该项目技术难度大、创新性强，具有自主知识产权，解决了我国大型全断面隧道掘进机主驱动轴承的“卡脖子”难题，项目整体技术达到国际先进水平。

7日 工业和信息化部公布2023年团体标准应用示范项目，中国工程机械工业协会申报的T/CCMA 0136—2022《工业车辆 安全监控管理系统 检验与试验规范》、T/CCMA 0125—2022《旋转多工位静压式混凝土制品成型机》、T/CCMA 0124—2022《移动式混凝土制品成型机》和T/CCMA 0134—2022《工程机械 润滑脂集中润滑系统》4项工程机械团体标准入选。

7日 临工重机墨西哥工厂开业仪式在新莱昂州举行。该工厂是临工重机在墨西哥建立的全工艺高机生产基地，它的开业将有效助力临工重机深入开拓北美市场，进一步加速全球化进程。

14日 江苏省工业和信息化厅公示2023年省级专精特新中小企业名单，中交天和荣获江苏省“专精特新”企业称号。

14日 由国网新源洛宁公司、水电六局、中铁装备联合研制的国产首台大直径大倾角斜井TBM“永宁号”顺利完成洛宁抽水蓄能电站1号引水斜项目掘进任务，填补了我国TBM斜井施工建设领域的技术空白。

15日 中国工程机械工业协会发布T/CCMA 0177—2023《工程机械数字化水平评估规范》团体标准。

16日 铁建重工和中铁十四局共同打造的14米级超大直径盾构机“园梦号”正式下线，将应用于新建南通至宁波高速铁路苏州东隧道施工。该设备同时搭载的“推拼同步+同步双液注浆+整体式全预制箱涵同步拼装”成套先进技术，在国内超大直径盾构设备中首次应用，将全面提升盾构施工安全和成型隧道质量，施工效率可以提高30%。

18日 中铁装备研制的敞开式TBM“西南号”正式下线。该设备开挖直径为5.43m，适应最小转弯半径为300m，将应用于深圳市西丽水库至南山水厂原水管工程。“西南号”是国内城区应用的首台敞开式TBM。

28日 《2023中国制造强国发展指数报告》《中国制造业重点领域技术创新绿皮书——技术路线图（2023）》在北京发布。此次将工程机械作为16个中国制造业重点领域之一，首次发布技术路线图，再次体现了国家对工程机械行业发展的高度关注与认可。

月内 甘肃临夏州积石山县发生6.2级地震，造成震区部分水、电、交通、通讯等基础设施受损。灾情发生后，工程机械生产企业立即行动起来，徐工、三一、中联重科、柳工、山河智能、山东临工、厦工、浙江鼎力等企业第一时间组织救援队伍、调派机械设备、携带救灾物资和款项，投身到抗震救灾行动中。这些企业充分发挥工程机械在抢险救灾中的优势，利用挖掘机、装载机等装备对倒塌的建筑物进行清理和挖掘，为救援人员提供安全通道，用实际行动诠释“大国重器”的责任与担当。

月内 国家知识产权局发布《关于2023年度国家知识产权优势企业和示范企业评定结果的公示》，浙江鼎力机械股份有限公司凭借长期以来深耕技术创新、对知识产权保护的高度关注以及科学合理的专利布局，荣获“2023年国家知识产权示范企业”称号。

〔撰稿人：中国工程机械工业协会尹晓荔〕

行业篇

从生产发展、市场及销售、产品进出口、科技成果及新产品等方面，阐述工程机械各分行业2023年的发展状况

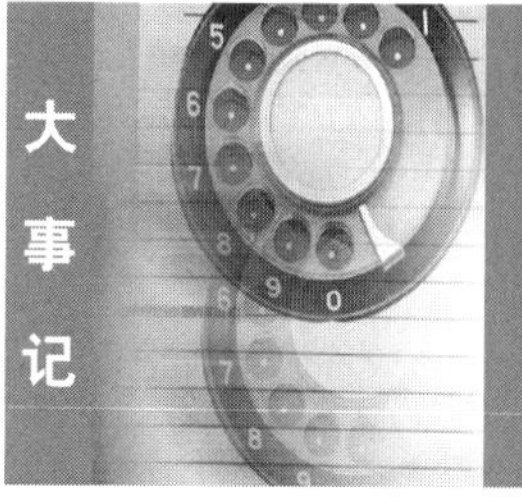

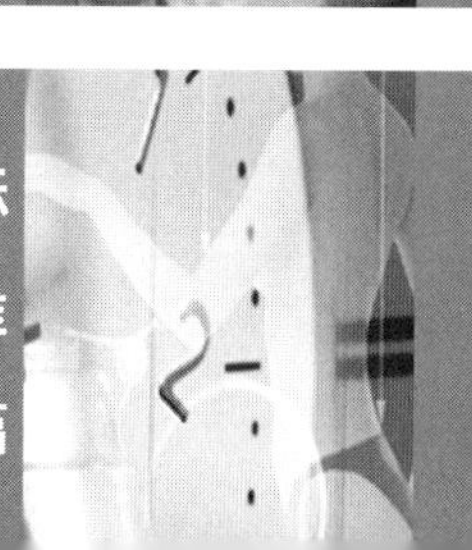

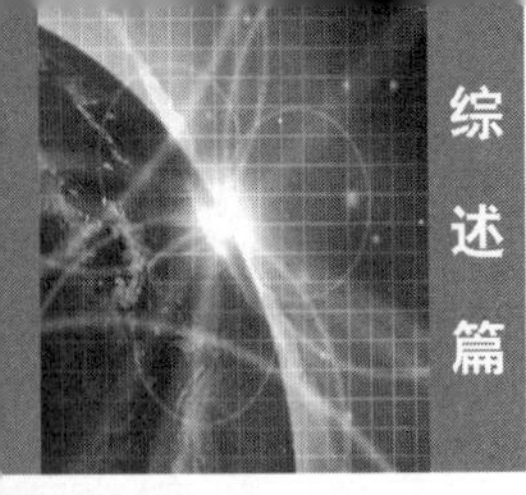

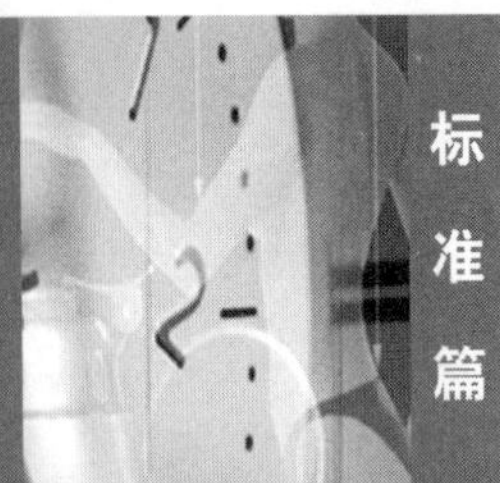

行业篇

挖掘机械
铲土运输机械
工程起重机
工业车辆
筑养路机械
凿岩机械与气动工具
桩工机械
掘进机械
市政与环卫机械
装修与高空作业机械
观光车及非道路低速专用车
混凝土机械
建筑起重机械
工程建材制品机械
工程机械配套件
属具
工程机械租赁
工程机械后市场

挖掘机械

一、生产发展情况

根据中国工程机械工业协会挖掘机械分会调研数据统计，截至2023年年底，在中国国内投资规划生产挖掘机械的企业约35家，与2022年基本持平。其中，规模主机制造企业近20家，规划设计产能约60万台。规模代理商、经销商、服务商超过1 000家。

2023年，纳入挖掘机械分会统计的27家主机制造企业共销售700多种规格的挖掘机械产品，单台整机质量为1～700t。挖掘机械总销量为195 018台（含出口），同比下降25.4%。其中，国内销量为89 980台，同比下降40.8%；出口量为105 038台，同比下降4.0%。

二、市场及销售情况

（一）市场概况

国内挖掘机械市场在经历2010年、2011年的市场高点后，2014—2015年销量持续下滑，2015年销量约为2011年高峰时期的1/3。自2016年下半年起，行业逐步摆脱低迷，市场得到修复。2018—2021年，挖掘机械市场持续增长，并刷新历史新高。2021年，市场销量达到创纪录的34.3万台。2021年下半年，行业进入新一轮调整期，销量持续下滑。2022年销量虽处于历史高位，但显现出滞胀状态，下降趋势初现。2023年，国内市场收缩延续，叠加出口增速趋缓，全年销量显著下滑。2021—2023年我国挖掘机械各月销量及增长情况见图1。2014—2023年我国挖掘机械销量及增长情况见图2。

从市场构成看，随着国产品牌国际化步伐的加速以及外资品牌全球产能布局的调整，出口量和出口占比总体呈不断上升趋势。出口量占比从2014年的不足7%上升至2023年的53.9%。受海外渠道补库存逐步完成、高基数、海外产能恢复、海外部分区域景气下行等因素影响，2023年下半年，出口阶段性承压。2014—2023年我国挖掘机械市场构成及变化情况见图3。

（二）2023年国内市场

1. 市场概况

2023年，纳入挖掘机械分会统计的27家主机制造企业国内挖掘机械市场销量为89 980台，同比下降40.8%。销售产品总质量为142.4万t，同比下滑39.7%；销售产品平均质量为15.8t，比上年增加0.29t。

2021年，国内挖掘机械市场单月销量最高值出现在3月份（单月销量为72 968台）。之后，受宏观经济增速放缓、大规模刺激政策减少、房地产投资持续下行、基础设施投资增速降低、市场保有量快速增加、下游工程量减少、供需关系失衡等多重因素影响，国内挖掘机械市场自2021年4月开始下行。2022年，国内挖掘机械市场销量同比下滑44.6%。2023年，国内挖掘机械市场仍处于下行阶段。2021—2023年国内挖掘机械各月销量及增长情况见图4。

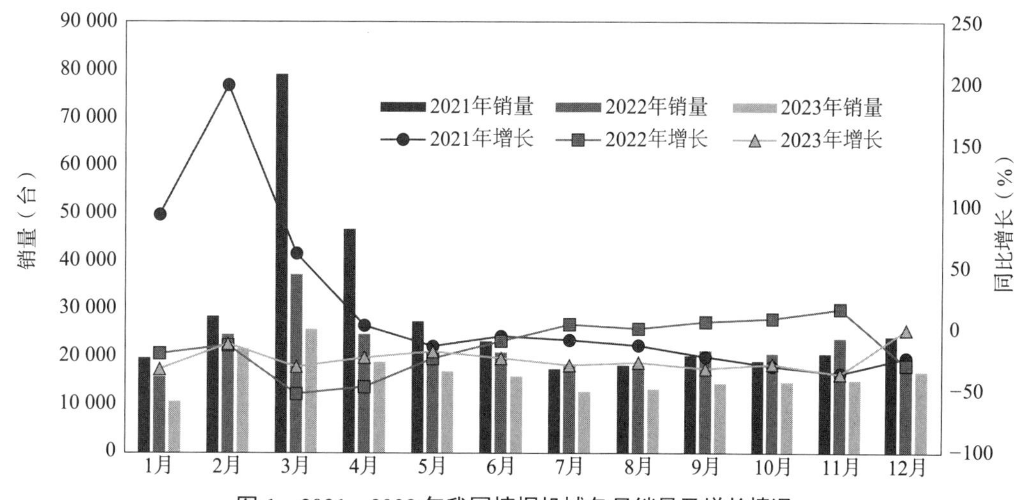

图1　2021—2023年我国挖掘机械各月销量及增长情况

注：数据来源于中国工程机械工业协会挖掘机械分会。

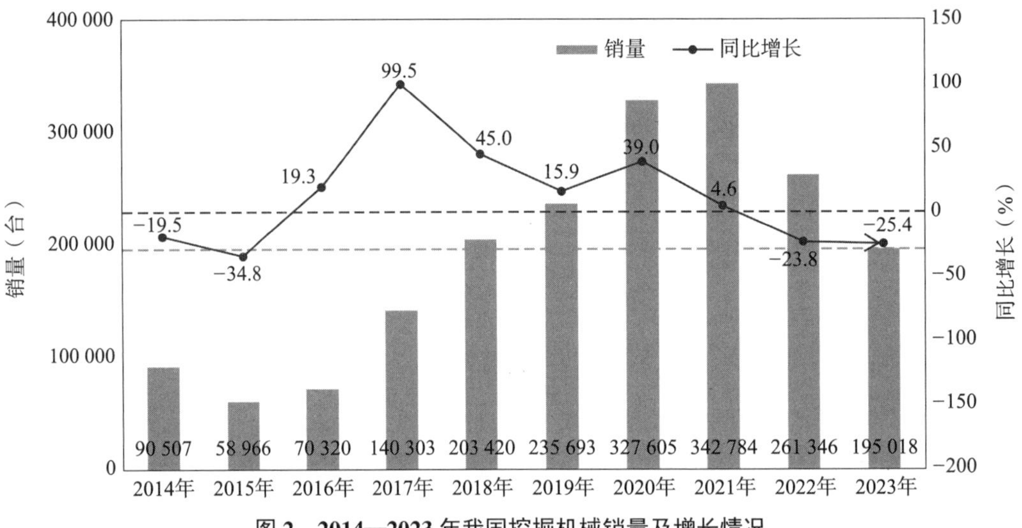

图2　2014—2023年我国挖掘机械销量及增长情况

注：数据来源于中国工程机械工业协会挖掘机械分会。

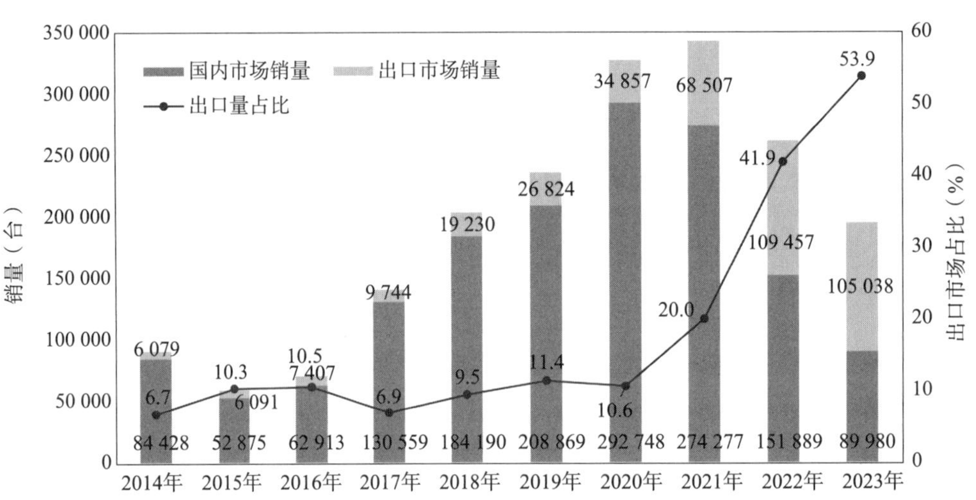

图3　2014—2023年我国挖掘机械市场构成及变化情况

注：数据来源于中国工程机械工业协会挖掘机械分会。

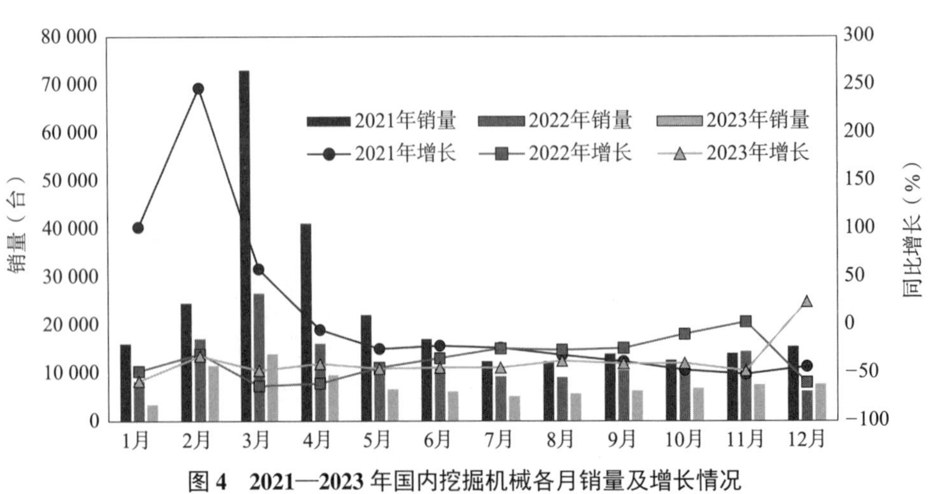

图4　2021—2023年国内挖掘机械各月销量及增长情况

注：数据来源于中国工程机械工业协会挖掘机械分会。

2. 市场保有量

根据挖掘机械分会的统计数据和估算方法，截至 2023 年年底，国内挖掘机械市场 6 年保有量为 149.9 万台，8 年保有量为 169.8 万台，10 年保有量为 190.0 万台。与 2022 年相比，不同细分市场 6 年、10 年保有量均有所下滑，大型挖掘机、小型挖掘机的 8 年保有量均略有增长。国内挖掘机械市场保有量估计值及变化情况见表 1。

表 1　国内挖掘机械市场保有量估计值及变化情况

机型	6 年保有量		8 年保有量		10 年保有量	
	销量（万台）	同比增长（%）	销量（万台）	同比增长（%）	销量（万台）	同比增长（%）
大型挖掘机	21.9	-0.59	24.5	2.43	27.2	-1.50
中型挖掘机	39.2	-2.43	43.8	-0.74	49.7	-4.30
小型挖掘机	88.9	-1.85	101.4	0.62	113.1	-0.81
合计	149.9	-1.82	169.8	0.52	190.0	-1.85

注：数据来源于中国工程机械工业协会挖掘机械分会。因四舍五入，合计数与分项之和略有出入。

3. 市场格局

2023 年，国内挖掘机械市场国产品牌销量为 78 083 台，同比下降 38.2%，市场占有率为 86.8%；外资品牌销量为 11 897 台，同比下降 53.3%，市场占有率为 13.2%。2014—2023 年国内挖掘机械市场国产品牌销量及市场占比情况见图 5。

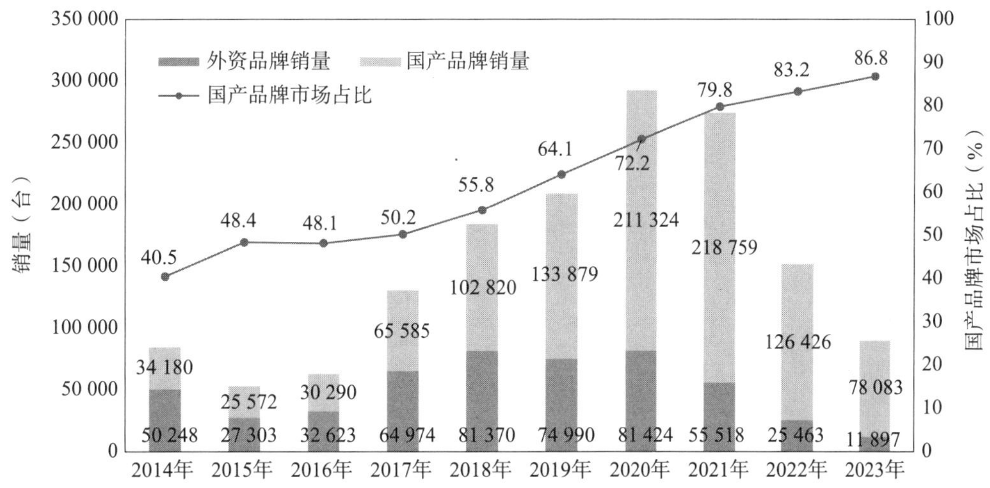

图 5　2014—2023 年国内挖掘机械市场国产品牌销量及市场占比情况

注：数据来源于中国工程机械工业协会挖掘机械分会。

从产品结构来看，大型挖掘机（整机质量≥28.5t）销量为 12 166 台，同比下降 37.1%；中型挖掘机（18.5t ≤整机质量＜28.5t）销量为 15 762 台，同比下降 54.2%；小型挖掘机（整机质量＜18.5t）销量为 62 052 台，同比下降 36.8%。其中，微型挖掘机（整机质量＜6t）销量为 14 144 台，同比下降 37.4%。2023 年国内挖掘机械市场产品结构见表 2。

表 2　2023 年国内挖掘机械市场产品结构

产品类别	整机质量（t）	销量（台）	同比增长（%）	占比（%）
大型挖掘机	≥ 28.5	12 166	-37.1	13.5
中型挖掘机	18.5～28.5（含 18.5）	15 762	-54.2	17.5
	13～18.5（含 13）	10 231	-28.0	11.4
小型挖掘机	6～13（含 6）	37 677	-38.6	41.9
	＜6	14 144	-37.4	15.7
合计		89 980	-40.8	100.0

注：数据来源于中国工程机械工业协会挖掘机械分会。

从国内挖掘机械行业市场集中度来看，2014—2016年，市场集中度稳中有升。2016年之后，龙头企业凭借强大的生产优势、优异的供应链体系、快速的市场反应能力和完善的销售及服务网络迅速占领市场，行业市场集中度大幅升高。2023年，国内挖掘机械市场集中度 CR_4 达到 63.7%，CR_8 达到 82.1%，整体处于高市场集中度阶段。与 2022 年相比，CR_4 下降 0.4 个百分点，CR_8 增长 1.6 个百分点。

4. 区域市场

近年来，在综合经济实力的支撑下，东部地区（包括北京、福建、广东、海南、河北、江苏、辽宁、山东、上海、天津、浙江）市场增长更为显著，已经与中西部地区市场拉开差距。东部地区劳动力成本更高，微型挖掘机需求更为旺盛，市场占比超过中部和西部地区；中部地区（包括安徽、河南、黑龙江、湖北、湖南、吉林、江西、山西）6～18.5t 小型挖掘机和中型挖掘机的市场占比相对较高；西部地区（包括重庆、甘肃、广西、贵州、内蒙古、宁夏、青海、陕西、四川、西藏、新疆、云南）大型挖掘机的市场占比更为突出。2023 年，东部地区销量为 32 802 台，同比下降 43.7%；中部地区销量为 24 823 台，同比下降 44.5%；西部地区销量为 32 355 台，同比下降 33.8%。2023 年国内各区域市场挖掘机械销售情况见表 3。

表 3　2023 年国内各区域市场挖掘机械销售情况

区域	产品类别	整机质量（t）	销量（台）	同比增长（%）	占比（%）
东部	大型挖掘机	≥ 28.5	3 919	-40.5	4.4
	中型挖掘机	18.5～28.5（含 18.5）	6 794	-54.2	7.6
	小型挖掘机	13～18.5（含 13）	2 958	-38.9	3.3
		6～13（含 6）	12 510	-41.8	13.9
		<6	6 621	-37.1	7.4
中部	大型挖掘机	≥ 28.5	2 536	-41.8	2.8
	中型挖掘机	18.5～28.5（含 18.5）	4 206	-60.8	4.7
	小型挖掘机	13～18.5（含 13）	2 134	-30.0	2.4
		6～13（含 6）	12 217	-40.4	13.6
		<6	3 730	-38.9	4.1
西部	大型挖掘机	≥ 28.5	5 711	-32.1	6.3
	中型挖掘机	18.5～28.5（含 18.5）	4 762	-46.2	5.3
	小型挖掘机	13～18.5（含 13）	5 139	-18.7	5.7
		6～13（含 6）	12 950	-32.9	14.4
		<6	3 793	-36.4	4.2

注：数据来源于中国工程机械工业协会挖掘机械分会。

5. 细分市场

2023 年，国内大部分省份挖掘机械销量出现 40% 左右的下滑，降幅相对较小的省份为北京、重庆、新疆、贵州、云南。

从各机型市场来看，2023 年，国内大型挖掘机销量列前五位的省份为内蒙古、新疆、山东、广东、四川，销量分别为 1 744 台、841 台、677 台、638 台、602 台；中型挖掘机销量列前五位的省份为江苏、广东、安徽、山东、浙江，销量分别为 1 477 台、1 201 台、1 041 台、978 台、919 台；小型挖掘机销量列前五位的省份为江苏、广东、四川、安徽、江西，销量分别为 4 426 台、3 681 台、3 618 台、3 465 台、3 169 台。2023 年国内挖掘机械细分市场销售情况见表 4。

表 4　2023 年国内挖掘机械细分市场销售情况

区域		销量（台）	同比增长（%）	占比（%）
东北	黑龙江	642	-67.1	0.7
	辽宁	1 603	-54.6	1.8
	吉林	1 125	-48.9	1.3

（续）

区域		销量（台）	同比增长（%）	占比（%）
华北	北京	1 382	11.8	1.5
	天津	311	-50.7	0.3
	河北	3 406	-41.9	3.8
	山西	3 719	-45.3	4.1
	内蒙古	3 745	-30.3	4.2
华东	上海	1 422	-31.8	1.6
	江苏	6 294	-42.0	7.0
	山东	4 378	-53.6	4.9
	安徽	4 802	-41.1	5.3
	浙江	4 147	-51.5	4.6
	江西	3 932	-32.4	4.4
	福建	3 437	-38.2	3.8
华南	广东	5 520	-38.4	6.1
	广西	3 436	-38.3	3.8
	海南	902	-43.1	1.0
华中	湖南	3 117	-40.1	3.5
	湖北	3 898	-41.1	4.3
	河南	3 588	-55.2	4.0
西北	陕西	2 845	-43.4	3.2
	宁夏	820	-46.8	0.9
	甘肃	2 196	-47.6	2.4
	新疆	4 129	-22.8	4.6
	青海	741	-35.0	0.8
西南	四川	4 995	-32.2	5.6
	云南	4 050	-28.4	4.5
	贵州	2 143	-27.2	2.4
	重庆	1 934	-18.6	2.1
	西藏	1 321	-42.9	1.5
合计		89 980	-40.8	100.0

注：数据来源于中国工程机械工业协会挖掘机械分会。

6. 轮胎式挖掘机市场

2023 年，纳入挖掘机械分会统计的 27 家主机制造企业轮胎式挖掘机销量为 7 813 台，占国内挖掘机械总销量的 8.7%，比 2022 年提高 3.3 个百分点。在有一定移动性要求的农田水利建设、小型土石方施工中，如使用履带式挖掘机，则需要搭配一台拖车；而轮胎式挖掘机可独立施工，可有效提高施工效率并降低成本。

由于国内用户对轮胎式挖掘机的接受度不高，导致轮胎式挖掘机市场未得到主流品牌企业的重视，相关市场被大量中小企业占据。根据行业摸底调研情况，未纳入统计的低配简易轮胎式挖掘机每年的市场规模约为 2 万台。近两年，纳入统计的轮胎式挖掘机市场销量增长情况显著超过行业整体涨幅水平。2013—2023 年国内轮胎式挖掘机销量及市场占比情况见图 6。

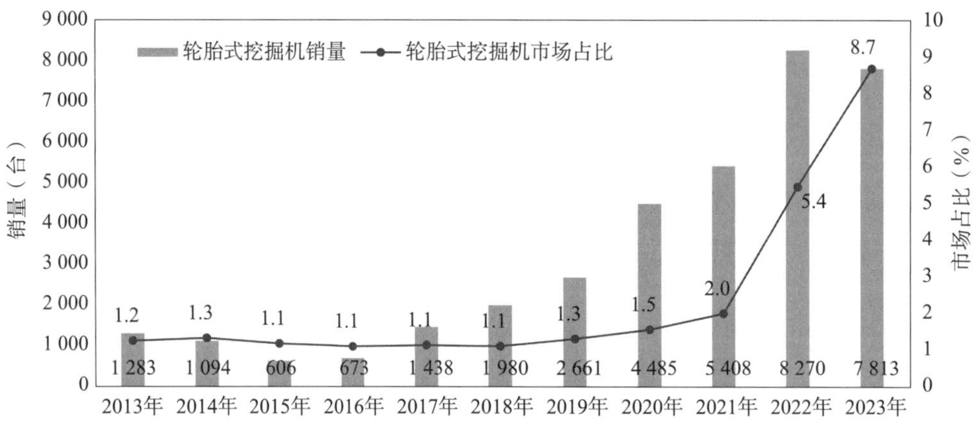

图 6　2013—2023 年国内轮胎式挖掘机销量及市场占比情况

注：数据来源于中国工程机械工业协会挖掘机械分会。

三、产品对外贸易情况

（一）出口市场概况

2023 年，纳入挖掘机械分会统计的 27 家主机制造企业挖掘机械出口量为 105 038 台，创历史新高。其中，国产主机制造企业挖掘机械出口量为 72 653 台，外资品牌企业挖掘机械出口量为 32 385 台。2021—2023 年我国挖掘机械各月出口量及增长情况见图 7。2021—2023 年国产品牌挖掘机械各月出口量及增长情况见图 8。

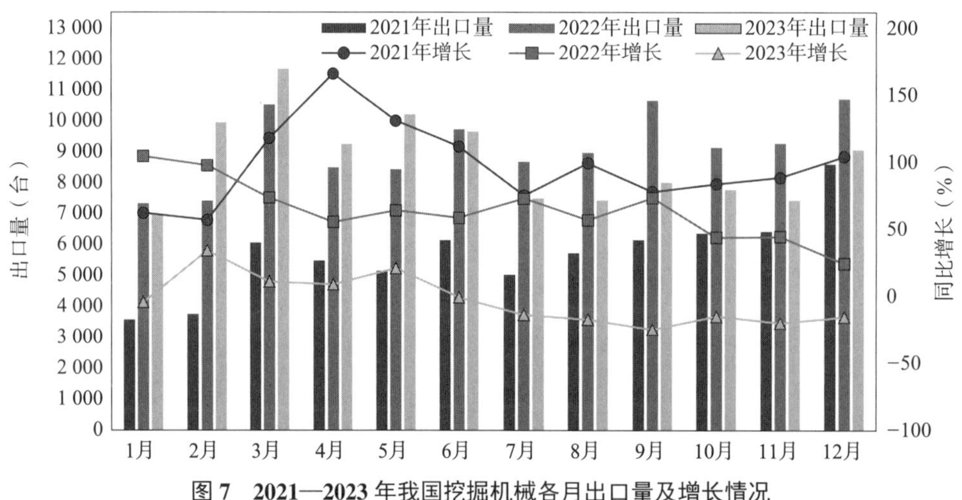

图 7　2021—2023 年我国挖掘机械各月出口量及增长情况

注：数据来源于中国工程机械工业协会挖掘机械分会。

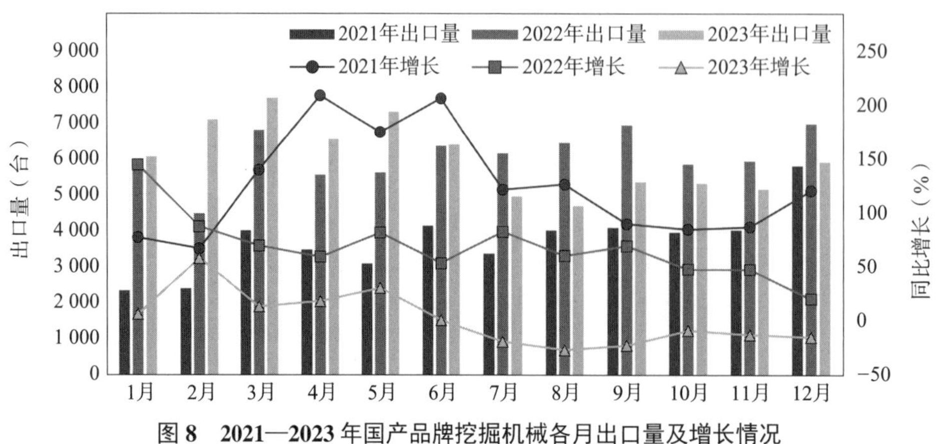

图 8　2021—2023 年国产品牌挖掘机械各月出口量及增长情况

注：数据来源于中国工程机械工业协会挖掘机械分会。

2014—2015 年，国内市场的低迷导致企业经营压力增加，延缓了国际化进程，加之全球市场需求疲软，出口市场规模持续萎缩。2016 年，得益于国内市场的增长，企业经营情况改善，国际化步伐再度加速，国内企业经过多年的积淀，产品质量、服务、关键核心零部件供应体系等全面提升。2017 年开始，国产品牌出口持续高速增长，海外市场整体进入高速增长阶段。2020 年，出口量增速下滑，但并未改变出口市场持续增长的总体态势。2021 年，海外市场再次呈现爆发式增长，出口量同比增长 96.5%。2022 年延续高增长态势，出口量同比增长出 59.8%。2023 年上半年出口市场增速显著放缓，全年出口量同比下降 4.0%。从单月增速来看，2023 年 6 月以来，受海外渠道补库存逐步完成、高基数、海外产能恢复、国际部分区域景气下行等因素影响，出口市场阶段性承压。2014—2023 年我国挖掘机械出口量及增长情况见图 9。

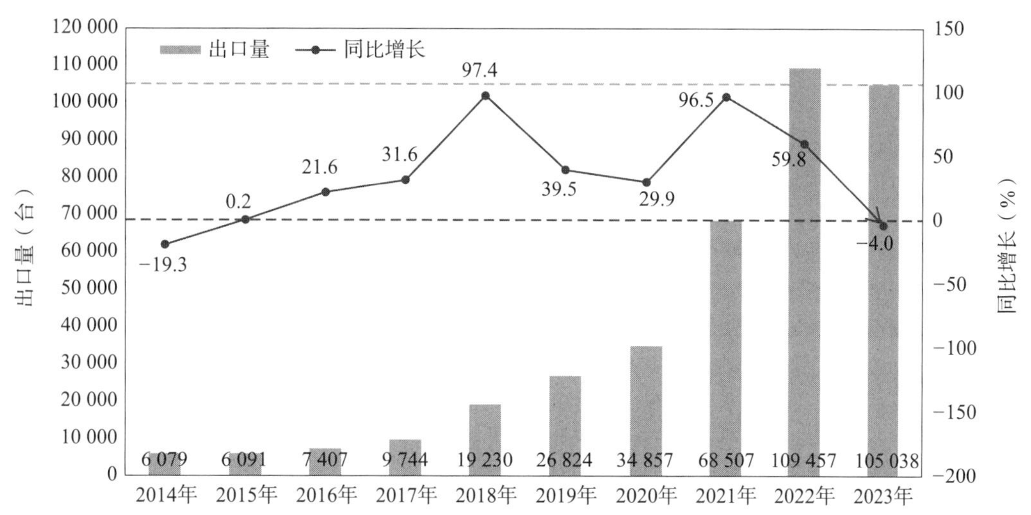

图 9　2014—2023 年我国挖掘机械出口量及增长情况

注：数据来源于中国工程机械工业协会挖掘机械分会。

（二）出口产品结构

2023 年，我国挖掘机械行业大型挖掘机出口量为 18 707 台，同比增长 16.5%，占出口总量的 17.8%；中型挖掘机出口量为 32 725 台，同比增长 1.5%，占出口总量的 31.2%；小型挖掘机出口量为 53 606 台，同比下降 12.3%，占出口总量的 51%。其中，微型挖掘机出口量为 29 413 台，同比下降 21.5%，占出口总量的 28%。

经过多年的发展和积累，国产品牌已经具备全球竞争力，国产品牌与外资品牌的出口产品结构正在逐步趋于一致。

出口产品结构方面，微型挖掘机出口占比近年来显著扩张，2020—2022 年出口量占比超过 30%，2023 年出口量占比有所收缩；中型挖掘机出口量占比一直维持在 30% 的水平；大型挖掘机出口有所提升，2023 年出口量占比达到 17.8%。

四、市场展望

受宏观经济增速放缓、大规模刺激政策减少、房地产投资持续下行、基础设施投资增速下降、市场保有量快速增加、下游工程量减少等因素影响，2021 年以来，挖掘机械市场进入新一轮调整期。2022 年 12 月，排放标准升级后，市场销量短期降幅有所扩大。2023 年下半年市场逐步企稳。

在我国宏观经济稳增长的大背景下，虽然行业仍处于低谷期，但政策层面已经迎来了积极的信号。随着一系列房地产政策效应逐步显现，基础建设及采矿业投资持续增长。同时，更新需求触底回升，环保政策趋严，机械替代人工趋势加深，以及“两新一重”建设（新型基础设施建设、新型城镇化建设，交通、水利等重大工程建设）的持续推进、城中村改造项目落实、挖掘机械在矿山等领域的渗透率提升等因素驱动，国内挖掘机械需求有望迎来边际改善。考虑到政策效果显现存在滞后性和叠加性，加之换新需求量进入上升阶段，预计 2024 年挖掘机械市场需求持平或小幅回升，未来市场有望逐步回暖，进入稳增长的新阶段。

〔供稿单位：中国工程机械工业协会挖掘机械分会〕

铲土运输机械

一、市场销售情况

（一）装载机

2023 年，纳入中国工程机械工业协会铲土运输机械分会统计的 20 家主要装载机生产企业有艾奇蒂现代迪万伦工程机械有限公司、国机重工集团常林有限公司、卡特彼勒（中国）投资有限公司、福田雷沃国际重工股份有限公司、利勃海尔机械服务（上海）有限公司、山东临工工程机械有限公司、广西柳工机械股份有限公司、中国龙工控股有限公司、山东一能重工有限公司、卡特彼勒（青州）有限公司、山推工程机械股份有限公司、沃尔沃建筑设备投资（中国）有限公司、厦门工程机械股份有限公司、小松（中国）投资有限公司、徐工集团工程机械股份有限公司、英轩重工有限公司、三一重工股份有限公司、斗山山猫机械（中国）有限公司、山河智能装备股份有限公司、山东威猛工程机械有限公司。参与统计的企业共销售各类装载机 103 912 台，同比下降 15.8%。其中，国内市场销量为 56 552 台，同比下降 30.1%；出口量为 47 360 台，同比增长 11.5%。全年共销售电动装载机 3 595 台（3t 装载机 17 台，5t 装载机 2 765 台，6t 装载机 813 台）。2022—2023 年装载机销量及增长情况见表 1。2022—2023 年装载机产品销售结构对比见表 2。2022—2023 年装载机按地区统计销售情况见表 3。

表 1　2022—2023 年装载机销量及增长情况

月份	2022 年销量（台）	2023 年销量（台）	同比增长（%）
1	7 598	6 562	-13.64
2	8 882	9 641	8.55
3	15 309	13 080	-14.56
4	10 975	9 693	-11.68
5	11 059	9 066	-18.02
6	11 457	8 556	-25.32
7	8 158	6 590	-19.22
8	8 802	7 227	-17.89
9	9 668	7 689	-20.47
10	9 448	7 517	-20.44
11	13 582	8 873	-34.67
12	8 417	9 418	11.89

表 2　2022—2023 年装载机产品销售结构对比

年份	3t 以下装载机		3t 装载机		5t 装载机	
	销量（台）	占比（%）	销量（台）	占比（%）	销量（台）	占比（%）
2022	13 087	10.61	24 899	20.18	66 142	53.62
2023	9 168	8.82	18 941	18.23	49 958	48.08

表 3　2022—2023 年装载机按地区统计销售情况

省、自治区、直辖市	2022 年销量（台）	2023 年销量（台）	同比增长（%）	省、自治区、直辖市	2022 年销量（台）	2023 年销量（台）	同比增长（%）
北京	1 310	1 543	17.79	广西	2 593	1 354	-47.78
天津	565	665	17.70	湖南	1 618	1 014	-37.33
河北	4 357	3 607	-17.21	湖北	2 818	1 632	-42.09
山西	5 310	3 819	-28.08	河南	3 242	2 308	-28.81
内蒙古	5 192	3 808	-26.66	海南	748	451	-39.71
黑龙江	2 262	1 510	-33.24	四川	2 964	1 945	-34.38
辽宁	2 911	2 052	-29.51	云南	2 661	1 863	-29.99
吉林	1 566	1 010	-35.50	贵州	1 955	1 348	-31.05
上海	543	539	-0.74	重庆	1 096	752	-31.39
江苏	4 257	2 819	-33.78	西藏	738	376	-49.05
山东	5 237	3 691	-29.52	陕西	4 818	2 917	-39.46
安徽	2 988	1 929	-35.44	宁夏	2 043	1 227	-39.94
浙江	3 124	2 208	-29.32	甘肃	2 592	1 747	-32.60
江西	2 277	1 484	-34.83	新疆	2 750	2 404	-12.58
福建	2 827	2 237	-20.87	青海	724	468	-35.36
广东	2 808	1 825	-35.01				

2023 年，参与统计的企业累计出口各类型装载机 47 360 台，同比增长 11.54%，占总销量的 45.58%。2022—2023 年装载机按机型统计出口情况见表 4。

表 4　2022—2023 年装载机按机型统计出口情况

机型	2022 年		2023 年	
	出口量（台）	占同机型总销量的比例（%）	出口量（台）	占同机型总销量的比例（%）
<ZL30	3 967	30.31	3 661	39.93
ZL30	13 569	54.50	11 770	62.14
ZL40	1 209	97.26	1 524	95.25
ZL50	16 269	24.60	16 289	32.61
ZL60	1 934	20.00	1 870	21.14
ZL70	497	30.42	708	45.36
ZL80	62	36.26	87	45.08
大型	552	87.20	524	88.66
滑移	1 999	58.79	4 067	66.31
挖装	2 403	97.05	6 860	99.13

（二）平地机

2023 年，纳入中国工程机械工业协会铲土运输机械分会统计的 9 家主要平地机生产企业有国机重工集团常林有限公司、山东临工工程机械有限公司、卡特彼勒（青州）有限公司、广西柳工机械股份有限公司、三一重工股份有限公司、卡特彼勒（中国）投资有限公司、山推工程机械股份有限公司、厦门工程机械股份有限公司、徐工道路机械事业部。参与统计的企业共销售各类平地机 6 606 台，同比下降 8.54%。其中，国内市场销量为 943 台，同比下降 20.35%。2022—2023 年平地机销量及增长情况见表 5。2022—2023 年平地机产品按机型统计销售情况见表 6。2022—2023 年平地机按地区统计销售情况见表 7。

表 5 2022—2023 年平地机销量及增长情况

月份	2022 年销量（台）	2023 年销量（台）	同比增长（%）
1	583	525	-9.95
2	480	437	-8.96
3	683	821	20.20
4	564	640	13.48
5	671	649	-3.28
6	630	586	-6.98
7	590	461	-21.86
8	576	435	-24.48
9	612	520	-15.03
10	604	476	-21.19
11	675	525	-22.22
12	555	531	-4.32

表 6 2022—2023 年平地机产品按机型统计销售情况

机型（马力）	2022 年		2023 年		同比增长（%）
	销量（台）	占比（%）	销量（台）	占比（%）	
＜130	263	3.64	242	3.66	-7.98
130～159	357	4.94	610	9.23	70.87
160～179	1 230	17.03	1 185	17.94	-3.66
180～189	1 620	22.43	1 243	18.82	-23.27
190～199	1 013	14.02	886	13.41	-12.54
200～209	898	12.43	442	6.69	-50.78
210～219	999	13.83	1 170	17.71	17.12
220～249	782	10.83	672	10.17	-14.07
250～299	58	0.80	152	2.30	162.07
≥300	3	0.04	4	0.06	33.33

注：1 马力≈735.5W。

表 7 2022—2023 年平地机按地区统计销售情况

省、自治区、直辖市	2022 年销量（台）	2023 年销量（台）	同比增长（%）	省、自治区、直辖市	2022 年销量（台）	2023 年销量（台）	同比增长（%）
北京	45	19	-57.78	广西	13	20	53.85
天津	19	20	5.26	湖南	19	24	26.32
河北	88	48	-45.45	湖北	43	19	-55.81
山西	34	29	-14.71	河南	72	41	-43.06
内蒙古	85	42	-50.59	海南	6	4	-33.33
黑龙江	38	31	-18.42	四川	24	21	-12.50
辽宁	27	13	-51.85	云南	22	18	-18.18

（续）

省、自治区、直辖市	2022 年销量（台）	2023 年销量（台）	同比增长（%）	省、自治区、直辖市	2022 年销量（台）	2023 年销量（台）	同比增长（%）
吉林	7	9	28.57	贵州	11	13	18.18
上海	16	14	-12.50	重庆	17	11	-35.29
江苏	129	135	4.65	西藏	4	11	175.00
山东	117	76	-35.04	陕西	54	40	-25.93
安徽	48	42	-12.50	宁夏	17	16	-5.88
浙江	19	24	26.32	甘肃	32	16	-50.00
江西	17	13	-23.53	新疆	78	86	10.26
福建	13	14	7.69	青海	18	10	-44.44
广东	52	64	23.08				

2023 年，参与统计的企业共出口各类型平地机 5 663 台，同比下降 6.23%，占总销量的 85.73%。2022—2023 年平地机按机型统计出口情况见表 8。

表 8　2022—2023 年平地机按机型统计出口情况

机型（马力）	2022 年		2023 年	
	出口量（台）	占总出口量的比重（%）	出口量（台）	占总出口量的比重（%）
＜ 130	263	4.36	242	4.27
130～159	352	5.83	603	10.65
160～179	1 009	16.71	988	17.45
180～189	1 203	19.92	942	16.63
190～199	831	13.76	721	12.73
200～209	798	13.21	386	6.82
210～219	861	14.26	1 049	18.52
220～249	670	11.09	593	10.47
250～299	51	0.84	135	2.38
⩾ 300	1	0.02	4	0.07

注：1 马力≈ 735.5W。

二、部分企业科研开发情况

1. 广西柳工机械股份有限公司

广西柳工机械股份有限公司根据公司产品战略及可持续发展需要，开展下一代 T 系列装载机产品开发。2023 年，公司共发布 7 款装载机新产品，共完成 15 款 T 系列装载机产品设计及装机，完成了 856HE 欧美版及 820TE、856HE 新兴市场版等电动装载机机型的开发。柳工 856HE-MAX 电动装载机各项性能参数、操作舒适性、电耗等达到国际领先水平，在 2023 年中国工程机械年度产品 TOP50 评选中获得新能源市场突破金奖。该产品在海外市场也大受欢迎，成功进入泰国、印度、美国等市场。柳工静液压装载机逐步形成全系列产品型谱，“静液压传动装载机节能关键技术与应用”项目获得 2023 年度机械工业科学技术奖二等奖。柳工 886H 国四静液压装载机动力强劲，可实现无级变速，司机耳边噪声降低 5dB，节能达 28%～35%，在 2023 年中国工程机械年度产品 TOP50 评选中获得技术创新金奖。

2023 年，公司共发布 2 款平地机新产品。公司率先推出面向矿山市场的全球首台电动平地机 4280DE；4260D 平地机入选《低噪声施工设备指导名录》；4215D 欧五平地机获 CE 认证；4260D 南极版平地机完成雪地测试。“全轮驱动平地机液压系统关键技术与应用”项目经中国机械工业联合会鉴定，结论为达到国际先进水平。“240 马力及以下平地机关键技术与应用”项目经中国工程机械工业协会鉴定，结论为达到国际先进水平。公司的 4230D 静液压平地机技术研究完成方案论证、样机试制和试验验证，实现车速无级调节，可提供爬行、定速、经济等模式，适应不同工况。静液压平地机技术成果在公司其他平地机产品上得到推广应用。平地机自动找平研究完成方案论证、样机试制和试验验证，技术成果在柳工 D 系列平地机上推广应用，实现精确控制高程和横坡，施工精度达 ±2cm，可适应弯道、匝道、边坡等复杂工况施工。

2023 年，公司推出 11 款推土机产品，完成 LD17CG4、LD26CG4 等 5 款国四整机的开发。柳工推土机下一代 D 系列新产品及本土化的 TD 系列产品在客户节上成功发布。柳工 LD60D 推土机搭载康明斯发动机，更节能环保；配备双速转向系统，提供更好的转向性能；采用先进的模块化传动技术，实现快速更换故障件。此外，一站式的保养服务大大节约客户保养成本。公司研制的应用于大型抢险救援作业的 TD-40E 智能型推土机，配备柳工自主开发的远程智能控制系统；搭载 5G 通信技术，实现作业全程可视化功能；液压先导控制和高强度主机架为安全和持续作业提供强力保障。

2. 徐工铲运机械事业部

2023 年，徐工铲运机械事业部在科研方面取得了以下成果：

（1）系列化新能源产品取得突破。在技术创新驱动下，徐工新能源装载机已形成纯电动、油电混动、氢燃料系统产品布局，型谱覆盖 1.8～35t。产品采用自主开发的整机控制技术，具有差异化竞争优势。

（2）数字化、智能化、绿色化、集成化核心技术取得突破。突破静液压驱动装载机多工况控制策略，自主开发静液压控制程序及控制器；完成电控正流量控制策略及控制技术自主开发，实现电控正流量系统硬件与软件的完全国产化等。聚焦装载机械液压系统核心技术短板，整合高校 + 研究院优势资源，突破国外技术封锁。

（3）开展电动化、智能化、无人化等电控技术研究。聚焦客户需求，深入研究特定工况，纯电动电驱控制不断提档升级；聚焦多路线混合动力控制技术，开发不同构型混动控制策略；面向拌合站喂料工况的装载机无人化技术研究与应用，保持跟踪控制精度，提升行驶速度；面向高端市场的全变量电液比例控制系统优化升级；面向特殊工况的遥控系统集成优化及应用等电控技术研究持续发力。

3. 国机重工集团常林有限公司

国机重工集团常林有限公司深耕技术创新，获得多项省部级以上科技奖项。其中，“基于高效节能及可靠性提升的 H 系列挖掘机的研究及产业化”项目获得 2020 年度中国机械工业集团科学技术奖三等奖，955Ev 电动轮式装载机获得 2021 紫金奖 · 工业设计大赛工业设计奖产品组银奖。近两年，公司积极响应国机集团打造“中国第一、世界一流”农机装备企业，着力打造以农业机械为战略发展方向、以工程机械为基础支撑的产品体系，强化产学研用合作，以科技创新推动农机装备业务实现跨越式发展。公司获批江苏省栽植作业装备创新中心、常州市旱地移栽装备产品研发创新中心。

4. 英轩重工有限公司

英轩重工有限公司锚定新能源赛道精准发力，以市场需求为导向，聚焦行业优势资源，持续提升产品创新研发能力，打造领先行业的技术优势。2023 年，公司发布全新 GT 系列纯电动装载机，实现了纯电动装载机的迭代升级。GT 系列纯电动装载机聚焦产品可靠性、续航力和智能化的全面升级，具有全电驱动、超长续航、重载可靠、智能操控、低耗节能的特点。整机采用全新平台设计，承载力更强，动力和续航表现优异。

5. 山东临工工程机械有限公司

在装载机方面，公司开发完成 1.5～10t 国四机型装载机，进一步完善超大型装载机产品线。公司开发纯电标准型、长续航型、混合动力、换电型等新能源装载机产品，完成电池密封整机设计验证。基于工程机械变速器高可靠性、高效节能、高端智能、舒适安全等主要的技术发展趋势，开发了电动装载机变速器、静液压变速器、电驱箱等系列产品。在驱动桥研究方面，重点围绕可靠性提升和基础研究等方面开展工作，在国内率先将重型货车行业的齿轮强喷工艺及等高齿弧齿锥齿轮技术应用到工程机械领域，在成本增加较少的前提下，故障率明显降低，确保传动系统可靠性处于行业领先水平，大幅度提升了产品市场竞争力。

在平地机方面，公司推出了全新 H 系列农用、筑路及矿山系列平地机。138～220 马力平地机主要用于公路、机场、农田等大面积的地面平整和开挖路基，可以实现转移土壤、碎石混合料，开边沟、刮边坡、除雪清道等功能，是国防工程、城乡道路等建筑施工和水利建设、农田改良等必需的工程机械。220～380 马力矿山系列平地机主要用于露天矿区道路平整和清理作业，可用于矿区运输道路建设、矿车车辙平整、泥泞路段修缮等，是矿山建设、维护的必备工程机械。

三、行业发展中存在的问题

1. 企业经营理念、发展方式急需转变

当前，部分企业仍然存在单纯追求市场占有率和销量、不注重产品质量和价值提升的现象；热衷于扩大产能和规模来比拼企业实力，不注重发展整体综合实力。铲土运输机械产品拥有较长的发展历程，形成了现有的产品系列，但保守和落后也渐渐成为行业发展的弊端。铲土运输机械行业企业需要转变经营管理模式，加快发展方式转变和产品结构调整，紧跟世界工程机械行业发展的总趋势，积极调整产品结构，增强科技创新能力。

2. 产品同质化现象严重，低利润运行状态长期存在

我国铲土运输机械行业的代表产品装载机同质化现象严重，制约了装载机行业的进一步发展。装载机的发动机、变速器及驱动桥等主要配套件发展得比较成熟，容易采购；装载机产品技术几乎完全公开，少有专利等知识产权壁垒，导致行业进入门槛极低；产品价格恶性竞争，企业盈利能力低下；营销管理理念缺失，市场难以拓展，产品质量及可靠性差。

面对市场竞争的白热化趋势以及价格优势的逐渐丧失，企业必须积极寻找新的价值增长点和利润空间，致力

于建立除价格优势以外的品质优势。

3. 新技术、核心技术薄弱

近年来，我国铲土运输机械产品质量提高的步伐很快，可靠性得到了明显提升，但小故障仍然很多。在产品寿命、节能、噪声等方面，与国外先进水平相比还有相当大的差距。部分企业技术水平低、技术人才匮乏，装备不良，控制手段落后。

行业下一步的发展重点是进一步加强实验研究能力和水平提升，提高工艺装备水平，推进配套件性能不断提高，加强产品可靠性、耐久性的研究和试验，实现产品性能稳定、可靠、精久、耐用。加强节能、减排、环保方面的研究和试验，力求达到阶段排放标准。

〔供稿单位：中国工程机械工业协会铲土运输机械分会〕

工程起重机

2023 年，工程起重机行业企业积极应对国内外市场环境变化，持续加快科技创新，加大研发投入，加快数字化转型、智能化升级和绿色化发展。产品国产化率大幅度提升，关键核心零部件技术取得较大进展，传统产品提质升级，新产品和高端产品占比快速增加，一些制约行业发展的共性问题和产业薄弱环节得到解决和改善，超大型工程起重机不断面市。

一、生产发展情况

根据中国工程机械工业协会工程起重机分会统计，截至 2023 年年底，参与统计的 9 家工程起重机生产企业实现营业收入 4 720 479 万元，比上年下降 2.55%，仍属高位运行。2023 年工程起重机行业主要企业经济指标见表 1。

表 1　2023 年工程起重机行业主要企业经济指标

企业名称	营业收入（万元）	从业人员人数（人）
徐工集团徐工起重机械事业部	1 371 227	5 049
三一汽车起重机械有限公司	1 395 194	3 146
中联重科股份有限公司工程起重机分公司	1 336 969	4 054
徐州徐工随车起重机有限公司	462 781	730
三一帕尔菲格特种车辆装备有限公司	48 978	400
安徽柳工起重机有限公司	40 421	372
河北雷萨重型工程机械有限责任公司	13 155	639
泰安古河随车起重机有限公司	11 925	126
湖北帕菲特工程机械有限公司	39 829	197

二、产品销售情况

2023 年，参与统计的主机企业共销售各类工程起重机 52 564 台，比上年增长 11.53%。其中，国内市场销量为 37 627 台，比上年增长 2.27%；出口量为 14 937 台，比上年增长 44.5%。2023 年工程起重机产品销售情况见表 2。

表 2　2023 年工程起重机产品销售情况

产品名称	销量（台）	比上年增长（%）
汽车起重机	22 680	-8.0
全地面起重机	1 578	23.5
履带起重机	3 203	-0.4
随车起重机	24 108	38.0
轮胎起重机	995	95.9

从表 2 可以看出，2023 年，汽车起重机销量有明显下降，全地面起重机、随车起重机、轮胎起重机销量均呈有较大幅度增长，履带起重机销量基本持平。

1. 汽车起重机

2023 年，汽车起重机销量为 22 680 台，比上年下降 8%。徐州重型机械有限公司、三一汽车起重机械有限公司、中联重科股份有限公司工程起重机分公司汽车起重机合计销量占行业总销量的近 92.9%，比上年有所下降。2023 年汽车起重机月度销售情况见表 3。

表 3　2023 年汽车起重机月度销售情况

月份	2023 年销量（台）	比上年增长（%）
1	1 178	-20.4
2	2 518	-2.3
3	3 626	-10.6
4	2 546	12.3
5	2 425	13.7
6	2 037	0.8
7	1 339	-25.2
8	1 512	-13.3
9	1 517	-18.7
10	1 332	-11.6
11	1 452	-10.8
12	1 198	-25.0

2. 全地面起重机

2023 年，徐州重型机械有限公司、中联重科股份有限公司工程起重机分公司、三一汽车起重机械有限公司全地面起重机销量合计为 1 578 台，比上年增长 23.5%。销量最高的是 500 吨级以上产品（销量为 249 台），其次是 130 吨级产品（销量为 223 台），再次是 160 吨级产品（销量为 203 台）。受风电机组大型化影响，作为安装特别是检维修应用广泛的全地面起重机，因其转场便捷、拆装效率高等特点，产品大型化发展趋势明显。产品关键技术指标和整机国产化率大幅提升，实现陆上风机吊装工况全覆盖。

3. 履带起重机

2023 年，履带起重机销量为 3 203 台，比上年下降 0.4%。3 月份销量最高（销量为 365 台），1 月份销量最低（销量为 175 台）。伸缩臂履带起重机销量有所回落，销量为 1 038 台，比上年下降 4.2%，占比为 32.4%。

从细分产品看，55 吨级小型产品销量出现明显下滑。85 吨级及以上中吨位产品销量均呈上升态势，100 吨级产品销量增幅最大。500 吨级及以上履带起重机销量为 210 台，比上年增长 6.6%。2023 年主要履带起重机按型谱统计销售情况见表 4。

表 4　2023 年主要履带起重机按型谱统计销售情况

型谱	30t	55t	60t	85t	100t	150t	500t 及以上
销量（台）	387	315	280	258	417	230	210
比上年增长（%）	-21.5	-33.1	-13.8	38.7	40.4	9.5	6.6

4. 随车起重机

2023 年，随车起重机销量为 24 108 台，比上年增长 38%。随车起重机整机销量为 11 995 台，比上年增长 24.8%。随车起重机上车销售 12 113 台，比上年增长 54.2%。2023 年，徐州徐工随车起重机有限公司产品销量最大。

5. 轮胎起重机

2023 年，轮胎起重机销量为 995 台，比上年增长 95.9%。40 吨级产品销量为 52 台，60 吨级产品销量为 212 台，90 吨级产品销量为 172 台，110 吨级产品销量为 336 台。轮胎起重机出口量连续五年大幅增长，2023 年出口量占总销量的 93.7%。

三、产品出口情况

2023 年，工程起重机行业企业加快进军国际化市场的步伐，海外业务占总体业务比重稳步上升。全球营销服务网络更加健全，境外服务、技术培训、物流管理和零配件供应体系继续加强，国际市场竞争优势持续提升。

2023 年，工程起重机出口量为 14 937 台，比上年增长 44.5%，在上年大幅增长的基础上继续高速增长。汽车起重机等 5 类产品出口量均大幅提升，出口量占总销量的比例从 2022 年的 21.9% 提升至 28.4%。

在出口市场方面，对亚洲、欧洲、南美洲、大洋洲等地区的出口实现了正增长，其中对“一带一路”沿线国家的出口表现尤为强劲，对俄罗斯、印度、巴西、阿拉伯联合酋长国、土耳其等市场出口均实现大幅增长。2023 年工程起重机产品出口情况见表 5。

表 5　2023 年工程起重机产品出口情况

产品名称	出口量（台）	比上年增长（%）
汽车起重机	6 814	29.8
全地面起重机	624	143.8
履带起重机	1 795	23.9
随车起重机上车	3 408	77.1
随车起重机整机	1 364	34.5
轮胎起重机	932	109.0

四、产品质量检验情况

随着人工智能技术的不断发展，工程起重机在产品应用端普遍配备了先进的自动化控制系统和智能的人机交互系统，可以实现自动定位、自动卸载等功能。同时，操作界面更加友好直观，操作方式更加简便，降低了使用门槛，大幅提高了操作效率和安全性。在动力方面，采用更环保的燃料和动力系统，减少废气排放和噪声，优化设计以提高能效。2023 年，已有制造商在流动式起重机上车作业时采用拖电方式作为动力源。同时，制造商陆续推出不同型式的混合动力起重机，以满足客户不同需求。通过利用先进的设计理念、制造工艺、测试手段等技术，实现起重设备的超大吊装能力、超长作业范围、超高精度控制、复杂作业环境适应性等功能，提高起重设备的性能。

传统工程起重机作业故障的发生，通常与其特殊的工作环境和高频率使用有关，如钢丝绳的磨损和拉伸，钢丝绳鼻轮长期承受较大的摩擦力容易磨损或失效、液压油泄漏、密封件老化和液压管路磨损、长时间高负荷运行容易导致电动机过热、绝缘老化以及传动系统的轴承磨损等故障。

新能源流动式起重机在节能环保方面具有很大的优势，但是可能存在电池性能与寿命、电动驱动系统稳定性、电子控制系统安全可靠性等方面的问题。

国家工程机械质量检验检测中心以随机抽样原则，分别选取 2021 年、2022 年、2023 年的各 50 台工程起重机作为可靠性试验样本，依据 JB/T 4030.1—2013《汽车起重机和轮胎起重机试验规范　第 1 部分：作业可靠性试验》、JB/T 4030.2—2013《汽车起重机和轮胎起重机试验规范　第 2 部分：行驶可靠性试验》、GB/T 27996—2011《全地面起重机》、JB/T 12577—2015《随车起重机》、GB/T 14560—2016《履带起重机》等标准对试验结果进行统计。2021—2023 年工程起重机产品抽检情况见表 6。

表 6　2021—2023 年工程起重机产品抽检情况

项目	2021 年	2022 年	2023 年
抽样数量（台）	50	50	50
总失效次数（次）	91	84	63
轻微失效次数（次）	22	35	25
一般失效次数（次）	69	49	38
严重失效次数（次）	0	0	0
致命失效次数（次）	0	0	0
液压系统失效比例（%）	37.4	35.9	33.2
电子、电气系统失效比例（%）	33.0	36.7	43.6
发动机及传动系统失效比例（%）	26.4	24.7	21.7
结构失效比例（%）	1.1	0.8	0.3
其他系统及部件失效比例（%）	2.2	1.9	1.2

与2022年相比，2023年，工程起重机在质量及可靠性方面有较显著的进步，表现为总体的失效次数降低，在液压系统方面的提升较为明显。随着国六阶段的升级基本完成，发动机及传动系统的故障率已基本稳定，引起故障的主要因素为其复杂的工作环境。液压系统是工程起重机作业装置的核心系统，随着工艺条件的改善，液压系统的清洁度控制在逐步得到改善。

随着新能源起重机市场占有率的不断提升，新能源起重机的售后服务保障需要进一步提升，制造单位应培养新能源重型车辆的专业维修技术人员，定期举办安全和技术培训，以防止维修过程中发生安全事故。

五、产品获奖情况

“中国工程机械年度产品TOP50”评选活动从实践应用、市场表现、技术创新、产品创新等多维度梳理和总结过去一年工程机械产业在技术和产品方面取得的成就，记录产业技术进步的足迹。2023年度工程起重机行业“中国工程机械年度产品TOP50”获奖产品如下：

中联重科ZCC89000履带起重机获得中国工程机械年度产品TOP50技术创新金奖。该起重机采用“双履带车+并联双臂架”整机结构，首创并联双桁架臂结构和大型履带起重机多模式智能行走、三级平衡结构环轨复合回转支撑等多项关键技术。

三一起重机2 200t履带起重机获得中国工程机械年度产品TOP50技术创新金奖。该机应用合车技术，可以将两台2 200t履带起重机组成一台4 000t履带起重机，应用三卷扬同步提升控制技术、双发双控技术，可靠性大幅提高；采用折叠超起撑杆，多种臂架组合，整车可在-40℃超低温环境下正常工作。

三一SAC8000C7-8全地面起重机获得中国工程机械年度产品TOP50金口碑奖。该起重机是7桥800吨级全地面起重机，起重力矩为21 000kN·m，满足180吨级桥梁及盾构吊装；配有58m风电臂，可满足风电检修及混塔吊装。

安徽柳工起重机有限公司研制的LTC100L5汽车起重机获得中国工程机械年度产品TOP50市场表现金奖。该起重机采用单缸五节臂，伸缩臂速度更快，臂长且通过性更优，动力充沛，节能省油。

BICES工程机械展是我国工程机械行业的一项重要展览活动，旨在展示行业内的最新技术和产品，推动技术交流与合作。在BICES工程机械展上，为了表彰和鼓励行业内的优秀企业和产品，设立了一系列奖项，包括工程机械技术创新奖、产品质量奖和用户满意奖等。徐工重型机械有限公司的XCA300L8-HEV混合动力全地面起重机、中联重科股份有限公司的ZTC500A562-PC 50t油电双驱汽车起重机、太原重型机械集团有限公司的TZGT25M甲醇汽车起重机获得BICES 2023工程机械技术创新白金奖。上海宏英智能科技股份有限公司的EE-SMART新一代起重机智能电控系统获得BICES 2023工程机械技术创新金奖。三一汽车起重机械有限公司的STC500C5P-826插电式汽车起重机获得BICES 2023工程机械用户满意产品白金奖。

六、部分企业创新发展情况

1.徐工集团徐工重型机械有限公司

2023年，徐工集团徐工重型机械有限公司推出了多款新能源主机产品，如XGTC30L5-E及XGTC95-E纯电动伸缩臂履带起重机，首款零排放、低噪声、纯电动越野轮胎起重机XCR40EV，大吨位混动全地面起重机XCA300L8-HEV。起重机械全面升级的5系新品正式上市，新能源产品矩阵得到了进一步扩展。大吨位系列产品中，300t以下产品全部实现国产化，产品的零部件国产化率也达到了90%以上。徐工起重机械全周期数智化服务品牌“115两心服务品牌承诺”正式亮相。5G全价值链智能工厂成功入选工业和信息化部发布的《2023年5G工厂名录》。

2.中联重科股份有限公司工程起重机分公司

中联重科技术团队为客户提供定制化的解决方案，完成多次重大吊装作业。中联重科3 200吨级履带起重机在海南昌江核电机组、福建漳州核电“华龙一号”、山东裕龙岛石化千万吨炼化等项目上都有突出表现。中联重科电驱一体机——ZCC750HDEV型电驱履带起重机+ZM160H型摆动套管钻机在徐州地铁项目首次成功应用。这款设备的研制及成功应用，开启了全套管钻机成套设备纯电动化的时代。中联重科伸缩臂履带起重机ZCT600V5参与中国第五个南极科考站——罗斯海新站钢结构搭建任务。该设备采用大轨距伸缩履带专用底盘标准垂直支腿，搭配特制防滑履带，爬坡能力强，适用于复杂的吊装环境。

2023年6月9日，中联重科重庆基地随车起重机智能制造项目奠基仪式在重庆两江新区举行。项目建成后，每年可制造超过2万台高性能直臂式随车起重机和折臂式随车起重机。

3.三一汽车起重机械有限公司

2023年1月，由三一重工自主研发的SCL10000型起重机抵运澳大利亚昆士兰州。这是澳大利亚首台1 000吨级的全地面桁架臂起重机。

2023年4月，三一湖州产业园生产的第10 000台履带起重机在总装车间下线。该起重机是SCE800TB-EV型电动履带起重机，是集数智化、电动化、国际化于一体的代表产品。

在天津石化南港120万t/a乙烯项目现场，2 000吨级履带起重机SCC20000A首次吊装，实现世界单套最大的HDPE装置环管反应器顺利就位。

三一起重5G智慧工厂和浙江三一装备履带起重机5G工厂入选工业和信息化部发布的《2023年5G工厂名录》。通过5G覆盖下的设备互联、生产制造、能源管理、视觉管理等6类、20多个细分场景，打造了从“一块钢板”到“一台整机”的履带起重机5G全连接工厂。浙江三一装备有限公司获得由中国海关总署授予的“中国海关贸易景气统计调查（出口）样本企业”称号。

4. 安徽柳工起重机有限公司

从 1975 年，安徽柳工起重机有限公司（前身蚌埠起重机厂）推出首款小吨位起重机 Q2-8。经历了 5 次重要的产品迭代，每一代产品都赢得了市场的广泛认可和好评。公司为满足客户对于小吨位产品更高更远的作业需求而研制的 LTC100L5 汽车起重机获得 2023 年度中国工程机械年度产品 TOP50 市场表现金奖。该产品整机设计紧凑，对狭小区域工况适应性更强。

5. 徐州徐工随车起重机有限公司

2023 年，徐州徐工随车起重机有限公司以技术创新为驱动，以差异化竞争加速全系产品全球化拓展，提升产品核心竞争力。公司全年实现营业收入再创新高。其中，出口中亚地区的随车起重机实现大幅增长；首批 G 系列随车起重机签约印度尼西亚；百台随车起重机整车批量交付中东区域；SQZ7000、SQZ4500 及 SQZ3600 百吨级大吨位折叠臂起重机在东南亚地区实现出口零突破。

公司依托研发平台整体升级、研发项目管理与结构化系统深化应用，实现研发与生产、供应商、质量数据流的贯通；自主开发物流管控 TMS 系统、数字化在线核价系统等，供应链流程数字化率快速提升；依托 WMS、MES、CRM 等系统监控，以瓶颈指标为突破口，开展精益物流、免喷涂技术应用、制造费用压降、出勤精细化管控等专项行动。2023 年，公司产品生产周期压缩，生产效率提升，拉动供应链效率、质量的全面提升。公司深入推进“Special Truck”质量管理模式，以客户为中心，将质量管理七大原则和卓越绩效全面应用于全价值链质量管理。

6. 太原重型机械集团有限公司

太原重型机械集团有限公司创建于 1950 年，是我国自行设计建造的第一座重型机械制造企业，累计为国家重点建设项目提供了 3 000 余种、40 000 多台（套）、约 1 000 万 t 装备产品。

2023 年，太原重型机械集团有限公司下属子公司太原重工股份有限公司凭借“基于单件小批量产品制造的质量管理实践”典型经验获得中国质量协会颁发的“2023 年全国质量标杆”奖励。在 BICES 2023 工程机械产品评选中，太重研制的 TZGT25M 全球首台甲醇动力汽车起重机、8t 纯电随车起重机获得技术创新奖。

7. 中石化重型起重运输工程有限责任公司

2023 年，公司聚焦主业，持续巩固境内石油化工领域吊装领先地位，经营状况稳中向好。全球机构布局统筹推进，战略合作伙伴逐渐扩容，合资合作进一步深化，资源全球整合服务能力有效增强，境外市场拓展取得历史新高，运营国际化能力持续提升。公司坚定发展运输业务，推动起重与运输业务的深度融合与广泛联动。

公司国际业务增长强劲，新签合同额实现连续四年增长。公司亮相阿布扎比国际石油展、“一带一路”中阿合作论坛，全方位提升国际化运营能力；先后与多门朗、远景能源、卫星石化等国内外知名企业签署战略合作协议，探索国际职业技能人才培养模式；全面实施项目区域化运营，全年吊装总重量再创历史新高；持续开拓新业务，检维修及维保业务新签合同额同比增长超过 40%，海洋工程、港口（码头）业务同步推进；加快数字化转型步伐，持续开发完善“智慧起运”平台和视频监控等多个系统，新质生产力加快形成。

8. 南京高速齿轮制造有限公司

2023 年，南京高速齿轮制造有限公司扩展了行走减速机的规格，推出了 SCM-T37 型号，可满足 4 500t 履带起重机的行走需求。该型号产品的最大输出扭矩可达 2 000kN · m，是当前履带起重机上使用的最大型号的行走减速机。SCM-T37 行走减速机在承载能力、可靠性和效率方面具有明显优势，能够在各种恶劣环境下高效运行，为用户提供更大的施工灵活性和安全性。

七、行业发展建议

2024 年，工程起重机行业企业需要把握发展机遇，要充分认识到在以人工智能为代表的新一轮科技革命和产业变革深入发展的进程中生产力要素正在发生质的变化。全行业要以实现科技成果产业化为导向，注重开辟产业新领域、新赛道，强化用新技术改造提升传统产业，促进产业高端化、智能化、绿色化，构建特色鲜明、优势互补、结构合理、布局完整，具有持续升级能力的优势产业。

1. 加强技术创新和研发投入

起重机行业是一个相对传统和较少有突破性创新的领域，产业技术创新的核心是深入挖掘用户的需求，提出最佳的技术解决方案，开发最合适的产品。企业应持续加大在新技术、新材料和新工艺上的研发投入，不断提高工程起重机的操作效率和安全性。

2. 提升产品质量和品牌影响力

企业应注重产品质量的提升，通过质量管理体系的建立和完善，确保产品的可靠性和耐用性。同时，加强品牌建设，提升品牌知名度和影响力，以赢得更多客户的信任和支持。

3. 拓展国内外市场

在国内市场，企业可以通过项目合作，参与基础设施建设，扩大市场份额。在国际市场，企业应积极参与国际竞争，通过出口和海外投资等方式，拓展国际市场，尤其是在“一带一路”沿线国家的市场。

4. 关注行业政策和宏观经济环境

企业应密切关注国家政策的变化，尤其是与工程机械行业相关的政策和法规，及时调整经营策略。同时，关注宏观经济环境，尤其是固定资产投资和基础设施建设的趋势，以把握市场机遇。

5. 加强产业链合作和资源整合

通过与上下游企业的协同创新发展，提升产业链、供应链纵向整合能力；凭借规模和技术等优势，带动配套厂商的创新能力、产品质量和品牌影响力显著提升，助推其形成长期持续的竞争优势，保持产业链、供应链的黏性。

6. 吸引专业人才，提升专业技能

通过大力提升工程师和高技能人才的社会地位，平衡不同领域人员的收入水平，吸引专业人才能够长期坚持在工程起重机产业的技术创新上。借鉴德国的双元制职业教育模式，实现产教融合、校企合作。建立定制化的企业用人画像机制，使学生可以在职业学校学习理论知识的同时，深入企业一线，在企业中积累实践经验。另外，鼓励在职人员参与继续教育和技能提升课程，以适应工程起重机行业技术发展的需要。

〔供稿单位：中国工程机械工业协会工程起重机分会〕

工业车辆

2023 年，工业车辆行业企业面对不确定和复杂的国内外市场环境，在技术创新进步、生产效率提升、综合管理水平、市场营销多样化、供应链的补链和强链等方面取得了积极的进展。在全球市场竞争中，行业企业表现出了厚积薄发的气势，品牌影响力、产品竞争力、销售服务能力不断提升。

2023 年，参与中国工程机械工业协会工业车辆分会统计的企业机动工业车辆销量比上年增长 12%；非机动工业车辆销量比上年下降 24.12%。我国机动工业车辆产销量连续 14 年保持全球第一的地位。

一、生产发展情况

根据中国工程机械工业协会工业车辆分会月统计报告，对工业车辆生产企业及产品进行了分类统计。2023 年工业车辆产品分类及主要生产企业见表 1。

表 1　2023 年工业车辆产品分类及主要生产企业

产品分类	企业名称
内燃叉车	安徽叉车集团有限责任公司、杭叉集团股份有限公司、龙工（上海）叉车有限公司、大连叉车有限责任公司、诺力智能装备股份有限公司、广西柳工机械股份有限公司、安徽江淮银联重型工程机械有限公司、江苏靖江叉车有限公司、浙江中力机械股份有限公司、浙江吉鑫祥叉车制造有限公司、三一集团（三一港口机械有限公司）、英轩重工有限公司、浙江尤恩叉车股份有限公司、徐州徐工港口机械有限公司、林德（中国）叉车有限公司、上海海斯特叉车制造有限公司、斗山工程机械（中国）有限公司、丰田产业车辆（上海）有限公司、台励福机器设备（青岛）有限公司、凯傲宝骊（江苏）叉车有限公司、卡哥特科（上海）贸易有限公司、青岛克拉克物流机械有限公司、三菱重工叉车（大连）有限公司、科朗叉车（上海）商贸有限公司、海斯特美科斯叉车（浙江）有限公司等
电动叉车（包括电动平衡重乘驾式叉车、电动乘驾式仓储叉车、电动步行式仓储叉车）	安徽叉车集团有限责任公司、杭叉集团股份有限公司、大连叉车有限责任公司、诺力智能装备股份有限公司、宁波如意股份有限公司、龙工（上海）叉车有限公司、广西柳工机械股份有限公司、安徽江淮银联重型工程机械有限公司、韶关比亚迪实业有限公司、江苏靖江叉车有限公司、浙江中力机械股份有限公司、浙江吉鑫祥叉车制造有限公司、浙江加力仓储设备股份有限公司、林德（中国）叉车有限公司、上海海斯特叉车制造有限公司、上海力至优叉车制造有限公司、斗山工程机械（中国）有限公司、丰田产业车辆（上海）有限公司、台励福机器设备（青岛）有限公司、凯傲宝骊（江苏）叉车有限公司、伟轮叉车（东莞）有限公司、永恒力叉车（上海）有限公司、青岛克拉克物流机械有限公司、科朗叉车（上海）商贸有限公司、海斯特美科斯叉车（浙江）有限公司等
轻小型搬运车辆（包括手动叉车）	杭叉集团股份有限公司、广西柳工机械股份有限公司、诺力智能装备股份有限公司、宁波如意股份有限公司、浙江中力机械股份有限公司、浙江美科斯叉车有限公司、中联重科安徽工业车辆有限公司等

根据世界工业车辆统计协会规定，工业车辆分为机动工业车辆和非机动工业车辆。机动工业车辆又分为五大类，即第Ⅰ类电动平衡重乘驾式叉车、第Ⅱ类电动乘驾式仓储叉车、第Ⅲ类电动步行式仓储叉车、第Ⅳ类内燃平衡重式叉车（实心轮胎）、第Ⅴ类内燃平衡重式叉车（充气轮胎）。

2022—2023 年机动工业车辆主要产品产销存情况见表 2。

表 2　2022—2023 年机动工业车辆主要产品产销存情况

产品名称	产量（台）		销量（台）		库存量（台）	
	2022 年	2023 年	2022 年	2023 年	2022 年	2023 年
电动平衡重乘驾式叉车	144 618	182 062	132 107	170 751	3 170	2 976
电动乘驾式仓储叉车	24 115	26 837	17 602	23 953	681	468
电动步行式仓储叉车	641 195	672 379	525 055	601 890	8 371	11 541
内燃平衡重式叉车	383 690	400 543	373 203	377 179	7 593	6 653

二、市场销售情况

2023 年机动工业车辆各月销售情况见表 3。

表 3　2023 年机动工业车辆各月销售情况

月份	Ⅰ类	Ⅱ类	Ⅲ类	Ⅳ类 + Ⅴ类	Ⅰ～Ⅲ类 电动叉车	Ⅰ类 + Ⅳ类 + Ⅴ类 平衡重式叉车	Ⅰ～Ⅴ类 机动工业车辆
	电动平衡重乘驾式叉车	电动乘驾式仓储叉车	电动步行式仓储叉车	内燃平衡重式叉车			
1	7 630	1 443	27 791	21 260	36 864	28 890	58 124
2	11 876	1 467	49 362	40 778	62 705	52 654	103 483
3	13 890	1 835	60 278	47 098	76 003	60 988	123 101
4	13 700	2 425	49 142	34 683	65 267	48 383	99 950
5	13 867	1 926	51 670	32 802	67 463	46 669	100 265
6	15 461	1 502	52 072	31 543	69 035	47 004	100 578
7	13 835	1 677	48 077	29 382	63 589	43 217	92 971
8	15 341	2 149	49 904	30 263	67 394	45 604	97 657
9	15 030	2 126	51 061	31 729	68 217	46 759	99 946
10	15 611	2 266	51 888	28 387	69 765	43 998	98 152
11	16 907	2 192	54 108	26 669	73 207	43 576	99 876
12	17 603	2 945	56 537	22 585	77 085	40 188	99 670
合计	170 751	23 953	601 890	377 179	796 594	547 930	1 173 773

1. 内燃叉车销售情况

2023 年，内燃平衡重乘驾式叉车销量为 377 179 台，比上年增长 1.07%。其中，内燃平衡重乘驾式叉车中柴油叉车销量为 346 693 台，汽油叉车（含双燃料）销量为 30 486 台。2022—2023 年内燃叉车各月销售情况见图 1。

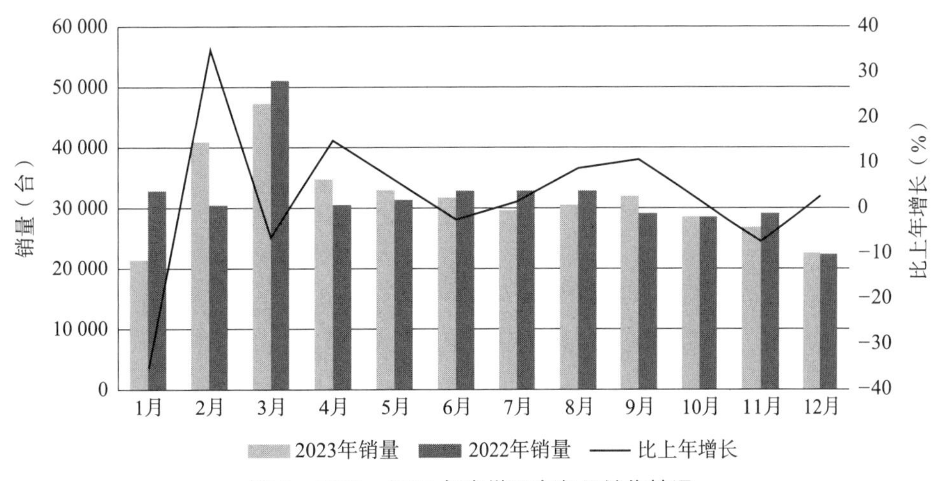

图 1　2022—2023 年内燃叉车各月销售情况

自主品牌销量（不含贴牌）排在前十位的企业是安徽叉车集团有限责任公司、杭叉集团股份有限公司、龙工（上海）叉车有限公司、安徽江淮银联重型工程机械有限公司、柳州柳工叉车有限公司、浙江中力机械股份有限公司、台励福机器设备（青岛）有限公司、浙江吉鑫祥叉车制造有限公司、丰田产业车辆（上海）有限公司、三菱重工叉车（大连）有限公司。销量排在前五位的企业销量合计为323 464台，占内燃平衡重乘驾式叉车销量的85.76%；销量排在前十位的企业销量合计为359 605台，占内燃平衡重乘驾式叉车销量的95.34%。

2. 电动叉车销售情况

2023年，电动叉车（包括电动平衡重乘驾式叉车和各类电动仓储叉车）销量为796 594台，比上年增长18.06%。2022—2023年电动叉车各月销售情况见图2。

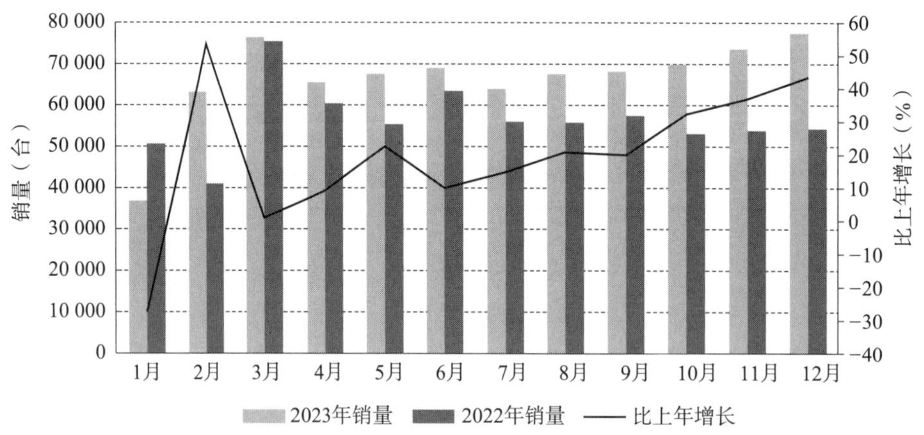

图2　2022—2023年电动叉车各月销售情况

（1）电动平衡重乘驾式叉车。2023年，电动平衡重乘驾式叉车销量为170 751台，比上年增长29.25%。

自主品牌销量（不含贴牌）排在前六位的企业是杭叉集团股份有限公司、安徽叉车集团有限责任公司、浙江中力机械股份有限公司、韶关比亚迪实业有限公司、林德（中国）叉车有限公司、龙工（上海）叉车有限公司。销量排在前三位的企业销量合计为97 137台，占电动平衡重乘驾式叉车销量的56.89%；销量排在前六位的企业销量合计为136 343台，占电动平衡重乘驾式叉车销量的79.85%。

（2）电动仓储叉车（包括电动乘驾式仓储叉车、电动步行式仓储叉车等）。2023年，电动仓储叉车销量为625 843台，比上年增长15.33%。

自主品牌销量（不含贴牌）排在前六位的企业是浙江中力机械股份有限公司、安徽叉车集团有限责任公司、杭叉集团股份有限公司、诺力智能装备股份有限公司、宁波如意股份有限公司、林德（中国）叉车有限公司。销量排在前三位的企业销量合计为415 517台，占电动仓储叉车销量的66.39%；销量排在前六位的企业销量合计为552 676台，占电动仓储叉车销量的88.31%。

3. 各地区叉车销售情况

从2023年销售到国内各地的768 368台叉车的流向看，以往市场份额最大的华东地区下降了1.21个百分点。各地区销售情况如下：华东地区销售335 994台，市场占比为43.73%；华南地区销售151 773台，市场占比为19.75%；华中地区销售83 014台，市场占比为10.8%；华北地区销售76 105台，市场占比为9.9%；西北地区销售37 645台，市场占比为4.9%；西南地区销售52 212台，市场占比为6.8%；东北地区销售31 625台，市场占比为4.12%。2023年国内各地叉车销量和市场占比见表4。

表4　2023年国内各地叉车销量和市场占比

省、自治区、直辖市	销量（台）	市场占比（%）
广东	130 990	17.05
浙江	101 115	13.16
江苏	79 832	10.39
山东	57 815	7.52
上海	36 446	4.74
安徽	34 456	4.48
河南	27 973	3.64

（续）

省、自治区、直辖市	销量（台）	市场占比（%）
河北	26 423	3.44
福建	26 330	3.43
湖北	21 893	2.85
四川	19 258	2.51
湖南	17 779	2.31
广西	15 817	2.06
江西	15 369	2.00
辽宁	14 678	1.91
重庆	14 633	1.90
陕西	14 172	1.84
北京	14 020	1.82
山西	13 796	1.80
天津	13 683	1.78
新疆	9 884	1.29
云南	9 059	1.18
黑龙江	8 913	1.16
内蒙古	8 183	1.06
吉林	8 034	1.05
贵州	6 878	0.90
甘肃	5 565	0.72
海南	4 966	0.65
宁夏	4 680	0.61
青海	3 344	0.44
西藏	2 384	0.31

4. 轻小型搬运车辆销售情况

2023 年，参与工业车辆分会统计的企业非机动工业车辆销量为 857 187 台（不含贴牌），比上年下降 24.12%。

5. 固定平台搬运车销售情况

2023 年，固定平台搬运车销量为 590 台，比上年下降 7.47%。

6. 牵引车销售情况

2023 年，牵引车销量为 5 711 台（电动牵引车销量为 5 082 台，内燃牵引车销量为 629 台），比上年增长 5.27%。

自主品牌销量（不含贴牌）排在前六位的企业是韶关比亚迪实业有限公司、浙江吉鑫祥叉车制造有限公司、林德（中国）叉车有限公司、宁波如意股份有限公司、江苏靖江叉车有限公司、浙江中力机械股份有限公司。销量排在前三位的企业销量合计为 3 996 台，占牵引车销量的 69.97%；销量排在前六位的企业销量合计为 5 500 台，占牵引车销量的 96.31%。

7. AGV 叉车销售情况

2023 年，AGV 叉车销量为 2 304 台，比上年增长 103.00%。其中，电动平衡重乘驾式叉车销量为 113 台，电动乘驾式仓储叉车销量为 1 217 台，电动步行式仓储叉车销量为 974 台。销售该类叉车的主要企业是杭叉集团股份有限公司、浙江中力机械股份有限公司和安徽叉车集团有限责任公司。

8. 锂电池叉车销售情况

2023 年，锂电池叉车销量为 370 401 台，比上年下降 14.54%。其中，电动平衡重乘驾式叉车销量为 108 790 台，比上年增长 40.46%，占锂电池叉车总销量的 29.37%；电动乘驾式仓储叉车销量为 6 938 台，比上年增长 77.99%，占锂电池叉车总销量的 1.87%；电动步行式仓储叉车销量为 254 673 台，比上年下降 27.66%，占锂电池叉车总销量的 68.76%。锂电池叉车国内销量为 210 560 台，出口量为 159 841 台。

2023 年，锂电池叉车销量（含贴牌）为 439 287 台。

销量（含贴牌）排在前六位的企业是浙江中力机械股份有限公司、安徽叉车集团有限责任公司、诺力智能装备股份有限公司、杭叉集团股份有限公司、林德（中国）叉车有限公司、韶关比亚迪实业有限公司。销量排在前三位的企业销量合计为303 384台，占锂电池叉车销量的69.06%；销量排在前六位的企业销量合计为414 296台，占锂电池叉车销量的94.31%。

三、出口情况

根据工业车辆分会统计，2023年，我国机动工业车辆出口量为405 405台，比上年增长12.13%。其中，电动叉车出口量为301 640台，比上年增长13.18%，占机动工业车辆出口量的74.4%；内燃叉车（含集装箱叉车）出口量为103 765台，比上年增长9.2%，占机动工业车辆出口量的25.6%。2023年机动工业车辆各月出口情况见表5。

表5　2023年机动工业车辆各月出口情况

月份	1	2	3	4	5	6
出口量（台）	23 663	29 690	31 214	34 725	34 355	37 113
月份	7	8	9	10	11	12
出口量（台）	35 120	35 904	33 667	33 723	37 888	38 343

2023年，我国共向183个国家和地区出口机动工业车辆。欧洲、美洲、亚洲是我国机动工业车辆产品的传统出口市场。2023年，出口到亚洲的机动工业车辆为104 202台，比上年增长8.57%；出口到欧洲的机动工业车辆为162 153台，比上年增长25.19%；出口到美洲的机动工业车辆为110 629台，比上年增长2.46%。2023年机动工业车辆出口各洲情况见表6。

表6　2023年机动工业车辆出口各洲情况

地区	电动平衡重乘驾式叉车		电动乘驾式仓储叉车		电动步行式仓储叉车		内燃平衡重式叉车		机动工业车辆	
	出口量（台）	比上年增长（%）	出口量（台）	比上年增长（%）	出口量（台）	比上年增长（%）	出口量（台）	比上年增长（%）	出口量（台）	比上年增长（%）
欧洲	25 528	47.78	4 673	294.68	106 895	15.82	25 057	33.47	162 153	25.19
美洲	11 680	12.87	2 357	59.04	61 173	-1.45	35 419	3.95	110 629	2.46
亚洲	17 877	28.89	2 806	30.69	53 537	6.13	29 982	1.58	104 202	8.57
非洲	2 042	44.62	204	28.30	2 611	28.56	6 876	18.86	11 733	24.99
大洋洲	2 787	7.77	1 165	-9.34	6 305	-20.51	6 431	-6.39	16 688	-10.63
合计	59 914	31.71	11 205	79.08	230 521	7.33	103 765	9.20	405 405	12.13

在出口的机动工业车辆中，出口到欧洲和美洲的电动叉车出口量占比分别为45.45%和24.93%；出口到美洲和亚洲的内燃叉车占比分别为34.13%和28.89%。电动叉车及内燃叉车出口各洲情况见表7。

表7　电动叉车及内燃叉车出口各洲情况

地区	电动叉车		内燃叉车	
	出口量（台）	占比（%）	出口量（台）	占比（%）
欧洲	137 096	45.45	25 057	24.15
美洲	75 210	24.93	35 419	34.13
亚洲	74 220	24.61	29 982	28.89
非洲	4 857	1.61	6 876	6.63
大洋洲	10 257	3.40	6 431	6.20
合计	301 640	100.00	103 765	100.00

按国别（地区）统计，2023 年，机动工业车辆出口量在 8 000 台以上的国家（地区）有 15 个，列前五位的是美国、俄罗斯、巴西、德国和法国。2023 年机动工业车辆出口去向列前 15 位的国家（地区）见表 8。2023 年机动工业车辆出口增速及降速较大的国家（地区）见表 9。

表 8　2023 年机动工业车辆出口去向列前 15 位的国家（地区）

序号	电动叉车		内燃叉车		合计	
	国家（地区）	出口量（台）	国家（地区）	出口量（台）	国家（地区）	出口量（台）
1	美国	45 431	俄罗斯	14 577	美国	56 019
2	俄罗斯	32 367	美国	10 588	俄罗斯	46 944
3	德国	19 976	巴西	10 395	巴西	21 153
4	法国	15 428	澳大利亚	5 729	德国	20 491
5	巴西	10 758	土耳其	5 011	法国	16 777
6	印度	10 189	墨西哥	4 049	土耳其	14 734
7	韩国	10 096	泰国	3 601	澳大利亚	14 516
8	土耳其	9 723	阿根廷	3 506	印度	13 108
9	澳大利亚	8 787	印度	2 919	泰国	11 578
10	英国	8 471	印度尼西亚	2 919	韩国	10 128
11	波兰	8 421	加拿大	2 353	波兰	9 694
12	中国香港	8 285	马来西亚	2 092	中国香港	9 667
13	西班牙	8 247	南非	1 860	英国	9 386
14	泰国	7 977	越南	1 593	墨西哥	8 900
15	比利时	6 770	阿尔及利亚	1 567	西班牙	8 620

表 9　2023 年机动工业车辆出口增速及降速较大的国家（地区）

出口增速较大			出口降速较大		
国家（地区）	出口量（台）	同比增长（%）	国家（地区）	出口量（台）	同比增长（%）
印度	13 108	178.83	阿根廷	6 885	-48.60
俄罗斯	46 944	118.45	日本	1 755	-43.35
墨西哥	8 900	99.96	中国香港	9 667	-32.55
巴西	21 153	92.70	越南	4 734	-25.34
白俄罗斯	2 664	88.94	新加坡	1 882	-22.87
土耳其	14 734	48.77	西班牙	8 620	-16.54
波兰	9 694	36.52	南非	3 423	-15.79
希腊	2 625	34.34	比利时	6 834	-15.28
德国	20 491	29.91	意大利	6 259	-14.38
菲律宾	2 627	17.91	捷克	2 149	-12.57

四、科研成果及新产品

2023 年工业车辆行业部分企业科技成果获奖情况见表 10。

表10　2023年工业车辆行业部分企业科技成果获奖情况

企业名称	项目名称	获奖名称
安徽叉车集团责任公司	工业车辆数字化集成测试平台研究与建设	机械工业科学技术奖二等奖、安徽省机械工业科技进步奖一等奖
	轻质工业车辆结构件柔性共平台智能制造关键技术应用研究	机械工业科学技术奖三等奖
	CD50集成电桥研发及产业化应用	安徽省机械工业科技进步奖二等奖
	面向节能技术的大型物料搬运装备混合动力关键技术研究及产业化	安徽省机械工业科技进步奖二等奖
	一种集装箱吊具着箱自动上锁控制系统及其控制方法	第十届安徽省专利奖优秀奖
	新能源叉车平台创新化产品设计	“合力杯”第二届全国机械工业产品质量创新大赛金奖
	高性能集成电桥的技术质量体系构建及产业化应用	“合力杯”第二届全国机械工业产品质量创新大赛银奖
杭叉集团股份有限公司	一种基于多神经网络耦合的电动叉车锂电池剩余寿命预测方法	浙江省专利奖一等奖
	1.5～5t高效可靠内燃越野叉车关键技术研究及应用	机械工业科学技术奖二等奖
	新能源工业车辆智能驱动控制系统系列产品研发及产业化	机械工业科学技术奖二等奖
	安全节能内燃叉车关键技术及应用	浙江省科学技术进步奖三等奖
	6～10t三支点电动牵引车关键技术研究及应用	浙江机械工业科学技术奖二等奖
	基于制动力动态分配的电动平板搬运车关键技术研究及应用	浙江机械工业科学技术奖三等奖
浙江中力机械股份有限公司	1t以下高效轻巧型电动平衡重叉车	浙江省优秀工业产品
	长续航高集成电动托盘搬运车	浙江制造精品

五、行业未来发展趋势

工业车辆是主要的物料搬运设备之一，在生产、生活、应急等物流保障中一直承担着重要的角色。近年来，电动化、新能源、数智化已经成为行业发展共识。围绕产业转型升级这一重大改变，利用创新科技力量，整个行业的上下游产业链在发生一些重要的改变。国家产业政策方向是加快推进制造业高质量发展，工业车辆行业正在从“量的提升”向“质的飞跃”转型。行业企业立足于工业车辆，做精做细做强，并围绕物料搬运整体解决方案涉及的生产、储存、搬运等内容扩大业务范围；新产品、新技术更新迭代速度加快，汽车、工程机械等行业优质配套件供应商将为行业带来新的技术更新和升级。产品正在向高端化、数智化、绿色化转型，新发展动能主要来自国内、国际两个市场的均衡发展，使得行业发展更加稳健。主要企业在向物流整体解决方案提供商发展，正在逐渐形成新的增长动能。

〔撰稿人：中国工程机械工业协会工业车辆分会张洁〕

筑养路机械

筑养路机械是路面施工与路面养护机械设备的统称。施工的多样性决定了施工设备的品类较多且生产批量很小的行业特点。因此，筑养路机械一般不具有大规模批量化生产的条件。随着施工工艺的更新变化，不断派生出新的设备，淘汰落后的产品。

2023年是非道路移动机械升级国四排放标准的第一年，沥青混合料摊铺机、压路机和众多的配有副发动机的公路养护机械经历了换代更新、消化上年集中投放市场国三机压力的销量换挡期，加之市场不振，企业经营较为困难。而一些熟悉市场情况的企业，在新品开发和差异化生产方面持续投入。

一、生产发展情况

2023年，企业生产压力普遍较大，销量、利润出现下滑，但在国家政策引导下，技术进步明显。非道路移动机械第四阶段排放标准的实施促进了新能源技术的发展和应用，电动化逐步成为企业的重要研发方向。自动化、数字化、少人/无人化、智能化在生产制造和设备运行中逐步得到加强和工程应用。企业售前、售后服务技术走上远程网络解决的快速通道，大部分企业建立了自营网络服务平台，增强了用户购机的体验感，提高了服务质量。

1.主要产品技术进步情况

（1）沥青混合料搅拌设备。沥青混合料搅拌设备是沥青路面施工材料加工准备中最为复杂、技术要求最高的一种装备。2023年的技术发展和市场应用主要表现在以下几个方面：一是逆流式再生料加热技术得到普遍应用。以安迈工程设备（上海）有限公司为代表的高位超长变径加热滚筒技术，为行业提供了改进旧料加热质量和提高生产效率的思路。二是冷料自动化上料系统得到市场的重视。自动化上料系统改变了沥青搅拌站的料场结构和原料准备配送工艺过程，实现了无人自动化操作、数字化控制、初端上料扬尘抑制、工厂化封闭施工等现代化的工作场景。湖南铁榔头机械有限公司在自动化上料系统的研发和技术推广中解决了诸如一体式移动布料收尘技术、高位料仓堵料预防和处理技术、自动适配控制技术等难题。三是旧料破碎筛分系统在厂拌热再生工况中得到广泛应用。旧料破碎筛分的关键技术是在不破坏旧料中原骨料级配的情况下，将块状的旧沥青混凝土料块进行碎化分离，并按几种规格进行筛分处理，尤其是将起黏结剂作用的沥青尽量剥离出来。新乡格林机械股份有限公司是振动筛分设备的专业研发制造企业，在研发旧料破碎筛分技术方面投入较早，对处理5mm以下细料粘网、堵网等问题做了很好的研究。西安志成宇通工贸有限公司、福建省铁拓机械股份有限公司、廊坊德基机械科技有限公司、福建南方路面机械股份有限公司、中交西安筑路机械有限公司、无锡雪桃集团有限公司、无锡锡通工程机械有限公司、北京加隆工程机械有限公司等专业配套和主机生产企业都进行了各种技术结构的研发和实践应用。

（2）沥青混合料摊铺机和压路机。2023年，沥青混合料摊铺机与压路机联动无人施工技术得到进一步发展应用。湖南三一路面机械有限公司、徐工集团工程机械股份有限公司道路机械分公司、柳工无锡路面机械有限公司、山推工程机械股份有限公司等行业头部企业积极投入研发和推广，积累了更多的场景应用经验。2023年，在甘肃清傅公路路面一标段无人压路机机群施工作业项目中，柳工无人驾驶压路机的高效组网、高精循迹、多机联合、智能云控等设计功能得到了验证。该压路机实现了全过程无人干涉智能施工。

2023年4月，在甘肃路桥安临路面二标项目沥青面层的施工中，湖南三一路面机械有限公司的无人摊压机群利用无人驾驶技术、3D自动摊铺技术、智能压实技术、协同调度技术和可视化技术等，由北斗卫星定位导航，按设置好的摊铺速度、运行轨迹、碾压速度和遍数、搭接宽度协同作业，现场施工参数实时调整，在实现路面施工精细化管控的同时，确保了道路摊铺的质量。

2023年5月，在山东邹城至济宁公路工程施工项目中，山推SR26H-Gi2单钢轮智能压路机采用高精度定位导航和车辆控制技术，以人工驾驶和无人驾驶双模式验证了智能驾驶的可靠性；倒车影像增加指引线，为压边作业提供辅助参考；具有自动报警、自动停车功能，障碍物消除后自动恢复作业，提高了施工的安全性。

在连霍高速洛阳至三门峡段养护工程施工中，北京天顺长城液压科技有限公司研制的HP935S-3F型摊铺机使用伸缩式全幅宽一次面层摊铺工艺，避免了摊铺宽度变化需要拆装熨平板的工作，提高了施工效率。其大刚性熨平板结构保证了施工平整度的质量要求。

在“双碳”目标的驱动下，电驱动技术得到进一步发展。不同规格的电动压路机已应用到各种工程项目中。电驱沥青混合料摊铺机技术已进入研发试制阶段。

（3）高速清扫车。截至2022年年底，我国高速公路通车里程已超过17万km。巨大的市场需求吸引公路养护设备制造企业不断投入产品研发。普通城市道路清扫车的工作速度为15～25km/h，不适应高速公路的清扫作业要求。所以，工作速度大于60km/h的高速清扫车应运而生。高速清扫车按结构分，有机械式和吸扫式等形式。对比重较大的砂石类垃圾，尤其是细颗粒垃圾，吸扫式清扫车具有一定的优势。在要求副发动机符合非道路移动机械国四排放标准要求的情况下，以浙江筑马工程机械设备制造有限公司和美通重机有限公司为代表的研发企业走在了行业的前列。2023年，高速清扫车快速进入养护工程企业的采购计划清单。

（4）交通安全锥自动收放车。在道路维修养护施工中，应按规范进行交通安全锥的布放和回收作业。人工布放和回收不但效率低，而且非常危险，工作人员的人身安全难以保障。因此，市场上半自动和全自动的交通锥布放车早就进入开发议程，只是技术问题较多，难以实现平稳顺畅工作。2023年，江苏集萃道路工程技术与装备研究所有限公司突破技术难关，解决了锥桶收放稳定性和智能物联储运等关键技术。浙江筑马工程机械设备制造有限公司、南京英达公路养护车制造有限公司、山东高速养护集团有限公司、长沙中联重科环境产业有限公司、河南高远公路养护设备股份有限公司等跻身到市场开发的前列，使全自动安全锥收放车的市场应用进入常态化发展阶段。

（5）水泥路面冷再生破碎整形机。在农村公路翻新改造中，往往将水泥面层破碎，加铺沥青混合料，实施“白改黑”的就地再生工艺技术路线。市场上有多锤头式、多楞压路机式、共振破碎式等几种就地破碎解决方案。山东公路机械厂有限公司研发的多锤头式破碎机应用于全国的“白改黑”就地再生施工工程中。山东陆达机械设备有限公司针对农村低等级水泥路面改造工程研发的就地再生破碎设备采用深铣破碎式工艺，可直接将25cm的水泥面层铣刨破碎成一定规格的颗粒级配，施工方便，实用性强。采用全遥控技术，解决了驾驶人员的振动防护问题。

2.行业主要产品及从业企业

2023年，由于市场萎缩和竞争加剧，部分小微企业放弃了原有产品的生产，转而谋求在新领域的发展。同时，也有新的企业加入筑养路机械的研发生产行列。

（1）沥青混合料搅拌设备（包括厂拌热再生设备）。主要生产企业有中交西安筑路机械有限公司、廊坊德基机械科技有限公司、湖南三一路面机械有限公司、福建省铁拓机械股份有限公司、福建南方路面机械股份有限公司、徐州徐工养护机械有限公司、安迈工程设备（上海）有限公司、河南亚龙智能装备有限公司、廊坊玛连尼－法亚机械有限公司、无锡雪桃集团有限公司、辽阳筑路机械有限公司、北京加隆工程机械有限公司、无锡锡通工程机械有限公司、泰安岳首拌合站设备有限公司、南阳市辽原筑路机械有限公司、山东贝特重工股份有限公司、福建泉成机械有限公司、吉林省公路机械有限公司、无锡市恒达筑路机械有限公司、潍坊市路通机械电子有限公司、无锡环球工程机械有限公司、江苏意玛筑路机械科技有限公司、江苏林泰阁工程设备有限公司、山推建友机械股份有限公司、河南瀛辉机械装备有限公司、日工（上海）工程机械有限公司及湖南润天智科机械制造有限公司等。

（2）沥青混合料保温运输车。主要生产企业有徐工集团道路机械事业部、江苏新越高新技术（集团）股份有限公司、浙江美通筑路机械股份有限公司、达刚控股集团股份有限公司及山东东岳专用汽车制造有限公司等。

（3）厂拌冷再生设备。主要生产企业有潍坊市贝特工程机械有限公司、潍坊市路通机械电子有限公司、徐州徐工养护机械有限公司、泰安岳首拌合站设备有限公司、河南北筑沥青发泡科技有限公司及山推建友机械股份有限公司等。

（4）稳定土厂拌设备。主要生产企业有潍坊市贝特工程机械有限公司、潍坊市路通机械电子有限公司、徐州徐工养护机械有限公司、泰安岳首拌合站设备有限公司、山东方圆集团有限公司、山东圆友重工科技有限公司、南阳市亚龙筑路机械制造有限公司、福建南方路面机械股份有限公司、山东路机工程机械有限公司及河南北筑沥青发泡科技有限公司等。

（5）粉料撒布车。专业生产企业有山东陆达机械设备有限公司、徐州徐工养护机械有限公司、达刚控股集团股份有限公司、浙江美通筑路机械股份有限公司及中国重汽集团济南卡车股份有限公司等。

（6）水泥净浆洒布车。专业生产企业有山东陆达机械设备有限公司、达刚控股集团股份有限公司及湖北程力专用汽车有限公司等。

（7）沥青混合料摊铺机。主要生产企业有湖南三一路面机械有限公司、徐工集团工程机械股份有限公司道路机械分公司、维特根（中国）机械有限公司、戴纳派克（中国）压实摊铺设备有限公司、宝马格（上海）压实机械有限公司、柳工无锡路面机械有限公司、北京天顺长城液压科技有限公司、陕西建设机械股份有限公司及山推工程机械股份有限公司等。

（8）压路机。主要生产企业有徐工集团工程机械股份有限公司道路机械分公司、柳工无锡路面机械有限公司、湖南三一路面机械有限公司、山推工程机械股份有限公司、洛阳路通重工机械有限公司、山东临工工程机械有限公司、青岛科泰重工机械有限公司、龙工（上海）路面机械制造有限公司、维特根（中国）机械有限公司、戴纳派克（中国）压实摊铺设备有限公司、厦工（三明）重型机器有限公司、江苏骏马压路机械有限公司、国机重工集团常林有限公司、宝马格（上海）压实机械有限公司、卡特彼勒（青州）有限公司、沃尔沃建筑设备（中国）有限公司、酒井工程机械（上海）有限公司及山东天路重工科技有限公司等。

（9）滑模式水泥混凝土摊铺机（包括路缘石滑模机）。主要生产企业有维特根（中国）机械有限公司、徐州新路智能科技有限公司、南通威尔多专用汽车制造有限公司、江苏四明工程机械制造有限公司、镇江万德机械有限公司及山东路得威工程机械制造有限公司等。

（10）沥青洒布车。主要生产企业有浙江美通筑路机械股份有限公司、徐州徐工养护机械有限公司、浙江筑马工程机械设备制造有限公司、河南高远公路养护设备股份有限公司、达刚控股集团股份有限公司、北京欧亚机械设备股份有限公司、秦皇岛市思嘉特专用汽车制造有限公司、湖北新东日专用汽车有限公司、程力重工股份有限公司及随州市力神专用汽车有限公司等。

（11）沥青碎石同步封层车。主要生产企业有浙江美通筑路机械股份有限公司、达刚控股集团股份有限公司、河南高远公路养护设备股份有限公司、徐州徐工养护机械有限公司、浙江筑马工程机械设备制造有限公司、北京欧亚机械设备股份有限公司、中交西安筑路机械有限公司、秦皇岛市思嘉特专用汽车制造有限公司、山东嘉成路面机械有限公司、山东东岳专用汽车制造有限公司、湖北程力专用汽车有限公司及湖北新东日专用汽车有限公司等。

（12）稀浆封层车。主要生产企业有河南高远公路养护设备股份有限公司、浙江美通筑路机械股份有限公司、达刚控股集团股份有限公司、徐州徐工养护机械有限公司、北京欧亚机械设备股份有限公司、秦皇岛市思嘉特专用汽车制造有限公司、湖北程力专用汽车有限公司及山东东岳专用汽车制造有限公司等。

（13）路面综合检测车。主要生产企业有中公高科养护科技有限公司、河南高远公路养护设备股份有限公司、安徽省乐道智能科技有限公司、南京英达公路养护车制造有限公司及上海畅风实验仪器有限公司等。

（14）路面综合养护车（包括路面热再生修补、冷喷补车等）。主要生产企业有浙江美通筑路机械股份有限公司、南京英达公路养护车制造有限公司、河南高远公路养护设备股份有限公司、江苏集萃道路工程技术与装备研究所有限公司、徐州徐工养护机械有限公司、浙江筑马工程机械设备制造有限公司、鞍山森远路桥股份有限公司、中山市易路美道路养护科技有限公司、达刚控股集团股份有限公司、陕西中霖沥青路面养护科技有限公司、山东省路桥集团装备科技发展有限公司及河南路太养路机械股份有限公司等。

（15）路面裂缝修补设备（包括切缝机、热吹缝机、灌缝机等）。主要生产企业有北京欧亚机械设备股份有限公司、中山市易路美道路养护科技有限公司、鞍山森远路桥股份有限公司、南通威尔多专用汽车制造有限公司、山东东岳恒源路桥机械科技有限公司及河南路太养路机械股份有限公司等。

（16）沥青路面就地热再生机组。主要生产企业有南京英达公路养护车制造有限公司、江苏集萃道路工程技术与装备研究所有限公司、鞍山森远路桥股份有限公司、嘉鹏再升科技（深圳）股份有限公司、维特根（中国）机械有限公司、山东省路桥集团装备科技发展公司、江苏澳新科技有限公司及无锡锡通工程机械有限公司等。

（17）路面冷再生机。主要生产企业有维特根（中国）机械有限公司、徐州徐工筑路机械有限公司、山推（德州）工程机械有限公司、徐州恒诺机械科技有限公司及西安海迈重工机械有限公司等。

（18）移动破碎筛分设备。主要生产企业有维特根（中国）机械有限公司、福建南方路面机械股份有限公司、徐州徐工矿业机械有限公司、云南凯瑞特重工科技有限公司、上海山美环保装备股份有限公司、柳工（常州）矿山机械有限公司、派克斯（上海）工程机械设备有限公司、洛阳大华重型机械有限公司、广西美斯达工程机械设备有限公司、凯斯特（滁州）工程设备有限公司、湖南山河普石勒机械设备有限公司、湖南润天智科机械制造有限公司、三一筑工科技股份有限公司及山推工程机械股份有限公司等。

（19）整形制砂设备。主要生产企业有福建南方路面机械股份有限公司、廊坊德基机械科技有限公司、福建省铁拓机械股份有限公司、北京加隆工程机械有限公司、河南亚龙智能装备有限公司及泰安岳首拌合站设备有限公司等。

（20）沥青路面回收料（RAP）破碎筛分设备。主要生产企业有新乡格林机械股份有限公司、福建省铁拓机械股份有限公司、西安志成宇通工贸有限公司、福建南方路面机械股份有限公司、中交西安筑路机械有限公司、廊坊德基机械科技有限公司、湖南三一路面机械有限公司、徐州徐工养护机械有限公司、河南亚龙智能装备有限公司、北京加隆工程机械有限公司、无锡雪桃集团有限公司、泰安岳首拌合站设备有限公司及无锡锡通工程机械有限公司等。

（21）水泥路面破碎机（包括共振机、多锤头、冲击碾等）。主要生产企业有山东公路机械厂有限公司、中铁工程机械研究设计院有限公司、上海万广建设发展有限公司、山东兴路重工科技有限公司、郑州中航工程设备有限公司、济南路宝工程机械设备有限公司、中铁长安重工有限公司、郑州宇通重工有限公司、山东天路重工科技有限公司及洛阳晟路机械制造有限公司等。

（22）路面铣刨机。主要生产企业有维特根（中国）机械有限公司、徐州徐工筑路机械有限公司、湖南三一路面机械有限公司、柳工无锡路面机械有限公司、山推工程机械股份有限公司、宝马格（上海）压实机械有限公司、戴纳派克（中国）压实摊铺设备有限公司及北京天顺长城液压科技有限公司等。

（23）路面干洗车。主要生产企业有山东施卫普环保科技有限公司、徐州徐工养护机械有限公司、浙江美通筑路机械股份有限公司、陕西路达智能装备有限公司、达刚控股集团股份有限公司及福龙马集团股份有限公司等。

（24）路面清扫车（主要为高速清扫车）。主要生产企业有浙江筑马工程机械设备制造有限公司、浙江美通筑路机械股份有限公司、福龙马集团股份有限公司、长沙中联重科环境产业有限公司、山东省路桥集团装备科技发展有限公司、徐工道路机械事业部、山东东岳专用汽车制造有限公司、瑞天（山东）智能装备有限公司、郑州宇通重工有限公司、程力专业汽车股份有限公司、天嘉智能装备制造江苏股份有限公司及山东东岳恒源路桥机械科技有限公司等。

（25）道路绿化综合养护车。主要生产企业有江苏赛欧智能科技有限公司、江苏集萃道路工程技术与装备研究所有限公司、北京欧亚机械设备股份有限公司、南京英达公路养护车制造有限公司、中山市易路美道路养护科技有限公司、鞍山森远路桥股份有限公司、秦皇岛思嘉特专用汽车制造有限公司及山东省路桥集团装备科技发展有限公司等。

（26）路面标线划线车（包括除线机）。主要生产企业有天途路业集团有限公司、南通威尔多专用汽车制造有限公司、山西长达交通设施有限公司及沈阳北方交通重工集团有限公司等。

（27）交通锥自动收放车。主要生产企业有江苏集萃道路工程技术与装备研究所有限公司、浙江筑马工程机械设备制造有限公司、南京英达公路养护车制造有限公司、南通威尔多专用汽车制造有限公司、长沙中联重科环境产业有限公司及河南高远公路养护设备股份有限公司等。

（28）隧道清洗车。主要生产企业有秦皇岛市思嘉特专用汽车制造有限公司、河南高远公路养护设备股份有限公司、徐工环境技术有限公司、江苏赛欧智能科技有限公司及山东东岳恒源路桥机械科技有限公司等。

（29）护栏清洗车。主要生产企业有南京英达公路养护车制造有限公司、河南高远公路养护设备股份有限公司、徐州徐工环境技术有限公司、江苏赛欧智能科技有限公司、南通威尔多专用汽车制造有限公司、山东省路桥集团装备科技发展有限公司、河南路太养路机械股份有限公司及北京环卫集团环卫装备有限公司等。

（30）打桩拔桩机。主要生产企业有鞍山森远路桥股份有限公司、南京金长江交通设施有限公司、重庆宏工工程机械有限责任公司、秦皇岛市思嘉特专用汽车制造有限公司及湖南恒润高科股份有限公司等。

（31）道路除冰雪设备（包括多功能除雪车、推雪铲、扫雪刷、抛雪机、除冰车、撒盐撒砂车、吹雪车等）。主要生产企业有浙江美通筑路机械股份有限公司、河南高远公路养护设备股份有限公司、南京英达公路养护车制造有限公司、吉林省北欧重型机械股份有限公司、北京欧亚机械设备股份有限公司、山东欧亚专用车辆有限公司、吉林省公路机械有限公司、鞍山森远路桥股份有限公司、中山市易路美道路养护科技有限公司、徐工环境技术有限公司、江苏赛欧智能科技有限公司、秦皇岛思嘉特专用汽车制造有限公司、山东省路桥集团装备科技发展有限公司、南京路洁通机械有限公司、沈阳德恒机械制造有限公司、河南路太养路机械股份有限公司、山东东岳专用汽车制造有限公司、辽宁天信专用汽车制造有限公司、凯斯工程机械（上海）有限公司、瑞德（新乡）路业有限公司、哈尔滨中诚科技发展有限公司、天嘉智能装备制造江苏股份有限公司及山东东岳恒源路桥机械科技有限公司等。

（32）桥梁检测车。主要生产企业有徐州徐工随车起重机有限公司、郑州宇通重工有限公司、杭州专用汽车有限公司、湖南恒润高科股份有限公司及湖南飞涛专用汽车制造有限公司等。

（33）防撞缓冲车。主要生产企业有徐州徐工随车起重机有限公司、南京同道机械设备有限公司、南京英达公路养护车制造有限公司、深圳市乾行达科技有限公司、河南高远公路养护设备股份有限公司、中山市易路美道路养护科技有限公司、江苏先德智能交通科技有限公司、南通威尔多专用汽车制造有限公司、浙江美通筑路机械股份有限公司、宇通重型装备有限公司、山东东岳专用汽车制造有限公司及山东东岳恒源路桥机械科技有限公司等。

（34）辅助设备及配套机具。主要生产企业有新乡格林机械股份有限公司、浙江尚贵泵业有限公司、江苏奥凯环境技术有限公司、怀来蒂吉博纳科技有限公司、上海盾牌矿筛有限公司、无锡三邦环保科技有限公司、湖南铁榔头机械有限公司、江苏六道重工有限公司、山东天路重工科技有限公司、抚顺恒跃工业用布有限公司、无锡顺盟科技有限公司、厦门美达斯环保工业有限公司、西安众腾筑路机械配件有限公司、广德辉龙环保科技有限公司、陕西沃斯莱特机械自动化设备有限公司、沈阳盛道交建科技有限公司、上海袋式除尘配件有限公司、天水二一三电器集团有限公司、安徽黄山恒久链传动有限公司、抚顺博达产业滤布有限公司、浙江华基环保科技有限公司、天津市立鑫晟新材料科技有限公司、杭州东华链条集团有限公司、浙江科新阀门有限公司、梅特勒－托利多（常州）称重设备系统有限公司、山东博硕自动化技术有限公司、青岛同乐电子科技有限公司、安平县红星丝网制造有限公司、威海人合机电股份有限公司及肯纳金属（徐州）有限公司等。

3.部分行业企业产品获得技术评价及奖项情况

2023年，筑养路机械行业部分企业获得各级专精特新“小巨人”企业称号，部分产品获得“专精特新”产品称号。新产品成果通过了技术鉴定，获得了较高的评价。多家企业产品被授予或续评为“单项冠军”称号。2023年部分企业及产品获得技术评价和奖励情况见表1。

表1　2023年部分企业及产品获得技术评价和奖励情况

企业名称	项目（产品）名称	技术评价及奖励名称
湖南润天智科机械制造有限公司	水泥稳定土搅拌站	湖南省制造业单项冠军产品
中交西安筑路机械有限公司	高度智能化沥青混合料拌和技术研究	中交集团科技进步奖二等奖
	MF4000多功能沥青混合料一体化设备和Q3000型出口快装式沥青搅拌设备	陕西省重点新产品开发项目计划
河南省高远公路养护技术有限公司	城市道路功能化复合封层、免加热复合式高强路面	入选《河南省绿色低碳先进技术成果目录（2023）》
山东施卫普环保科技有限公司	施卫普干式吸尘车	入选《国家鼓励发展重大环保技术装备目录》（2023年版）
福建省铁拓机械股份有限公司	厂拌热再生设备	工业和信息化部单项冠军
新乡格林机械股份有限公司	沥青混合料搅拌设备专用振动筛	河南省专精特新产品
江苏集萃道路工程技术与装备研究所有限公司	JTC400A交通锥工程收集车	江苏省新产品
		工业和信息化部专精特新“小巨人”企业
江苏六道重工有限公司	沥青混合料搅拌设备用斗式提升机	江苏省专精特新产品
天水二一三电器集团有限公司	国产化替代智能接触器研发及产业化	天水市科技发明奖一等奖
	GSZ9系列新能源接触器	天水市科技进步奖二等奖
	GSF5系列家用交流接触器	天水市第五届职工优秀创新成果奖二等奖

（续）

企业名称	项目（产品）名称	技术评价及奖励名称
泰安岳首拌合站设备有限公司	HZRLB4000 型原生再生一体机沥青混合料搅拌设备	山东省装备制造业科技创新奖
		工业和信息化部专精特新“小巨人”企业
江苏奥凯环保科技有限公司	节净达系列沥青搅拌设备用过滤除尘滤袋	江苏省专精特新产品
青岛科泰重工机械有限公司	全液压压路机	青岛市制造业隐形冠军
上海袋式除尘配件有限公司		工业和信息化部专精特新“小巨人”企业
浙江威肯特智能机械有限公司	沥青泵	浙江省专精特新产品
无锡雪桃集团有限公司	厂房式沥青混合料搅拌设备生产线	江苏省专精特新产品
徐州新路智能科技有限公司	多功能水泥滑模摊铺机	工业和信息化部专精特新产品
徐工集团工程机械股份有限公司道路机械分公司	压路机	工业和信息化部单项冠军
北京天顺长城液压科技有限公司	HP935S-3F 摊铺机	中国工程机械年度产品 TOP50 技术创新金奖
徐工道路机械事业部	XM2005KIV 路面铣刨机	中国工程机械年度产品 TOP50 市场表现金奖
	RP905IV 摊铺机、干式路面吸扫车	中国工程机械年度产品 TOP50 产品奖
柳工无锡路面机械有限公司	6626E 单驱压路机	中国工程机械年度产品 TOP50 产品奖

4. 行业标准制修订情况

2023 年，中国工程机械工业协会发布了 1 项筑养路机械行业相关标准（T/CCMA 0152—2023《沥青纤维碎石同步封层车作业质量试验方法》）。有 4 项筑养路机械团体标准（《高速吸扫车》《沥青混合料搅拌设备　自动化上料系统》《水泥净浆洒布车》《沥青混合料搅拌设备　热骨料提升机》）完成了立项。

二、市场销售情况

1. 沥青混合料搅拌设备

据中国工程机械工业协会筑养路机械分会对 16 家主要生产沥青混合料搅拌设备企业的调查统计，2023 年，1000 型及以上大规格的强制间歇式沥青混合料搅拌设备销量为 643 台（套），同比增长 13.8%；出口量为 153 台（套），同比增长 57.7%。配套热再生设备销量为 320 台（套），同比增长 34.5%。5 种主要规格设备销售情况为：1000 型设备销量为 34 台（套），同比增长 25.9%；2000 型设备销量为 139 台（套），同比增长 23%；3000 型设备销量为 154 台（套），同比增长 41.3%；4000 型设备销量为 197 台（套），同比下降 14.7%；5000 型及以上设备销量为 107 台（套），同比增长 25.9%。各种规格设备在当年销量中的占比与前几年大致相同，4000 型设备市场需求较大，其销量占全年总销量的 30.6%。4000 型配套热再生设备销量最多，为 138 套。

2. 沥青混合料摊铺机

据中国工程机械工业协会统计，2023 年，生产沥青混合料摊铺机的 13 家主要企业销量仍呈现下滑的态势，出口增长幅度较大。全年摊铺机销量为 1 231 台，同比下降 17.6%；出口量为 209 台，同比增长 56%。其中，主力机型为 8～9.5m 全液压履带式摊铺机，销量为 548 台，同比下降 19%。9.5m 以上的摊铺机销量为 204 台，同比下降 26.1%。

3. 压路机

据中国工程机械工业协会统计，2023 年，生产压路机的 19 家主要企业销量下滑，出口仍呈现增长态势。全年销售各类压路机 14 146 台，同比下降 6.26%；出口量为 7 724 台，同比增长 15.5%。其中，轮胎式压路机销量为 932 台，同比增长 0.76%；全液压单钢轮压路机销量为 5 661 台，同比下降 1.9%；双钢轮压路机销量为 1 265 台，同比下降 31%。

4. 其他主要路面施工与养护设备

除了沥青混合料搅拌设备、沥青混合料摊铺机和压路机外，其他主要路面施工与养护机械设备有稳定土厂拌设备、粉料撒布车、沥青洒布车、稀浆封层车、沥青碎石同步封层车、路面综合养护车、路面铣刨机、路面干洗车、绿化综合养护车、除冰雪设备及防撞缓冲车等。

据中国工程机械工业协会筑养路机械分会调查统计，2023 年，稳定土厂拌设备销量约 1 000 台（套），其中具有振动搅拌技术的设备销量逐步增多，约占总销量的 10%。防撞缓冲车市场销量继续呈现上升势头，销量超过 1 000 台。高速清扫车销售近 100 台，逐渐被高速公路养护企业列入设备配备计划。交通安全锥自动收放车技术突破较快，逐渐被市场接受。其他几种主要路面养护设备销量为 100～500 台，市场容量不大。一般来说，这些设备组织生产和技术开发的难度比有较大量产的设备要大，但单机利润水平较高，在市场上也是不可或缺的。

三、新产品、新技术及典型工程应用情况

为响应非道路移动机械污染物排放国四标准的要求，包括沥青混合料摊铺机、压路机、铣刨机、平地机、带有

辅助发动机的底盘式养护设备在内，筑养路机械全面切换到国四排放标准的新阶段。在排放达标的技术改造中，相关总成与结构都有了相应的关联式进步。整机的系统性能都得到了一定程度的提升。尤其是具有副发动机的养护设备，多家企业进行技术改进后，直接从底盘取力，省掉了辅助发动机，简化了产品结构，提高了产品性能，达到了环保要求。随着新能源及环保政策的实施，筑养路机械产品电动化趋势发展很快，电动压路机已获得实际工程应用，电动摊铺机已进入研发试制阶段。

2023 年推向市场的主要新产品、新技术及典型工程应用情况如下：

1. 德基机械推出智能城市型固定式沥青混合料搅拌设备等产品

2023 年，廊坊德基机械科技有限公司研制的 DGXi 系列智能城市型固定式沥青混合料搅拌设备成功上市。公司研制了环保型模块化路面回收料破碎筛分设备，对再生滚筒的自清理技术进行了升级。该路面回收料破碎筛分设备生产能力为 200t/h，可解决旧料再生的配套问题。公司取得授权专利 23 项，其中发明专利 5 项。

2. 河南高远推出两款公路养护新设备

2023 年，河南高远公路养护设备股份有限公司推出两款新型公路养护设备。一是 HGY5310TYHZ6 型保温储料式路面养护车。该设备主要用于沥青混合料长距离保温运输，以适应从搅拌站到施工工地的大距离投放运输。该设备取得实用新型专利 1 项（沥青高效加热装置）。二是 HGY5110XGCJ6 型交通安全锥收集工程车。该设备是一款智能型道路养护专用装备，用于高速公路、国道（省道）干线公路和城市快速路主干道等道路养护作业区交通锥的自动布放和回收。在整车后部配置了 LED 方向指示板和防撞缓冲装置，可保障作业场地的施工人员安全。整车可实现低速行走功能，对复杂工况适应性强。该设备取得实用新型专利 1 项（公路应急安全远程预警装置）。

3. 戴纳派克发布多款新产品

2023 年，戴纳派克（中国）压实摊铺设备有限公司两款新产品上市，并在压路机和摊铺机上进行了技术升级。公司推出了犀牛（RHINO）系列 18～22t 单钢轮振动压路机、SD2500CS PROTAC 洒布摊铺机。公司取得授权专利 1 项（马达直驱机构及摊铺机）。小型双钢轮压路机的前后分振技术应用于戴纳派克的新产品中。在荷兰首都阿姆斯特丹的史基浦机场工程中，戴纳派克 SD1800We 电动摊铺机和 CC900e 电动压路机首次进行了工程试验验证，达到了传统摊铺机和压路机的同等水平。

4. 柳工无锡路机获得 9 项授权专利

2023 年，柳工无锡路面机械有限公司获得 9 项授权专利。其中，发明专利 5 项（一种路面铣刨机的安全调节装置及其调节方法、一种可实现机群化施工的无人驾驶压路机、一种路面摊铺机集成控制液压系统及其控制方法、一种轮胎压路机传动链条张紧结构及其调节方法、一种具有振荡和振动功能的钢轮系统）、实用新型专利 4 项。

5. 天顺长城推出两款新型沥青摊铺机和一款新型铣刨机

北京天顺长城液压科技有限公司于 2023 年 3 月推出鸿鹄系列新型摊铺机。HP935S-3F 型熨平装置可实现 3～8.2m 全幅液压无极伸缩，最宽可机械扩展到 8.7m，最大摊铺厚度可达 35cm，具有大功率储备、高精度、多功能等特点。摊铺机采用分段变径和特殊定制叶片，有效解决了分料螺旋的离析问题；在 3～7.7m 摊铺宽带范围内，实现熨平板的全幅伸缩，调拱、段差、控料挡板一键液压调整，方便快速。

2023 年 3 月上市的 SP1350-3F 鹰击系列摊铺机最大摊铺宽带达 14m，液压伸缩可达 10m。该摊铺机可配置 4 个摄像头，通过液晶显示器实时观测前后左右的工作状态，大范围监控，全面掌握施工动态。

2023 年 2 月上市的 S2277-3X 型 2m 级铣刨机采用 V 型悬挂技术，阻断发动机与机架间的振动传递，隔振率可达 80.3%；创造性地使用了风扇反转控制功能，能自动清洁散热器；通过超声波探头的配合，可根据“绝对参考面”进行铣刨工作，在单层铣刨后罩面的施工工艺工程中改善了平整度；具有全自动下刀智能程序，配合车身稳定系统，自适应调节下刀速度，实现渐变式铣刨作业。

公司推出的以上新产品共取得 9 项实用新型专利。

6. 三一路机研发成功 8000 型整体式高添加比沥青搅拌设备

2023 年 3 月 17 日，三一路机发布了新款 8000 型整体式沥青混合料搅拌设备。该设备采用 5000 型原生机，配置 3000 型热再生系统，构成生产率达 600t/h 的一体式沥青混合料搅拌设备。选用 8t 大容量搅拌缸，以保证搅拌均匀性和生产率；搭载智能管控系统和云服务，为搅拌站的数字化生产提供了条件。

7. 西安志成宇通推出两款新产品

西安志成宇通工贸有限公司研发成功温拌沥青发泡装置和 LAP50 型 RAP 柔性破碎筛分设备。公司研发的设备旨在尽量保持原集料中的骨料级配，采用柔性破碎棍进行初次破碎。振动筛分设备采用聚氨酯柔性筛网，以减少堵网现象的发生。温拌沥青发泡装置采用间歇式机械发泡工艺，具有控制精度高、沥青半衰期长、用户工作界面友好等特点。

8. 山东陆达推出新型水泥路面破碎机

2023 年 5 月，山东陆达机械设备有限公司成功下线新款 SLD1250X 型水泥路面破碎机。该设备专门针对农村水泥路面“白改黑”工程设计，采用重型铣刨和对辊碾轧破碎工艺，直接将水泥面板打碎成不同要求的颗粒并作为碎石垫层重复利用，实现旧水泥路面就地再生施工。该机采用全液压驱动，工作宽带达 2.4m，破碎深度为 25cm，配有降尘和自动找平系统，具有无线遥控行走及作业的功能。

〔撰稿人：中国工程机械工业协会筑养路机械分会张西农〕

凿岩机械与气动工具

一、生产发展情况

凿岩机械与气动工具行业企业随着国内外需求逐步改善，运营状态稳步回升，企业效益持续增长。随着国家基础设施建设、能源、交通和原材料等基础工业的发展，凿岩机械与气动工具的发展也向前稳步推进。

凿岩机械与气动工具的技术发展及创新持续对标国外的高端产品、技术，进行自我完善、提升。行业企业坚持传统产业转型升级，以市场为导向，持续增强项、补短板；以新产品、新技术、新工艺、新材料作为创新产品突破口，不断提高科技含量，开拓细分市场。当前，高端产品技术水平已与国际水平接近。

近年来，各类凿岩设备的市场占比变化不大，但产品的更新换代周期越来越短，针对性、适应性、可靠性、宜人性持续提升，能较好地满足国内外各类施工需要。各类工程施工设计方案的技术进步与不断创新又促进施工设备在工程施工、各类矿山掘进全流程领域的开拓，产品种类得以拓展，产品系列日益完善，主要体现在以下几个方面：

（1）自走类凿岩设备气动潜孔钻机逐渐被半液压 / 全液压潜孔一体钻机所替代并向智能化方向发展。液压单臂采矿、多臂掘进钻车从自动化向智能化过渡，已实现远程控制及智能化作业。作业质量、进度、安全、环保都有了突破性的提高，产品多样化、个性化的自走类凿岩设备部分应用于石方工程施工、矿山采掘进现场。

（2）自走类凿岩设备短板较多，大孔径救援、大孔径采矿、智能化锚装、设备关键工装、控制系统等设备无成熟、可靠产品，制约着我国自走类凿岩设备在国内市场占比的提高，仅在交通、水利隧道工程中使用。

随着科技进步，国内液压钻车、液压锚杆机等全液压凿岩设备飞速发展。凿岩技术取得了更多的进步，电子技术、液压技术、机械工程技术的成果广泛应用到液压钻车方面；模块化、多功能化、大型化、智能化、高速钻进化成为最新液压钻车的发展特点。当前国内用于隧道的液压钻车主要有徐工、江西鑫通、铁建重工、中铁装备等企业生产的多臂全液压钻车；用于锚护作业的设备主要有宣化华泰的全液压锚杆机。在国内掘进凿岩设备中，国内企业生产的凿岩设备市场份额不断增加。

（3）液压凿岩机实现突破。随着国家对环境保护和安全生产法规管理的加强，对工程施工现场人员数量要求在减少，加之人工成本逐年增加，机械替代人，自动化、智能化减人，大力运用智能化施工设备，提高智能化施工水平是大势所趋。2023 年，行业企业加快了液压凿岩机的技术创新，在材料选用、机械加工、热处理工艺以及产品零件使用寿命等方面已接近国际水平。在液压凿岩机、半液压凿岩机方面，甘肃天水、江浙等地的企业持续加大投入，缩小了与国际水平的差距。2023 年，个别企业液压凿岩机批量进入国内、国外两个市场，应用效果良好。

（4）非自走气动凿设备作为一种用于钻、凿、爆、锚固的凿岩设备，虽然矿业企业将其归为工具类，但其在隧道掘进、中小型矿山井下开采中所占的市场份额很大。因其小巧、操作轻便、价格低廉，在不具备大型设备进入的施工条件下，仍广泛用于各石方工程及采矿作业。各生产企业也针对该类设备能耗高、操作条件差等不足之处，对设备不断进行技术改进，开发出更人性化、高效率的产品。全气动独立回转重型凿岩机已批量生产，大量应用于中深孔采矿及锚护工程，提高了作业效率。

非自走气动凿设备在今后相当长的时间内仍是国内市场的主流设备之一。2023 年，行业内有代表性的企业大力推动传统产业转型升级，推动凿岩机械与气动工具行业高质量发展。凿岩机械与气动工具产品在取得技术进步的同时，工艺水平明显提升。企业加大了设备更新换代的力度，基本趋势为：智能多功能设备替代普通设备，批量生产工装系数逐渐减小，机器替代人工等。结合互联网、物联网及各类软件，企业的生产更加低碳、节能、清洁、安全，满足市场个性化需求的能力进一步增强。

（5）国内生产企业通过改进潜孔凿岩设备，行走、推进、回转实现了液压化，一体机技术日趋完善。研发生产的各种类型潜孔冲击器、履带式高气压潜孔钻车的性能、质量已基本能够满足潜孔凿岩的需求，价格明显低于国外同类产品。凿岩机械生产企业为提高自身的经济效益和产品的竞争力，在降低成本、提高产品质量的同时，不断改进原有产品，并广泛应用新材料，对重要零部件和易损件进行技术攻关，大多数履带式潜孔钻机技术已达到或超过国外同类产品水平。

（6）气动工具类产品属小型机具，主要包括回转式系列、冲击式系列及其他辅助设备。近年来，电动类型小功率回转类产品发展较快，气动类型产品产量有较大下降。大功率产品均以空气为动力，广泛应用于机械领域的钻孔、攻丝、锯割、去锈、磨光、抛光、涂装、胀管以及螺钉、螺栓和螺母的紧固等。

近年来，针对家装、拆解、造船等行业发展，行业企业开发出气钉枪、气动水泵、气动切割机、气动振动器、机载大功率气镐等多种气动工具产品。我国气动工具行业出口规模在持续扩张，国产品牌在国际上的竞争力也逐渐增强。

随着气动工具类产品的技术进步，市场对产品的需求也多样化，促使产品进行分级（工业级、专业级、普通级）。气动工具产品中的冲击类产品发展较好，回转类产品除大扭矩的外，部分产品已被电动产品替代。

（7）新型开挖技术情况。近年来，市场上已出现非民爆物品开挖技术及设备。主要包括已成熟的液压劈裂技术及设备、气体膨胀劈裂技术及设备。这两种设备因市场小而未得到大批量应用。

我国凿岩机械与气动工具产品分类及主要生产企业见表 1。

表 1　我国凿岩机械与气动工具产品分类及主要生产企业

产品分类		主要生产企业名称
凿岩机械气动工具质量技术监督检测		天水凿岩机械气动工具研究所、长沙矿冶研究院有限责任公司、浙江衢州市质量技术监督检测中心
凿岩机械	气腿式凿岩机	天水风动机械股份有限公司、浙江衢州煤矿机械总厂股份有限公司、沈阳风动工具厂有限公司、洛阳风动工具有限公司、浙江红五环掘进机械股份有限公司、宜春风动工具有限公司、湘潭风动机械有限公司、天水风动机械配件有限公司
	手持式凿岩机	天水风动机械股份有限公司、沈阳风动工具厂有限公司、浙江衢州煤矿机械总厂股份有限公司、浙江红五环掘进机械股份有限公司、湘潭风动机械有限公司、天水风动机械配件有限公司
	内燃、电动凿岩机	洛阳风动工具有限公司、宜春风动工具有限公司
	凿岩钻架	天水风动机械股份有限公司、南京工程机械厂有限公司、湖北首开机械有限公司、青岛前哨精密机械有限责任公司
	凿岩钻车	天水风动机械股份有限公司、南京工程机械厂有限公司、浙江红五环掘进机械股份有限公司、湖北首开机械有限公司、张家口市北方穿越钻具制造有限公司、青岛前哨精密机械有限责任公司
	液压凿岩机	天水风动机械股份有限公司、桂林桂冶机械股份有限公司、中船重工中南装备有限责任公司、浙江红五环掘进机械股份有限公司
	冲击器	天水风动机械股份有限公司、宣化苏普曼钻潜机械有限公司、洛阳风动工具有限公司、南京工程机械厂有限公司
	其他	烟台市石油机械有限公司、浙江衢州煤矿机械总厂股份有限公司、桂林桂冶机械股份有限公司、湖北首开机械有限公司
气动工具	回转类产品	青岛前哨精密机械有限责任公司、天水风动机械股份有限公司、上海骏马气动工具有限公司、上海气动工具厂、宁波鄞州甬盾风动工具制造有限公司、镇江丹凤机械有限公司、上海迅驰气动工具制造有限公司、徐州三刃风动工具有限公司、山东春龙风动机械有限公司、山东同力达智能机械有限公司、烟台市石油机械有限公司、杭州萧山风动工具有限责任公司、镇江玛维克工具制造有限公司、南京腾亚精工科技股份有限公司、杭州中杰杰鼎实业有限公司
	冲击类产品	天水风动机械股份有限公司、青岛前哨精密机械有限责任公司、宁波鄞州甬盾风动工具制造有限公司、山东中车同力达智能机械有限公司、义乌市风动工具有限公司、上海迅驰气动工具制造有限公司、上海气动工具厂、徐州三刃风动工具有限公司、宜春风动工具有限公司、山东春龙风动机械有限公司、天水风动机械配件有限公司、南京工程机械厂有限公司、浙江红五环掘进机械股份有限公司、上海骏马气动工具有限公司、镇江丹凤机械有限公司、通化市风动工具有限责任公司、南京腾亚精工科技股份有限公司、杭州中杰杰鼎实业有限公司

根据中国工程机械工业协会凿岩机械与气动工具分会统计，2023 年，17 家企业完成工业总产值 79 235 万元，比上年下降 12.1%。完成工业销售产值 74 134 万元，比上年下降 9.2%。其中，出口交货值为 110.2 万美元，比上年下降 85.3%。实现主营业务收入 97 043 万元，比上年增长 2.5%；实现利润总额 15 023 万元，比上年增长 195%。

2023 年，凿岩机械产量为 16.33 万台，比上年下降 6%；销量为 17.62 万台，比上年增长 49%；年末库存为 3.8 万台，比上年下降 64.1%。2023 年，气动工具产量为 37.83 万台，比上年增长 9.8%；销量为 23.27 万台，比上年增长 36.9%；年末库存为 4.8 万台，比上年下降 52%。

2023 年凿岩机械与气动工具行业主要生产企业经济指标完成情况见表 2。2023 年凿岩机械与气动工具行业主要产品产销存情况见表 3。

表 2 2023 年凿岩机械与气动工具行业主要生产企业经济指标完成情况

企业名称	工业总产值（万元）	总资产（万元）	主营业务收入（万元）	利润总额（万元）
天水风动机械股份有限公司	18 026	46 419	10 533	178
南京工程机械厂有限公司	840	14 371	1 504	-307
浙江衢州煤矿机械总厂股份有限公司	5 410	18 338	9 125	5 594
青岛前哨精密机械有限责任公司	15 272	52 290	18 161	5 584
洛阳风动工具有限公司	4 642	30 693	4 670	791
义乌市风动工具有限责任公司	211	310	211	3
烟台市石油机械有限公司	3 158	3 140	2 545	38
镇江丹凤机械有限公司	74	707	70	-69
天水风动机械配件有限公司	383	1 427	340	1
山东春龙风动机械有限公司	750	2 408	772	-194
宁波市鄞州甬盾风动工具制造有限公司	1 538	992	1 528	-37
湖北首开机械有限公司	4 100	6 172	4 100	189
浙江红五环掘进机械股份有限公司	3 978	20 994	23 624	-307
上海骏马气动工具有限公司	3 980	3 120	2 660	1 360
桂林桂冶机械股份有限公司	4 000	45 178	3 580	1 200
江苏益科热处理设备有限公司	2 500	4 986	2 332	1 159
杭州中杰杰鼎实业有限公司	10 373	14 769	11 288	-160

表 3 2023 年凿岩机械与气动工具行业主要产品产销存情况

产品名称	计量单位	产量	销量	年末库存
一、凿岩机械	台	163 266	176 247	37 754
1. 凿岩机	台	57 017	53 635	10 473
（1）气动凿岩机	台	55 083	50 651	10 774
①手持式	台	8 358	7 399	3 254
②气腿式	台	42 883	42 656	4 162
③向上式	台	2 199	53	664
④导轨式	台	1 310	147	1 239
⑤气腿	台	333	396	1 455
（2）内燃凿岩机	台	1 907	2 931	-404
（3）电动凿岩机	台	27	53	103
2. 凿岩钻车、钻架	台	4 329	2 192	2 723
3. 气动绞车	台	562	180	413
4. 气马达	台	4 056	4 967	-246
5. 其他	台	97 302	115 273	24 391
二、气动工具	台	378 383	232 716	48 133
1. 回转类产品	台	176 316	170 444	25 500
（1）气钻	台	15 761	11 773	4 978
（2）气砂轮	台	137 999	132 556	19 401

（续）

产品名称	计量单位	产量	销量	年末库存
（3）气扳机	台	22 556	26 115	1 121
2. 冲击类产品	台	52 913	57 317	24 410
（1）气镐	台	34 768	37 401	23 878
（2）气铲	台	12 745	14 438	-852
（3）捣固机	台	5 400	5 478	1 384
3. 其他	台	149 154	4 955	-1 777
三、配件	t	335	265	1 229

二、行业活动

2023 年，中国工程机械工业协会凿岩机械与气动工具分会组织召开了七届四次会员代表大会，充分发挥协会的纽带作用。

中国工程机械工业协会凿岩机械与气动工具分会积极参与由中国工程机械协会组织、人力资源和社会保障部牵头的《凿岩工》国家职业技能标准编制及审核，2023 年 9 月完成终审并上报人力资源和社会保障部。

2023 年 12 月，中国工程机械工业协会凿岩机械与气动工具分会参与徐工基础工程机械事业部的科学技术成果鉴定会。鉴定专家组对徐工基础工程机械事业部组织的科学技术成果进行鉴定。专家组成员提出各自的建议、修改内容、评审意见，充分肯定了徐工基础工程机械事业部的技术创新能力及技术研发、产品结构型式的先进水平。最终，多项科学技术成果通过专家组的鉴定。

凿岩机械与气动工具分会进一步加强与会员企业的交流，先后走访了宁波博威合金材料股份有限公司、天津佛恩无缝铝管有限公司和桂林桂冶机械股份有限公司。通过走访活动，建立了协会与企业的良好关系，积极为企业服务，为企业纾难，促进中小企业平稳健康发展。

此外，凿岩机械与气动工具分会组织行业多家企业参加第十六届中国（北京）国际工程机械、建材机械及矿山机械展览与技术交流会。向企业宣讲国家的产业激励政策，引导、协助企业获得各层级项目支持。

〔供稿单位：中国工程机械工业协会凿岩机械与气动工具分会〕

桩 工 机 械

一、行业总体概况

（一）行业总体运行情况

2023 年，桩工机械行业进入深度调整的第三年。国内市场方面，主力机种旋挖钻机和其他绝大部分机种的销量均持续走低；海外市场方面，旋挖钻机销量出现三年来的首降，部分机种海外销量出现波动式下跌。按不变销售价格测算，2023 年，桩工机械行业的总销售额约 99 亿元，同比下降 34.9%。这是自 2017 年以来销售规模首次跌至 100 亿元以下区间。整体而言，由于国内的销售基数、销售占比、下降幅度均较大，海外销售的增长不足以弥补国内销售大幅下滑带来的缺口，从而导致行业整体销售规模出现萎缩。如果考虑销售单价的下降因素，整体销售规模的萎缩程度更为显著。

从桩工机械行业各细分产品销售情况来看，2023 年，主力机种旋挖钻机的新机总销量为 2 021 台，同比下降 35.2%；销售额约为 70 亿元，约为 2020 年销售高峰值（228 亿元）的 31%。旋挖钻机的新机销售额在行业主要大类产品总销售额中的占比从 2020 年的约 83% 降至 2023 年的约 71%。旋挖钻机的国内市场销量从 2020 年历史高位的 6 159 台降至 2023 年的 1 027 台；海外市场销量由 2020 年的 361 台增加至 2023 年的 994 台，不足以弥补国内市场大幅下滑所形成的巨大缺口。

2023 年，墙类产品（含连续墙液压抓斗、双轮铣槽机、TRD 工法成槽机、多轴钻机）合计销售额在行业主要大类产品总销售额中的占比约 14%，比 2022 年降低 1.5 个百分点。由于工法变迁、产品多元化、施工技术管理等多方面的原因，多轴钻机和液压抓斗的销量呈波动式下降趋势。

2023 年，桩锤类产品（含柴油锤、电动振动锤、液压振动锤、液压冲击锤）的销量为 996 台，同比下降 12.9%。

桩锤类产品的销售额在行业主要大类产品总销售额中的占比约 8%。近几年，桩锤类产品的整体销量波动幅度相对较小，其销售额占比随其他大类产品（如旋挖钻机）的变化而变化。

（二）行业总体分析

据国家统计局统计，2023 年，全国房地产开发投资 110 913 亿元，比上年下降 9.6%。其中，房屋新开工面积为 95 376 万 m^2，比上年下降 20.4%；住宅新开工面积为 69 286 万 m^2，比上年下降 20.9%。房地产行业的下行使桩工机械行业的新增设备需求大幅减弱，以房地产为主要市场的设备销量均大幅下滑。另外，行业终端客户在房地产项目上的施工回款状况依然不乐观，进而导致行业主要机种的主机端以及各类零配件供应端的销售回款受到影响，行业企业的现金流压力未得到缓解。

2023 年，基建投资完成额有所增长，对桩工机械行业部分产品的销售形成了一定支撑。房地产行业的不振对基建领域的投资强度及资金到位状况产生影响，处于基建工程项目分包地位的行业终端客户的工程回款状况也不尽理想，从而导致主机企业及零部件供应端的回款受到影响。

从行业的主机供给端看，行业头部企业及部分专业化企业在产品结构调整、新产品及技术开发、数字化技术应用、降低经营成本、国际化经营实践等方面做了不少努力，并取得了一定成效。尽管 2023 年部分主力产品的出口量依然处于历史高位，对国内市场的大幅下滑形成一定的补充和支撑，但供需失衡的状况尚未根本改观。头部企业的产品销量在行业中的占比仍然维持高位，在细分产品市场中的市场占有率与高峰年份相比已不太明显。

从后市场看，2023 年，主要租赁企业仍然未走出经营困局。租赁市场的出租率、价格继续下跌，租赁回款状况也未显著改观，租赁企业仍面临现金流压力。

从市场客户端看，2023 年比较突出的经营问题依旧是供大于需，叠加工程施工回款状况普遍恶化。

2023 年，桩工机械行业存在的共性和关键问题归纳为以下两点：

（1）桩工机械行业的市场供需格局已经并将继续发生深刻的演变。从国内市场来看，房地产行业的深度调整、将来可能的走势及其对桩工机械行业产生的影响，基建市场结构变化、基建重点投入领域的变化以及对桩工机械行业产品结构、产品功能属性将产生怎样的影响等，需要行业企业深入研讨并进行合理的布局。海外市场的重要性日益凸显，海外市场的多点化、多元化、差异化特征比国内市场更加突出，如何可持续地拓展市场边界并有效规避从地缘政治到具体业务层面的经营风险等，都需要业内企业在实践中不断总结。同时，行业内需要形成一种合力，共同应对一些共性的问题。产品供给结构和质量要满足市场边界及需求的变化，使供需结构之间更加适配，这是行业内需要直面的基本问题。

（2）主力产品在后市场中有相当数量的既有设备。忽略部分已废弃的老旧机，旋挖钻机国内的市场保有量接近 4 万台，其中 2016 年以后投放市场的设备数量约占 2/3。由于客户端经营状况的变迁，客户端的实际经营格局发生了很大变化，行业内存在设备更新、维护、升级、交易、寻找有效出口等多方面的需求，同时也存在工法服务、租赁服务、金融服务、管理服务以及产品全生命周期管理等诸多服务需求。主机企业如何主动组织并参与，既是对过去的经营行为担负起应有的责任，也是关乎重修行业生态、推进行业逐步进入高质量可持续发展轨道的重要课题，需要业内企业认真面对。

（三）行业主要细分产品企业分布及其变化状况

2023 年，桩工机械行业在各细分产品领域的生产企业发生了变化，部分企业关闭了桩工机械的业务，退出了相关市场。同时，也有企业新进入桩工机械的部分细分产品市场，并处在不同的经营阶段。2022—2023 年桩工机械行业主要产品分类及主要生产企业见表 1。

表 1　2022—2023 年桩工机械行业主要产品分类及主要生产企业

产品类别	2022 年主要生产企业	2023 年主要生产企业
旋挖钻机	北京三一智造科技有限公司	北京三一智造科技有限公司
	上海中联重科桩工机械有限公司	上海中联重科桩工机械有限公司
	上海金泰工程机械有限公司	上海金泰工程机械有限公司
	山河智能装备股份有限公司	山河智能装备股份有限公司
	徐州徐工基础工程机械有限公司	徐州徐工基础工程机械有限公司
	宝峨机械设备（上海）有限公司	宝峨机械设备（上海）有限公司
	宇通重型装备有限公司	宇通重型装备有限公司
	江苏泰信机械科技有限公司	江苏泰信机械科技有限公司
	郑州富岛机械设备有限公司	郑州富岛机械设备有限公司
	江苏金亚益重工科技有限公司	江苏金亚益重工科技有限公司
	斗山工程机械（中国）有限公司	现代迪万伦工程机械有限公司
	常州玉柴工程机械有限公司	常州玉柴工程机械有限公司

（续）

产品类别	2022 年主要生产企业	2023 年主要生产企业
长螺旋钻孔机	山东卓力桩机有限公司	山东卓力桩机有限公司
	浙江振中工程机械有限公司	浙江振中工程机械有限公司
	瑞安八达工程机械有限公司	瑞安八达工程机械有限公司
	河北雄飞桩工机械制造有限公司	河北雄飞桩工机械制造有限公司
	新河双兴桩工机械制造有限公司	福建厦兴重工机械有限公司
地下连续墙液压抓斗	徐州徐工基础工程机械有限公司	徐州徐工基础工程机械有限公司
	上海金泰工程机械有限公司	上海金泰工程机械有限公司
	宝峨机械设备（上海）有限公司	宝峨机械设备（上海）有限公司
	北京三一智造科技有限公司	北京三一智造科技有限公司
	上海中联重科桩工机械有限公司	上海中联重科桩工机械有限公司
	山河智能装备股份有限公司	山河智能装备股份有限公司
	浙江中锐重工科技股份有限公司	浙江中锐重工科技股份有限公司
多轴钻机	上海金泰工程机械有限公司	上海金泰工程机械有限公司
	浙江振中工程机械有限公司	浙江振中工程机械有限公司
	山东卓力桩机有限公司	山东卓力桩机有限公司
	山河智能装备股份有限公司	山河智能装备股份有限公司
	福建厦兴重工机械有限公司	福建厦兴重工机械有限公司
桩架	上海金泰工程机械有限公司	上海金泰工程机械有限公司
	山河智能装备股份有限公司	山河智能装备股份有限公司
	浙江中锐重工科技股份有限公司	浙江中锐重工科技股份有限公司
	浙江振中工程机械有限公司	浙江振中工程机械有限公司
	上海振中机械制造有限公司	上海振中机械制造有限公司
	瑞安八达工程机械有限公司	瑞安八达工程机械有限公司
	山东卓力桩机有限公司	山东卓力桩机有限公司
	河北雄飞桩工机械制造有限公司	河北雄飞桩工机械制造有限公司
	东台康鼎工程机械制造有限公司	东台康鼎工程机械制造有限公司
	东台市巨力机械制造有限公司	东台市巨力机械制造有限公司
	广东力源机械有限公司	广东力源机械有限公司
桩锤（柴油锤、液压冲击锤、电动振动锤、液压振动锤）	上海振中机械制造有限公司	上海振中机械制造有限公司
	浙江永安机械有限公司	浙江永安机械有限公司
	浙江振中工程机械有限公司	浙江振中工程机械有限公司
	广东力源液压机械有限公司	广东力源液压机械有限公司
	瑞安八达工程机械有限公司	瑞安八达工程机械有限公司
	东台康鼎工程机械制造有限公司	东台康鼎工程机械制造有限公司
	东台市巨力机械制造有限公司	东台市巨力机械制造有限公司
	武汉五创机械设备有限公司	武汉五创机械设备有限公司
	安腾机械科技（无锡）有限公司	安腾机械科技（无锡）有限公司
	辽宁紫竹高新装备股份有限公司	辽宁紫竹高新装备股份有限公司

（续）

产品类别	2022 年主要生产企业	2023 年主要生产企业
静压桩机	山河智能装备股份有限公司	山河智能装备股份有限公司
	广东力源液压机械有限公司	广东力源液压机械有限公司
	上海中联重科桩工机械有限公司	
	徐州徐工基础工程机械有限公司	
地基加固振冲器	北京振冲工程股份有限公司	北京振冲工程股份有限公司
	江阴市振冲机械制造有限公司	江阴市振冲机械制造有限公司
全套管钻孔机（全回转全套管钻孔机、摆动式全套管钻孔机）	上海中联重科桩工机械有限公司	上海中联重科桩工机械有限公司
	徐州徐工基础工程机械有限公司	徐州徐工基础工程机械有限公司
	徐州景安重工机械制造有限公司	徐州景安重工机械制造有限公司
	山河智能装备股份有限公司	山河智能装备股份有限公司
	国土资源部勘探技术研究所	国土资源部勘探技术研究所
	北京嘉友心诚工贸有限公司	北京嘉友心诚工贸有限公司
双轮铣槽机	徐州徐工基础工程机械有限公司	徐州徐工基础工程机械有限公司
	上海金泰工程机械有限公司	上海金泰工程机械有限公司
	上海中联重科桩工机械有限公司	上海中联重科桩工机械有限公司
	宝峨机械设备（上海）有限公司	宝峨机械设备（上海）有限公司
	北京三一智造科技有限公司	北京三一智造科技有限公司
TRD 工法成槽机	辽宁抚挖重工机械股份有限公司	辽宁抚挖重工机械股份有限公司
	辽宁紫竹高新装备股份有限公司	辽宁紫竹高新装备股份有限公司
		上海金泰工程机械有限公司
		徐州景安重工机械制造有限公司
		上海中联重科桩工机械有限公司

二、产品销售情况

（一）国内销售情况

1. 旋挖钻机

2023 年，旋挖钻机国内新机销量为 1 027 台，同比下降 49.1%。旋挖钻机国内新机销量约为 2020 年国内新机销售高峰（6 159 台）的 1/6，与 2016 年的销量基本相当。国内新机销售额按不变价格测算，约为 36 亿元，依然稳居行业各机种销售规模第一。

2023 年，旋挖钻机销量按季度统计，一季度销量为 282 台，同比下降 54%；二季度销量为 274 台，同比下降 48.8%；三季度销量为 241 台，同比下降 52.1%；四季度销量为 230 台，同比下降 37.3%。2023 年各季度环比销量变化不明显，维持在低位。

销量排在前四位的企业（北京三一智造科技有限公司、徐州徐工基础工程机械有限公司、上海中联重科桩工机械有限公司、山河智能装备股份有限公司）国内新机销量之和为 791 台，占总销量的 77%，比 2022 年下降 14.7 个百分点。

2. 地下连续墙成槽机和铣槽机

地下连续墙液压抓斗销量连续五年出现下降，2023 年国内新机销量为 52 台，同比下降 40.9%。从各企业的销量来看，上海金泰工程机械有限公司以销量 30 台列第一位，徐州徐工基础工程机械有限公司以销量 15 台列第二位，上海中联重科桩工机械有限公司列第三位（销量为 3 台）。北京三一智造科技有限公司和山河智能装备股份有限公司销量均为 2 台。

2023 年，双轮铣槽机国内新机销量为 17 台，同比下降 67.9%。其中，上海金泰工程机械有限公司销量为 8 台，北京三一智造科技有限公司销量为 4 台，徐州徐工基础工程机械有限公司、宝峨机械设备（上海）有限公司销量均为 2 台，上海中联重科桩工机械有限公司销量为 1 台。

在地下连续墙成槽机和铣槽机这一细分产品市场，国产品牌的销量在 2020 年超越了海外品牌。自 2021 年起，国产品牌的销量持续领先。各企业销量排名每年都有变化，总体来说，上海金泰工程机械有限公司、徐州徐工基础工程机械有限公司、北京三一智造科技有限公司市场占有率处于领先位置。

3. 全套管全回转钻机

2023 年，全套管全回转钻机国内新机销量为 40 台，同比下降 38.5%。

4. 静压桩机、多轴钻机、桩架、桩锤

静压桩机销量从 2021 年起连续下降。2023 年，静压桩机国内销量为 76 台，同比下降 45.3%。

多轴钻机销量近几年持续下降，2023 年销量为 30 台，同比下降 49.2%。

桩架细分市场主要经营企业较多，竞争激烈。2023 年，桩架国内新机销量为 105 台，同比下降 23.4%。

2023 年，桩锤产品（含柴油锤、电动振动锤、液压振动锤、液压冲击锤）销量为 554 台，同比下降 24.5%。

2022—2023 年桩工机械主要产品国内新机销售情况见表 2。

表 2　2022—2023 年桩工机械主要产品国内新机销售情况

产品种类	2022 年销量（台）	2023 年销量（台）	同比增长（%）
旋挖钻机	2 018	1 027	-49.1
液压抓斗	88	52	-40.9
桩架	137	105	-23.4
全套管钻机	65	40	-38.5
多轴钻机	59	30	-49.2
桩锤	734	554	-24.5
静压桩机	139	76	-45.3
TRD 工法成槽机	26	22	-15.4
双轮铣槽机	53	17	-67.9

（二）国外销售情况

2023 年，部分桩工机械大类产品的出口量出现不同程度的下降，具备海外销售条件或海外销售业绩的产品尚未形成全覆盖。

1. 旋挖钻机

2023 年，旋挖钻机的出口量为 994 台，同比下降 9.8%。出口量在新机销量中的占比达到 49.2%，比 2022 年上升 13.9 个百分点，为历年最高。2023 年，从主机企业渠道出口的二手设备数量微乎其微。

2. 液压抓斗

2023 年，液压抓斗的出口量为 30 台，同比下降 18.9%。出口量在新机销量中的占比达 36.6%，为历年新高。

3. 静压桩机

2023 年，静压桩机的出口量为 35 台，同比下降 61.1%。出口量在新机销量中的占比为 31.5%，比 2022 年下降 7.8 个百分点。

三、科研成果与新产品

桩工机械行业企业在新产品开发方面的主攻方向是：补充完善“国四”各系列产品，搭载电动化新技术的系列产品，针对海外区域市场特征的定制化系列产品，特殊工程及特殊工况条件下的定制化系列产品，面向后市场既有设备的改造与升级。同时，混合动力技术、能量回收技术、智能化及数字化管理技术等取得了突破或进展。

1. 旋挖钻机

徐州徐工基础工程机械有限公司的旋挖钻机系列产品在智能化施工、数字化管理方面取得新突破。围绕新能源钻机，在节能、减排、智能控制等方面实现突破，推出电液混合动力头驱动技术、多动力源管理控制技术、卷扬势能回收控制技术、智能钻进控制技术等多项关键技术。在多功能工法方面，完成旋挖钻机在石油灭火领域的应用，系列旋挖钻机快速长螺旋、单轴搅拌、双动力的研发及推广应用。2023 年，公司推出了 F 系列国四机型旋挖钻机，产品综合性能、施工效率、智能化水平和可靠性均得到大幅提升。在新能源产品方面，推出了 XRE168、XRE268 等系列混合动力旋挖钻机，可实现插电、混动、纯电三种工作模式，综合油耗可降低 30% 以上。针对再制造市场，公司推出了 XR280D 混合动力旋挖钻机，实现了二手车的新能源技术升级再制造。针对中东、东南亚、俄罗斯等区域，推出了系列区域定制旋挖钻机；针对欧美等高端市场，推出了 TR130、XRU625、XC-85B、XC-95F 系列旋挖钻机。

2023 年，北京三一智造科技有限公司持续加大技术创新，共申请知识产权 92 项，其中发明专利 39 项，在智能化、液压技术、整机控制等方面均实现技术突破。公司开发了 SR255-S 和 SR405-S 两款新产品，兼顾中小桩径和中大桩径的施工需求，同时满足运输方面的需求。公司聚焦细分市场，开发了 SR135L-S、SR175L-S 小型低净空钻机和 SR315-S 中大型低净空设备。公司开发的 SR275E 插电混合动力旋挖钻机可广泛用于市内、野外等不同施工场景，具有高效、节能、可靠、安全的特点。SR275E 旋挖钻机获得 2023 年度北京市新产品新技术奖。SR435-S 旋挖钻机获得 2023 年度中国工程机械年度产品 TOP50 市场表现金奖。

上海中联重科桩工机械有限公司完善 G 系列国四旋挖钻机型谱。2023 年 7 月，推出了 ZR380G、ZR550G 旋挖钻机。其中，ZR380G 旋挖钻机在继承 G 系列产品更稳定、更高效、更智能的基础上，通过搭载正流量控制技术，进一步降低油耗 6%。ZR550G 旋挖钻机在原有 ZR550L 旋挖钻机的基础上提升了施工能力，标配机锁杆最大钻深由 80m 提升至 88m。2023 年 9 月，开发了面向海外市场的 ZR380D 旋挖钻机，有针对性地提升了动力头扭矩和发动机功率，加大驾驶室空间，并标配了搓管机联合施工功能，选配低温启动功能。2023 年 11 月，推出了 5 款欧 V 排放标准的 U 系列产品，标配卷扬加压功能，增强了在欧洲高端市场的竞争力。2023 年，公司发布了首款 ZR240HE 电驱旋挖钻机。2023 年 8 月，ZR360HE 等项目陆续立项，完成了中小机型的型谱覆盖。HE 系列旋挖钻机在增程模式下可为施工提供无限续航的动力支撑，能耗费用可以降低 30%；在插电模式下，既能实现无限续航，还可以将能耗费用进一步降低 40% 以上。该系列钻机卷扬应用多电机协同驱动方案，攻克了闭环防溜杆、全程浮动等技术难题。

山河智能装备股份有限公司研发的 SWDM520EE 增程旋挖钻机可实现系统级全数字化精准控制，智能识别及自动切换电网、电池或增程作业模式施工，运行平稳，操作便捷；纯电动作业时能量利用率高达 83%，可通过回收钻杆重力势能进行发电，纯电模式施工能耗费用比燃油产品最高可节约 70%；纯电模式实现零排放，增程模式排放低。公司的 SWDM800H 旋挖钻机是针对超深大直径桩基础施工市场需求而开发的一款灌注桩施工设备，其最大钻孔深度为 155m，最大钻孔直径为 4.5m。整机采用大三角变幅机构，支撑更可靠，施工更稳定。主卷扬提升力大，钢丝绳使用寿命长。采用模块化设计，可选装不同工作装置，实现多功能扩展，如低净空施工、下护筒、配搓管机及配液压扩底钻等。

2023 年，上海金泰工程机械有限公司完成了全系列燃油产品国四排放标准升级开发。国四排放标准旋挖钻机产品在燃油经济性、油液电匹配性、钻进挖掘能力、效率等方面得到了全面提升。

江苏泰信机械科技有限公司研发的 KR150M 旋挖钻机采用全电控系统，可根据负载情况自动调节液压功率输出和发动机转速，有效减少不必要的功率输出；三工法操作模式一键切换，可根据需求调整不同工法下各卷扬及动力头最快速度；动力头可根据不同工法对于扭矩的要求进行限扭，安全性更高；可实现单轴搅拌工法下加压卷扬动作低速精细控制；全行程加压卷扬设计，加压力大，满足全护筒提拔施工要求。公司研发的国四排放标准 KR125A 旋挖钻机采用全电控液压控制技术，拥有更高的作业效率和燃油经济性；定制六缸 B7 发动机，经久耐用，动力强，输出稳定；采用新一代 IPC2.0 电控系统、大排量电控主泵，按需分配流量，控制更精准，具有机动灵活、操控性好、施工效率高和油耗低等特点。

2. 地下连续墙施工装备

徐州徐工基础工程机械有限公司推出国内首款柴电双动力双轮铣槽机 XTC130E，应用于深江铁路 SJSG-4 标工程；针对新加坡市场，开发了 5.3m 低净空双轮铣槽机 XTC100L；采用卷扬势能回收技术的液压抓斗 XG85S 应用于上海、北京、广州、深圳等地的重大基础工程中，节能技术处于行业领先水平。混动型双轮铣槽机搭载三种动力模式，可实现零油耗、零排放、低噪声施工；推出 450mm 超薄铣轮减速机，降低了防渗墙施工成本；推出液压抓斗卷扬速度自适应技术，根据工况自动设定最大允许值，提高卷扬系统使用寿命。此外，公司完成了双轮铣削搅拌机、清槽机等产品的技术升级。

北京三一智造科技有限公司开发了混动抓斗 SH750E，其混合动力优势明显，相比燃油抓斗，综合节能 50% 以上。

上海中联重科桩工机械有限公司在原有产品技术基础上开发了多排摆动式泥浆卷盘，大大提高了泥浆管的使用寿命。ZC40G 双轮铣槽机应用于南京地铁 4 号线项目中，在施工中表现稳定，施工效率高，垂直度均满足施工要求。针对海外市场研发了 ZDG750U 新型液压抓斗，针对洞庭湖水利项目研发了 ZDG450G 水利专用薄壁抓斗。公司研发的 ZDG550C 产品是在原有的技术基础上搭载了水利项目专用薄壁推板纠偏抓斗，可满足客户不同的施工需求。

3. 其他产品

为满足市场对大型设备的需求，北京三一智造科技有限公司研发了 SD1000S 水平定向钻，经历了厂内和工地严苛施工测试，产品的钻探性能更加突出。

2023 年，上海中联重科桩工机械有限公司响应海外不同区域的市场需求，开发了 ZY260 静压桩机。该产品采用大排量油泵，压桩速度更快。公司自主开发的副压上提随动及夹桩力与压桩力的自适应专利技术，可缩短辅助工作时间，压桩效率更高，夹桩稳定性更可靠。另外，配置泵控压力系统，采用集成式一体主阀设计，系统更稳定。采用双隔离电气控制系统，内装式集电环，设备更安全、更可靠。

山河智能装备股份有限公司研制的 ZYJ300X 斜桩压桩机是一种特殊型液压静力压桩机。该产品斜桩最大压桩力为 3 000kN，压桩倾斜角度可在 0° ～45° 任意调节。产品采用可视化遥控操作系统，施工更安全；可实现带压桩台运输，转场方便快捷；配置 55t 起重机，起吊能力覆盖所有桩型；配备装配式边桩结构，边桩最大压桩力达 1 500kN，实现一机多能。

无锡探矿机械总厂有限公司在传统地质专业装备 MDL-150X、DJP-280S、MDL-185T、QJS-50L 等系列工程钻机上搭载设备状态感知、数字显示、钻具自动化控制以及施工介质的智能化切换和流量压力计算等新技术，实现了产品迭代。公司开发了智能化土壤和地下水取样修复一体式机器人 QY-15L/60L/100Lpro 系列。该机器人系列具备新能源驱动、状态感知、深入危废区域进行无人操作作业的智能化元素，将可编程序控制技术与钻探控制技术等融为一体，具有自动进钻、自动退钻以及自动修复等功能，实现智能信息交互钻探技术的工程应用。

北京振冲工程机械有限公司研制的智能施工机架 105 型（BVEM ICR105）针对下车行走装置、上车平台、上装结构及整车动力优化匹配，自动化和智能化功能更趋完善，使振冲器及施工工法效率更高。公司研制的振冲记录仪具备数据传输功能，具有安装方便、数据可靠性高、操作简便等优点，可满足客户对施工过程的监控需求，提高施工效率。

四、部分企业施工工法及产品应用案例

1. 徐州徐工基础工程机械有限公司

（1）甬舟铁路西堠门公铁两用大桥项目。该大桥 5 号主墩采用 18 根 ϕ6.3m 钻孔灌注桩，桩基础范围水深约 60m，水下地形高差变化大（高差达 8m），覆盖层基本缺失，下伏基岩为花岗斑岩和流纹斑岩，均比较破碎，单轴抗压强度为 25～60MPa。通过采用徐工基础的 XR1600E 旋挖钻机，单级扩孔直径突破 1.8m，首桩桩径 ϕ6.3m，桩深 105.6m，入岩深度为 41m，成孔时间仅 12 天，用时不足半年，率先完成桩基础任务。

（2）池州长江公铁大桥项目。池州长江公铁大桥是安徽省内第六座跨越长江的公铁大桥，具有大跨度、重载、高速等特点。其中，4 号主墩钻孔直径为 2.8m，深度为 138.5m，平均入岩深度为 105m。项目采用分级扩孔施工工艺，投入徐工基础的 XR80hd 旋挖钻机 2 台、XR700E 旋挖钻机 1 台、XR600E 旋挖钻机 1 台、XR580HD 旋挖钻机 4 台，历时 100 天，提前完成施工任务。

（3）济南遥墙国际机场项目。济南遥墙国际机场综合交通枢纽工程是现代化综合航空枢纽工程，是山东省新旧动能转换重大标志性工程。钻孔直径为 1.0m，深度为 60～80m 不等，地质情况复杂，变化大；砂层不稳定，易塌孔；黏土层易缩颈、糊钻。徐工基础的 XRE268 旋挖钻机施工时对地层扰动小，具备高速甩土、自动抖土功能，可以高效卸土，施工效率与燃油车相当，施工油耗节省 42%。

（4）新加坡陆路交通管理局（LTA）的工程 J112 站项目。J112 站项目因涉及高架桥下施工，工程方要求设备施工高度不高于 5.3m。徐工基础的低净空双轮铣槽机 XTC100L 顺利进场施工，平均 2 天完成一幅槽段，施工效率、质量均满足施工要求。

（5）浦东机场 T3 航站楼地下空间工程项目。徐工基础的 XG85S 地下连续墙液压抓斗在浦东机场 T3 航站楼工程中，成为 80m 深、1.5m 厚地下连续墙施工主力，综合性能行业领先。

2. 上海中联重科桩工机械有限公司

（1）海南昌江核电二期 500kV 接入系统工程项目。该项目采用直径为 1.2m、1.5m、1.8m 的钻孔灌注桩约 800 根。该项目共投入 4 台中联重科旋挖钻机，采用两级钻进施工工法，用 1.8m 高牙轮筒钻钻进中风化花岗岩，提高了钻进效率和成孔垂直度，工期大幅度缩短。

（2）广东珠江口狮子洋通道项目。该项目位于广东珠江口，主墩设计 36 根桩基础，桩径为 3m，桩深 59～62m。该地层斜岩较多，且项目部对成孔垂直度要求很高。该项目投入一台中联重科 ZR550G 旋挖钻机，首桩成孔仅用时 6.5 天，垂直度偏差在 25cm 之内。

（3）潭州水道隧道工程干坞护岸工程项目。该项目位于广东省佛山市顺德区，护岸工程地下连续墙共 216 幅，墙深 22～41.5m。在深度 21～25m 处为强度约 40MPa 的泥岩。该项目投入两台中联重科双轮铣槽机（ZC40G、ZC32G），采用全电传操作系统，智能化程度高，舒适性好，可适应不同地层的需要。

3. 北京三一智造科技有限公司

北京三一智造科技有限公司研制的 SR525Pro 旋挖钻机应用于四川省乐山市水电站下游河道治理工程。面对岩石硬度 60～80MPa 的施工地层，实现 1.5m 桩孔 1～2 天完工、2.5m 桩孔 2～3 天完工的超高施工效率。SDC120 双轮铣槽机承建深圳市轨道交通 15 号线土地下连续墙工程。该项目槽宽 1.2m、槽长 9m，深度为 28～37m，其地层为微风化花岗岩，最大硬度为 100MPa，层厚 10m。SDC120 双轮铣槽机成槽时间为 22～28h，效率极高。

4. 山河智能装备股份有限公司

（1）PDP 预制桩施工装备成套出口波哥大地铁项目。哥伦比亚波哥大地铁一号线建设在现有城市道路走廊上，全线采用全高架桥设计。项目线路大部分位于市区，施工区域地质复杂，存在连续高标贯砂层和砂卵石地层。项目具有技术标准要求高、安全环保要求高、桩基施工难度大的特点。

本地桩基础材料配套能力弱，使得传统桩基施工装备及工法无法满足工程需求。项目采用山河智能原创的 PDP 工法（预制桩中心引孔压桩法），设计独创的 ZYJ1060BK2 全液压钻压一体式桩机。2023 年 7 月，设备投入施工，用于 1m 大直径管桩施工，最大引孔深度为 42m。山河智能的原创 PDP 工法及全液压钻压一体式桩机可有效穿越硬隔层和连续砂层，大幅提高大直径管桩施工能力及效率，缩短施工周期，降低施工成本，减少噪声及建筑废料，是我国桩基施工工法和装备成套解决方案输出的成功实践。

（2）全球最大直径旋挖钻孔桩首桩施工项目。甬舟铁路西堠门公铁两用大桥为斜拉－悬索协作体系桥，主桥全长 2 664m，施工环境复杂，具有风大、浪高、水深、流急、裸岩的特点。其中，5 号主桥墩基础采用 18 根 ϕ6.3m 空心钻孔灌注桩，护筒直径为 ϕ6.8m，最大钻孔深度为 116m，施工水深约 60m，钻孔平台采用海上自浮式平台。覆盖层主要分布在距岸边 300～400m 范围，水道中间基本无覆盖层。覆盖层以淤泥质土、黏性土为主，厚度差异大，最厚达 30m。主要施工情况：5 号主墩 6.3m 首桩成孔时间累计 17 天，其中辅助护筒埋设及钻进成孔耗时约 15 天，反循环清渣 2 天，旋挖钻机工作 275h。

（3）国内最深旋挖桥梁桩施工项目。杭州湾跨海高速铁路桥是通苏嘉甬高铁的控制性工程，大桥全程跨海，采用无砟轨道设计。为攻克海上超深孔钻孔桩施工难题，中铁大桥局联合山河智能研制了最大钻孔直径为2.5m、钻孔深度可达155m的SWDM800H大型旋挖钻机。该钻机具有稳定钻进、强劲入岩、经济高效、智能操控等特点，74天完成52根桩的施工任务。

5.上海金泰工程机械有限公司

（1）云南丽江市玉维高速公路段－黎明大桥项目。该项目桩径为2.8m，地层硬，含丰富沙层，易塌孔，工艺复杂，工期紧，施工具有一定难度。上海金泰的国四新产品SH58F多功能旋挖钻机采用旋挖＋气举反循环复合工艺，以高质量的成孔表现、稳定及高效的施工作业，完成深度为82m的超深钻孔灌注桩，获得承建方的高度认可。

（2）珠江狮子洋通道西索塔锚碇坑项目。该通道全长约35km，其中过江段采用双层桥梁，长约12.5km。控制性工程狮子洋大桥采用主跨为2 180m的双层钢桁梁悬索桥，大桥索塔设计高度为342m，上下双层高速公路共计16车道。大桥锚碇基础圆形地连墙外径达130m，单根主缆长度约3 832m、直径近1.5m。上海金泰的SX系列双轮铣槽机在珠江狮子洋通道西索塔锚碇坑集群作业，入岩效率高，施工精度准，服务响应快。

6.浙江永安机械有限公司

（1）温州瓯江北口大桥项目。温州瓯江北口大桥是甬莞高速控制性工程，是三塔四跨双层钢桁梁悬索桥，采用“两桥合建”形式，全长7.9km，结构新颖，技术复杂。项目施工中使用永安机械研发的YZ-250VM免共振液压振动锤。该锤采用超高频率和免共振可调偏心力矩的设计，具备强大的激振力，开机和停机时偏心力矩为零，从而实现免共振功能。该锤增加了减振橡胶，提升了静拔桩力，在桩基施工中通过高频振动，将桩体沉入或拔出土壤，有效降低设备及土壤抖动，适用于市中心、机场、地铁、建筑物旁等复杂环境的施工。施工中，将半瓶水在YZ-250VM旁边做振动测试，沉桩和拔桩时，锤在振动、桩在运动，但是水不动。

（2）福建漳浦六鳌海上风电场二期项目。福建漳浦六鳌海上风电场二期项目位于漳浦六鳌半岛东南侧外海海域。项目施工中使用永安机械的YC-180液压冲击锤。该液压冲击锤采用圆形厚壁锤壳设计，具有高强度和防噪声性能；采用先进的液压缸密封系统，抗污染能力强；研发各桩径的独特桩帽，有效降低打桩的噪声，保护柱头，提高了施工的稳定性和安全性。项目施工中使用永安机械的FZQ-600液压翻桩器。该翻桩器针对超长、超重的圆形钢管桩，可翻直径为1～12m、质量为100～1 200t的钢管桩，解决了海上风电桩基施工的难题，大幅提高了桩基施工的效率。

〔撰稿人：中国工程机械工业协会桩工机械分会黄志明〕

掘进机械

2023年，掘进机械行业企业在外部环境严峻复杂、经济下行压力加大的形势下，攻坚克难，开拓创新，全年销售收入稳中有升，继续保持了稳定的发展态势。

据中国工程机械工业协会掘进机械分会统计，2023年，参与统计的企业共销售全断面隧道掘进机661台（含再制造），销售额共计255.6亿元。其中，销量列前三位的企业是中铁工程装备集团有限公司（233台）、中国铁建重工集团股份有限公司（164台）、中交天和机械设备制造有限公司（121台）；销售额列前两位的企业是中铁工程装备集团有限公司（约89.1亿元）、中国铁建重工集团股份有限公司（约84.5亿元）。与上年相比，全断面隧道掘进机销量略有下降，但是销售额略有增加。这主要是因为直径14m以上的大型盾构机有较明显的增长，TBM（硬岩掘进机）也有较明显的增长。

从不同种类全断面隧道掘进机的数据变化可以看出，全行业正在从单一的轨道交通领域进入其他领域。前几年95%以上的用户来自轨道交通领域，如今这个比例正在不断下降。一些头部企业在轨道交通领域的销售占比下降到70%以下，但是仍然有很多企业挤在轨道交通这单一领域。当前轨道交通项目明显减少，势必有一些企业要经历阵痛期。企业只有拓宽思路，寻找新的出路，才能获得良性的发展。

从头部企业来看，比较明显的变化是：走出国门，向全世界要订单；产品进入新的领域，如水利、煤矿、非煤矿山、电厂、高速公路及高速铁路等；不断研发新产品，如双模盾构机、多模盾构机、子母盾构机及异形盾构机等；在科研创新方面，开展自动掘进、自动拼装、一键启动、人工智能和大数据自学习等研发活动。企业只有不断变革，适应新的市场环境，才能不断地提升企业竞争力，迎接新的挑战。

为进一步规范掘进机械的市场秩序，改善产业结构，提高产品质量，保证国家和人民的生命、财产安全，中国工程机械工业协会自2023年年初开始在行业开展企业生产与服务水平评价工作。截至2023年年底，已对申报的

13家全断面隧道掘进机制造维修企业开展了全断面隧道掘进机企业生产与服务水平评价工作。全国很多地区和不同行业的业主根据掘进机的具体生产要求，合理选择生产企业等级，盾构机的质量和进度控制都得到了较好的反馈。13家企业（包括新申请企业和复审企业）的评审结果为：特级3个、一级4个、二级5个、三级1个。协会下一步考虑将维修改造企业和零部件供应商纳入企业生产与服务水平评价范畴。2023年掘进机械企业生产与服务水平评价情况见表1。

表1　2023年掘进机械企业生产与服务水平评价情况

序号	企业名称	评审日期	评审等级
1	中交天和机械设备制造有限公司	2023年2月28日至3月1日	特级
2	中国铁建重工集团股份有限公司	2023年3月8日至3月9日	特级
3	中铁工程装备集团有限公司	2023年3月16日至3月17日	特级
4	上海城建隧道装备有限公司	2023年3月21日至3月22日	一级
5	广州海瑞克隧道机械有限公司	2023年3月30日至3月31日	一级
6	海瑞克（广州）隧道设备有限公司	2023年3月30日至3月31日	一级
7	北方重工集团有限公司	2023年4月23日至4月24日	一级
8	中铁隧道局集团有限公司	2023年7月17日至7月19日	二级
9	宏润建设集团股份有限公司	2023年8月17日至8月18日	三级
10	中铁十一局武汉重型装备有限公司	2023年8月27日至8月29日	二级
11	上海力行工程技术发展有限公司	2023年8月30日至8月31日	二级
12	中信重工机械股份有限公司	2023年11月8日至11月9日	二级
13	中铁山河工程装备股份有限公司	2023年12月18日至12月20日	二级

从行业的长期发展来看，团体标准编制是行业的重点工作之一。掘进机械分会整合各会员单位的力量，组织会员单位主持或参与编写团体标准。2023年，中国工程机械工业协会启动了《全断面隧道掘进机企业生产与服务水平评价实施办法》转化为团体标准的工作、《全断面隧道掘进机企业生产与服务水平评价规范》团体标准的立项工作，召开了标准编制启动会。团体标准T/CCMA 0146—2023《隧道施工电机车锂电池系统技术规范》于2023年2月27日发布，2023年5月27日开始实施。

〔供稿单位：中国工程机械工业协会掘进机械分会〕

市政与环卫机械

一、行业总体情况

2023年是全面贯彻落实党的二十大精神的开局之年，国家环保政策更加细化、更有执行性，污染防治攻坚战正在从“坚决打好”变成“深入打好”，重点是做好示范、试点。

2023年全国生态环境保护工作会议提出了2023年生态环保重点工作任务，包括积极推进美丽中国建设实践、扎实推动绿色低碳高质量发展、深入打好污染防治攻坚战等。要持续深入打好新蓝天保卫战、碧水保卫战、净土保卫战，持续推进农村环境整治提升，深入推进“无废城市”高质量建设。

2023年，《工业和信息化部等八部门关于组织开展公共领域车辆全面电动化先行区试点工作的通知》“主要目标”中指出，试点领域新增及更新车辆中新能源汽车比例显著提高，其中城市公交、出租、环卫、邮政快递、城市物流配送领域力争达到80%。试点期为2023—2025年。2023年11月，工业和信息化部、交通运输部等部门印发的《关于启动第一批公共领域车辆全面电动化先行区试点的通知》中明确，北京、深圳等15个城市为公共领域车辆全面电动化试点城市，鼓励探索形成一批可复制可推广的经验和模式。新能源环卫车市场进一步释放，公共领域车辆全面电动化再提速。

市政与环卫机械市场需求总量保持在较高水平，长期发展持续向好。但受宏观经济以及政府财政、客户预算等方面的影响，市政与环卫机械市场延续了2022年下滑的趋势。2023年，新能源市政与环卫机械渗透率为8.7%，离预期的目标还相差甚远，预计近几年新能源环卫车生产企业大有可为。

二、产品销售情况

2023年，市政与环卫机械市场延续上年整体下滑趋势，新能源市政与环卫机械市场逆势上升。据中国银保信交强险数据统计，2023年，环卫车销量为71 969台，同比下降8.2%。其中，1—2月为行业产品销售淡季，销量较少；3月销量达到全年销量峰值；4—6月是传统销售旺季。从产品类别来看，各类产品销量均有不同程度的下降，清洗类产品销量占比最高。从能源类别来看，燃油车仍是行业主流。2023年环卫车按产品类别统计销售情况见表1。2023年环卫车按能源类别统计销售情况见表2。2023年环卫车销量前十位企业见表3。

表1　2023年环卫车按产品类别统计销售情况

产品类别	销量（台）	同比增长（%）	占比（%）
垃圾收运类	23 716	-5.89	33.0
清扫类	8 776	-5.94	12.2
清洗类	29 139	-9.92	40.5
市政应急类	10 338	-9.99	14.4

表2　2023年环卫车按能源类别统计销售情况

产品类别	销量（台）	同比增长（%）	占比（%）
燃油类	65 361	-10.1	90.8
天然气类	340	-56.6	0.5
新能源类	6 268	27.7	8.7

表3　2023年环卫车销量前十位企业

序号	企业名称	销量（台）	市场占有率（%）
1	长沙中联重科环境产业有限公司	11 854	16.5
2	湖北程力专用汽车有限公司	7 519	10.4
3	湖北凯力专用汽车有限公司	5 962	8.3
4	程力汽车集团股份有限公司	4 050	5.6
5	湖北盈通专用汽车有限公司	3 590	5.0
6	福龙马集团股份有限公司	3 449	4.8
7	宇通重型装备有限公司	1 864	2.6
8	徐州徐工环境技术有限公司	1 687	2.3
9	楚胜汽车集团有限公司	1 252	1.7
10	山东祥农专用车辆有限公司	1 087	1.5

（一）垃圾收运类产品

垃圾车是专门用于运送各种垃圾的一种专用车辆。按结构形式和垃圾种类划分，主要有餐厨垃圾车、车厢可卸式垃圾车、桶装垃圾车、压缩式垃圾车、自卸式垃圾车和自装卸式垃圾车。

2023年，垃圾收运类产品销量为23 716台，同比下降5.9%。其中，压缩式垃圾车销量小幅上升，市场占有率仍然最大（43.5%）。桶装垃圾车销量下降幅度最大，同比下降30.8%。2023年垃圾收运类产品按产品类别统计销售情况见表4。

表 4　2023 年垃圾收运类产品按产品类别统计销售情况

产品类别	销量（台）	同比增长（%）	占比（%）
餐厨垃圾车	1 581	-14.3	6.7
车厢可卸式垃圾车	5 923	8.4	25.0
桶装垃圾车	912	-30.8	3.8
压缩式垃圾车	10 328	2.1	43.5
自卸式垃圾车	1 228	-25.4	5.2
自装卸式垃圾车	3 744	-22.2	15.8

2023 年，新能源垃圾车销量为 1 815 台，同比下降 1.6%。其中，新能源压缩式垃圾车、新能源自卸式垃圾车销量大幅上升，新能源桶装垃圾车销量下降幅度最大。2023 年新能源垃圾收运类产品按产品类别统计销售情况见表 5。

表 5　2023 年新能源垃圾收运类产品按产品类别统计销售情况

产品类别	销量（台）	同比增长（%）	占比（%）
新能源餐厨垃圾车	178	-21.2	9.8
新能源车厢可卸式垃圾车	114	2.7	6.3
新能源桶装垃圾车	351	-30.4	19.3
新能源压缩式垃圾车	510	47.0	28.1
新能源自卸式垃圾车	183	72.6	10.1
新能源自装卸式垃圾车	479	-12.9	26.4

2023 年，垃圾收运类产品按产品总质量统计，2～4t、5～9t 产品销量占比仍较大。10～12t 产品销量占比上升，其余吨位产品销量均有不同程度下降，5～9t 产品销量降幅最大。2023 年垃圾收运类产品按产品总质量统计销售情况见表 6。

表 6　2023 年垃圾收运类产品按产品总质量统计销售情况

产品吨位	销量（台）	同比增长（%）	占比（%）
2～4t	8 444	-0.6	35.6
5～9t	5 479	-19.5	23.1
10～12t	3 226	14.1	13.6
13～18t	4 060	-8.6	17.1
18t 以上	2 507	-4.6	10.6

2023 年，新能源垃圾收运类产品按产品总质量统计，2～4t、10～12t、18t 以上产品销量占比有所上升。2～4t 产品市场占有率最大（46%）。2023 年新能源垃圾收运类产品按产品总质量统计销售情况见表 7。

表 7　2023 年新能源垃圾收运类产品按产品总质量统计销售情况

产品吨位	销量（台）	同比增长（%）	占比（%）
2～4t	835	29.7	46.0
5～9t	234	-58.7	12.9
10～12t	524	53.2	28.9
13～18t	175	-34.7	9.6
18t 以上	47	104.3	2.6

（二）清扫类产品

清扫车产品是一种集路面清扫、垃圾回收和转运于一体的高效清扫设备，可广泛用于道路、广场的清扫保洁工作。按工作方式划分，清扫车主要有道路污染清除车、扫路车、吸尘车和洗扫车等。

2023 年，清扫类产品销量为 8 776 台，同比下降 5.9%。洗扫车仍占据清扫类产品绝大部分市场，占比为 72.6%。除吸尘车外，其余类别产品销量均有不同程度下降，道路污染清除车销量降幅最大。2023 年清扫类产品按产品类别统计销售情况见表 8。

表 8　2023 年清扫类产品按产品类别统计销售情况

产品类别	销量（台）	同比增长（%）	占比（%）
道路污染清除车	198	-17.5	2.3
扫路车	1 552	-10.9	17.7
吸尘车	659	2.5	7.5
洗扫车	6 367	-5.1	72.6

2023 年，新能源清扫类产品销量为 2 123 台，同比增长 61.3%。新能源洗扫车仍然占据绝大部分市场，占比为 82.2%。除新能源吸尘车销量下降外，其余类别产品销量均大幅上升。2023 年新能源清扫类产品按产品类别统计销售情况见表 9。

表 9　2023 年新能源清扫类产品按产品类别统计销售情况

产品类别	销量（台）	同比增长（%）	占比（%）
新能源道路污染清除车	45	164.7	2.1
新能源扫路车	300	140.0	14.1
新能源吸尘车	32	-17.9	1.5
新能源洗扫车	1 746	53.8	82.2

2023 年，清扫类产品按产品总质量统计，13～18t 产品仍占据清扫类产品半壁江山，1～4t 产品销量上升，其余吨位产品销量均下降。2023 年清扫类产品按产品总质量统计销售情况见表 10。

表 10　2023 年清扫类产品按产品总质量统计销售情况

产品吨位	销量（台）	同比增长（%）	占比（%）
1～4t	1 002	25.3	11.4
5～9t	1 551	-9.7	17.7
10～12t	1 236	-2.1	14.1
13～18t	4 910	-8.6	55.9
18t 以上	77	-56.5	0.9

2023 年，新能源清扫类产品按产品总质量统计，各吨位产品销量均大幅上升。2023 年新能源清扫类产品按产品总质量统计销售情况见表 11。

表 11　2023 年新能源清扫类产品按产品总质量统计销售情况

产品吨位	销量（台）	同比增长（%）	占比（%）
1～4t	456	101.8	21.5
5～9t	71	545.5	3.3
10～12t	363	45.8	17.1
13～18t	1 233	48.6	58.1

（三）清洗类产品

清洗车产品是在二类底盘的基础上加装水罐而成，具有运水、洒水、高低压冲洗、雾化喷洒和护栏清洗等功能的专业车辆。

2023 年，清洗类产品销量为 29 139 台，同比下降 9.9%。其中，高压清洗车销量增长，其余产品销量均有不同程度下降。销量居首位的仍是绿化喷洒车，占比为 57.8%，比上年提高 4.4 个百分点。2023 年清洗类产品按产品类别统计销售情况见表 12。

表 12　2023 年清洗类产品按产品类别统计销售情况

产品类别	销量（台）	同比增长（%）	占比（%）
多功能抑尘车	1 135	-19.1	3.9
高压清洗车	1 818	9.1	6.2
护栏清洗车	207	-27.9	0.7
垃圾桶清洗车	18	-51.4	0.1
路面养护车	1 774	-11.8	6.1
绿化喷洒车	16 838	-2.5	57.8
墙面清洗车	19	-34.5	0.1
洒水车	7 330	-23.9	25.2

2023 年，新能源清洗类产品销量为 2 203 台，同比增长 29.9%。其中，新能源高压清洗车、新能源路面养护车销量较大，新能源洒水车销量降幅最大。2023 年新能源清洗类产品按产品类别统计销售情况见表 13。

表 13　2023 年新能源清洗类产品按产品类别统计销售情况

产品类别	销量（台）	同比增长（%）	占比（%）
新能源多功能抑尘车	201	28.8	9.1
新能源高压清洗车	1 086	41.8	49.3
新能源护栏清洗车	27	-3.6	1.2
新能源垃圾桶清洗车	1		
新能源路面养护车	692	32.6	31.4
新能源绿化喷洒车	77	352.9	3.5
新能源洒水车	119	-42.5	5.4

2023 年，清洗类产品按产品总质量统计，13～18t 产品仍占据清扫类产品半壁江山，占比为 57.1%。除 1～4t 产品销量上升外，其他各吨位产品销量均有下降。2023 年清洗类产品按产品总质量统计销售情况见表 14。

表 14　2023 年清洗类产品按产品总质量统计销售情况

产品吨位	销量（台）	同比增长（%）	占比（%）
1～4t	6 338	15.8	21.8
5～9t	1 771	-26.0	6.1
10～12t	2 082	-26.0	7.1
13～18t	16 647	-11.1	57.1
18t 以上	2 301	-21.8	7.9

2023 年，新能源清洗类产品按产品总质量统计，13～18t 产品仍占据新能源清扫类产品半壁江山，占比为 51.3%，比上年有所下降。各吨位产品销量均上升，其中 1～4t 产品销量增加较多，增加了 215 台。2023 年新能源清洗类产品按产品总质量统计销售情况见表 15。

表 15　2023 年新能源清洗类产品按产品总质量统计销售情况

产品吨位	销量（台）	同比增长（%）	占比（%）
1～4t	737	41.2	33.5
5～9t	100	488.2	4.5
10～12t	79	3.9	3.6
13～18t	1 130	9.2	51.3
18t 以上	157	241.3	7.1

（四）市政应急类产品

市政应急类产品主要用于下水道管网疏通清洗、排涝抢险、路面除冰雪和环境监测等作业。随着近年极端天气（如特大暴雨、暴雪、冻雨等）的频繁发生，市政应急类专用汽车的应用率越来越高。

2023 年，市政应急类产品销量为 10 338 台，同比下降 10.0%。各类产品销量均有不同程度的下降，清洗吸污车销量占比最大。2023 年市政应急类产品按产品类别统计销售情况见表 16。

表 16　2023 年市政应急类产品按产品类别统计销售情况

产品类别	销量（台）	同比增长（%）	占比（%）
除雪车	832	-7.7	8.0
大流量排水抢险车	279	-29.4	2.7
环境监测车	12	-63.6	0.1
清洗吸污车	5 152	-1.7	49.8
吸粪车	2 070	-5.0	20.0
吸污车	1 817	-23.9	17.6
下水道疏通车	176	-49.3	1.7

2023 年，新能源市政应急类产品销量为 81 台，同比增长 224%。其中，新能源吸粪车销量占比最大，其余类别的新能源产品销量很少。2023 年新能源市政应急类产品按产品类别统计销售情况见表 17。

表 17　2023 年新能源市政应急类产品按产品类别统计销售情况

产品类别	销量（台）	同比增长（%）	占比（%）
新能源除雪车	3	200.0	3.7
新能源吸粪车	72	242.9	88.9
新能源吸污车	6	200.0	7.4

2023 年，市政应急类产品按产品总质量统计，2～4t、13～18t 市场占有率较高。2～4t 产品销量增长，其余类别产品销量均下降。2023 年市政应急类产品按产品总质量统计销售情况见表 18。2023 年新能源市政应急类产品按产品总质量统计销售情况见表 19。

表 18　2023 年市政应急类产品按产品总质量统计销售情况

产品吨位	销量（台）	同比增长（%）	占比（%）
2～4t	3 087	27.7	29.9
5～9t	1 531	-22.7	14.8
10～12t	1 147	-33.6	11.1
13～18t	3 115	-12.6	30.1
18t 以上	1 458	-18.7	14.1

表 19　2023 年新能源市政应急类产品按产品总质量统计销售情况

产品吨位	销量（台）	同比增长（%）	占比（%）
2～4t	49	716.7	60.5
5～9t	13	550.0	16.0
10～12t	16	45.5	19.8
13～18t	3	-50.0	3.7

三、行业知识产权情况

市政与环卫机械行业作为装备制造业的重要分支，产品类型繁多。本文主要介绍清扫车、垃圾车和新能源环卫车三类主要产品专利情况，相关数据来源于国家知识产权局专利数据库。

1. 清扫车专利

据国家知识产权局专利数据库统计，2005—2023 年，国内清扫车专利申请数量超过 12 000 项。2005—2011 年，专利申请量增长缓慢。2012 年，申请数量快速增长。2020 年出现拐点，专利申请数量为 1 515 项。2016—2020 年，专利申请数量增速较快。经查询，在此期间，智能控制相关专利明显增多，工业互联网技术发展与申请数量增速息息相关。2005—2023 年清扫车专利申请数量见表 20。

表 20　2005—2023 年清扫车专利申请数量

年份	专利数量（项）	年份	专利数量（项）
2005	73	2015	581
2006	77	2016	685
2007	83	2017	1 053
2008	129	2018	1 248
2009	165	2019	1 315
2010	174	2020	1 515
2011	234	2021	1 344
2012	348	2022	1 328
2013	371	2023	997
2014	437		

2005—2023 年，长沙中联重科环境产业有限公司申请的清扫车专利最多，共申请专利 388 项。北京智行者科技股份有限公司专利申请数量增速较快。近年来，清扫车核心零部件专利仍占多数。值得注意的是，智能化、电动化和小型化相关专利明显增长。智能化相关专利技术主题主要包括垃圾图像识别技术、自动驾驶技术、路径规划算法和环境感知技术。2005—2023 年清扫车专利申请数量列前十位的企业见表 21。

表 21　2005—2023 年清扫车专利申请数量列前十位的企业

序号	专利权人	专利数量（项）
1	长沙中联重科环境产业有限公司	388
2	北京智行者科技股份有限公司	207
3	福龙马集团股份有限公司	167
4	徐州徐工环境技术有限公司	148
5	海汇新能源汽车有限公司	113
6	江苏悦达专用车有限公司	97
7	河南森源重工有限公司	89
8	青岛同辉汽车技术有限公司	86
9	郑州宇通重工有限公司	78
10	上海熙众新能源技术有限公司	69

2. 垃圾车专利

2005—2023 年，国内垃圾车专利申请数量超过 8 300 项。2015—2020 年，垃圾车专利申请数量快速增长，2020 年出现拐点，申请数量为 1 155 项。2021—2023 年，专利申请数量持续减少。经查询，在此期间，有关产品安全可靠性、提效降本、环保清洁、节能降噪、网联技术等专利占有很大的比例。2005—2023 年垃圾车专利申请数量见表 22。

表 22　2005—2023 年垃圾车专利申请数量

年份	专利数量（项）	年份	专利数量（项）
2005	35	2015	449
2006	54	2016	579
2007	88	2017	771
2008	79	2018	908
2009	93	2019	903
2010	115	2020	1 155
2011	198	2021	799
2012	278	2022	691
2013	288	2023	434
2014	385		

2005—2023 年，长沙中联重科环境产业有限公司申请的垃圾车专利最多，申请数量为 287 项。垃圾车核心零部件专利仍占多数，安全可靠性、提效降本、环保清洁专利仍占据主要地位。值得注意的是，节能降噪、智能化、网联化、电动化相关专利明显增长。网联化相关专利技术主题主要包括多车调度、环境监测、人员画像及车辆状态监测等，智能化相关专利技术主题主要包括作业路线自动规划、垃圾桶识别抓取、称重计费、无线射频技术和工作量统计等。2005—2023 年垃圾车专利申请数量列前十位的企业见表 23。

表 23　2005—2023 年垃圾车专利申请数量列前十位的企业

序号	专利权人	专利数量（项）
1	长沙中联重科环境产业有限公司	287
2	江苏悦达专用车有限公司	229
3	福龙马集团股份有限公司	171
4	青岛同辉汽车技术有限公司	118
5	徐州徐工环境技术有限公司	115
6	河南森源重工有限公司	110
7	山东五征集团有限公司	96
8	海沃机械（中国）有限公司	85
9	广西玉柴专用汽车有限公司	67
10	深圳东风汽车有限公司	61

3. 新能源环卫车专利

2005—2023 年，国内新能源环卫车实用新型专利申请数量为 4 881 项，占比为 68.1%；发明专利申请数量为 1 672 项，占比为 23.3%。获得授权的发明专利共 614 项，占比为 8.56%。可见，国内新能源环卫车的专利创新程度普遍不高，以实用性改进居多。

国内新能源环卫车起步较晚，2005—2011 年，专利申请数量增长缓慢。2013 年，专利申请数量开始快速增长。2020 年出现拐点，申请数量为 1 088 项。2017—2020 年，专利申请数量增速较快。2021—2022 年的申请数量均低于 2020 年的，但依然维持在一个较高的水平。此外，因专利的公开具有滞后性，2023 年数据存在失真。2005—2023 年新能源环卫车专利申请数量见表 24。

表24　2005—2023年新能源环卫车专利申请数量

年份	专利数量（项）	年份	专利数量（项）
2005	21	2015	323
2006	42	2016	409
2007	42	2017	569
2008	68	2018	720
2009	75	2019	789
2010	81	2020	1 088
2011	111	2021	734
2012	178	2022	776
2013	159	2023	593
2014	227		

基于专利分析结果，新能源环卫车的未来发展趋势主要在于提升续航、充电高效便捷方面。其中，提升续航主要通过采用增大电池容量、车体结构轻量化、智能优化整车能耗、采用混合动力源及换电等技术手段来实现；充电高效便捷则主要通过采用快速充电技术和完善的充电网络来解决。

四、新产品研发情况

根据工业和信息化部《道路机动车辆生产企业及产品公告》数据，2023年行业内活跃的生产企业有440多家，全年发布的新产品公告涉及4 070多个车型。行业内活跃的生产企业数量、发布的新产品车型数量均有所下降。2021年，行业内活跃的生产企业有460多家，全年发布的新产品公告涉及5 500多个车型。2022年，行业内活跃的生产企业有490多家，全年发布的新产品公告涉及4 200多个车型。

2023年，行业内新产品公告涉及的车型涵盖垃圾收运类（1 180个）、清洗类（790个）、清扫类（380个）、市政应急类（460个）、清障类（510个）、高空作业类（230个）和救险类（150个）等。行业申报新能源新产品车型数量为1 010多个，占比约为24.8%，涵盖垃圾收运类（380个）、清洗类（205个）、清扫类（160个）和市政应急类（50个）等产品。

新能源车型的应用场景在不断丰富，呈现蓬勃发展的势头。从产品名称来看，新能源厢式运输车、新能源洗扫车、新能源压缩式垃圾车的车型数量列前三位。从能源结构来看，纯电动产品在新能源专用车申报中占比仍然最大，占比约为88%；混合动力产品占比约为7%，燃料电池产品占比约为5%。长沙中联重科环境产业有限公司、福龙马集团股份有限公司、郑州宇通重工有限公司继续领跑新能源赛道，全年共发布新能源新产品公告分别为55个、60个、24个。

五、行业发展趋势

随着公共领域车辆全面电动化先行区试点工作的推进，试点领域新增及更新车辆中新能源汽车比例将显著提高，市场需求将加速释放。随着市场逐步规模化，新能源环卫车辆的全生命周期成本已经显著低于燃油车辆，新能源环保装备将进入快速发展通道。

传统环卫行业具有劳动密集型的特点。受人口老龄化及年轻人择业因素影响，智能化环保装备应运而生。环卫清扫保洁属于低速应用场景，技术已相对成熟且初具经济性。当前，自动驾驶环卫车已具备在封闭和半封闭道路替代部分人力的能力，可定时根据任务代替人工完成清扫作业，有效规避园区人流拥挤时段。管理人员可通过远程监控实时查看机器人状态，在明显降低管理成本、有效缓解用工难的问题的同时，降低工人作业强度，并减少环卫工人在恶劣环境作业的时间。

随着环卫行业朝着智能化、数字化的方向发展，市政与环卫装备正向智能化、低碳化、少人化方面发展。搭载现代化市政与环卫装备的智慧城市管理模式将成为未来城市管理的重要趋势，市政与环卫装备具有广阔的发展空间和应用前景。

〔供稿单位：中国工程机械工业协会市政与环卫机械分会〕

装修与高空作业机械

一、行业总体情况

2023年，随着全球市场经济逐步复苏，基础设施建设提速。同时，依托“一带一路”沿线国家的共建合作政策持续加码，海外市场保持增长，而国内市场竞争日益激烈。装修与高空作业机械行业企业积极应对，破解问题，迎难而上，行业整体上保持了相对稳定发展。据中国工程机械工业协会2023年年报统计，行业主要企业实现营业收入约343亿元，比上年下降约4.7%；实现利润总额约32亿元，比上年增长约10.3%。

2023年，高处作业吊篮销量同比下降20.8%，市场保有量约96万台。擦窗机销量同比增长4.5%，市场保有量约0.87万台。

高空作业机械尤其是升降工作平台持续增长，仍处于行业发展的蓝海期。国内大型制造商继续深耕平台市场，在产品电动化、智能化、数字化、差异化方面持续发力。据中国工程机械工业协会统计，2023年，升降工作平台销量同比增长5.3%；出口量同比增长7.2%，占总销量的37.1%。

高空作业车产品主要包括普通型高空作业车和绝缘型高空作业车。普通型高空作业车多为市政采购及租赁，用于城市绿化、商业体户外广告安装等。绝缘型高空作业车主要用于电力市场。2023年，我国基础设施建设领域仍保持高投入态势，从一定程度上推进了高空作业车在城市基础设施建设、电网、水利、5G网络等工程及项目建设中的应用比例。据不完全统计，2023年高空作业车销量为4 139台，同比增长23.4%。

二、生产发展情况

据中国工程机械工业协会装修与高空作业机械分会年报数据统计，2023年，27家主要企业共生产高处作业吊篮74 381台，销量为65 044台，库存为11 863台，销量占产量的87.4%。8家主要企业共生产擦窗机819台，销量为788台，库存为80台。装修与高空作业机械产品分类情况及主要生产企业见表1。2022—2023年高处作业吊篮和擦窗机产销情况见表2。

表1　装修与高空作业机械产品分类情况及主要生产企业

产品名称	主要生产企业
高处作业吊篮	无锡市小天鹅建筑机械有限公司、申锡机械集团有限公司、法适达（上海）机械设备有限公司、河北久创建筑机械科技有限公司、中际联合（北京）科技股份有限公司、江苏博宇建筑工程设备科技有限公司、无锡天通建筑机械有限公司、天津庆丰顺建筑机械有限公司、广东裕华兴建筑机械制造有限公司、无锡市龙升建筑机械有限公司、廊坊兴河工业有限公司、宁波东建建筑科技有限公司、山东连豪机电设备有限公司、无锡瑞吉德机械有限公司、江阴市路达机械制造有限公司、上海虹口建筑机械有限公司、无锡华科机械设备有限公司、雄宇重工集团股份有限公司、黄骅市昌达起重设备有限公司、无锡科通工程机械制造有限公司、无锡市傲世机械制造有限公司、无锡市强恒机械有限公司、无锡强辉建筑机械有限公司、无锡劲马液压建筑机械有限公司、无锡振达自动化设备有限公司、山东汇洋建筑设备有限公司、中宇博机械制造股份有限公司、河北华桥减速机有限公司、河北沧胜工程机械有限公司、山东鲁旺机械设备有限公司等
擦窗机	北京凯博擦窗机械科技有限公司、江苏博宇建筑工程设备科技有限公司、上海普英特高层设备股份有限公司、上海万润达机电科技发展有限公司、南京福瑞德机电科技有限公司、上海再瑞高层设备有限公司、无锡市沃森德机械科技有限公司、雄宇重工集团股份有限公司、中宇博机械制造股份有限公司、澳大利亚Coxgomyl、西班牙Gind、德国Manntech、芬兰Rostek、美国Skyclimber、荷兰XSPlatform（阿尔斯）、挪威Koltak等
升降工作平台	浙江鼎力机械股份有限公司、湖南星邦智能装备股份有限公司、杭州赛奇机械股份有限公司、湖南运想重工有限公司、徐工消防安全装备有限公司、湖北高曼重工科技有限公司、山东七运集团有限公司、山河智能装备股份有限公司、中联重科股份有限公司、临工重机股份有限公司、江苏柳工起重机有限公司、三一重工股份有限公司、太原重型机械集团有限公司、美国捷尔杰、美国吉尼、法国欧历胜、加拿大斯凯杰科、日本爱知、日本多田野、日本埃尔曼等
高空作业车	徐州海伦哲工程机械有限公司、杭州爱知工程车辆有限公司、徐州徐工随车起重机有限公司、青岛海青汽车股份有限公司、青岛中汽特种汽车有限公司、中汽商用汽车有限公司（杭州）、沈阳北方交通重工集团、湖南星邦智能装备股份有限公司、青岛索尔汽车有限公司等

表 2　2022—2023 年高处作业吊篮和擦窗机产销情况

年份	高处作业吊篮		擦窗机	
	产量（台）	销量（台）	产量（台）	销量（台）
2022	90 432	82 152	826	754
2023	74 381	65 044	819	788

2023 年，12 家升降工作平台主要生产企业共销售升降工作平台 206 531 台。其中，国内销量为 129 889 台，同比增长 4.2%，占总销量的 62.9%；出口量为 76 642 台，同比增长 7.2%，占总销量的 37.1%。

2023 年，9 家高空作业车主要生产企业共销售高空作业车 4 139 台，同比增长 23.4%。其中，国内销量为 4 068 台，同比增长 22.9%，占总销量的 98.3%；出口量为 71 台，同比增长 65.1%。在销售的高空作业车中，普通型高空作业车占比为 76.8%，绝缘型高空作业车占比为 23.2%。

2023 年，升降工作平台需求量增加，行业仍保持相对平稳的向上发展态势。随着“一带一路”沿线国家（地区）市场的深入开发，海外业务持续增长，行业风险持续加码，促使企业重新布局海外市场，探索以海外建厂等方式拓展海外业务。出口的升降工作平台产品主要为剪叉式工作平台，主要销往欧美、日韩、中东、东南亚等地区。高处作业吊篮主要出口到中东、南亚、东南亚、南美洲、俄罗斯等地区。擦窗机产品主要出口到俄罗斯、中东、东南亚等地区。2022—2023 年装修与高空作业机械主要产品出口情况见表 3。

表 3　2022—2023 年装修与高空作业机械主要产品出口情况

年份	升降工作平台（台）	擦窗机（台）	高处作业吊篮（台）	提升机（台）	钢丝绳（t）
2022	71 500	23	8 328	2 325	37 933
2023	76 642	30	7 162	6 445	14 600

注：数据来源于中国工程机械工业协会 2022 年、2023 年企业年报及月报。

三、科研成果及新产品

徐州海伦哲专用车辆股份有限公司始终保持行业技术领先优势，坚持技术领先型的差异化发展战略，紧密围绕市场、展场与客户现场进行产品研发，持续加大研发资源投入。通过创新研发项目管理模式，提升新产品研发效率，针对租赁市场的 GKS22、GKS25、GKS24、GKS28、GKS30、GKH37 等产品快速推向市场；推进最大作业高度为 64m 的高空作业车的研发设计工作，开展蓝牌车的臂架设计优化、转台等关键结构件的轻量化研究，保持了产品的市场竞争力。

青岛索尔汽车有限公司坚持独立自主的研发策略，深耕电力专用车的研发生产，研制的产品涵盖电力抢修车、高空作业车、供电服务车、集约化试验车、工程救险车、涉水救险车、旁路电缆负荷车及移动箱变车等各种电力专用车。2023 年，公司自主研发了应用于国网 0.4kV 电力运维的高空作业车。该产品是普通高空作业车全新升级的产品，采用公司自主研发的齿轮齿条传动和液压系统相结合的组合升降机构，实现了作业车的原地调整，定位准确，工作过程平稳，可靠性高；采用绝缘型混合臂组合机构，臂架采用高强钢和玻璃纤维增强型环氧树脂绝缘复合材料，实现了带电作业，安全性好。该产品申请发明专利 2 项、实用新型专利 6 项。产品主要技术指标达到国际同类产品水平，被认定为山东省首台（套）产品。

浙江鼎力机械股份有限公司作为新能源高空作业平台的领军企业，紧紧围绕行业电动化、智能化、绿色化发展方向，打造绿色高精尖产品。同时，公司不断拓展全新高空作业应用场景和领域，推出一系列符合市场需求的绿色、智能、高端新产品。公司批量化生产的无油全电环保型剪叉系列升降工作平台最大工作高度为 5～16m，最大荷载为 230～450kg，具有低能耗、易维保、舒适、环保等优势。公司研制的新能源升降工作平台具有载重大、动力强、易运输等特性，以及节能环保、维保便捷、成本低等优势。2023 年，公司在原有 16～22m 臂式升降工作平台的基础上，推出升级款的小机型大载重 D 系列模块臂式升降工作平台。D 系列产品延续模块化设计，配置一体式车桥，故障率低，动力强劲，操作灵活；采用轻量化设计，整体部件下移，稳定性好，运输便捷。其中，柴动款配置低功率发动机，能耗更低；采用横纵模块化设计，使零部件通用性增强，配件仓储成本更低，维修保养更高效。电动款配置高容量电池组，无噪声，零排放。混动款增程式配置高容量锂电池组，搭载通用增程器，在无外部电源充电配套的情况下，整机可自行发电，实用性强。

2023 年 12 月，徐工消防安全装备有限公司的智能制造基地正式启用。2023 年，公司推出 XGS45ACK-Li 移动式升降工作平台。该产品驱动强劲，操作简便，最大承载能力为460kg，可满足大载荷、大作业面施工需求。产品已应用在兰州、东莞、天津、成都、大连等地的重大项目中。

2023年，湖南星邦智能装备股份有限公司获得国家级工业设计中心、国家绿色工厂、国家知识产权优势企业等荣誉称号。经湖南省科学技术厅批准，公司组建了高空智能作业装备关键技术湖南省重点实验室，重点开展基础和应用基础研究及共性关键技术研发。2023年，公司研制的适用于复杂地形的43m蜘蛛车（SPT43HJ）成功下线。该产品采用双飞臂配置，作业灵活，作业范围更大，可实现跨越穿插作业、越障作业、下探作业；结构紧凑，设备通过性强，尤其在限高、限宽入口具备绝对优势；发动机动力充沛，强劲稳定；电池动力绿色节能，零排放，低噪声；调平灵活，在狭窄复杂的场地适应性更强；全动作可遥控，操作简便，复杂工况下可远程操控，保障安全；无痕履带，不损伤地面，实现室内工况的安全作业。公司研制的具有快速移动及叉装物料装卸功能的旋转式伸缩臂叉装车TH50-18R产品上市。该产品最大举升高度为17.6m，最大载重为5t。车架调平功能确保整车在不平场地保持水平；前后配备强力支腿，保障设备大跨距、大高度作业时的稳定性；一个工地实现多种作业，360°连续回转，减少设备挪动时间；标配三种转向模式，通过性和越野能力强，复杂场地也可以灵活应对；可带载行驶，最大时速为35km/h，实现物料的快速转运。公司研制的搭载钠离子电池的高空作业平台成功下线，解决了较低温电动产品的续航问题。

临工重机股份有限公司以精益化、数字化、自动化为基础，建立临工重机数字化工厂。数字化工厂建立了完备的产品质量档案，实现生命周期的全过程管控。公司充分发力新能源产品，打造绿色、安全、节能、可靠的设备，完成新一代电动剪叉升降工作平台的迭代升级，推出S0607-1、S0808-1、S0812-1、S1012-1、S1212-1、S1413-1等系列产品。该系列产品稳定可靠，整机性能优越，配置高效率永磁免维护电动机，整机效率提升30%；配置低容量高性能电池、液压油箱内置过滤器，节省维护成本30%以上；采用模块化设计，电气、液压零部件通用率达85%以上，全生命周期内可为客户节省成本约30%。

2023年，无锡瑞吉德机械有限公司完成了20余项新产品和新技术开发，进行了16项重要产品的改进和验证工作。公司获得8项发明专利、2项国际专利，开发了具有自主知识产权的提升机智能生产和检测系统。其中，全新开发的提升机智能生产线采用自动化与信息化相结合的方式，将传统提升机的装配工序分解到13个智能模组，全过程进行数据采集，确保数据可追溯、可分析。每道工序自动在线检测、自动装配和更换工装工位，确保产品下线合格率不低于99%。公司承担的无锡惠山产业关键技术研发项目“智能钻孔机器人”获批立项。

北京凯博擦窗机械科技有限公司设计开发了大角度曲直斜爬轨道擦窗机，攻克了轨道弯转平及平转弯的平稳驱动技术、立柱自动角度调节技术、底盘自调平技术、斜爬防坠后备制动技术、斜坡停机防蠕动下滑技术和智能远程监控技术等。该产品首次使用双圆管轨道，以适应双向弯曲加工；采用浮动式齿轮齿条驱动的斜爬方式，以保证设备在轨道曲直过渡顺利运行。针对水电站工作场景和应用特点，采用高空作业车专用底盘与擦窗机臂架结构相结合技术，开发了智能化控制与无线遥控操控技术相结合的水电站重要部位检修维护作业平台。针对大吊载，开发了重载四联被动排绳卷扬系统，设计研发了专用的可左右前后双方位变幅的吊篮机构，设计了可快拆的吊篮互换连接架等。产品整体技术性能指标达到国内领先水平。公司设计研发了大坝闸门井和超高层建筑通用的可左右前后双方位变幅的吊篮机构。该机构能够解决特殊建筑外立面清洗维护难题，保证工作过程动作平稳、安全可靠；可用于水电站大坝闸门井检修等狭窄封闭的工作环境，拓展了平台应用范围。该产品整机高度降低，解决了因空间有限而仅靠立柱升降无法完全满足隐藏要求的难题。

四、行业未来发展趋势

2024年是实施“十四五”规划的关键一年。工程机械行业受宏观经济影响较大，周期性特征较为明显，未来的不确定性因素依旧存在。外资企业向国内市场加快渗透，行业市场竞争压力进一步加剧。行业企业应着力发展新一代高端装备，扩大高水平对外开放，在产品绿色、环保、节能等方面加强科研攻关与投入，加速推出一批高技术、高附加值、能引领行业发展的产品走出国门，带动行业增长。建议企业在国际化进程中，从“走出去”到“走进去”，加速海外建厂、跨国并购的进程，逐步实现本地化经营。

伴随国际经济形势的好转以及国家关于推动工业领域设备更新实施方案政策的落地实施，将有助于企业重振信心，加速推动先进产能释放和培育发展新质生产力，为行业企业的高质量发展注入新的动能与活力。

〔撰稿人：中国工程机械工业协会装修与高空作业机械分会蒋燕〕

观光车及非道路低速专用车

一、行业基本情况

国家市场监督管理总局批准发布的TSG 81—2022《场（厂）内专用机动车辆 安全技术规程》（以下简称规程）中明确，非公路用旅游观光车辆指在特定区域使用的具有4个以上车轮、非轨道无架线、座位数（含司机座位）不小于6且用于旅游观光运营服务的自行式乘用车辆，包括观光车和观光列车。2023年，借助规程全面实施的契机，行业企业对观光车辆进行技术更新，梳理现有产品，淘汰老款车型，新车型研发效率得到提高。行业中曾经以内燃型产品占据行业优势的企业也加大了电动产品的研发力度。据中国工程机械工业协会统计数据，2023年，内燃观光车辆产量占比为11%左右，锂电池观光车辆产量占比为4%左右，铅酸蓄电池观光车辆产量占比为85%左右。电动产品在设计时可实现锂电池与铅酸蓄电池互换。

观光车辆在我国属于特种设备，制动性能是观光车辆非常重要的安全性能之一。当前市场颁布的标准中，仅在产品标准中涉及观光车辆的部分制动性能试验，未形成单独的较为完整的试验方法标准，而且内容规定针对性也不强。2023年9月，GB/T 42611—2023《非公路用旅游观光车辆制动性能试验方法》颁布实施。该标准填补了观光车辆制动试验方法标准的空白，使观光车辆的安全验证和试验改进更加科学系统。

2023年10月，由中国工程机械工业协会观光车及非道路低速专用车分会牵头、多家单位起草制定的T/CCMA 0174—2023《非道路低速专用车辆 环境适应性 技术条件及试验方法》及T/CCMA 0175—2023《移动工作站》发布实施，为产品设计、质量提升提供依据，促进非道路低速专用车行业规范发展。

随着主题化新景区不断出现，部分观光车产品已成为景区热门打卡点。行业内出现了比较热门的观光车辆变形产品，如安装超大型动物造型装饰的观光车、车速很低的流动式啤酒售卖车等。

二、市场情况

2023年，随着旅游市场的恢复，观光车辆内需增加，但以产品外销为主的企业受国际贸易环境影响较明显。部分上市企业调整产业结构，有的企业搬迁或扩建厂房等，导致2023年部分产品可统计口径产销量有所下降。2019—2023年观光车销量见表1。2019—2023年观光车出口情况见表2。2021—2023年非道路低速专用车销量见表3。

表1　2019—2023年观光车销量

年份	企业数（家）	内燃观光车辆（台）	电动观光车辆（台）	观光列车（台）	合计（台）
2019	17	4 728	15 699	189	20 616
2020	13	3 147	12 835	38	16 020
2021	23	4 909	30 030	279	35 218
2022	20	6 964	11 574	245	18 783
2023	13	2 806	22 407	105	25 318

表2　2019—2023年观光车出口情况

年份	2019	2020	2021	2022	2023
出口量（台）	1 371	1 135	11 927	1 878	10 186
占总销量的比例（%）	6.7	7.1	33.9	10.0	40.2

表 3　2021—2023 年非道路低速专用车销量

年份	销量（台）		
	高尔夫球车	巡逻车	消防车
2021	106 985	5 592	499
2022	145 757	5 819	535
2023	139 187	3 299	405

三、行业发展趋势

中国旅游研究院发布的 2023 年中国旅游经济运行分析与 2024 年发展预测报告显示，2023 年，国内旅游复苏不断提速，全国旅游市场景气指数维持高位。旅游业的恢复发展给观光车内销市场带来积极影响，一批经历过疫情考验的中小型制造企业得以复苏。2023 年，行业内有两家民营企业上市成功，为全行业发展提振了信心。由于近年来的国内环境发生变化，有一批特种设备制造许可证到期的企业不满足制造许可条件，将退出特种设备制造行业。

行业中现有的新能源产品动力源仍以铅酸蓄电池为主。锂电池产品发展速度缓慢，这与锂电池的价格及锂电池发展技术参差不齐有关。当前，已有其他行业锂电池配套件企业进入观光车行业。今后，大型锂电池企业制造的技术成熟且性价比较高的产品投入使用，将大幅提高锂电池整机产品的使用稳定性。

观光车智能化发展趋势将增强，如具有卫星定位、故障监控、能耗监控、电池寿命管理、轨迹查询、远程控制、司机面部识别启动、车载电子导游等功能，将为车辆运营者提供数字化整体运营解决方案。

观光车辆产品技术持续升级，内部结构更加优化。车架使用的材料将多元化，集成化驱动系统、小型化传动系统、车架焊接技术及智能化管理系统等研发水平将得到进一步提升，在产品研发阶段将考虑更多的人机工程理念。

无人驾驶观光车应用场景将会扩大。观光车为载客产品，对其安全性要求极高，这也是以人为本的重要体现。国家对观光车使用路段中的坡度提出了严格的要求，这对无人驾驶观光车的发展前景十分有利。在符合国家相关政策法规及产品的安全性不断提高的前提下，无人驾驶观光车的发展潜力较大。

〔供稿单位：中国工程机械工业协会观光车及非道路低速专用车分会〕

混凝土机械

2023 年，受房地产市场持续低迷等因素影响，国内混凝土机械行业仍处于下行调整期，海外市场需求持续增加，中国品牌海外市场竞争力增强，混凝土机械行业出口量保持高增长。

一、行业总体情况

2023 年，混凝土机械行业受国内需求降低、投资减少、大型项目开工率低及原材料价格上涨等因素影响，国内市场下滑较严重，海外市场表现强劲。

据中国工程机械工业协会混凝土机械分会不完全统计，2023 年，混凝土搅拌站销量同比增长 15.3%，混凝土泵车销量同比增长 31.6%，混凝土搅拌运输车销量同比增长 17.7%，混凝土泵销量同比下降 47.9%。2014—2023 年混凝土机械主要产品销量见表 1。

表 1　2014—2023 年混凝土机械主要产品销量

年份	混凝土搅拌站		混凝土搅拌运输车		混凝土泵车		混凝土泵	
	销量（套）	同比增长（%）	销量（台）	同比增长（%）	销量（台）	同比增长（%）	销量（台）	同比增长（%）
2014	5 170	-33.2	44 329	-3.2	5 700	-28.4	5 040	-27.9
2015	3 715	-28.1	32 067	-27.7	4 012	-29.6	3 628	-28.0
2016	5 873	58.1	24 442	-23.8	2 811	-29.9	3 817	5.2

（续）

年份	混凝土搅拌站		混凝土搅拌运输车		混凝土泵车		混凝土泵	
	销量（套）	同比增长（%）	销量（台）	同比增长（%）	销量（台）	同比增长（%）	销量（台）	同比增长（%）
2017	6 873	17.0	35 656	45.9	3 532	25.6	5 100	33.6
2018	6 987	1.7	62 193	74.4	4 795	35.8	5 412	6.1
2019	8 353	19.6	74 641	20.0	7 179	49.7	7 035	30.0
2020	6 679	-20.0	105 243	41.0	11 917	66.0	7 687	9.3
2021	6 238	-6.6	98 389	-6.5	11 000	-7.7	5 486	-28.6
2022	3 777	-39.5	23 390	-76.2	3 350	-69.5	1 102	-79.9
2023	4 355	15.3	27 538	17.7	4 410	31.6	574	-47.9

注：数据来源于中国工程机械工业协会混凝土机械分会。

根据我国国情，规定搅拌站（楼）的折旧寿命为10～12年，泵车的折旧寿命为8年。我国大工程、大方量、连续作业的项目很多，在实际使用中，很多设备（如拖泵和泵车）5～6年就需要更新换代。2017—2023年混凝土机械产品保有量见表2。

表2　2017—2023年混凝土机械产品保有量

年份	混凝土搅拌车（万台）	混凝土泵车（万台）	混凝土泵（万台）	混凝土搅拌站（万台）	合计（万台）
2017	37.8 ～ 40.9	6.23 ～ 6.76	5.58 ～ 6.05	5.99 ～ 6.76	55.6 ～ 60.47
2018	41.75 ～ 44.67	6.4 ～ 6.9	5.84 ～ 6.29	6.23 ～ 7.12	60.22 ～ 64.98
2019	46.71 ～ 49.45	6.8 ～ 7.27	6.25 ～ 6.68	6.75 ～ 7.6	66.51 ～ 71
2020	51.71 ～ 54.74	7.28 ～ 7.78	6.56 ～ 7.01	7.39 ～ 8.32	72.94 ～ 77.85
2021	52.76 ～ 55.79	7.36 ～ 7.86	6.59 ～ 7.04	7.45 ～ 8.4	74.16 ～ 79.09
2022	52.8 ～ 55.83	7.42 ～ 7.96	6.61 ～ 7.15	7.55 ～ 8.51	74.38 ～ 79.45
2023	53.2 ～ 55.87	7.43 ～ 7.97	6.63 ～ 7.26	7.65 ～ 8.62	74.91 ～ 79.72

注：数据来源于中国工程机械工业协会混凝土机械分会。

2023年，混凝土机械行业产品出口需求持续强劲。中国工程机械工业协会混凝土机械分会根据会员企业年报数据和调研数据不完全统计，2023年，混凝土机械行业实现出口180.3亿元，比上年增长46%。混凝土机械主要生产企业中联重科、三一重工、徐工施维英出口额增长较多。

二、部分企业创新发展情况

2023年，促进混凝土机械行业向数字化、智能化转型升级已成为行业企业共识。数字化转型为混凝土机械行业的高质量发展带来新的契机。

中联重科借助互联网思维和新兴数字技术赋能，围绕企业核心业务场景，持续在物联网、云计算、大数据、生成式人工智能等核心技术领域取得突破，加速端对端、全球化的数字支撑体系建设，高效推进海外业务端对端平台、智能制造数字化平台、极致降本数字化平台等系统建设，加速对传统管理模式、业务模式、制造模式、商业模式进行突破创新，以数据支撑业务拓展和管理运营，向数据运营的智能中联迈进。2023年，中联重科中科云谷入选国家级“双跨”平台（跨行业跨领域工业互联网平台）。

2023年，中联重科研制出四桥59m纯电动泵车、四桥8m^{3}纯电动搅拌车等全新新能源整机产品以及新能源关键零部件，完成了氢能试验中心、电池包环境性能试验平台的建设，新能源产品研发能力得到大幅提升。五桥70m轻混泵车ZLJ5550THBKF 70X-6RZ作为行业内最轻的55吨级新能源泵车，是行业首款实现上市的超长臂架混动泵车。该产品继承了“凌云”系列产品稳定可靠、安全高效等优势，在纯燃油泵车的基础上，增加了一套电驱装置，实现纯电待料＋燃油泵送，综合能耗可降低15%，操作与管理高效、智能、便捷。公司研制的ZLJ5312GJBLBEVH纯电动混凝土搅拌运输车获得2023中国工程机械年度产品TOP50新能源产品创新金奖，具有智能安全、节能高效、品质可靠等优势，在炎热、盐雾高的地区及寒冷干燥地区均有良好的使用表现。中联重科“氢燃料动力工程机械整车工程化关键技术”等项目入选湖南省2023年度十大技术攻关项目。

三一重工使用数字孪生技术减少电能损耗。2023年，三一重工开发电动搅拌车能耗优化数字孪生系统。通过将采集的数据接入数字孪生模型，实现对车速、能耗等信息进行实时分析，监控电池健康状态、电池温度相关的异常情况。此外，综合应用能源管理、充电规划和行驶路线选择算法，通过可视化的形式，多维度展现用电监测与报警、续航里程预测与充电规划等用能场景，预测能耗变化，科学制订能够提高能源利用效率的节能策略。该系统已在三一重工部分电动搅拌车上得到应用，助力整车综合能耗降低约 5%。2023 年，三一重工依托Ⅲ型气瓶，零件、系统及整车“三级”试验等成熟可靠的基础保障，开发的车辆搭载耐久性能优良的燃料电池系统。公司开发的多款氢燃料搅拌车已经上市。氢燃料搅拌车匹配 1 680L 大容量氢气瓶组，等速工况续航里程达 500km 以上，整车高效运行，车辆能源系统稳定可靠。同时，采用车载供氢系统高温保护、过电流保护、低压报警、泄漏检测及控制等安全设计，保障车辆用气的稳定性与安全性。

2023 年，徐州徐工施维英机械有限公司在新能源产业链上发力，快速补齐了搅拌车短板，市场占有率约 24%。公司研制的纯电动、氢燃料、混动技术路线产品齐头并进，产品覆盖多领域应用场景，全系产品支持充换一体以及常规与长寿命电池配置。

福田雷萨股份公司研制的 ETM 行星蓝雷双擎动力搅拌车获得 2023 中国工程机械年度产品 TOP50 评委会奖。该产品采用油驱底盘 + 电驱上装的“一体两面”创新设计，行车过程中节约油耗；停车作业等待过程中，发动机智能启停机，高效发电，综合节油可达 30%。此外，底盘和上装均采用轻量化设计，综合运营成本低；通过搅拌车智能运营管理平台的远程故障检测诊断，可实现对整车系统部件的在线故障检测，实现预防性维修保养服务；软件可远程在线升级，有效减少车辆运营中发生故障的概率。

珠海仕高玛研制的智能搅拌系统（Smart mixer PS）为发明专利产品（专利号：ZL2020102191761）。该智能搅拌系统分为基础版和专业版。基础版是基于 Wi-Fi 网络，在手机端可实现对搅拌机运行状况的远程监控。专业版是基于抓取搅拌机搅拌混凝土过程的电功率负载曲线特性来判断搅拌过程的状态，由数据采集模块读取电功率负载曲线，经可编程序逻辑控制器运行分析、精密计算后发出指令，再由控制和命令单元实施命令执行和控制，实现智能搅拌；智能搅拌系统包含学习功能、分析功能、逻辑命令执行和控制功能、信息反馈功能及数据存取功能等。智能搅拌系统的优势：保证搅拌的产品拥有理想的质量，预防过度搅拌、不良搅拌；有效防止搅拌过程异常；延长搅拌机的有效寿命，降低能源消耗和设备磨损带来的经营成本，减少环境影响；能预防连续作业错误，提高生产效率。

三、标准化工作

2023 年，《混凝土机械　产品安全标识》《混凝土搅拌站（楼）用砂石立体料库设计规范》和《混凝土机械　立轴行星式搅拌机》团体标准发布。其中，《混凝土机械　产品安全标识》团体标准是混凝土及砂浆机械领域产品安全标识标准。该项标准有效规范混凝土及砂浆机械产品安全标识的设计和应用，有助于全面促进我国混凝土机械安全性的提高，减少企业安全事故损失，并预防或降低国际贸易潜在的安全风险。《混凝土搅拌站（楼）用砂石立体料库设计规范》团体标准指导企业设计环保、智能砂石立体料库，对实现混凝土搅拌站的智能化、环保具有重要意义。《混凝土机械　立轴行星式搅拌机》团体标准解决了立轴行星式搅拌机行业内术语、适用领域等方面的问题，同时规范产品规格的划分，有利于与全球立轴行星式搅拌设备行业接轨，促进国内外行业的交流和发展。

2023 年，由中联重科牵头的《绿色设计产品评价技术规范　混凝土泵车》《绿色设计产品评价技术规范　混凝土搅拌站》和《绿色设计产品评价技术规范　干混砂浆生产成套设备》团体标准完成征求意见稿。这些标准将填补混凝土泵车、混凝土搅拌站、干混砂浆生产成套设备在绿色设计评价标准方面的空白。

四、行业发展建议

当前，混凝土机械行业处于周期性下行阶段，国内需求萎缩、产品利润率持续走低以及产能相对过剩等制约着行业发展。为推动行业健康持续发展，建议主管部门加强正确引导，合理规划布局，加大基础建设投入，减税降费，激发中小企业能动性；加强市场自律，建立有序的市场竞争环境；加强企业内部精细化管理，提高管理效率，降低管理成本；不断提升企业创新能力，以高质量、高技术产品不断满足市场需求。

〔供稿单位：中国工程机械工业协会混凝土机械分会〕

建筑起重机械

一、行业总体情况

2023 年，受房地产市场影响，建筑起重机械行业国内市场形势不佳。建筑起重机械制造企业价格竞争激烈，租赁企业大面积亏损。制造企业主流产品整体销量持续承压，而出口保持增长态势，对冲了国内市场的下滑。制造企业通过研发新产品、新技术，积极开拓国际市场，发展总体稳定。

工程机械方面，出口占比不断提升，盈利能力逐步上行。2023 年前三季度，徐工、三一、中联重科、柳工业绩亮眼，利润均有不同程度的增长，为工程机械全球化发展提供新的增长机遇。

根据中国工程机械工业协会建筑起重机械分会对 30 家会员企业的统计，2023 年，塔式起重机和升降机销量约 3.3 万台，销售收入约 211 亿元。其中，塔式起重机销量约 2 万台，销售收入约 181 亿元；施工升降机销量约 1.3 万台，销售收入约 30 亿元。

2023 年，塔式起重机和施工升降机销量下降 25.9%，总收入下降 10.2%。收入下降幅度低于数量下降幅度，主要是因为塔式起重机大型化趋势明显。

随着国内市场的收缩，海外市场获得恢复性增长。据中国工程机械工业协会统计数据，2023 年，塔式起重机出口 1 905 台，同比增长 130%。

2023 年，建筑起重机械行业出现下滑的主要原因：首先，房地产下行未见底。建筑起重机械行业八成以上的需求来源于房地产，特别是施工升降机 95% 以上的需求来源于房地产。而房地产市场依然在下降且未见底。相反，基础建设投资在增长，为其他行业带来市场需求。其次，建筑起重机械行业自身条件与其他工程机机分行业有所不同。国内建筑起重机械行业企业在全球范围市场占有率非常高，出口绝对值和挤占外资企业的空间不大，没有太大的增长空间。

二、行业发展特点

1. 全球最大塔式起重机吨位不断刷新

当前，常泰长江大桥、张靖皋长江大桥等不断涌现的超级桥梁工程带来超大型塔式起重机技术的革新。行业中陆续推出 12 000tm（1tm=10kN · m）、15 000tm、20 000tm 塔式起重机，不断刷新世界纪录，成功参建常泰长江大桥、马鞍山长江大桥等国家重点工程。

2. 产品和技术创新向纵深发展，数字化、智能化、绿色化转型升级加速

以中联重科、徐工为代表的企业推出了许多首创技术。比如，中联重科 R20000 塔式起重机移动平衡重塔身弯矩自适应技术、大功率永磁同步控制技术在大型塔式起重机上实现首次应用。塔式起重机液压缸变幅动臂等创新结构型式陆续推出，如三一推出 SLT125H（T5022-8）液压缸变幅动臂，能实现动臂、平头、屋面起重机工况的灵活切换。在技术创新方面，随着物联网、大数据、云计算、人工智能等技术的发展，数字化、智能化将是行业发展大势所趋。

3. 海外市场增长趋势明显

近两年，国内工程机械市场需求收缩，海外市场增长明显。2023 年，塔式起重机出口量同比增长 130%。中联重科、徐工等龙头企业海外布局完善，已经进入收获期，出口将继续维持增长趋势。

从国内市场体量、人工替代、更新换代等角度来看，工程机械行业“弱周期”特征越来越明显，国内市场进入调整期，但海外市场潜力仍然较大。总体来说，今后不会再有短期的巨幅增长和下降，而是呈现一个稳定的变化。从长期看，建筑起重机械行业将平稳发展。

〔供稿单位：中国工程机械工业协会建筑起重机械分会〕

工程建材制品机械

一、行业总体情况

2023 年，工程建材制品机械行业市场总体呈现先高后低的发展态势。行业企业继续布局创新研发，在装备的智能化、数字化、低碳化等方面有较为明显的突破，形成了一批关键核心技术与管理经验；在固废利用、建材固碳等方面取得了技术突破，形成了一系列的解决方案及装备，为行业的稳定发展奠定了扎实基础。

工程建材制品机械行业产品体系庞大、门类较为复杂，产品一般以定制化需求为主；产业集中度低，生产企业以中小企业居多。据中国工程机械工业协会工程建材制品机械分会统计，行业主要企业有 600 余家，其中，小型混凝土制品机械（含砌块机械）生产企业有 200 余家，各类预制混凝土构件生产设备制造企业有 100 余家，加气混凝土生产线制造企业有 20 余家，非水泥基制品生产设备主机及固废处理设备制造企业有 200 余家，为工程建材制品机械提供专业配套的原材料搅拌机、配料机、输送机、深加工设备、模具、托板等的企业有 100 余家。工程建材制品机械各类产品主要生产企业见表 1。

表 1　工程建材制品机械各类产品主要生产企业

产品类别	主要生产企业
小型混凝土制品机械	福建泉工股份有限公司、西安银马实业发展有限公司、福建鸿益机械有限公司、福建群峰机械有限公司、托普维克（廊坊）建材机械有限公司、玛莎集团、福建卓越鸿昌环保智能装备股份有限公司、天津市新实丰液压机械股份有限公司、天津市建丰智能科技有限公司、常熟市迈尔斯机械有限公司、盐城市科博液压机械制造有限公司、廊坊市念朋机械设备加工有限公司、江苏腾宇机械制造有限公司、山东宏发科工贸有限公司、杭州市伟兴建材机械有限公司、陕西渭南方圆机械设备有限责任公司等
预制混凝土构件、预制轨枕管片生产装备	河北新大地机电制造有限公司、德州海天机电科技有限公司、中建机械有限公司、山东天意机械股份有限公司、托普维克（廊坊）建材机械有限公司、青岛环球重工科技有限公司、廊坊合力天一机械设备有限公司等
加气混凝土设备、非水泥基制品设备	东岳机械股份有限公司、安徽科达机电股份有限公司、江苏天元智能装备股份有限公司、常州市名杰建材设备制造有限公司、江西海源复合材料科技股份有限公司等
配套及深加工装备	成都金瑞建工机械有限公司、山东森元重工科技有限公司、青岛科尼乐机械设备有限公司、青岛迪泰自动化设备有限公司、青岛迪凯机械设备有限公司、成都久和传动机械有限责任公司、四川科力特机械设备有限公司、河北双星机械制造有限公司、青岛普迈特机械设备有限公司、海安时新机械制造有限公司、江苏凯铂成机械有限公司、浙江创新机械科技有限公司、嘉兴市志华机械有限公司、天津市古德尔派克液压有限公司等

二、市场及销售情况

2023 年，我国工程建材制品机械行业总销售额与 2022 年基本持平。其中，一季度、二季度工程建材制品机械产销比 2022 年有所增长；进入三季度，受下游需求走低及国际贸易环境变化等因素影响，产品销量有所下滑；四季度，随着国家相关稳增长政策的落地，产品销量逐渐止跌。2023 年，在国内需求持续走低的情况下，行业企业通过大力开拓海外市场，取得了较好的成绩。据工程建材制品机械分会不完全统计，全年国际贸易较 2022 年增长 30% 左右。2023 年工程建材制品机械主要产品销售情况见表 2。

表 2　2023 年工程建材制品机械主要产品销售情况

产品类别	销量（台、套）	同比增长（%）
小型混凝土制品成型设备	1 097	8.0
预制混凝土构件、预制轨枕管片生产装备	176	-15.0
加气混凝土成套设备、非水泥基制品成套设备	167	-10.2
配套设备、深加工及辅助设备	4 413	10.0

三、行业企业研发情况

为满足绿色工程建材制品技术的发展，工程建材制品机械行业技术创新投入很大。据不完全统计，2023 年，工程建材制品机械行业主要企业平均研发投入占营业收入的比例在 9% 以上，各企业通过新产品、新技术的研发及应用获得了一定的新业务增长，取得了一系列成果。2023 年工程建材制品机械行业获奖情况见表 3。

表 3　2023 年工程建材制品机械行业获奖情况

企业名称	项目名称	获奖名称
福建泉工股份有限公司	ZN1500C 型全自动砌块生产线	BICES 2023 技术创新产品金奖
西安银马实业发展有限公司	混凝土制品压振一体式成型生产技术与智能化生产线	国家工业资源综合利用先进适用工艺技术设备目录（2023 年版）
	固废高质再生利用压振一体式智能化生产装备技术及应用	机械工业科学技术奖三等奖
	固废高质再生利用压振一体式智能化生产装备	BICES 2023 技术创新产品金奖

（续）

企业名称	项目名称	获奖名称
石家庄铁道大学	面向极端复杂服役环境的高品质柔性加筋材料创新与工程应用	天津市科学技术进步奖一等奖
	铁路隧道结构隐蔽病害早期诊断与高效整治关键技术及工程应用	中国铁道学会科学技术奖一等奖
	运动状态自适应关键帧提取办法	河北省专利奖优秀奖
河北新大地机电制造有限公司	XDDPC-I 系列智能化装配式建筑预制混凝土构件制造技术与装备系列	BICES 2023 技术创新产品金奖
德州海天机电科技有限公司	智能建造工厂钢筋混凝土构件精益生产系统关键技术及应用	河北省科学技术进步奖二等奖
青岛环球重工科技有限公司	自适应联盟智能关键技术及应用	中国科技产业化促进会科技创新奖
	盾构管片柔性自动化生产线	山东省机械工业科学技术奖二等奖
	装配式地铁站预制构件生产线	山东省机械工业科学技术奖三等奖
福建群峰机械有限公司	一种压砖机主轴机构	福建省百万职工“五小”创新大赛二等奖
托普维克（廊坊）建材机械有限公司	高速铁路装配式构件工厂智能化制造技术研究	中国铁道学会科学技术奖二等奖
玛莎（天津）建材机械有限公司	砌块生产企业数字化运营管理系统（L9.1 软件）	BICES 2023 技术创新产品金奖
上海建工建材科技集团股份有限公司	超大型结构混凝土高性能设计及其精益施工关键技术	上海市科技进步奖二等奖
	滨海重大基础设施混凝土长寿命保障关键技术及工程应用	天津市科学技术进步奖一等奖
	时速 600km 高速磁浮系统轨道梁制造、安装关键技术研究与实施	华夏建设科学技术奖二等奖、上海市优秀发明选拔赛优秀发明奖银奖
	面向干扰环境的工程预制构件供应链韧性强化方法	中国物流与采购联合会科技进步奖一等奖

2023 年，福建泉工股份有限公司入选国家级绿色工厂，获得泉州市政府质量奖。西安银马实业发展有限公司获得中国工程机械年度产品 TOP50 应用贡献金奖。成都金瑞建工机械有限公司获得中国工程机械年度产品 TOP50 供应商奖。托普维克（廊坊）建材机械有限公司被评为河北省创新型中小企业。福建群峰机械有限公司被评为泉州市级产业龙头企业、泉州市新型研发机构（B 级）。

四、行业发展建议

当前，我国进入高质量发展阶段，正大力发展新质生产力及战略性新兴产业，行业企业快速结合市场需求，瞄准城市更新、新城镇建设以及固废资源化利用、智能化升级改造，以及老旧设备更新淘汰等制品机械市场需求，继续加大技术研发力度，提高行业技术水平，满足新形势下的各种需求。为推动工程建材制品机械产业健康持续发展，对行业发展有关建议如下。

（1）产业集中度较低，需积极引导、鼓励、推动国内小规模装备制造企业整合，使资本、技术与生产要素集中，减少市场无意义的消耗，实现工程建材制品机械装备技术水平与质量的提升。

（2）建立科学公正的制品装备市场评价体系。建议广泛征求意见，制定合理、可行、先进的节能建筑／绿色建筑技术标准和具体要求，明确技术数据指标及认定采取的手段；建议建立针对建筑废弃物的再生利用标准和利用率的制度，建立一整套针对建筑建材的安全性、可靠性、耐久性、节能性的严格规章制度，从而建立科学公正的制品装备市场评价体系。

（3）产品发展方向的建议：①新建建筑及老旧小区的装修对高端、高强度仿石材制品的需求很大，而现有的仿石材制品在强度、外观及耐久性等方面与石材有较大的差异，因此，针对建筑装饰装修用的高强度仿石材制品生产设备有较好的市场前景。②振动成型设备噪声相对较大，在诸多场景的应用会受到越来越多的限制，低噪、低碳、节能的压振一体或静压型制品生产设备将会获得快速增长的机会。③在建筑业市场整体下滑的情况下，装配式建筑市场需求未达预期，生产装配式预制构件的建材工厂必然出现产能过剩，因此，拓展混凝土预制件生产设备的柔性，兼容中小型市政制品生产的混凝土预制件生产设备，是该类企业的发展出路之一。④随着生态文明建设的不断深入推进，政府部门及行业对磷石膏、赤泥等处置难度较高的工业固废的资源化利用技术日益重视，亟需大力研发利用磷石膏生产工程建材制品的成套设备。

（4）标准方面的建议：①工程建材制品机械必须紧跟制品材料技术的发展，进行升级换代或研制新机种，以满足高质量工程及美丽环境建设需求。近年来，行业内研发的新产品、新技术迫切需要标准支撑。②工程建材制品机械领域多个部门制定的行业标准缺乏统筹，造成执行过程中标准冲突。有关部门需协同进行联合梳理，形成科学合理的行业协同管理体系。③充分发挥专业性协会在标准工作中的作用。新产品质量标准的滞后问题阻碍了一些新兴优秀技术成果的发展，建议由协会及时跟进，组织制定标准、规程、图集等。④加大工程建材制品机械领域“双碳”相关技术类标准的研究和编制力度。

（5）健全工程建材制品的质量控制长效机制及其对策，用市场倒逼的方式拉动工程建材制品装备企业的质量和技术提升。兼顾制品质量检测方法、质量追溯、耐久性等指标，综合评价工程建材制品装备的质量，从而推动我国建材行业及工程建材制品装备的良性发展，更好地为我国建筑质量安全把关。

（6）政府相关部门应针对绿色建材装备给予政策支持。绿色建材制品装备是绿色建材的重要基础，尤其是环保利废、尾矿治理、建材固碳等领域所需的工程建材制品机械应设立专项，进行技术攻关及长久的政策支持。

（7）设备租赁模式对行业的兴旺与发展具有重要的推动作用，而高端混凝土制品装备因为资金的需求比较大，租赁公司很难实施。建议有关部门出台支持政策，以推动相关产业链实现快速发展。

（8）工程建材制品装备是工程机械行业的能源与材料消耗大户，建议有关部门结合设备更新方面的政策，分批颁发工程建材制品装备的推广与淘汰产品目录，鼓励推广应用高端节能节材设备，限制或淘汰低端高能耗、高污染设备，促进工程建材制品装备行业结构优化升级。

（9）行业企业应结合城市更新、设备更新、数字化和低碳化转型升级等一揽子政策，结合行业基础优势与应用场景需求，重新规划市场定位，大力发展新工艺、新材料所需的新质高效制品装备与技术服务。

〔供稿单位：中国工程机械工业协会工程建材制品机械分会〕

工程机械配套件

一、行业总体情况

2023 年，国内工程机械市场仍处于筑底期，但呈现加速回暖趋势，下滑幅度明显收窄。海外市场结构调整呈高质量发展态势，大型、高端、绿色、智能化产品占比明显增加。

二、主要企业经营情况

2023 年工程机械配套件行业主要生产企业产品产销存情况见表 1。2023 年工程机械配套件行业主要生产企业经济指标完成情况见表 2。2023 年工程机械配套件行业主要企业产品出口情况见表 3。

表 1　2023 年工程机械配套件行业主要生产企业产品产销存情况

企业名称	产品名称	计量单位	产量	销量	库存量
天津日标机械科技有限公司	减速器总成	台	3 680	3 560	
	散件	件	24 690	21 240	
江苏耀坤液压股份有限公司	工作装置其他部分	件	527 664	532 874	35 785
	液压金属连接管总成	件	1 016 020	1 021 542	48 750
	液压油箱	台	97 559	99 780	6 980
江西省分宜驱动桥有限公司	驱动桥	台	9 026	8 730	757
马鞍山方圆精密机械有限公司	回转支承	套	90 131	91 292	6 256

（续）

企业名称	产品名称	计量单位	产量	销量	库存量
赛克思液压科技股份有限公司	齿轮泵	台	1 334	6 986	334
	柱塞泵	台	20 813	25 211	213
	液压马达	台	2 581	3 055	231
	其他液压阀	台	91 634	34 987	585
杭州前进齿轮箱集团股份有限公司	工程变速器	台	12 245	12 747	2 774
河北冀工胶管有限公司	工程机械专用各类低压橡胶管	万吋米	1 420	1 418	2
宏源精工车轮股份有限公司	槽圈	只	342 752	395 562	20 774
	锁圈	只	385 373	435 066	33 687
	挡圈	只	59 442	36 302	5 853
	辐板	只	4 617	1 728	46 742
	内、外轮缘	只	60 362	69 396	7 441
	座圈	只	36 500	36 803	4 366
	工程车轮总成	套	65 745	65 855	6 234
	叉车车轮总成	套	100 676	103 482	20 363
	宽体车车轮总成	套	12 466	10 566	1 042
	轮辋	套	58 636	1 238	370
	特殊装备车辆	套	3 159	4 825	75
宁波江北宇洲液压设备厂	高压液压阀	台	95 348	98 705	
莱州市莱索制品有限公司	橡胶件	万件	14.8	14.9	0.6
	链轨节	万件	181.5	181.7	1.2
	支重轮	万件	186.4	187.2	1.1
华君装备有限公司	变矩器	台	2 797	2 671	
	水轮机	台	48	44	
马鞍山统力回转支承有限公司	回转支承	套	49 184	48 954	4 794
芜湖盛力科技股份有限公司	制动器	只	3 733	2 568	1 165
意宁液压股份有限公司	液压马达	台	9 023	9 382	1 224
	液压系统及装置	台	41 988	42 001	5 836
江苏长龄液压股份有限公司	回转接头	件	152 782	135 851	21 065
	履带张紧液压缸	件	254 210	236 520	24 312
	履带引导轮	件	19 865	17 935	2 986
	工程机械销轴、套	件	21 234	19 435	2 562
	液压阀	台	27 653	26 529	1 752
烟台艾迪精密机械股份有限公司	破碎锤	台	22 068	928	22 026
	液压主泵及马达	台	104 590	17 456	117 650

（续）

企业名称	产品名称	计量单位	产量	销量	库存量
扬州沃盛车业制造有限公司	矿车驾驶室总成	台	12 065	12 240	250
	港口车驾驶室总成	台	880	802	98
徐州徐工液压件有限公司	液压缸	件	376 764	387 013	14 947
	系统	套	5 850	5 850	350
	液压附件	件	6 387 120	6 387 120	146 860
江苏斯必得重工机械有限公司	液压胶管总成	根	77 102	75 704	175
	液压金属连接管总成	根	1 830	1 785	6
钢客履带（江苏）有限公司	203 节距履带板	片	260 000	250 000	10 000
	228 节距履带板	片	210 000	160 000	20 000
	216 节距履带板	片	560 000	510 000	50 000
	240 节距润滑履带总成	条	520	300	160
	260 履带总成	条	180	105	15
	280 履带总成	条	120	118	2
	317 节距履带总成	条	110	110	
浙江高宇液压机电有限公司	整体式多路阀	台	55 779	51 756	7 568
	先导阀	台	45 449	42 577	5 458
	流量放大阀	台	10 982	9 827	1 150
	分片式多路阀	台	2 749	3 209	598
贵阳永青智控科技股份有限公司	显示仪表	台	127 566	100 384	27 182
	控制器类	台	122 743	101 852	20 891
	电气类	台	93 454	85 428	8 026
杭州萧山红旗摩擦材料有限公司	摩擦片	万片	2 977	2 944	256
荣成荣鹰橡胶制品有限公司	支重轮、托链轮、引导轮、驱动轮	万条	14.5	16.5	2.1
无锡三立轴承股份有限公司	工程机械	套	161 567	180 630	46 161
	机器人	套	291 156	223 705	92 893
	机床	套	888 152	1 404 022	695 918
苏州力源液压有限公司	柱塞泵	台	18 400	17 750	650
	液压马达	台	27 000	25 000	2 000
	其他	台	8 000	7 000	1 000
浙江天成自控股份有限公司	工程机械座椅	席	361 744	378 346	10 547
	商用车座椅	席	347 827	345 839	82 082
	乘用车座椅	席	1 013 492	1 006 840	11 057
南京讯联液压技术股份有限公司	液压油过滤器	个	2 924 120	2 167 572	756 548

表2　2023年工程机械配套件行业主要生产企业经济指标完成情况

企业名称	工业总产值（万元）	营业收入（万元）	利润总额（万元）
天津日标机械科技有限公司	3 735	3 735	186
江苏耀坤液压股份有限公司	49 875	52 473	12 602
贝卡尔特管理（上海）有限公司	19 502	20 236	2 616
江西省分宜驱动桥有限公司	22 075	20 272	6 019
马鞍山方圆精密机械有限公司	50 072	48 798	392
赛克思液压科技股份有限公司	37 510	36 861	7 167
杭州前进齿轮箱集团股份有限公司	107 126	144 892	23 244
河北冀工胶管有限公司	32 800	32 745	4 780
宏源精工车轮股份有限公司	39 432	36 034	2 142
烟台艾迪精密机械股份有限公司	183 510	182 268	34 254
宁波宇洲液压设备有限公司	13 560	13 560	178
莱州市莱索制品有限公司	26 514	26 472	767
华君装备有限公司	1 815	2 332	-419
马鞍山统力回转支承有限公司	17 001	16 170	1 173
芜湖盛力科技股份有限公司	7 466	7 380	28
意宁液压股份有限公司	48 686	48 221	5 927
江苏长龄液压股份有限公司	56 679	51 811	9 477
扬州沃盛车业制造有限公司	37 188	37 188	601
徐州徐工液压件有限公司	206 045	225 206	10 563
江苏斯必得重工机械有限公司	12 542	12 177	945
钢客履带（江苏）有限公司	16 281	16 281	510
浙江高宇液压机电有限公司	25 971	24 729	5 617
贵阳永青智控科技股份有限公司	35 604	43 334	1 744
杭州萧山红旗摩擦材料有限公司	38 499	31 990	5 446
荣成荣鹰橡胶制品有限公司	7 193	7 209	625
无锡三立轴承股份有限公司	9 856	9 015	187
苏州力源液压有限公司	28 316	29 412	
浙江天成自控股份有限公司	109 564	142 683	1 219
南京讯联液压技术股份有限公司	37 876	31 563	7 649

表3　2023年工程机械配套件行业主要企业产品出口情况

公司名称	产品名称	出口量单位	出口量	出口额（万美元）	出口地区
江苏耀坤液压股份有限公司	液压油箱	台	29 119	714.6	美国、巴西、日本、意大利、泰国、印度尼西亚等
	工作装置其他部分	件	91 531	398.7	美国、巴西、澳大利亚、印度、日本等
	液压金属连接管总成	件	300 775	922.1	美国、巴西、法国、印度、印度尼西亚等
徐州徐工液压件有限公司	液压缸	件	2 020	452.9	俄罗斯、澳大利亚、日本

（续）

公司名称	产品名称	出口量单位	出口量	出口额（万美元）	出口地区
马鞍山方圆精密机械有限公司	回转支承	套	12 522	675.0	法国、意大利、美国、巴西等
赛克思液压科技股份有限公司	齿轮泵	台	4 521	55.0	俄罗斯、沙特阿拉伯
	柱塞泵	台	13 592	802.0	美国、俄罗斯
	液压马达	台	788	76.0	俄罗斯
	其他液压阀	台	13 794	71.0	伊朗、美国
杭州前进齿轮箱集团股份有限公司	工程变速器	台	71	42.0	东南亚
河北冀工胶管有限公司	工程机械专用各类低压橡胶管	万吋米	300	1 230.0	美国、墨西哥、巴西、德国、法国
烟台艾迪精密机械股份有限公司	破碎锤及液压件			5 949.4	北美、东南亚
马鞍山统力回转支承有限公司	回转支承	套	15 032	691.0	欧洲、美洲、东亚、东南亚、大洋洲等
意宁液压股份有限公司	液压马达	台	117	9.0	澳大利亚、马来西亚、印度尼西亚
	液压系统及装置	台	3 463	937.0	英国、美国、俄罗斯、澳大利亚、马来西亚
江苏长龄液压股份有限公司	回转接头	件	2 768	52.3	巴西、美国等
	张紧液压缸	件	1 534	43.8	美国
江苏斯必得重工机械有限公司	法兰	只	70 567	9.8	德国
宏源精工车轮股份有限公司	车轮总成	套	1 250	5.6	南非、中国台湾
	工程车钢圈	套	13 542	244.8	意大利、巴西、德国、俄罗斯、韩国等
钢客履带（江苏）有限公司	履带板	片	150 000	410.0	澳大利亚、俄罗斯
	履带总成	条	42	50.4	俄罗斯
浙江高宇液压机电有限公司	多路阀	台	120	8.4	欧洲
	先导阀	台	493	17.0	欧洲
	RV 阀块	台	55	1.4	欧洲
	先导供油阀	台	80	2.7	欧洲
贵阳永青智控科技股份有限公司	控制器类	台	482	71.0	白俄罗斯、韩国、印度
杭州萧山红旗摩擦材料有限公司	摩擦片	万片	189	245.0	巴西、美国、意大利、印度等
荣成荣鹰橡胶制品有限公司	支重轮、托链轮、引导轮、驱动轮	条	789	12.8	澳大利亚、印度尼西亚
无锡三立轴承股份有限公司	通用轴承	台	418 213	193.5	法国、德国、韩国等
	工程机械	台	3 302	10.0	韩国
苏州力源液压有限公司	柱塞泵	台	215	15.0	俄罗斯、印度
	液压马达	台	30	1.0	俄罗斯、印度
	其他	台	15	1.0	俄罗斯、印度
浙江天成自控股份有限公司	工程机械座椅	席	140 763	967.8	美国、韩国、英国、俄罗斯等
	商用车座椅	席	56 602	908.3	意大利、俄罗斯、美国等
南京讯联液压技术股份有限公司	液压油过滤器	个	70 812	87.0	美国
宁波宇洲液压设备有限公司	高压液压阀	台	19 934	310.8	俄罗斯

三、部分会员企业新动向

工程机械配套件行业企业持续加快科技创新能力建设，加大科研投入，加快数字化转型、智能化升级和绿色化发展，重点关键技术不断取得新突破。传统产品提质升级，新产品和高端产品占比快速增加，一些制约行业发展的共性问题和产业薄弱环节得到解决或改善。

圣邦集团有限公司研制的SA10VG系列斜盘式轴向柱塞泵有4个排量（18mL/r、28mL/r、45mL/r、63mL/r），额定压力为30MPa，最大压力可达35MPa，完全满足客户高转速、频繁冲击等恶劣工况的要求。产品应用于滑移装载机、压路机、高空作业车、清扫车等工程机械产品，也适用于农业机械产品。

江苏恒立液压股份有限公司研制的HBM-95/HBH-180/HBK-105系列高压重载大扭矩双螺旋摆动执行器具有高压、重载、大扭矩、低摩擦、长寿命、结构紧凑的特点。产品获得授权专利21项，其中发明专利2项。经鉴定，该产品总体技术处于国际先进水平，部分指标处于国际领先水平，实现了替代进口产品。产品应用于临工重机、江苏柳工机械、浙江鼎力等企业，性能稳定，用户反映良好。

无锡晶晟科技股份有限公司基于电磁元器件制造和技术优势，开展电磁铁、电磁阀的研发和生产，赢得了潍柴动力、徐工集团、三一集团、中联重科等企业的认可。公司推出面向电动叉车行业的比例电磁铁、比例流量阀。比例电磁铁最大供油压力为28MPa，有效工作行程为3mm，最大推力为50N。比例流量阀最大供油压力为28MPa，最大流量为52L/min。

南京讯联液压技术股份有限公司重视高端液压元件的研发，并与各大主机厂建立配套合作关系。公司自主研发零泄漏、超精密加工、压力补偿、电液耦合等技术，产品性能指标提升10%以上；采用更先进的热处理工艺以及超精密加工工艺，疲劳寿命达到1 000万次以上；新型表面处理技术使产品盐雾试验达1 000h以上。

注：由于工程机械配套件产品类别繁多，文中涉及的企业数据来源于中国工程机械工业协会工程机械配套件分会会员单位。

〔供稿单位：中国工程机械工业协会工程机械配套件分会〕

属　具

一、生产发展情况

伴随着我国工程机械属具行业的快速发展和产品的推广应用，我国已经成为世界上最大的属具市场，在全球市场中的份额达到28%。据不完全统计，我国工程机械属具行业生产企业超过100家，主要分布在山东、长三角和广西等地区。其市场成熟度、市场集中度与欧美发达国家相比还有一定的差距。

工程机械属具种类繁多，按应用类别可分为破碎类、快换类、铲斗类、剪钳类、抓夹类、击振类、铣刨类、改装臂类、筛分类和园林类等。具体来看，工程机械属具主要包括快换连接器、铲斗、液压锤、夹持器、振动夯、螺旋钻、液压剪和松土器等。属具主要与挖掘机、滑移装载机、挖掘装载机等工程机械配套使用，其中挖掘机是最重要的应用主机。

当前，国内挖掘机械属具配置率在30%左右，国际成熟市场的挖掘机械属具配置率达到95%。快换连接器等属具已成为挖掘机械的标准配套产品，并得到广泛应用。挖掘机械属具国内市场与国际成熟市场应用比较见表1。

表1　挖掘机械属具国内市场与国际成熟市场应用比较

配置模式	国际成熟市场配置率（%）	国内市场配置率（%）
挖掘机+属具	95	25～30
挖掘机+液压破碎锤	50	30～40
挖掘机+其他属具装备	90	20～30
挖掘机+快换连接器	95	30～40

对标国际成熟市场，国内属具市场也正朝着一台挖掘机械+多件属具的方向发展。多件属具的配置模式可以进一步丰富挖掘机械的功能和应用领域。

二、市场及销售情况

据国际相关机构发布报告预测，2022年年初，全球挖掘机属具市场规模为66.1亿美元，预计2023—2029年将以5.37%的复合增长率增长，2029年挖掘机属具市场规模将达到95.3亿美元。

在全球属具市场中，各区域市场占比如下：北美市场（美国、加拿大和墨西哥）占比为25%，欧洲市场（英国、法国、德国、意大利、西班牙、瑞典、奥地利和欧洲其他地区）占比为20%，亚太市场（中国、韩国、日本、印度、澳大利亚、印度尼西亚、马来西亚、越南、孟加拉国、巴基斯坦和亚太地区其他地区）占比为35%，中东和非洲市场（南非、海湾合作委员会、埃及、尼日利亚以及中东和非洲其他地区）占比为5%，拉丁美洲市场（巴西、阿根廷和南美洲其他地区）占比为15%。

据不完全统计，截至2023年年底，我国不同类型挖掘机属具产品中，挖斗销量占比最高，达30%；破碎锤和快换连接器销量占比分别为27%、18%；抓夹类属具销量占比为10%；其他类型挖掘机属具产品销量占比为15%。

根据各领域的挖掘机属具的消费量进行分析，挖掘类领域的消费量占比达40%，为国内挖掘机属具主要应用领域；破碎和拆除领域的消费量占比分别为25%和12%；林业领域所占比重略低，为8%左右；其他领域的消费量占比为15%。

三、行业竞争情况

我国工程机械属具市场上活跃着大量欧美、日本、韩国等的外资品牌和国产品牌。不同品牌产品技术水平和产品定位不同，占有相对独立的市场。

工程机械属具企业可以分为主机厂商、专业配套厂商、OME厂商（贴牌厂商）和组装厂等。

主机厂商以三一、卡特彼勒、徐工、小松、中联重科、日立、柳工、临工、沃尔沃等为代表。它们依靠自身强大的技术实力及与主机良好的配套性占据部分属具市场。

专业属具制造企业主要有烟台艾迪精密机械股份有限公司、徐州巴特工程机械股份有限公司、山东铭德港城机械有限公司、台州贝力特机械有限公司、浙江岭德重工有限公司、广西徐沃工程机械设备有限公司、烟台金山重工机械设备有限公司、安徽安瑞智能机械工程机械有限公司、北京东光嘉和机械设备有限公司、江苏古川机械有限公司、江阴市润冶重工机械有限公司、四川龙宇工程机械有限公司、烟台诚立精密机械有限公司、常州千手工程机械有限公司、江苏力博士机械股份有限公司、江阴市润冶重工机械有限公司、江苏凯撒重工有限公司、安百拓贸易有限公司、西麦属具技术（上海）有限公司、温州市瑞基科技有限公司、泰石克建筑机械（上海）有限公司、浙江曼托瓦尼机械有限公司、史丹利五金工具（上海）有限公司、磨宝商贸（上海）有限公司和上海东空机械有限公司。这些企业依靠丰富的产品线，不断拓宽市场，成为属具市场的重要力量。它们作为主机企业和终端市场的连接者，根据市场需求，不断开发各类满足市场需求的新型属具，大大扩展了挖掘机械的应用；并与主机厂商建立良好互动关系，共同推进挖掘机械行业的进步。

国内OME厂商承担着主机厂属具的生产任务，其产品质量得到主机厂商和市场的认可。这些企业具备一定的技术实力，并且在代工过程中不断积累经验、培养人才。随着企业的发展壮大，有望建立独立品牌。

组装产品缺乏科技含量，以低价、低质换取市场。但随着市场的发展和不断规范化，组装产品将被逐步淘汰出市场。

四、存在的问题

我国属具行业发展时间短，在发展初期，通过引进国外的产品和技术进行生产。当前，属具产品应用越来越广泛，品种越来越齐全，功能越来越多，细分领域也越来越精准。但是，行业门槛较低，缺乏行业标准，一些不具备生产能力的企业快速进入行业，严重影响了行业高质量发展。

当前，属具行业缺乏统一的行业标准和规范，部分低技术企业存在恶性竞争情况。随着行业的发展、用户对产品认知的提升和市场逐步规范化，技术领先的企业将取得更大的竞争优势，行业市场集中度有望走高，无序竞争状况将得到遏制。

五、未来发展趋势

1.向高端化、专业化、高技术附加值发展

从挖掘机械产业升级的经验来看，属具产品高端化是主要方向之一。在行业发展早期，产品以满足功能需求为主，用户对价格非常敏感。随着行业发展和用户认知度提高，用户对价格的敏感度逐步降低，个性化需求加强，品牌附加值得到体现，售后服务成为企业关注的重点。

我国已经从挖掘机械制造大国向强国迈进，但属具行业仍处于起步阶段，许多产品在生产、应用方面尚为空白，与国内主机发展水平极不相适应。未来十年将是我国属具行业发展的黄金时期，新技术、新工艺、新结构的应用将促进属具行业的快速升级，掌握核心技术的企业通过走“专、精、特、新”的发展道路，将迎来高速发展。

2.竞争格局变化

随着我国属具行业整体实力的提升，处于行业发展前列的国产品牌产品品质将整体达到或接近国际水平。加之固有的成本、产品针对性等方面的比较优势，国产品牌市场占有率将进一步提升。

长期以来，外资品牌坚守高端市场。越来越多的欧美日高端品牌在我国加大投资力度，实施本地化战略，短时间内完成“品牌下沉”“渠道下沉”的可能性不大，但在一定程度上会加剧中端市场的竞争态势。组装厂商由于缺乏明确的战略目标，在市场竞争加剧后会逐步退出市场。

3.出口趋势日渐明显

国产挖掘机械国际化发展路径为属具市场提供了良好的发展范本。我国高端装备制造业国际化战略布局已经开

始，工程机械行业率先布局，尤其是国产挖掘机械品牌已经具备全球竞争力，国产品牌与外资品牌的出口产品结构正在逐步趋于一致。相比之下，国内属具企业整体实力较弱，国际化道路尚且遥远。产品优化和出口拓展将成为未来属具行业发展的新力量。

我国工程机械属具行业发展虽然面临很大的挑战，但随着我国工程机械属具产品品质的提升和国际市场知名度的提高，我国属具产品将有效拓展在国内外的市场空间，取得良好发展。

〔供稿单位：中国工程机械工业协会属具分会〕

工程机械租赁

近年来，随着工程机械整体产业的不断升级，工程机械租赁行业进入高质量发展关键期。由于建筑市场和房地产行业的周期性调整，国内整机销售市场竞争激烈，各产品租赁市场出现了不同程度的下滑，回款形势严峻，租赁行业面临前所未有的挑战。

一、行业发展现状

中国工程机械工业协会工程机械租赁分会从 2011 年开始对租赁市场进行跟踪调研，每年对七大类产品（挖掘机、装载机、工程起重机、塔式起重机、路面机械、混凝土泵车和高空作业平台）的租赁市场进行调查。当前，我国工程机械租赁行业已进入崭新的发展阶段，在很多领域取得了突破性进展。

1. 工程机械产品在租赁市场实现全覆盖

在我国工程机械租赁市场中，可以找到施工所需的所有工程机械产品。不同的工程机械产品进入租赁领域的渗透率不同，进入租赁市场较晚的高空作业平台发展迅猛，租赁渗透率很高。据调查，塔式起重机、路面机械、挖掘机、工程起重机等产品的渗透率均在 80% 以上，装载机的渗透率在 35% 左右，混凝土机械产品的渗透率在 50% 左右，叉车的渗透率不足 5%，而高空作业平台的渗透率超过 90%，可谓后来居上。

2. 租赁形式仍以湿租为主

工程机械租赁形式按照是否配备司机来划分，有湿租和干租两种。出租方在出租设备时配备司机，这种租赁形式就是湿租；出租方只出租设备，不配备司机，这种租赁形式就是干租。近年来，干租的占比有所增加，总体上仍以湿租为主。2023 年，湿租占比为 78.6%，干租占比为 21.4%。

3. 行业经营状况

根据每年的市场调研数据，分析行业租金、出租率、回款率等情况。

（1）租金变化情况。从中国工程机械工业协会工程机械租赁分会长期的市场研究来看，自 2016 年以来，各产品的租金走势不同。其中，工程起重机受风电抢装潮影响，650t、800t 产品租金一路上扬，2019 年和 2020 年单月租金曾超过 300 万元。塔式起重机租赁价格也经历了装配式建筑行业的拉升和回落平稳的过程。其他产品的租金基本都处在平稳和逐年走低的状态。

（2）出租率变化情况。出租率是租赁行业最受关注的指标之一，也是影响从业人员信心的指标之一。2023 年的调查结果显示，有 79.5% 的受访者设备出租率严重不足，低于 60%。租赁期为 1～3 个月的设备占比为 15.3%，租赁期为 4～6 个月的设备占比为 64.2%，租赁期为 7～9 个月的设备占比为 18.1%，租赁期为 10～12 个月的设备占比为 2.4%。

（3）回款率变化情况。在租赁行业中，按月回款的情况较少，一般回款时间节点都是不固定的，工程机械承租方的履约能力和诚信度普遍偏低。2023 年是回款较难的一年，2023 年回款率低于 60% 的受访者占 94.3%，较 2020 年增加近 10 个百分点。有一半的受访者回款率≤40%，无法覆盖日常设备租赁的运营成本。具体来看，回款率≤40% 的企业占比为 50.5%，40% ＜回款率≤60% 的企业占比为 43.8%，60% ＜回款率≤80% 的企业占比为 4.4%，80% ＜回款率≤100% 的企业占比为 1.3%。

（4）司机工资情况。从 2016 年开始，工程机械司机工资一直处于上涨状态，带班驾驶员市场兴起，工资按天结算，因此司机工资水平呈逐年上升趋势。近几年，因出租率下降，司机工资因设备出勤率下滑而出现了下降。根据调研问卷统计，2023 年司机工资同比下滑 5% 左右。

4. 行业规模变化

租赁是一个保有量的概念。工程机械通过销售环节进入租赁市场后，将持续为企业创造收益。根据中国工程机械工业协会统计，截至 2022 年年底，中国工程机械主要产品保有量达 927 万台。

2013 年，在工程机械租赁分会年会上，工程机械租赁分会根据对工程机械租赁市场的走访调研情况及对 7 个机种租赁市场的分析，首次公布了租赁市场总量（约 4 700 亿元）。主要测算方法如下：各主要机种 10 年内保有量 × 各机种租赁渗透率 × 全国各机种平均租金 × 全国平均出租率 = 租赁市场总规模。2013—2023 年工程机械租赁市场规模见表 1。

表 1 2013—2023 年工程机械租赁市场规模

年份	市场规模（亿元）	年份	市场规模（亿元）
2013	4 700	2019	6 900
2014	4 934	2020	7 100
2015	5 028	2021	7 250
2016	5 285	2022	6 840
2017	5 810	2023	6 500
2018	6 790		

5. 租赁企业运营及创新发展情况

一些工程机械租赁企业抓住市场机遇，发展成为细分领域的龙头企业，市场占有率较高。2023 年工程机械租赁行业上市公司基本情况见表 2。

表 2 2023 年工程机械租赁行业上市公司基本情况

企业名称	经营品类	营业收入（亿元）	备注
上海宏信建设发展有限公司	高空作业平台、钢板桩、盘扣、发电机组等	96.1	2023 年香港上市
上海庞源机械租赁有限公司	塔式起重机、升降机	32.0	2015 年上市
浙江华铁应急设备科技股份有限公司	高空作业平台、建筑支护设备和地下维修维护等	44.4	2015 年上市
广州佛朗斯股份有限公司	叉车	13.7	2023 年香港上市

工程机械租赁行业属于现代服务业，一些企业运用互联网技术开展业务模式创新。施工企业利用工程发包、设备供应商等既有优势，从下游整合工程机械租赁市场，具有代表性的是中铁一局搭建的即时租赁平台、铁建云租平台；代理商以平台形式开展租赁业务，具有代表性的有 e 家机械、迈迈易租等；租赁商开展互联网平台租赁的有慧租科技、众能联合等。工程机械制造企业在租赁业务领域也进行积极的探索，如：徐工推出广联租赁，开展设备转租业务；柳工收购赫兹租赁中国区业务。

工程机械租赁业务管理流程复杂，为提高管理效率，很多企业开始进行数字化探索。各个工程机械租赁领域的数字化进程不同。高空作业平台和叉车租赁领域因单一企业的台量较多，数字化程度较高。而工程起重机、挖掘机、装载机、路面机械等租赁领域数字化程度较低。大型租赁企业搭建自己的运营系统，中小型租赁企业尝试设备制造企业和第三方提供的系统软件。工程机械租赁行业部分企业数字化发展情况见表 3。

表 3 工程机械租赁行业部分企业数字化发展情况

企业名称	经营品类	工程机械拥有量（台）	数字化进程
上海宏信建设发展有限公司	高空作业平台、钢板桩、盘扣、发电机组等	178 000	企业研发
浙江华铁应急设备科技股份有限公司	高空作业平台、建筑支护设备和地下维修维护等	130 000	企业研发
众能联合数字技术有限公司	自有设备 + 租赁平台运营，所有工程机械产品	50 000	企业研发
广州佛朗斯股份有限公司	叉车	50 000	外部技术 + 企业研发
林德叉车租赁部	叉车	27 000	外部技术 + 企业研发
江苏徐工广联机械租赁有限公司	高空作业平台	12 000	汉云科技研发
上海庞源机械租赁有限公司	塔式起重机、升降机	11 000	企业研发
广西建工大都租赁有限公司	塔式起重机、升降机	3 600	企业研发

二、工程机械租赁行业存在的问题

1. 租赁企业数量庞大，业态分散

工程机械租赁企业数量较多，经过近几年的快速发展，公司化程度有所上升，但行业仍然较松散，头部企业的市场集中度很低，没有形成稳定的行业梯队。我国工程机械租赁行业头部企业与欧美等企业相比，差距比较大。北美工程机械租赁市场前三名企业的市场份额超过 25%，日本工程机械租赁市场前四名企业的市场份额超过 40%，欧洲工程机械租赁市场前五名企业的市场份额超过 30%。我国工程机械租赁规模化发展才刚刚开始。2023 年，上海宏信建设发展有限公司、上海庞源机械租赁有限公司、浙江华铁应急设备科技股份有限公司及广东佛朗斯股份有限公司的营业收入之和仅约占全行业的 3%。

2. 从业人员文化程度参差不齐

由于租赁行业中企业和个体经营者并存，从业人员的受教育程度、从业背景、专业知识等存在明显的差别。截至 2023 年年底，工程机械租赁行业从业人员中，本科以上学历的人员占 45.7%，大专学历的人员占 36.8%，高中及以下学历的人员占 17.5%。这样的人员结构还不能满足当前工程机械租赁专业化发展的需求。

3. 行业未形成合理格局

我国工程机械租赁市场潜力巨大，但因起步较晚，很多企业的经营者都是业务员或设备操作人员出身，发展意识、市场意识不强。总体来说，大多数租赁企业的发展仍处于初级阶段，绝大多数租赁企业的年营业收入低于 1 000 万元，市场秩序混乱。有些细分行业出现了龙头企业，但对行业发展没有起到引领作用，在市场上也没有完全的话语权，行业竞争秩序、竞争格局尚未形成。

4. 专业化人才匮乏

租赁是重资产行业，特别注重运营管理，租赁行业一直面临高端管理人才缺乏的人才瓶颈。尤其是经营性租赁领域，很多管理者有丰富的一线业务经验，但缺乏租赁业务管理、企业管理经验。当前，高校未设置租赁专业，行业内缺少经过系统理论培训的管理人才的现状短期内无法改变。

5. 回款形势严峻

租金回款难一直困扰着租赁企业的发展。近年来，这一情况越来越严重，租赁企业现金流短缺，有些企业一直靠制造企业展期苦苦支撑。随着建筑业和房地产行业进入调整期，2023 年租金回款更加困难。由于承接出租业务需要垫付成本，工程完工后却拿不到租金，有些企业因此退出租赁市场。

6. 企业抗风险能力普遍较弱

绝大部分租赁企业规模小，管理能力不足，缺乏核心竞争力，客户基础、专业服务水平较低。在市场上升期，企业从事租赁经营会有利润。但遇到市场下行周期，企业便开始亏损，抵抗风险的能力较弱。

7. 企业管理水平仍有较大上升空间

当前，很多租赁企业还没有实行真正的企业治理模式，与精细化管理相去甚远。很多租赁企业的管理者都是做业务出身，普遍存在重业务、轻管理的现象，这是租赁行业走向高质量发展的挑战之一。

8. 各地政府对设备租赁管理差别较大

为工程项目提供设备租赁，涉及的管理部门很多，不同部门的要求不同，不同地域的相同部门要求也不同。有些城市为落实安全责任，搞一刀切。工程机械租赁行业全国统一大市场需尽快实现，以有效地整合资源，降低成本。

三、行业未来展望

随着都市圈建设和城市更新的启动，对工程机械的需求将产生持续的拉动作用。另外，国家安全生产法规、环保政策越来越严，逐步推动施工企业的施工方法和工艺的进步。这些因素都会直接影响未来工程机械租赁市场的发展趋势。

1. 集中度上升，细分行业分化明显

工程机械各品类的租赁企业集中度有不断上升趋势。高空作业平台租赁市场前四家企业的市场占有率超过 50%，未来仍有上升空间。塔式起重机租赁市场已有 2 家上市公司，虽然行业集中度不高，但上海庞源机械租赁有限公司的塔式起重机已突破 1 万台，未来运营的塔式起重机数量可能还会继续增加。2023 年，叉车租赁市场有一家企业成功上市，行业开始出现分化，大型企业与中小型企业的规模逐步拉开。

2. 行业进入整合期

随着租赁企业和个体租赁的生存情况逐渐恶化，租赁市场将进入洗牌阶段，市场倒逼一些管理不善、经营能力较弱的企业退出，租赁企业数量减少，行业的竞争环境会逐步改善。我国工程机械租赁行业将从无序竞争走向规范化发展阶段。

3. 干租比例继续提高

近年来，工程机械租赁行业干租的比例有所提高。随着人工成本上升以及政府部门对施工单位的管理进一步加强，干租的比例还会继续上升。租赁企业帮助施工单位找合适的司机，司机由施工单位管理，这种形式已被一些施工单位接受，未来将会被广泛采用。

4. 租赁隐性成本持续走高

租赁企业因为环保排放因素，设备持有周期对企业的利润将产生一定的影响，设备持有多长时间、抛售时机如何把握、营改增后企业整体税务的筹划等，对租赁企业的管理提出了更高的要求。类似的隐性成本将决定租赁企业未来的盈利能力。

5. 专业化的人才越来越紧俏

未来租赁企业所需的人才，不仅要了解机械设备，还要懂市场、懂信息技术、懂金融、懂税务、懂法律等。现有行业的人才数量和专业化程度远不能满足国际化大型租赁企业的要求，更不适应租赁行业高质量发展的需要。

6. 电动化产品成为租赁领域的亮点

近年来，电动工程机械已经崭露头角，虽然当前大型产品电动化受限，可通过一些中小型产品试水，已经能够感受到市场的需求潜力。整机和新能源电池技术还需要进一步突破，才能实现全系列工程机械电动化。从近几年调研的情况来看，电动化产品的应用领域比燃油产品更加广泛，只要相应的基础设施配套齐全，未来的市场前景十分广阔。短期内，电动矿用宽体车、电动臂式高空作业平台和新能源叉车需求增长非常迅猛。未来，这些产品在电池技术和商务模式创新方面取得新的突破，将在租赁领域占有更高的比重。

7. 数字化进程加速

工程机械租赁上游制造业以及下游建设施工行业都在进行数字化转型，这将引导和倒逼租赁行业数字化进程加速，以适应行业未来发展的需要。同时，快速提高企业的专业化、规范化程度，实现效益最大化，将成为租赁企业的核心竞争力之一。

〔撰稿人：中国工程机械工业协会工程机械租赁分会 李涵兵〕

工程机械后市场

一、行业总体情况

2023 年，随着国内外宏观环境的变化，工程机械行业后市场迎来了调整，后市场需求情况得到一定的改善，但供给侧和需求侧仍存在一定的体量差异，供仍大于求。在有限的市场需求下，中小企业面临更加激烈的市场竞争。随着国内新机在海外市场销售的不断增长和售后服务体系的不断完善，海外市场对中国品牌的认可度不断提升，带动了后市场零部件和二手机等方面的增长。后市场产业链、供应链进一步参与到全球市场中，提高了我国工程机械产业在全球价值链中的优势。

随着国内市场逐步进入存量市场，大中型企业对后市场的重视度明显提升，并投入更多的资源来布局后市场。随着国内多个面向后市场的产业园区规范发展，后市场服务覆盖范围不断扩大，服务能力得到提升。由于电动工程机械渗透率逐步提升，原有的燃油设备后市场服务模式和盈利模式也发生了变化。

二、行业发展特点

1. 零部件方面

2023 年，国内后市场企业承压较大。2023 年零部件出口额为 144.17 亿美元，同比下降 3.81%，占工程机械产品出口总额的 29.7%。2020—2022 年，零部件出口额分别为 81.01 亿美元、123.48 亿美元、149.89 亿美元，实现了较大幅度的增长。

近几年，零部件出口额占工程机械出口总额的比例基本维持在 30% 左右。随着更多主机出口和已出口主机的投入使用，零部件出口将继续保持平稳增长态势。

2. 油液方面

2023 年，主机厂和油液企业合作更加深入，除了新机初装用油外，主机厂逐步推出自有品牌的原厂油，后市场已形成了主机企业品牌、代理商品牌、油液企业品牌并存的格局，并覆盖了高中低端市场。2022 年 12 月，非道路移动机械环保排放标准由国三切换到国四，尿素溶液等有关尾气排放后处理的产品也迎来了一定的增长。

3. 电商方面

随着互联网的快速发展和企业对后市场的重视升级，国内主机企业推出了更丰富和更便捷的电商平台，将后市场产品进行系统的在线销售，如滤清器和油液、四轮一带、胶管、动力传动部件、电气 / 电子装置、紧固件 / 密封件和易损件、结构件等传统用品，并与代理商协调推出系列售后保养套餐等。有些企业也推出了设备升级改造所需的元器件和产品，以方便用户对设备进行升级改造。部分企业开设短视频和直播业务，这为企业带来了更直接的流量和客户群，有效提升了客户的触达率和成交率。

4. 维修、保养和改造方面

在新机单机售价和利润下滑的形势下，主机和代理商越来越重视设备售出后的维修、保养和改造，并打造成新的利润增长点。中大型用户单位对设备维修和保养相对正规，而中小型用户由于承接施工项目的减少和竞争的加剧，对设备的价格更加敏感，出保后更加倾向于“背包客”式的维修和保养。在改造方面，由于电动工程机械的后期使用成本明显降低，参与油改电的企业开始增多，并有部分改造企业自主研发电控系统等。改造的电动设备按照动力来源可分为拖电式、纯电动式、混动式。拖电式主要应用于小范围定点施工工况，纯电动式和混动式在较大吨位设备上有一定的改造和应用。随着油改电的不断应用，将为受环保限制的老旧工程机械焕发新生提供新的途径。

5. 二手机方面

国内二手机交易相对活跃。随着中国品牌的质量和服务在海外市场影响力的提升，越来越多的国外用户开始关注和购买中国品牌的二手机。新兴市场中追求性价比的租赁企业和施工用户对中国品牌年限较短、工况较好的设备比较青睐，纷纷来中国选购二手机。2023 年，国内用户更加关注出厂 3 年以上的二手设备，对国产设备的关注度明显高于 2022 年，对小吨位挖掘机、轮式挖掘机等设备关注度明显提高。这与国内市政工程和众多现有基建设施进入后期维保阶段有关。

6. 金融保险租赁方面

受市场需求影响，用户购买设备更趋理性，对设备的金融需求（如贷款）有所降低。规模比较大的用户单位更加重视大型设备保险。租赁价格因需求的降低而有所下降。租赁商的塔式起重机库存占比有所上升，经营压力增加，采购新设备需求减少。设备租赁商对骗取保证金的虚构招投标项目分辨能力和应对能力有限。

7. 再制造方面

再制造将创新与循环紧密结合，是促进资源节约、推动循环经济和可持续发展的重要力量。但是，受观念影响，国内再制造二手机接受程度有待提高。由于国内新机价格的下探，对设备的定价认可程度还有待达成共识。再制造二手机总体价格低于新机，具备较高的性价比，在国外市场具有较高的竞争力，在新兴市场和价格敏感地区受到欢迎。同时，核心部件和附加值较高部件（如发动机、变速器和液压缸等）在国内通过不同程度的翻新、改造或再制造，得到了市场的认可。

8. 后市场产业集群方面

随着各重点省（市）工程机械商协会的成立和规范运作，后市场产业集群发展更加规范。2023 年 9 月，中国工程机械工业协会组织召开了全国工程机械商协会工作研讨会。会议旨在协同各地方商协会切实发挥行业管理和服务等职能，引领行业技术进步，营造公平竞争的市场环境，加快实现工程机械行业“十四五”规划目标，推动行业高质量发展再上新台阶。通过各商协会互相协作，为所在地区企业提供更为完善的服务。

9. 产业融合方面

随着市场的进一步下沉，供应链、产业链联系更加紧密，示范效应凸显。尤其是随着互联网技术的不断应用，后市场服务能力和应用场景得到进一步拓展，生产、销售、服务（产销服）得到有机整合，后市场服务进一步向信息化、数字化和智能化发展，如产销服系统、二手机在线交易、远程设备操控、远程维保服务等，均取得了积极进展。

三、标准化工作

中国工程机械工业协会后市场产销分会牵头组织了工程机械二手设备检测评估通用技术规范、二手非公路宽体自卸车鉴定评估技术规范团体标准的编写。通过制定工程机械二手设备和存量设备检测评估标准，规范工程机械行业二手设备和存量设备检测评估，促进行业二手设备和存量设备的公平公正交易，提高设备流通效率和行业效益，推动设备更新。同时，将为国内二手设备和存量设备向全球流通提供评估基础依据，对推动工程机械后市场行业的健康发展具有重要意义。

四、行业发展存在的问题和建议

当前，工程机械后市场竞争秩序还需改善，在有限的需求下，产品同质化竞争加剧，在一些领域存在一定程度的恶性竞争等问题。相关标准尚未出台，当前二手机交易、评估尚不规范。随着二手设备使用频次的增加，设备全生命周期的交易、使用信息缺乏管理。现有部分老旧工程机械存在安全隐患多、设备状态差、排放不达标等问题，老旧设备退出机制尚未建立。后续还需维护市场秩序，抵制不正当竞争，营造良好的市场环境，助力企业积极“走出去”，并引导老旧设备平稳有序退出。

〔供稿单位：中国工程机械工业协会后市场产销分会〕

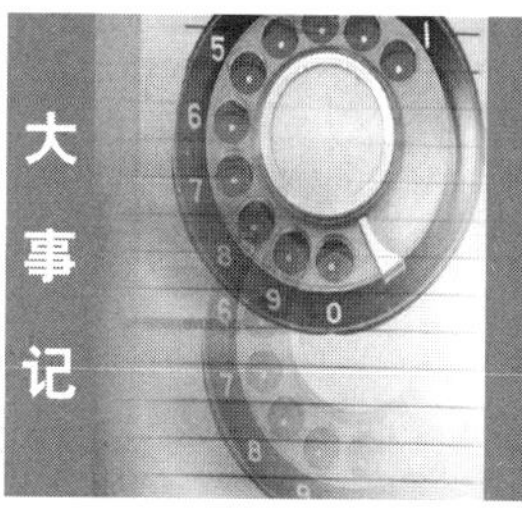

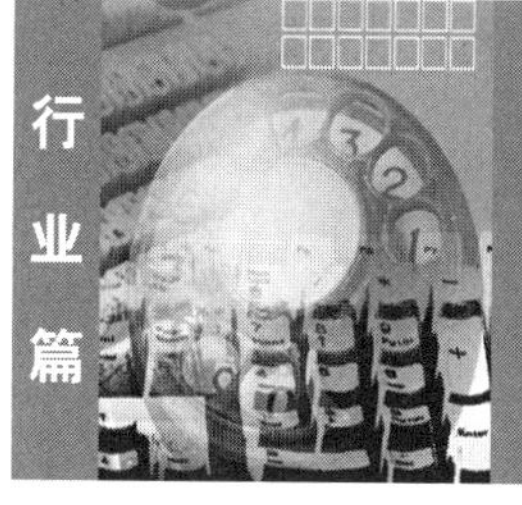

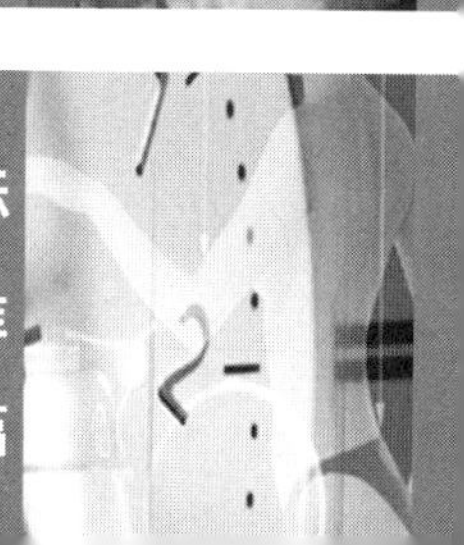

企业篇

公布2023年工程机械行业主要企业经营规模排序情况，介绍部分企业转型升级、创新的最新成果

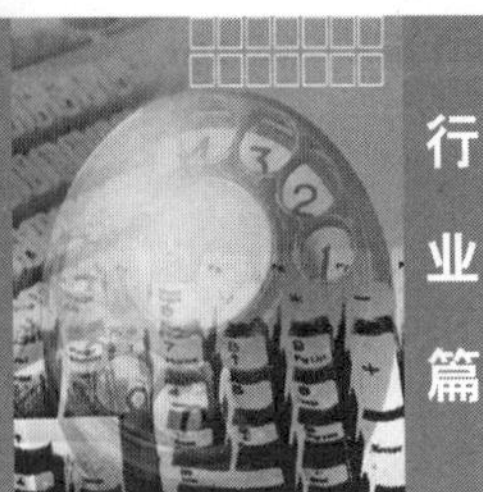

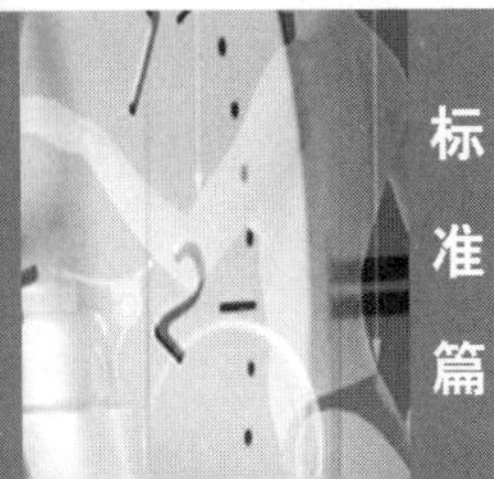

企业篇

2023 年工程机械行业主要企业经营规模排序（营业收入前 100 名单位）

企业专栏

2023 年工程机械行业主要企业经营规模排序（营业收入前 100 名单位）

企业名称	营业收入		利润总额	
	金额（万元）	排序	金额（万元）	排序
徐州工程机械集团有限公司	18 165 266	1	527 858	2
三一集团有限公司	11 955 604	2	1 053 116	1
中联重科股份有限公司	4 707 485	3	422 756	3
临沂临工机械集团	3 804 090	4	206 258	5
广西柳工机械股份有限公司	2 751 912	5	120 924	8
杭叉集团股份有限公司	2 366 922	6	229 112	4
安徽叉车集团有限责任公司	1 736 124	7	178 307	6
中国龙工控股有限公司	1 052 293	8	77 266	11
柳州五菱汽车工业有限公司	774 591	9	5 044	63
山河智能装备股份有限公司	722 930	10	1 027	126
中铁工程装备集团有限公司	698 234	11	87 725	10
太原重工股份有限公司	659 383	12	18 422	26
宏润建设集团股份有限公司	642 566	13	46 477	18
长沙中联重科环境产业有限公司	610 098	14	60 948	16
北方重工集团有限公司	608 005	15	9 407	40
江苏恒立液压股份有限公司	606 585	16	135 273	7
浙江中力机械股份有限公司	590 000	17	99 000	9
程力专用汽车股份有限公司	588 056	18	5 526	57
陕西同力重工股份有限公司	586 035	19	71 327	12
卡特彼勒（青州）有限公司	514 693	20	61 833	15
雷沃重工集团有限公司	500 534	21	2 130	91
湘电集团有限公司	472 189	22	13 745	29
湖南星邦智能装备股份有限公司	338 062	23	63 852	14
诺力智能装备股份有限公司	332 863	24	39 808	19
内蒙古北方重型汽车股份有限公司	240 342	25	20 165	24
山重建机有限公司	239 733	26	2 946	75
小松（中国）投资有限公司	235 498	27	51 248	17
柳州欧维姆机械股份有限公司	224 304	28	12 833	32
佛山市顺德区金泰德胜电机有限公司	185 315	29		
烟台艾迪精密机械股份有限公司	182 268	30	34 254	20

（续）

企业名称	营业收入		利润总额	
	金额（万元）	排序	金额（万元）	排序
中交天和机械设备制造有限公司	180 384	31	1 495	106
浙江美通筑路机械股份有限公司	147 702	32	4 163	70
杭州前进齿轮箱集团股份有限公司	144 892	33	23 244	23
浙江天成自控股份有限公司	142 683	34	1 219	116
宁波如意股份有限公司	138 179	35	13 509	31
菲亚特动力科技管理（上海）有限公司	130 188	36	68 903	13
杭州鹏成新能源科技有限公司	113 417	37	−2 837	259
安徽益佳通电池有限公司	110 901	38	6 672	47
中际联合（北京）科技股份有限公司	110 452	39	23 300	22
徐州巴特工程机械股份有限公司	110 227	40	11 897	35
广东绿通新能源电动车科技股份有限公司	108 138	41	30 471	21
方圆集团有限公司	105 874	42	15 341	28
湖北江汉建筑工程机械有限公司	105 797	43	4 826	66
现代（江苏）工程机械有限公司	102 327	44	−10 042	264
大汉科技股份有限公司	99 711	45	5 233	61
国机重工集团常林有限公司	94 629	46	899	132
浙江加力仓储设备股份有限公司	92 289	47	6 290	49
浙江省建设工程机械集团有限公司	86 923	48	1 947	92
徐州海伦哲专用车辆股份有限公司	85 427	49	19 229	25
广东玛西尔电动科技有限公司	83 909	50	2 957	74
扬州神舟汽车内饰件有限公司	78 606	51	4 241	68
福建新源重工有限公司	78 440	52	5 281	60
浙江吉鑫祥叉车制造有限公司	77 540	53	5 013	64
贵州詹阳动力重工有限公司	75 942	54	16 248	27
斗山山猫机械（中国）有限公司	75 397	55	−632	246
卡斯卡特（厦门）叉车属具有限公司	74 165	56	6 087	50
合肥海源机械有限公司	72 516	57	6 460	48
浙江中柴机器有限公司	71 506	58	12 396	34
安徽和鼎机电设备有限公司	71 480	59	1 058	124
江西江特电机有限公司	67 615	60	9 445	39
永恒力叉车（上海）有限公司	61 574	61	1 946	93
广州市特威工程机械有限公司	59 146	62	1 414	109
珠海仕高玛机械设备有限公司	57 541	63	6 806	46
江苏奔宇车身制造有限公司	56 754	64	376	161
山东七运集团有限公司	56 532	65	2 856	78
江苏耀坤液压股份有限公司	52 473	66	12 602	33

（续）

企业名称	营业收入		利润总额	
	金额（万元）	排序	金额（万元）	排序
江苏长龄液压股份有限公司	51 811	67	9 477	38
台励福机器设备（青岛）有限公司	49 094	68	-900	247
三一帕尔菲格特种车辆装备有限公司	48 978	69	-1 173	250
马鞍山方圆精密机械有限公司	48 798	70	392	158
斗山山猫叉车（烟台）有限公司	48 743	71	1 246	115
意宁液压股份有限公司	48 221	72	5 927	52
采埃孚合力传动技术（合肥）有限公司	47 772	73	2 680	82
杭州同创顶立机械有限公司	46 883	74	8 471	41
河北宣工机械发展有限责任公司	46 273	75	-6 070	262
中铁科工集团轨道交通装备有限公司	46 144	76	1 074	123
南京腾亚精工科技股份有限公司	45 882	77	220	178
山东贝特重工股份有限公司	45 868	78	5 558	56
海瑞克（广州）隧道设备有限公司	44 752	79	2 940	76
安徽皖南新维电机有限公司	44 665	80	5 352	59
贵阳永青智控科技股份有限公司	43 334	81	1 744	96
江苏法尔胜特钢制品有限公司	43 115	82	-1 360	253
宁波乾豪金属制品有限公司	41 245	83	3 595	71
福建省铁拓机械股份有限公司	41 222	84	7 105	44
中建机械有限公司	40 890	85	221	177
湖南运想重工有限公司	40 145	86	1 217	117
湖北帕菲特工程机械有限公司	39 829	87	57	203
青岛中汽特种汽车有限公司	38 183	88	92	196
河南嘉晨智能控制股份有限公司	37 630	89	5 106	62
浙江海宏液压科技股份有限公司	37 239	90	9 889	37
扬州沃盛车业制造有限公司	37 188	91	601	145
赛克思液压科技股份有限公司	36 861	92	7 167	43
戴纳派克（中国）压实摊铺设备有限公司	36 331	93	562	148
宏源精工车轮股份有限公司	36 034	94	2 142	90
杭州润德车轮制造有限公司	34 567	95	2 240	89
苏州益高电动车辆制造有限公司	33 003	96	1 253	114
中汽商用汽车有限公司（杭州）	32 841	97	13 522	30
河北冀工胶管有限公司	32 745	98	4 780	67
杭州萧山红旗摩擦材料有限公司	31 990	99	5 446	58
浙江永安工程机械有限公司	31 966	100	2 867	77

〔供稿人：中国工程机械工业协会吕莹〕

企业专栏

“三个转变”引领企业高质量发展

——中铁高新工业股份有限公司

2014 年 5 月 10 日，习近平总书记在河南考察中铁工程装备集团时提出“三个转变”重要指示，即推动中国制造向中国创造转变、中国速度向中国质量转变、中国产品向中国品牌转变，为推动我国产业结构转型升级、打造中国品牌指明了方向。

2024 年是习近平总书记“三个转变”重要指示提出 10 周年。十年来，中铁高新工业股份有限公司（简称中铁工业）勇担制造强国使命，奋力创新图强，锐意改革攻坚，攻克“卡脖子”关键核心技术，成为新时代的见证者、参与者、建设者。

一、创造驱动发展，科技底色更浓

中铁工业坚持创新驱动战略，大力实施科技兴企战略，不断强化企业技术创新的主体地位，持续深化开展企业科技管理体制机制创新工作。设立规划研究总院，为企业科技创新储备人才和技术，打造高端科研人才聚集地。截至 2023 年年底，公司共获得国家科技进步奖 13 项，省部级（含国家认可的社会力量奖）科技进步奖 457 项，中国专利奖金奖 2 项、银奖 1 项、优秀奖 8 项，中国工业大奖 2 项，中国好设计金奖 3 项、银奖 1 项，中国优秀工业设计金奖 2 项；公司通过省部级科技成果鉴定 286 项，其中，39 项成果达到国际领先水平，140 项成果达到国际先进水平；获得授权专利 6 506 项，其中，国际发明专利 30 项，国内发明专利 1 449 项；主持（参与）编写国家标准或铁道行业标准及工法 184 项，其中国家标准 52 项。公司拥有技术人员 3 100 人，占员工总数的 25%；拥有百千万人才国家级人选——国家突出贡献中青年专家 2 人、享受国务院政府津贴人才 16 人、国家专项计划专家 1 人、茅以升科学技术奖获得者 15 人、詹天佑科学技术奖获得者 5 人、中华技能大奖获得者 1 人、全国技术能手 4 人。

中铁工业勇于打造原创技术“策源地”和现代产业链“链长”，取得了大量原创性突破，国产首台高原高寒大直径 TBM“雪域先锋号”、新型 Q690qD 高性能桥梁钢成套焊接技术、复杂环境下高铁无缝线路关键技术、世界首台桩梁一体架桥机“共工号”、世界首组时速 600km/h 高速磁浮道岔等一大批世界级新装备和新技术相继问世。在推进技术创新的同时，中铁工业强化管理创新顶层设计，建立健全激发创新意识、鼓励创新思想和行为的制度体系，破除束缚管理创新的体制机制障碍，加快形成支撑创新发展的现代治理体系，为企业在市场经营、人才引进、品牌建设等方面创造了有利条件。

二、质量铸造品格，品质成色更足

中铁工业始终坚持“质量强 品牌强”的市场战略，将提升企业发展质量和产品质量作为实施品牌战略的根本保障。中铁工业顺利完成重组上市，不断强化公司治理，形成了各司其职、各负其责、协调运转、有效制衡的治理机制。多年来，中铁工业不断完善企业业绩考核机制，推动资金筹集与资产结构优化，大力实施三项制度改革，构建大合规管理体系，企业发展质量实现跨越式提升。

中铁工业始终坚持从质量文化、质量控制能力、质量制度建设入手，推行全面质量管理，创新提出质量双重预防理念，战略性实施“大质量管理提升”专项行动，着重围绕盾构制造板块打造“同心圆”质量管理模式，围绕钢结构和道岔制造板块打造“四梁八柱”质量管理模式，推行“质量领导”“质量变革督导师”“质量文化执行官”三级管理体系。中铁工业的全断面隧道掘进机、桥梁用钢铁结构、道岔、架桥机等被工业和信息化部认定为制造业“单项冠军”。2021 年中铁装备获得中国质量领域最高奖——中国质量奖。

三、品牌成就梦想，声誉亮色更显

中铁工业坚持以打造“中铁工业 世界品牌”为目标，加强品牌战略研究，将品牌意识融入企业生产经营全过程，以创新立品牌，以质量创品牌，以服务塑品牌，积极构建企业品牌良性发展机制。通过构建品牌生态、健全品牌体系、加强品牌传播、举办品牌论坛、开展品牌营销、组织市场研究等系列措施，推进品牌建设系统化、专业化发展，生动讲好中铁工业品牌故事。近年来，公司连续举办或参加系列品牌活动，充分展示了中铁工业的产品和技术实力，提升了品牌知名度和美誉度。比如，“以‘三个转变’首倡地担当打造高端装备世界品牌”和“从时速35km到350km见证百年山桥”两个品牌建设案例入选国务院国资委2021年度国有企业品牌建设100个典型案例;“瑞典‘金桥’擦亮中国制造品牌”入选中国企业国际形象传播优秀案例;注册“盾构咖啡”商标,打造的“隧道深处咖啡香”入选2020年度100个国有企业品牌典型案例。

2023年5月,中铁工业品牌价值达152.05亿元,位居中国机械设备制造企业前列。公司荣获“新时代10年·卓越影响力品牌”“品牌价值领跑者”“突出贡献品牌单位”“2023世界品牌路年度品牌”等荣誉。市场反应是企业产品质量最有力的说明。公司主营产品和服务遍及78个国家和地区。隧道掘进机产销量连续12年在国内市场名列前茅;大型桥梁钢结构、高速和重载道岔等产品国内市场占有率超过60%,架桥机等铁路专用设备完成全国铁路90%以上轨排铺设任务。

十年来,中铁工业在推动中国制造向中国创造转变、中国速度向中国质量转变、中国产品向中国品牌转变上迈出坚实步伐,交出了高质量发展的精彩答卷。

专业专注 铸就行业标杆

——陕西同力重工股份有限公司

2023年,陕西同力重工股份有限公司(简称同力重工)营收和净利润实现双增长,资产规模进一步扩大,市场表现突出。公司实现营业总收入58.6亿元,同比增长12.67%;归属于上市公司股东净利润6.15亿元,同比增长31.87%,业绩再创新高。

同力重工荣登英国KHL集团旗下杂志发布的2024年度全球工程机械制造商50强排行榜,位列第43位。同力重工作为非公路宽体自卸车的首创者,展现了在全球非公路用车领域研发、制造方面的能力。

一、专业深耕,聚焦行业技术创新

从技术的提升到矿山用户需求认知的转变,再到实践的落地,同力重工在矿山运输领域探索出了一条数字化、智能化转型发展以及企业在新动能转化体系下的转变之路。

2004年,全球第一台非公路宽体自卸车在同力重工研发成功。2012年,成立工程运输行业首家省级企业技术中心。2014年,在中国非公路宽体车行业十年回望高峰论坛暨同力重工超越万台庆典上,同力重工获得“行业贡献奖”。2015年,公司推出中国非公路宽体自卸车第四代D系列(自动挡)产品,成功改制首台钛酸锂电池纯电动矿车TL853,奠定了公司纯电产品的基础。2018年1月,在同力重工线控系统和线控底盘的基础上,由同力重工联合智驾公司共同研发的行业第一台无人驾驶宽体自卸车在同力重工下线,标志着无人驾驶非公路宽体自卸车正式起步并进入成长发展期。2019年,同力重工被评为“庆祝新中国成立70周年工程机械行业影响力企业”,2020年被评为第五批制造业单项冠军企业。

2022年,同力重工无人驾驶线控系统升级到3.0版,在无人运输系统与煤炭破碎系统联动,替代传统有人驾驶车辆实现常态化、规模化、无人生产作业等方面实现了新的技术突破。在矿区,稳定形成了原煤运输产能替代,做到了多个封闭场景下的全流程无人化成组运行。2023年,公司成功研发行业首台甲醇混动非公路宽体自卸车,并实现新能源非公路宽体自卸车行业年度市场占有率第一。2024年,同力重工与智驾公司联合打造的新一代新能源无人驾驶线控矿用自卸车ET100及ET70M首度面向行业发布,满足了大型露天矿山对大型化、绿色化、无人化设备的需求。ET100产品更是发布即量产,实现了变革性矿山智能化产品的量产销售应用。

同力重工作为宽体自卸车的首创者,主导编制了一系列非公路宽体自卸车的行业标准,建立了工程运输机械研发中心,形成基础研究、设计开发、产品实验、整机制造、数据中心的全过程自主开发能力,并持续致力于推动行业健康高质量发展。

经过近20年的专业积累,同力重工现已形成非公路宽体自卸车、矿用自卸车、井巷运输设备及非公路特种运输设备四大业务板块,并形成燃油驱动、纯电驱动、混合驱动、甲醇增程等产品系列。非公路宽体自卸车市场占有率为40%左右,市场保有量第一。智能化新能源产品市场保有量已超千台,实现了露天矿山运输场景的全天候覆盖。

二、客户需求赋予同力重工产品“生命力”

同力重工聚焦矿山,根植矿山。在矿山开采施工工艺的进步及行业发展变革的过程中,同力重工始终围绕客户需求,快速推进产品研发,确定量身定制、零距离服务的产品与营销战略。产品系列从TL855、TL875到有效载荷更大的TL88、TL89系列,从手动挡到自动挡,从适合非煤矿山无轨运输的全驱车型TL849、TL859、TL869到大吨位、高配置的TLD矿用车系列,形成了30~100吨级燃油、纯电动充电版、侧置换电版、顶置换电版、甲醇混动版、柴油混动版、天然气混动版和无人驾驶版等系列产品。而且在无人驾驶领域的产品应用取得重大突破。

同力重工通过多年来的研究、积累,创立了“同力工法”方法论、“量身定制”营销模式、“零距离用心”服务模式及“专业、专注、高效”的企业理念。这些构成了同力重工完整的价值体系。通过完整的价值体系，同力重工为客户创造更多的价值。

同力重工从2010年开始布局海外市场，一直以来，坚持为用户量身定制具有最优性价比优势的专属产品。同力重工的非公路宽体自卸车赢得了海外用户的认可。2023年，公司产品海外收入达9.81亿元，同比增长68.52%。当前，公司产品销往国内各地，出口到巴基斯坦、印度尼西亚、马来西亚、蒙古、塔吉克斯坦、印度、刚果（金）等多个国家和地区。2023年10月，公司在西坡生产基地召开了国际代理商大会。2023年，新加坡子公司成立，为进一步开拓海外市场提供了有力的支撑。

随着企业步入高质量快速发展的轨道，同力重工在产品正向开发能力建设方面加大投入，已建成国内最大的非公路宽体自卸车应用开发实验室，建成建模仿真、整车道路载荷模拟试验、动力系统试验和无人驾驶车辆标准化标定等相关开发能力，将有效缩短新产品开发验证周期。

三、持续引领，走细分领域高质量发展道路

随着矿业装备技术水平逐渐提升，并逐渐朝着智能化、绿色化的方向不断进步，矿山新能源、无人驾驶已成为智能矿山建设的重点。

同力重工依托多年的非公路用车开发生产技术，整合多方优质资源，全面布局电动化与智能化，形成了全系列新能源、无人驾驶产品业务板块。随着应用场景不断扩展，上万台同力重工产品在不同矿区运行。通过对各类矿区应用情况的数据分析，结合严苛的试验，同力重工可通过专业化的匹配设计大幅提高设备运行效率，有效降低消耗。产品具有良好的环保效益，有助于打造绿色矿山，推进矿业可持续高质量发展。

同力重工一直致力于研究单吨产品效率更高、运输成本更低的产品，提出了“做中国最经济适用的非公路用车”的产品理念，即为客户提供最适用的产品，让客户以最经济的使用成本创造最大的经济价值。通过技术创新、智能化升级、绿色环保和产业升级等，不断提升产品的性能和效率，降低产品运行成本和安全风险。

从传统的燃油动力到新能源动力及无人驾驶技术，同力重工始终引领非公路宽体自卸车的快速发展，以满足市场需求、提高用户产品价值为己任，持续进行产品的优化和创新，持续为用户提供高性价比的绿色智慧矿山运输设备解决方案。

2023年，同力重工以纯电产品为代表的新能源智能化系列装备以销量翻番的业绩刷新历史同期纪录，助力矿山运输业绿智融合、数智升级，为矿山用户带来更高效、智能、绿色、安全的运输体验。

未来，同力重工将继续聚焦“安全、高效、绿色、智能”矿山建设，致力于打造非公路宽体自卸车行业服务第一品牌，坚持自主研发创新，为客户提供性价比高、安全可靠的产品，持续为用户提升产品价值。

创世界一流企业　以智慧绿色机械延伸人类力量

——广西柳工机械股份有限公司

广西柳工机械股份有限公司（简称柳工）的前身创立于1958年。1993年，柳工在深圳证券交易所上市，成为国内工程机械行业率先上市的企业。经过60多年的发展，柳工现拥有19个大类产品、30多条整机产品线，涉及铲土运输机械、挖掘机械、路面机械、桩工机械、矿山机械、农业机械、起重机械、工业车辆、预应力机械、混凝土机械及工程机械配套件等。柳工在全球拥有五大研发基地、30多家海外子公司，在共建“一带一路”国家和地区的业务覆盖率超过90%。柳工500多家经销商可为全球170多个国家和地区提供卓越的产品和服务。

2021年4月26日，习近平总书记在柳州考察调研期间，到柳工视察指导，就装备制造业高质量发展、坚持自主创新、坚持党的领导等方面做出重要指示，并勉励柳工继续攀登、自强不息、止于至善。柳工锚定成为全球领先的装备与技术解决方案提供商的愿景，加快建设世界一流企业，以智慧绿色机械延伸人类力量。

2023年，面对国内行业周期下行、国际地缘政治紧张加剧等不利因素，柳工深化改革，主动应对，深入实施“全面解决方案、全面智能化、全面国际化”战略，以高端化、绿色化、智能化发展引领工程机械行业趋势，持续塑造全球一流企业品牌。公司实现营业总收入275.2亿元，同比增长3.93%，其中海外营业收入占公司总收入的41.65%。归属于上市公司股东的净利润为8.68亿元，同比增长44.80%。

柳工以核心主业为基石，紧紧围绕装备制造业全球新趋势，积极推动“全面解决方案、全面智能化、全面国际化”战略实施，重点布局优势产业，大力发展战略新业务及成长业务。2023年，公司主要产品市场份额持续提升，其中，装载机销量稳步提升，国内市场占有率稳居第一；挖掘机国内市场占有率达10%，国内市场销量增速超过行业增速20个百分点；平地机业务海外业绩取得历史性突破，全年销量同比增长50%，市场占有率提升2.6个百分点；推土机、压路机、小型机等市场占有率不断提升。矿山机械实现多区域批量销售，销量增长明显；高空机械销售收入增长 112%，其中海外收入同比增长 123%。工业车辆业务营业收入、盈利大幅增长，海外收入增长 57%，海外收入占比为 60%。江汉建机全年营业收入、盈利表现优于行业水平，行业地位整体提升。欧维姆公司再次入选国家级“科改示范行动”企业，并入选第一批国务院国资委“创建世界一流专业领军示范企业”名单。

柳工以深化改革为动力，持续激发混改机制高效能，加快高质量发展。公司积极稳妥地深化混合所有制改革，聚焦深度转换经营机制，确保混改行稳致远。公司瞄准世界一流企业，从公司治理、战略管理、内控管理等方面找差距，持续推动 12 个领域专项变革，全方位塑造企业全球竞争优势，着力打造产品卓越、品牌卓著、创新领先、治理现代的世界一流企业。为“全面解决方案、全面智能化、全面国际化”的“三全”战略注入更丰富、更全面的内涵，强化“三全”一体融合，通过深度推进客户驱动、能力驱动、资本驱动、人才驱动的“四轮驱动”来实现业务快速增长。

柳工紧抓国内外市场机遇，持续统筹好国内、国际两个市场。公司立足国内，通过“三步走”变革，在行业客户突破、电动产品突破、渠道优化、数字化穿透等方面取得良好成效。公司大力推进全面国际化战略，深耕海外，打造研发 - 制造 - 供应链 - 营销 - 服务全价值链。2023 年新增 39 家经销商，渠道覆盖率进一步提升；澳大利亚子公司、中亚子公司、越南子公司、科特迪瓦子公司相继成立。公司参与美国、俄罗斯及中国澳门等地的展会，在共建“一带一路”国家和地区的业务覆盖率超过 90%，在全球构建起规模宏大的国际营销网络，为海内外客户提供设备、本地化支持与服务。

柳工坚持以科技创新为驱动，不断提升自主创新水平，构建全球研发中心、产品研究院、海外研究所等多位一体的研发体系。公司奋力打赢关键核心技术攻坚战，不断攻克制约高质量发展的“卡脖子”问题，在电动化、智能化和无人化工程机械新技术领域的探索引领行业发展。公司主导我国工程机械电动化的行业标准制定，填补了行业空白，并自主开发了定制化的整车控制系统，电动化产品核心零部件已实现 100% 国产转化率。2023 年，全国土方机械标准化技术委员会电动土方机械分技术委员会成立，秘书处设在柳工。柳工拥有 11 条电动产品线，是工程机械行业电动产品型谱齐全的品牌。2024 年，柳工迎来工程机械电动化十周年。柳工电动产品远销海外 30 多个国家，累计销量超过 5 000 台，实现全工况覆盖。公司将纯电、混动、拖线、换电、送电等多技术路线产品推向市场，电动装载机荣获北美行业媒体 2023 最佳推介产品。公司在工程机械智能施工机器人领域取得重大突破，在行业内首发多款无人驾驶工程机械，首发商业电动无人驾驶装载机，无人驾驶装载机和压路机机群市场推广试用带动效应初显。公司在智慧解决方案、智能驾驶、控制产品开发方面获得多项技术突破并实现应用，柳工智慧矿山系统、智慧商砼系统、搅拌站无人驾驶装载机上料云控系统、无人驾驶矿用自卸车云控平台、无人驾驶压路机机群协同作业系统等解决方案提升工程效率，获得客户的一致好评。柳工传动系统、液压元件、控制系统等关键核心零部件研发成效显著，逐步解决进口零部件“卡脖子”问题。2019—2023 年，柳工获得国家科技进步奖 1 项、鲁班奖 1 项、詹天佑奖 1 项、省部级科技奖 50 余项。

柳工作为我国工程机械行业的排头兵企业，主动把社会责任融入企业发展使命。公司积极助力“天眼”、港珠澳大桥、川藏铁路、白鹤滩水电站等国内重大工程项目以及中老铁路、雅万高铁、金港高速、菲律宾卡利瓦大坝等国外重大工程项目建设，助力我国极地科考事业。柳工成为中国极地科考所用工程机械种类、数量最多的工程机械品牌。

随着柳工装载机智能工厂和挖掘机智慧工厂的全面投产运营，整机和零部件生产全流程均已实现数字化，全面纳入“智造”体系；从工厂内部延伸到终端市场，柳工产品已全方位满足国内、国际市场不断增长的品质需求。当前，柳工智能国际工业园项目有序稳步推进，中源液压件智慧工厂、柳工新能源智能化全球创新中心等项目陆续开工。柳工在加速智能制造转型升级的过程中，加快发展新质生产力，从产品的智能制造扩展为整体智能化解决方案，逐步构建起全球竞争领先优势。

创新驱动未来　传递进步动力

——南京高速齿轮制造有限公司

南京高速齿轮制造有限公司（简称南高齿）是一家总部位于江苏省南京市江宁区的大型高新技术企业，始创于 1969 年，隶属于港股上市公司“中国高速传动设备集团有限公司（00658.HK）”，旗下品牌“NGC”是江苏省重点培育和发展的品牌。公司拥有 50 多年齿轮研发和制造技术经验，致力于为全球用户提供齿轮箱与传动技术解决方案。产品广泛用于风力发电、光伏发电、工程机械、新能源汽车、轨道交通和机器人等领域，在市场上具有卓越的竞争力。

一、坚持研发投入，拓展全球市场

南高齿以“为人类文明传递进步动力”为己任，秉承“步步攀高，孜孜求精”的企业精神，不断加强内部管理的精细化、专业化以及市场发展的国际化。作为行业领先者，公司在技术研发方面持续投入，致力于为客户提供卓越的传动装置解决方案。公司拥有自主开发的专业齿轮软件，构建了完整的齿轮设计开发、参数分析与动态仿真体系。公司建有机械工业齿轮传动工程实验室、国家企业技术中心、省工程技术研究中心等科研平台，为技术创新和产品研发提供了有力支持。

南高齿在全球范围内进行市场布局，产品远销60多个国家和地区。凭借先进的技术、可靠的质量和周到的服务，南高齿已成为全球传动技术领域具备强大竞争力的合作伙伴。公司已建立了全球最大的齿轮生产制造基地，并在近年成功完成了欧洲、美洲和亚太地区的全球战略布局。

作为一家技术创新型企业，南高齿在推动行业技术创新和科技进步方面发挥着重要作用。公司承担了20余项国家、省（市）级项目，并在关键技术攻关和成果转化方面取得了显著成绩。南高齿被认定为国家企业技术中心、国家技术创新示范企业，入选工业和信息化部首批制造业单项冠军示范企业、中国机械工业百强企业。公司拥有有效专利300余项，主持或参与制修订国家标准、行业标准共30余项，获得多项国家级、省部级科技奖励和知识产权认定。

二、引领技术创新，推动行业发展

2017年，南高齿进军工程机械市场，最初专注于桩工机械产品，逐步扩展到起重机械、挖掘机械、路面机械、隧道掘进机械和筑养路机械等多个领域。公司提供的减速机驱动产品包括行走减速机、回转减速机、卷扬减速机、动力头减速机、盾构主驱减速机、分动箱以及非标定制产品。产品输出扭矩为5～2 000kN·m，速比为10～1 200，覆盖了大部分工程机械的减速机应用（包括挖掘机、履带起重机、旋挖钻机、塔式起重机、双轮铣槽机、盾构机、顶管机、水平定向钻机、铣刨机和移动破碎站等）。

南高齿通过多年的技术创新和研发，成功攻克了多项关键技术。公司取得的代表性技术成果如下：

（1）产品模块化技术。通过模块化设计，将行星齿轮轮系作为最小的单元模块，用不到2 000个零件就可以组合出上万种可用产品方案。其中，重点产品MPP系列模块化工业行星减速机产品主要包括回转减速机、卷扬减速机和行走行星减速机。这种技术大幅提高了产品零件的重用率，使得南高齿能够满足不同客户的需求，并且不仅仅局限于工程机械领域。

（2）多行星轮均载技术。通过三年的攻关，公司解决了多级多重浮动均载技术难题，掌握了提高行星齿轮传动均载性能的关键技术。通过高精度加工工艺和多重浮动设计，保证了零件尺寸加工的一致性和质量的稳定性，进一步提高了多行星轮传动结构的均载性能。经过多次计算分析和试验验证表明，该技术可将行星齿轮箱的功率密度提升约15%。这项技术填补了国内空白，成为工程机械配套产品核心技术之一。

（3）高压动密封技术。该技术主要解决液压环境下高压力动态密封结构的可靠性问题，减少了泄漏量和密封件的磨损。通过研发密封件的状态保持方式并改进密封表面加工工艺，降低了高压动态密封结构的早期失效问题，并在最高压力45MPa、运行70万次的密封动态试验中保证了密封的可靠性。

（4）新能源产品研发。南高齿在现有平台技术基础上研发了新能源电驱产品，包括卷扬减速机、回转减速机和宽体车电驱变速器等产品。该类产品具备更高的能效和优秀的NVH（噪声、振动与声振粗糙度）性能，提升了车辆使用性能，同时降低了整车的装备重量。当前，产品已应用在旋挖钻机和履带式起重机上。

这些技术的应用使得南高齿生产的工程机械配套产品技术性能和质量稳定性等都获得了显著提升。此外，南高齿通过独立研发高功率密封行星减速机，打破了盾构机主传动系列产品被国外企业垄断的局面，填补了国内盾构机主驱减速机技术的空白，为中国铁建、中铁装备等多家企业提供了优质的配套产品。

南高齿致力于推动高端零部件的国产化替代应用，以加强工程机械行业产业链、供应链的安全可靠性和自主可控性。为了实现高质量发展，公司将与主机企业协同发展，助力行业实施产业链的强链补链工程，为行业注入新的发展动能。

深耕行业十余年　用创新托起大国重器

——中船（青岛）轨道交通装备有限公司

中船（青岛）轨道交通装备有限公司（简称中船轨道交通）成立于2011年2月，隶属于中国船舶集团青岛北海造船有限公司。公司是集研发设计、生产制造、技术服务于一体的高新技术企业，主营业务包括隧道掘进机研发制造、设备租赁服务、工程技术服务及设备检验检测服务等。

一、思路创新开启新产业

2010年10月，山东省第一条地铁线路——青岛地铁

3号线进入全线施工阶段，开启了青岛地铁“大建设”时期。面对青岛独特的花岗岩地貌及复杂的地质状况，地铁3号线只能采用矿山法施工，效率极低。

2011年，中船（青岛）轨道交通装备有限公司成立后，与青岛地铁集团建立了战略合作关系，成立青岛市第一批院士专家工作站。针对青岛特殊硬岩地质条件，通过引进、消化、吸收国外先进技术，中船轨道交通与青岛地铁联合研发了双护盾硬岩隧道掘进机（TBM）。该设备具有双护盾掘进、地质适应性强、安全高效等特点，可根据不同的地质条件，采用相应的工作模式（单护盾模式和双护盾模式），满足各种类型硬岩隧道施工要求。该产品成功应用于青岛地铁2号线施工，开创了国内地铁首次使用双护盾TBM掘进的先河，技术处于国内领先水平。

二、技术创新迎来新发展

中船轨道交通通过与国外先进的隧道掘进机生产企业开展合作，引进国际领先的硬岩刀盘研发技术，并彻底消化吸收，形成完全自主知识产权，填补了国内隧道掘进机行业硬岩刀盘技术空白。该技术大大降低了硬岩隧道掘进机的制造成本，缩短了刀盘供货周期，并供应国内市场，更为我国同类产品研发提供了经验，提高了我国大型工程施工装备制造水平。

中船轨道交通研制的DSUC型双护盾硬岩隧道掘进机被认定为山东省首台（套）技术装备。2019年，公司专为青岛地铁8号线精心打造了ϕ7 032mm硬岩城市地铁隧道掘进机。青岛地铁8号线是连接胶东国际机场和五四广场的重要纽带工程，部分地段地质复杂，地表建筑物密集，对施工安全要求高。设备自投入地铁8号线应用以来，施工效果良好，在闫南区间施工过程中实现月进尺高达531m，单日最高掘进22.6m，刷新了侧向有轨出渣运料工况下城市双护盾TBM掘进的国内纪录。

深耕隧道掘进机行业十余年，中船轨道交通已具有突出的技术优势和优秀的工程管理能力，在产品自主研发、生产、工程施工管理等方面均取得了丰硕的成果。公司被认定为国家高新技术企业、青岛市“专精特新”企业。公司主导编写隧道掘进机行业标准1项，参与编写国家标准3项；获得授权发明专利10项、实用新型专利40余项。公司研制的隧道掘进机先后获得青岛市市长大奖、青岛市科技进步奖、山东省工业设计大奖、中国岩石力学与工程学会科技进步奖等多个奖项。

三、经营创新开拓新业务

中船轨道交通面对隧道掘进机行业的发展形势，结合自身情况，采取销售与租赁+工程服务相结合的经营模式，先后与中国中铁、中国铁建、中国建筑、中国电建、中国交建等优秀企业建立了合作关系，与青岛地铁集团、青岛市政空间开发集团建立了战略合作关系。

在地铁建设方面，以青岛地铁为核心，先后参与建设青岛地铁工程的30多个项目，累计投入掘进机70余台次，总掘进里程超过150km。除青岛地铁项目外，公司还参与建设了长沙轨道交通、广州地铁11号线、南昌地铁3号线及深圳地铁12号线等工程项目。

在引水隧道建设方面，开发了用于引水工程的双护盾TBM、敞开式TBM等产品，参与了菲律宾ANGAT输水隧道工程项目，打开了公司海外市场。

在公路隧道、铁路隧道建设方面，2023年，公司生产的开挖直径为6 300mm的双护盾硬岩TBM在深圳深大城际南环路公路隧道项目始发，开启了公司公路/铁路隧道施工项目的新篇章。

在维修改造方面，公司承揽掘进机维保、改造、调试、存放等业务，依托地域、技术、设备、服务等优势资源，打造成为青岛乃至华北地区掘进机项目的存储、检修、再制造基地。公司建有检测中心，通过了中国合格评定国家认可委员会（CNAS）认证，可承接盾构机动静态检测、退场评估报告、厂内设备性能检测等业务，可独立完成隧道掘进机钢结构件的焊接探伤。

此外，公司可完成各种复杂工况下的隧道掘进机拆机任务。2023年，公司提出一种全新的双护盾硬岩隧道掘进机洞内弃壳拆机技术。公司利用该技术，安全、高效地完成了青岛地铁2号线一期工程调整段两台双护盾TBM洞内弃壳拆机工作。

四、改革创新谱写新未来

近年来，中船轨道交通立足新发展阶段和公司战略发展需要，坚持创新，不断深化企业改革。公司以精简高效、协调联动、规范科学为目标，完善和健全企业组织架构和治理体系，打造能力更强、效率更高、有担当的新型团队，增强企业活力、竞争力、创新力、影响力和凝聚力，进一步释放发展潜能，实现高质量发展目标。

面临新的形势和机遇，中船轨道交通进一步规划全新产业布局，拓展发展空间，在隧道掘进机设备租赁基础上，利用丰富的设备制造、维修改造和施工经验，不断拓展设备维修改造、备品备件、应急服务等隧道掘进机全产业链项目。公司立足青岛、面向全国，积极参与地铁、公路、引水工程、城市地下空间开发等工程建设，持续拓展船舶配套、钢结构、橡胶机械等领域业务，构建聚焦主业、多元互补的发展格局。

面向未来，中船轨道交通将坚持走创新发展的道路，不断挖掘新质生产力，持续提升核心竞争力，提升高端装备制造水平，以优质的产品和高效的服务助力轨道交通产业发展，为国家重点工程和城市建设贡献新的力量。

追求卓越管理 引领行业发展

——杭叉集团股份有限公司

2023 年是全面贯彻落实党的二十大精神的开局之年，是实施“十四五”规划承上启下的关键一年。杭叉集团股份有限公司聚焦技术创新、管理创新、服务创新，大力拓展国际市场，巩固国内市场，不断完善体制机制，激发新动能。公司全面融入全球竞争，练就了过硬的发展内功。

2023 年，公司叉车销量约 25 万台，实现净利润 17.2 亿元，同比增长 74.2%。公司荣获中国机械工业百强企业、国家级服务型制造示范企业、制造业单项冠军示范企业、工程机械行业影响力企业、浙江省人民政府质量管理创新奖、浙江省科技领军企业、浙江民营企业社会责任 100 家领先企业、浙江省“未来工厂”及杭州市“未来工厂”链主企业等诸多荣誉；入围杭州市四星级总部企业、百亿级总部企业及制造业百强企业榜单；集团新增浙江省“专精特新”中小企业 3 家、杭州市高新技术研究开发中心 5 家。

一、聚焦技术创新，不断取得突破

在全球工业车辆市场电动化与国际化趋势持续增强的形势下，公司依托“一核两翼、全面统筹”的技术创新体系，践行“瞄准标杆，超越竞品，研发世界最好叉车产品”的理念，以智能化、绿色化、服务化为技术创新重点发展方向，在新能源领域引领行业开启全电时代，实现电动叉车对传统内燃叉车从替代到超越的历史性突破和创新。公司加大锂电、电驱、氢能等领域的新产品研发力度，在业内率先推出 45t 燃料电池集装箱正面起重机、锂电专用永磁同步搬运车 / 堆垛车、高压锂电越野叉车、60t 高压锂电牵引车、锂电专用小轮距叉车及国内最大的 10t 内燃越野叉车等产品。

面对全球供应链格局的深度调整，公司在整车控制系统、电池管理系统、主动安全技术、混合动力技术、多传感器融合视觉导航系统等关键核心技术及零部件研发方面不断取得突破，大幅提升了供应链韧性与安全水平。当前，公司拥有有效专利 700 多项，其中发明专利超过 100 项。

二、拓展国际市场，推进全球化布局

2023 年，公司在构建以国内大循环为主体、国内国际双循环相互促进的新发展格局中，加快推进国际化进程。随着杭叉墨西哥公司、杭叉巴西公司、美国通用锂电池有限公司相继投入运营，集团海外子公司已达 10 家，实现自有营销服务网络在欧洲、北美洲、南美洲、东南亚、澳大利亚等全球重要工业车辆市场全覆盖。为进一步拓展海外市场，提高后市场服务的广度和质量，为全球合作伙伴提供更多的支持，成立了浙江杭叉赛维思国际贸易有限公司，为全球 200 多个国家和地区的客户提供全系列、全生命周期和全价值链解决方案。

公司开展“走进杭叉”系列工厂参观活动。来自北美洲、南美洲、欧洲、东南亚、澳大利亚等地的 300 多位代理商齐聚杭叉，参观了青山和横畈两大超级工厂。公司全年接待国内外客户 600 多批，来自全球各地的客户见证了公司的新面貌、新产品、新技术，让世界看到中国制造迈向中国“智”造。

三、巩固国内市场，构建运营新模式

2023 年，公司各业务板块体系布局优势彰显，韧性增强，叉车主业、智能物流、高空作业车辆、租赁及配件服务后市场拓展等板块全线实现跨越式发展，各项营业收入再创新高。公司持续提升叉车主业市场地位，不断夯实智慧物流基础，深化后市场业务转型，产业发展释放出新活力。新能源产品市场占有率有较大幅度提升，高压锂电产品在行业内具有领先优势。

公司内销子公司完成全面改制，通过经理人的要素调动，进一步激发其主观能动性和市场主体责任，培育新的运营模式。通过规范的集团与业务终端的机制对接，减少管理层级，降低运营成本，体制机制更加灵活，创新动能进一步释放，运营质量大幅提高，经济效益大幅提升。在巩固市场占有率方面，公司针对电动叉车系列产品，制定月度促销、季度包销、全年包销等销售策略，推行租赁业务免息购车、融资销售政策等。针对内燃车以及仓储车板块，出台相关销售策略，抓执行、促落实，彰显杭叉高质量发展新内涵。

四、打造超级工厂，激发智造新动能

2023 年，公司主动适应市场需求，全方位谋划以工业互联网、大数据、5G 等技术为支撑的智能超级工厂建设。公司规划建设了锂电池充电机智能制造产线，可年产 2 万台锂电池充电机。横畈产业园锂电池模组生产线及 PACK 组装线建成投产，实现了锂电池从生产制造到货物发运全流程智能化。杭叉智能科技公司、杭叉奥卡姆拉有限公司入驻横畈产业园并开展生产经营工作，公司智能物流板块业务协同性进一步增强。当前，智能化改造、数字化能力建设已成为公司转型升级的重要抓手。公司已构建起以青山和横畈两大园区为核心，零部件产业、工业车辆整机产业、智能物流产业、现代服务产业等多产业协同发展，供应链、产业链、创新链深度融合，具有杭叉特色的智能制造超级工厂。

五、追求卓越管理，提升核心竞争力

公司坚持以客户需求为导向，坚持追求卓越管理，不断调整产业结构，巩固并提高公司的核心竞争力。公司坚持实现客户、员工、股东及社会价值最大化的发展，不断提升经营业绩，强化社会责任担当。

2023年，公司以争创中国质量奖及省政府质量奖为抓手，导入卓越绩效管理模式。在全员范围内组织开展卓越绩效管理模式相关标准的理论学习与研讨，坚持以“方法、展开、学习、整合”的循环模式开展卓越绩效自我评价与持续改进工作，获得浙江省人民政府质量管理创新奖。

2023年，公司中央研究院下属的新技术研究中心和项目开发中心开展实质性运行工作。新技术研究中心主导开展了多项产品关键技术及零部件研发项目，在前瞻性行业关键共性技术开发、关键零部件标准制定、关键重要零部件设计审核、关键重要零部件“三化”（标准化、模块化、通用化）管理等方面发挥了重要作用。项目开发中心走进市场一线，收集国内外工业车辆法律法规、市场信息和技术信息，为公司产品开发和改进决策提供信息支持。

公司成立了电子商务公司，进一步拓展产品的互联网营销，加大产品在互联网平台、新媒体等渠道的宣传推广，提升公司电子商务应用水平。公司设置杭叉国际部，统筹管理杭叉海外子公司发展战略、品牌定位、营销推广和运营质量等工作，协调公司技术引进和交流等国际合作事务。

为进一步强化合规事件处置应对能力，加强外贸业务风险防范，提升企业合规竞争力，公司成立了合规部，分步开展了ISO 37301:2021《合规管理体系　要求及使用指南》标准认证工作，开发了《贸易合规管理系统》（TCMS）信息化工具，为进一步扩大海外市场份额、强化海外营销网络建设、规范国际贸易业务流程奠定了基础。

面向未来，杭叉集团将与时代同行，奋力实现“做世界最强叉车企业”的愿景，为实现中华民族伟大复兴的中国梦贡献杭叉力量。

山推矿山魔方　为矿山施工而生

——山推工程机械股份有限公司

一、企业概述

山推工程机械股份有限公司（简称山推）的前身是成立于1952年的烟台机器厂。1966年，烟台机器厂迁址济宁市，改名济宁机器厂。1980年，济宁机器厂、济宁通用机械厂和济宁动力机械厂合并组建山东推土机总厂。1993年，山推工程机械股份有限公司成立。1997年1月，山推在深交所挂牌上市（股票代码000680）。产品覆盖推土机、装载机、挖掘机、矿用宽体车、道路机械、混凝土机械等十多类主机产品和工程机械配套件。山推是全球工程机械制造商50强、中国制造业500强。

山推拥有健全的销售体系、完善的营销服务网络，产品远销160多个国家和地区。在全国建有27个营销片区、80多家专营店，设立了360多个营销服务网点。在海外发展代理商及经销商100多家，先后在南非、阿拉伯联合酋长国、巴西、美国等地设立了十多个海外分支机构。山推以“打造最关注客户个性化需求、最关注服务的企业”为目标，为客户提供一体化施工解决方案，让施工更简单。

二、矿山魔方——助力矿山施工更经济、更高效、更简单

在我国西部广阔的戈壁滩上，有一座大型露天煤矿。从高空俯瞰，数不清的挖掘机、矿用宽体车来回穿梭，忙于煤炭的挖掘与运输，场面颇为壮观。该煤矿共有设备181台，虽然设备数量多，但管理起来却并不费心，这得益于矿山采用的一体化施工解决方案——矿山魔方。181台设备全部安装了山推昆仑矿山智慧施工平台，通过平台来量化工时，每台车每天怠速时长减少近一半，油耗降低2.9%，每月节省成本近20.3万元。此外，通过设置维保预警，杜绝过度保养，每月节省成本2万多元。自动采集油耗、出勤率、工时等数据，统计工时缩短一半以上，成本降低1.6万元，真正做到了系统运行更经济、更高效，管理更简单。

山推矿山魔方是由山推智慧施工研究院研发的矿山一体化施工解决和管理方案。昆仑数字平台可全过程监督和管理施工设备。管理人员可远程了解现场设备的运行、维修、成本情况，台班产量提高5%，统计成本降低80%；山推矿山挖掘机、矿用宽体车等设备内含集团打造的“黄金内核”，综合油耗降低15%，设备损耗下降10%。

山推凭借矿山魔方这一集过硬的产品质量、智能化的管理系统于一身的矿山一体化施工解决方案，赢得了广大客户的信赖。在未来的应用中，它还将为更多客户带来颠覆式的盈利模式，提供高质量施工方案服务，为更多的矿山客户增产赋能。

三、品质山推，树立行业口碑

除了一体化施工解决方案为客户提升管理效益外，山推为矿山工况打造的设备同样获得客户的认可。

山推矿用挖掘机、推土机动力强劲，能够应对矿山的各种恶劣工况，故障率低，具有耐用、高效、省油的特点。山推矿用宽体车速度快、载重多，省油，操控性好，能够轻松应对露天矿山边坡的复杂运输环境；驾驶室空间大、密封好、噪声低，驾乘舒适性强。正是凭借着动力强劲、性能稳定、质量可靠等一系列优势，山推设备承担起煤矿挖掘与运输的重任，赢得了客户的高度认可。

四、久久为功，打造工程机械国际一流品牌

近年来，山推坚持用科技创新推动可持续发展，致力于远程遥控、智能网联、新能源、大马力产品的研究。2019 年，山推研制的首台 5G 远程遥控大马力推土机实现商业化；SD90 推土机顺利交付客户，填补了国内大马力推土机的技术空白。公司数字化转型取得阶段性成果，通过 5G 网络打造的智能工厂日渐成熟，自主设计的智能生产线和装配检测设备投产应用。

未来，山推将努力打造推土机、道路机械、装载机、挖掘机、矿用宽体车、混凝土机械国际一流品牌，成为新能源、智能装备的领航者，具有核心技术的工程机械制造商。

以市场为驱动　打造优质品牌工程

——抚顺永茂建筑机械有限公司

抚顺永茂建筑机械有限公司（简称永茂）成立于 2006 年，是集科、工、贸于一体的塔式起重机制造企业，2008 年在新加坡证交所主板上市。永茂是国家高新技术企业、辽宁省瞪羚企业、辽宁省专精特新企业、辽宁省制造业单项冠军企业，拥有省级企业技术中心、省级塔式起重机专业技术创新中心、省级工业设计中心。产品获得欧盟 CE、韩国 KOSHA、新加坡 MOM、俄罗斯 GOST 等多项认证，覆盖亚洲、欧洲、美洲、大洋洲、非洲的 80 多个国家和地区。公司率先把中国塔式起重机推向欧美市场，开创了中国塔式起重机整机出口欧美的先河。自 2013 年起，永茂已连续 11 年被评为全球塔式起重机制造商十强，与国际品牌企业同场竞技。

永茂自成立以来，始终坚持“创新、求实、勤奋、奉献”的企业精神，倡导“专一、专业、专注”的工作理念，不断丰富企业文化。公司引入了国际化管理理念，拓展国际化视野，以客户为焦点，布局国际市场，建立了多样化的营销体系。

永茂坚持打造和培育自主品牌，以市场为驱动，以标准为突破，不断进行研发和创新。

永茂积极响应国家“双碳”战略，将技术创新与专业产品应用到新能源领域。针对风电吊装的应用场景，尤其是 5MW 及以上风电风机的吊装，永茂创新研制出 STF2080、STF3080、STF3280 等系列风电专用快装塔式起重机。STF2080 和 STF3080 塔式起重机入选辽宁省首台（套）重大技术装备认定名单，同时入选辽宁省首台（套）重大技术装备推广应用指导目录。经科技成果鉴定，STF3080 总体技术达到国际先进水平。

2023 年，STF3280-220t 塔式起重机在江苏涟水 180m 风电项目成功投入使用，获得客户的高度认可。

福建湄洲湾跨海大桥是福厦高速铁路重点控制性工程。该桥全长 14.7km，其中 10km 位于海上。该施工项目的海域线路长、工程量大、工程难度高。公司的两台 STT373A-18T 塔式起重机参与该工程项目，在极其困难的施工环境中，高效率地完成了建设工作。

永茂的 STT553-24T、STT29318T、ST60/15-10T 等核电专用塔式起重机参与了漳州核电项目建设。这是继参与福建福清、广西防城港“华龙一号”核电项目后，公司再次参与“华龙一号”核电项目。

永茂从辽宁红沿河核电站一期建设初期就参与了项目的建设，全程总计为红沿河核电项目提供了数十台塔式起重机，其中不乏 STT293-18T、STT553-24T 等明星机型产品。

永茂中标迪拜 200MW 垃圾焚烧发电厂项目中的 4 台 STL4200-200t 超大型动臂式塔式起重机，扩大了我国塔式起重机品牌在国际上的影响力。

面向未来，永茂将坚持创新发展、优质发展，高效地发挥资本市场融资平台的效用，加强企业人才培养力度，持续扩大对科技创新的研发投入，向数字化、智能化方向发展。并通过强化组织保障，以创新的思维和高效的管理，加快国际化战略实施。公司将再接再厉，开创持续健康发展的新局面，为我国的基础建设事业做出应有的贡献。

产品驱动发展　创新引领变革

——浙江中力机械股份有限公司

浙江中力机械股份有限公司（简称中力）是一家以产品驱动发展、以创新引领变革，旨在打造工业物流4.0的全球化科技企业，专业从事电动仓储设备、智能搬运机器人及叉车的开发、制造及服务。中力在实现从手动搬运到电动搬运的基础上，正全力推动从柴油叉车到锂电叉车的绿色革命。基于“搬马机器人”，创造性地推出五大智能搬运新模式，努力实现绿色搬运、智能搬运、数字搬运。

中力研发了上百种型号、近千种规格的产品，可满足不同用户的搬运需求。中力拥有浙江安吉、江苏靖江、浙江富阳、湖北襄阳、美国威斯康星州等多个生产基地，为全球用户提供高品质、绿色、智能搬运设备。

当前，中力拥有EP中力、BIGJOE别格乔、X-Mover中力数智三大国际化品牌，为全球用户提供一站式绿色智能物料搬运解决方案。公司销售网络遍布全球，亚洲、欧洲、东南亚、美国等地区的千余名员工和数百代理点竭诚为全球用户提供方便、快捷的本地化服务。

一、EP中力：为全球提供一站式物料搬运解决方案

EP中力自进入物流行业开始，就一直积极探索，以解决行业痛点、解决用户需求为出发点，打造一站式绿色物流解决方案。产品覆盖电动叉车、前移式叉车、电动搬运车、电动堆高车、电动拣选车、电动牵引车、正面起重机/空箱堆高车、防爆叉车及民航设备等。2012年，中力小金刚产品掀起了全球搬运车平民化革命，为小型搬运市场的创新提供了参考。

1.创新油改电锂电叉车，颠覆传统燃油车

2020年，EP中力在行业内首发油改电系列锂电叉车。该产品既有内燃车底盘稳定、耐用的部件优势，又有锂电叉车的绿色动力，是一款为用户打造的具有较好的越野性能的高性价比的锂电叉车。随后，更强性能的H系列油改电叉车应势而出，专攻重工况。3.0～3.8t油改电锂电叉车具有更强的爬坡能力，更长的续航能力和更高的搬运效率。X3系列锂电叉车具有3.0～3.2t载重能力，可满足基础搬运需求。XH系列锂电叉车可侧拉快速换电，无限续航，满足长时间作业，应用于物流园、铸铁等领域，收获了广泛好评。

2.创新提出32类搬运设备，搬运作业更安全、更高效

随着作业需求的日益加重和场景的多样化，一般叉车已经难以满足市场需求。EP中力创新提出更加细分的搬运设备，解决室内货物的平面转运、仓储区域的货物堆垛工作，让搬运工作更高效、更安全、更省事。

EP中力推出的载重为2.0～5.0t的多吨位、踏板式或半包围式电动搬运车具有较强的平面搬运能力。创新研发的双起升搬运堆高车上下双货叉同时叉取搬运、堆垛，工作效率大幅提高。

3.创新三大租赁联盟，满足市场租赁需求

针对不同行业租赁需求，EP中力创新推出三大租赁联盟（X4物流联盟、X5租赁联盟、XZ以旧换新联盟），分别解决物流园区用电难、企业用车难以及老旧内燃叉车循环再生问题。

针对物流园区管理方用电难和档口用户用车难的实际情况，EP中力构建“X4物流联盟+X4手提换电锂电叉车+换电站”整体解决方案，破解物流园区搬运难题。X4手提换电锂电叉车由3～6个电池模块组成整车动力源，用户按需自由组合；手提换电，2.5min即可充满电；换电站统一充电管理，让物流园区管理方管理更方便；换电站可实时监测车辆用电情况，快速送电上门，可节省叉车往返更换电池的时间，让整个园区的作业更高效。

针对部分企业更强工况灵活用车的需求，EP中力创新X5租赁联盟，采用灵活的租赁模式，用车成本更低。X5锂电叉车性能更加出色，具有媲美燃油车的车身结构，使用场景更多；采用双标准箱电池设计，多种容量自由搭配，企业用户可以根据多场景工况自由选择；双标准箱互不影响使用，保障叉车连续作业。

二、BIGJOE别格乔：5.0～25t高压重载锂电叉车实现颠覆性创新

BIGJOE别格乔是深耕北美市场超过70年的国际知名工业车辆品牌，已经成为世界各地工厂、仓库、码头、配送中心和储藏室的优选品牌。2009年正式加入EP品牌线，致力于为中国用户提供别具一格、特别规格的重工况叉车，满足用户多元搬运需求。BIGJOE别格乔充分利用全球资源，使产品在不同市场具有本地化竞争力，又能保持高标准的产品设计、定制服务和制造优势，可提供各种物料搬运解决方案。产品涵盖平衡重叉车、前移式叉车、电动搬运车、电动堆高车、拣选车、牵引车、正面起重机及智能搬运机器人等。

2024年，BIGJOE别格乔发布了5.0～25t全系高压重载锂电叉车，让用户在享受与内燃重型搬运设备相当动力的同时，进一步降低了用户的综合使用成本。

BIGJOE别格乔大吨位系列锂电叉车突破传统设计理念，实现颠覆性创新。采用高压锂电平台、大功率永磁同步电动机，动力强劲；采用箱型结构，优化车架、门架等

关键结构，更加稳定、可靠；高防水防尘等级，无惧恶劣工况；节能、高效，动力性、环保性表现突出。

BIGJOE 别格乔全系高压重载锂电叉车适用于港口、石材、林木、钢铁、汽车和船舶制造等领域。当前，大批高压重载锂电叉车已用于河南某石材厂、湖北某石材市场，25t 锂电叉车应用于山东港口和上海物流堆场。

针对高位存储等场景，别格乔打造的双伸位前移式锂电叉车车身窄，通道宽度仅需 3 070mm，起升高度达 11.5m。该叉车配有高强度双剪叉，前移距为 1 070mm，可轻松实现一条通道内对两侧四列货架进行纵深存取，大幅节省仓库通道面积，提高仓库存储率。

三、X-Mover 中力数智：三层次布局，让智能搬运走进千企万厂

中力数智从产品级、模式级、系统级三层次布局智能搬运，以“数智大脑 DAS+ 五大模式 + 全系搬运机器人”成功打造制造业智慧工厂、物流业高效搬运模式等多个行业样板工程，推进搬运行业物料移动方式转型升级。

1. 产品级：解决物料点到点的自动搬运问题

中力数智为用户提供“落地即用”的智能搬运产品，无需系统，无需专业人士，一键启动即可迅速实现高效、精准、安全的室内物流无人化目标，解决点对点无效搬运问题。

中力数智的自动搬运车产品主要包括 1.5t 极简自动搬运车、1.5t 步行式自动搬运车、2.0t 踏板式自动搬运车和 1.2t 堆高式自动搬运车。其中，极简自动搬运车专注解决点到点长距离的平面物料搬运；步行式自动搬运车能够自动对接电梯和自动门，轻松实现跨楼层搬运。该系列车型主打人工决策、自动搬运，不改变原有作业方式，可快速落地投产。现场无需网络部署，开箱即用，操作工可自行修改路线，使用门槛低。中力自动搬运车还具备低成本优势，助力用户降低人力成本和时间成本。中力自动搬运车应用于制造业、新能源、造纸业、化工等领域，获得广泛的市场认可。

2. 模式级：一个模式 + 一款机器人解决一个行业（场景）的一类问题

针对用户的一类场景需求，中力数智推出模式级解决方案，以一个模式 + 一款机器人解决一个行业（场景）的一类问题，推动物流变革，助力管理者解决供应链效率问题。

中力数智在行业内独创智能搬运五大模式，即环流模式、室内外转运模式、拉动模式、推动模式、分布式仓储模式。用模式把传统制造业整个物流搬运流程切分成五个不同的部分，由细分场景决定应用，由应用决定产品，助力用户实现整体物流智能化水平的提升。

（1）转运模式。转运模式是采用智能搬运车和智能牵引车，实现物料室内外、长距离跨厂区转运。中力数智以“转运模式”+ 室内外多场景智能搬运机器人 / 室内外智能前移式机器人解决室内外全场景、长距离的货物搬运、堆垛等问题。

XP3201 室内外多场景智能搬运机器人可实现室内外一体化全场景高精定位，不受环境光照影响，满足全天候、全天时、多工况作业需求。XQS151 室外前移式机器人更紧凑，性能更加突出，可满足过坎、爬坡等高强度工况，还能适应各类型载具，实现自动叉取搬运、堆高等。

该模式级智能解决方案应用于制造行业，实现半成品到总装线的跨车间转运。每天完成货物搬运达 2 000 余次，可达到人工搬运效率的 97.4%，真正实现了货物的智能化搬运。

（2）推动模式。推动模式是使用智能搬运车，实现物料的智能配送。中力数智以推动模式匹配物流专用高速搬运机器人，分拨中心指定货物终点，由机器人自动运送到指定位置，循环往复实现货物的快速流转、分发。中力数智创新研制的物流款专用高速搬运机器人行驶速度可达 10km/h，让作业效率更高；车体薄，转弯半径小，充分满足狭窄通道搬运；具有分级避障多重警示功能，让作业更安全。

（3）拉动模式。拉动模式是使用智能搬运车，实现物料的智能搬运。中力数智采用“拉动模式”+ 高速重载搬运机器人 / 平衡重堆高机器人实现场内产线物料和成品的高效智能搬运。

中力数智创新双车协同搬运，产线工位完成品下线即有机器人自动搬运入库，同时另一台机器人协同快速搬运空料框至产线，承接新的完成品下线。当前，该模式成功应用于汽车行业，以大连优升汽车工厂为例，中力数智搬马机器人的应用助力工厂实现“货到人”“货到仓”的智能化管理，实现物流搬运的无人化作业，每年平均节省成本近 100 万元。

（4）分布式仓储模式。分布式仓储模式是以标准容器（料笼、料架、托盘）为载体，以智能堆垛机器人为工具，通过一套智能算法，实现不同类型物料的入库、密集存储和出库，彻底改变原有的仓储形态。

中力数智的 1.5t 堆高机器人可实现 2.3m 的高堆叠，精准叉取，作业高效；整车紧凑，车体薄，适用于窄巷道货架堆垛。1.2t 前移式机器人起升高度达 5m，剪刀叉前移距达 590mm，可轻松实现高位纵深货物存取，提高仓库存储率。可满足室内外转运需求的平衡重堆高机器人载重为 1.5t，起升高度达 4m。

中力数智仓储机器人成功应用于轴承制造行业。多类型机器人组合助力打造分布式智能仓库，实现物料出库、物料上货架及跨车间的自动化物料搬运、堆高等，可大大提升仓储利用率，提高生产效率。

3. 系统级：通过 DAS 数智大脑解决物料供应链运行

针对大型企业用户更高层次、更高智能的搬运需求，中力数智推出系统级解决方案。该方案通过 DAS 数智大脑的应用，旨在解决物料供应链的运行问题，提高整体运行效率。当前，中力数智成功打造了制造业与数字化融合试验基地，实现工业 4.0 时代下的工业物流 4.0。

中力数智的 DAS 数智化大脑是基于货物动态驱动数

字化建模的物联网可视化数字孪生系统平台。该平台包含数智物流传递、数智系统联通、数智仓储管理和数智移动工厂四个板块，实现一个系统链接生产端、供应端、需求端的全流程数智化管理。

未来，中力将继续坚持“让人类搬运更简单、更绿色”的初心，坚守“做一家受全球尊重的企业”的使命，打造绿色化、智能化、数字化搬运新未来。

科技创新提质增效　深化改革蓄势赋能

——安徽叉车集团有限责任公司

安徽叉车集团有限责任公司始建于1958年，是安徽省属国有全资公司，是我国规模大、产业链条完整、综合实力与经济效益好的工业车辆龙头企业。公司总部位于安徽省合肥市，主营业务为工业车辆、智能搬运装备及其核心零部件的研发、制造与销售。安徽叉车集团核心控股子公司——安徽合力股份有限公司于1996年在上海证券交易所挂牌上市，是国家制造业单项冠军示范企业。2023年，公司坚持稳中求进的工作总基调，紧扣“十四五”规划和年度方针目标，经营发展持续向好，创新活力持续增强，人才队伍持续优化，迈出高质量发展的坚实步伐。

一、坚守主责主业“基本盘”，夯实高质量发展根基

公司紧扣国家战略部署，顺应高端化、绿色化、智能化发展趋势，持续优化产品结构，先后发布了全系H4锂电叉车、全新一代合力智能i系列、全新系列牵引车等新品。公司聚焦“合力部件，产业基石”定位，塑造了品质好、产品全、服务优的零部件形象；围绕客户需求，坚持“销服分开、相互协同、独立运营”的工作方针，开展后市场系统性升级工作；打造AGV智能车体研发制造基地，持续拓展智能物流装备和智能网联业务。合力工业车辆（上海）有限公司（简称合力科技）获得“高工金球奖2023年度企业”荣誉称号，合力FICS工业互联网平台（基于车联网的工业车辆设备智慧管控平台）入选“2023年物联网赋能行业发展典型案例”。

二、点燃创新驱动“新引擎”，积蓄高质量发展新动能

公司建立高水平研发平台指标体系，稳步推进一体化研发能力建设及协同攻坚，健全以关键部件研究和共性技术攻坚为导向的“揭榜挂帅”机制，牵头组建安徽省首个智能工业车辆产业创新联盟和技术专家委员会。公司成立省新能源叉车创新中心，被安徽省经济和信息化厅认定为安徽省制造业创新中心。

公司加强科技人才队伍建设，制定“十四五”科技人才队伍发展规划，引进成熟研发人才；召开科技创新大会，组织首届“科技工作周”活动，举办第二届“合力杯”国际智能工业车辆工业设计大赛，提高研发团队综合素质。20～54t重装新能源叉车研发及产业化创新团队成功入选安徽省第十五批“115”产业创新团队。“工业车辆数字化集成测试平台研究与建设”项目获得机械工业科学技术奖二等奖，“基于正向设计的新能源叉车平台关键技术研究及产业化”项目获得安徽省科技进步奖三等奖。公司荣登2023年安徽省发明专利百强榜。

三、完善市场格局“新矩阵”，汇集高质量发展新合力

公司创新体制机制，全力推进国内营销体系能力提升；加强渠道建设，持续推进后市场业务，自建二三级网络23家，成功举办了2023年度国内营销大会；积极开拓国际市场，谋划“5+X”海外战略布局，设立南美洲、大洋洲分公司，欧亚中心正式运营；成功举办2023全球代理商大会，增强海外代理商对合力品牌的认同感，为拓展全球业务注入新动能；高效推进与国家举重队的战略合作，持续诠释“中国力量　合力向上”的品牌理念。

公司打造合力数字化展厅，建成集发展历程、产业布局、企业文化等为一体的全新窗口；建立“品牌+品类”业务模式，推进合力部件品牌规划；优化线上线下融合传播途径，打造“合小智”“合小牵”IP形象，持续提升用户对合力品牌的认知度。

四、把握改革投资“关键点”，挖掘高质量发展新潜能

公司推进国企改革和对标一流建设工作，“健全市场化经营机制”入选国务院国资委改革典型经验，国企改革三年行动顺利收官。公司启动国企改革深化提升行动工作，开展对标世界一流企业价值创造行动和专业领军示范企业创建工作，安徽合力股份有限公司入选国务院国资委“创建世界一流专业领军示范企业”名单。

公司加大新兴产业投资力度，制订新兴产业行动计划，围绕新能源、高端工业车辆及其关键零部件等产业，谋划重大项目，扩大有效投资。新增安庆车桥、和安机械等子公司扩建项目，持续推进智能工厂、衡阳合力、六安铸造、蚌埠液力等重点项目。公司发挥资本运作撬动力量，完成“合力转债”发行上市，合力科技成功引入战略投资者；制订数字化转型创新发展专项规划，打造具有鲜明特色的数字化合力运营管理系统。

五、争当社会责任“排头兵”，增添高质量发展新底色

公司组织参加“红旗杯”第四届全国机械行业班组长管理技能大赛，取得优异成绩；承办“合力杯”华中赛区机械行业班组长管理技能大赛和长三角地区工程机械（叉车）维修工职业技能竞赛；推动ESG战略管理，成为全国首家氢燃料叉车上牌企业。公司开展十大工种技能提升系列培训活动，1 人荣获“江淮杰出工匠”称号，3 人荣获“安徽省技能大奖”称号。公司成功入选首届中国工业碳达峰“领跑者”企业。2023 年，员工敬业度、满意度分别同比提高 8.08 个百分点和 9.49 个百分点，基本达到卓越企业水平。

面向未来，公司将围绕高端化、智能化、绿色化发展主题，主动适应新一轮科技革命和产业变革，把高质量发展要求贯穿新型工业化全过程，培育智能制造新模式，发展智能物流新产业，着力发展壮大新质生产力，持续为全球用户提供全价值链、全场景、智能化的一站式物料搬运解决方案，聚力打造具有全球竞争力和影响力的世界一流企业。

以创新驱动绿色转型　探索绿色高质量发展之路

——山东临工工程机械有限公司

近年来，在国家环保政策的推动下，市场对于节能环保的电动工程机械产品的需求与日俱增，工程机械电动化已成为工程机械行业不可逆转的潮流。作为低碳环保型设备的践行者，山东临工工程机械有限公司（简称山东临工）凭借其卓越的创新能力、敏锐的市场洞察力和坚定的社会责任感，逐步探索出一条推动行业绿色转型与可持续发展的路径。

一、筑基节能，开启绿色征程

1. 预见未来，节能技术先行

山东临工高度重视生态环保、节能减排技术的研发与投入，将节能作为企业的主要战略以及核心竞争优势。

2007 年是山东临工发展历程中一个重要的里程碑。这一年，山东临工在行业内抢先布局，成功推出第一代节能型装载机——LG953L。该机型在性能与能效之间实现了平衡，取得了节能 10% 以上的突破。这一创新不仅标志着山东临工在节能技术领域初次试水成功，更为向更深层次探索奠定了坚实的基础。

2. 深耕细作，节能技术迭代升级

随着市场的积极响应与技术的不断积累，山东临工在节能技术的道路上越走越坚实。

2010 年，距离第一代节能产品上市仅 3 年，山东临工在北京人民大会堂召开了节能产品产销过万台庆典。这不仅标志着节能产品赢得了市场的广泛认可，更奠定了山东临工在装载机领域的领先优势。

2011 年，山东临工推出了以 LG953N 装载机为代表的第二代节能产品。相比第一代产品，LG953N 装载机在节能方面有了显著提升，实现了节能 20% 的目标。该产品在降噪、减震等方面进行了优化，提升了操作的舒适性，自投入市场以来，得到了广大客户的认可，节能先锋的产品形象深入人心。

当前，山东临工已完成第三代节能技术研制，形成节能 30% 的技术储备，进一步巩固了公司在节能技术领域的领先地位。公司加强前瞻性技术研究，不断提高科技创新能力，做到“开发一代、储备一代、研究一代”，更好地满足全球市场需求。

3. 技术创新，引领绿色发展新高度

技术创新是山东临工发展的核心驱动力，也是实现绿色转型的重要支撑。在绿色发展的道路上，公司始终坚持创新驱动发展战略，不断加大研发投入力度，推动技术创新与产业升级。从节能技术的初步探索到电动化技术的全面布局，山东临工始终走在行业前列，为行业的绿色发展贡献了重要力量。

山东临工始终坚持客户需求导向，将节能减排、绿色环保作为企业发展的核心目标之一。通过不断优化产品设计、提升制造工艺、加强技术研发等措施，不断推动产品的绿色化升级，为行业的绿色发展树立了典范。

二、电动化转型，引领绿色施工新时代

1. 敏锐洞察，抢抓电动化转型机遇

山东临工作为我国工程机械行业的排头兵企业，积极响应国家号召，凭借其敏锐的市场洞察力和强大的技术实力，把握工程机械电动化这一机遇，全面推进电动化转型战略，致力于在新能源领域开辟出一片新天地。

在电动化转型的进程中，山东临工不断加大研发投入力度，电动化产品线日益丰富和完善。这些产品不仅涵盖了纯电、混合动力、无人驾驶等多种新能源技术路线，更在性能、能效、可靠性等方面实现了全面突破和显著提升。

2. 技术创新，电动化技术持续引领

面对行业能源转型、绿色化的发展趋势，山东临工以“创新”为第一动力，以“可靠”为根基，将推动绿色制造作为技术攻关重点方向，在电动化领域取得了令人瞩目的成就。

2018 年，在上海宝马展上，山东临工在业内率先推出了首款纯电动挖掘机 E660F-Ex。该产品采用先进的锂电池技术，与传统产品相比，可实现零排放，噪声降低 12dB，运行成本减少 1/3。这不仅奠定了山东临工在工程机械电动化领域的先发优势，更坚定了公司引领全面电动化时代的绿色发展目标。

2021年，山东临工的首款纯电动装载机L956HEV开始试用、销售。公司加快纯电动、混合动力、静液压等多种技术路线的产品研发，陆续推出了纯电动装载机、纯电动挖掘机等系列电动化产品，并不断进行迭代升级。

当前，山东临工已形成涵盖L956HEV、L968HEV、L972HEV、L975HEV等电动装载机，以及E619HEV、E660HEV、E6225HEV等电动挖掘机的多条电动产品线。尤其是在装载机领域，推出了长续航、拖电、换电等不同模式的电动产品，满足客户的不同使用需求。

3. 实力见证经济性与环保性双重优势

传统工程机械多采用柴油内燃机作为动力来源，存在施工作业工况复杂、排放技术水平相对较低、耗能高、污染环境等问题。电动工程机械以其更为精准的控制能力，正成为实现智能化发展的首选方向，相较于传统燃油工程机械，展现出显著优势。

以山东临工L968HEV电动装载机为例，采用宁德时代、亿纬锂能动力电池，续航时长为6～9h。电池充电为双充模式（充电需1.4h），间歇休息时间即可充满。而对于电池的衰减问题，根据实地走访测算，投放市场使用的车辆3 000h内几乎无衰减，5 000h仅衰减2%左右。

使用成本的综合经济性是电动产品的最大优势。L968HEV电动装载机主要用于高能耗、高污染的企业，以及年工作超4 000h或日工作超10h的大工作量客户。根据实际测算，相比同吨位燃油车，L968HEV电动装载机每小时能节省近100元。若以每年4 000h计算，每年可节省近40万元。

2024年上半年，山东临工电动装载机产品销量同比增长超过200%，不仅反映了电动工程机械市场需求的旺盛，也彰显了公司在电动装载机领域的强大竞争力。

4. 智享服务，领衔后市场服务创新

工程机械的后市场服务也是工程机械产业的重要组成部分，更是电动化发展的基础。为应对复杂多变的市场竞争，满足客户不断提升的服务需求，山东临工对服务品牌内涵价值不断进行品质升级，重磅发布“全程全心3.0”服务品牌，依托服务数字化平台，推动主动预防服务转型，以更高、更快、更完善的服务标准，为客户提供极致的服务体验。同时，公司持续开展多元化设备维修能力培训活动，确保服务团队能够应对不同电动化产品的维修问题。

山东临工优秀的后市场服务能力极大地增强了电动工程机械产品的市场竞争力，不仅提升了行业整体水平，还促进了电动工程机械市场的健康发展。

三、融合创新与社会责任，共筑绿色未来

1. 履行社会责任，彰显企业担当

在追求产品技术创新和企业高质量发展的同时，山东临工始终不忘履行社会责任。

2012年，山东临工携手世界自然基金会（WWF），建设零排放工厂，带动了整个行业低碳减排实施进程。2015年，公司与WWF再次签约。2016年，公司将WWF“碳减排先锋”和“好司机”两大公益品牌相结合，与WWF共同开展环保行动。2022年，公司递交了科学碳目标倡议书，成为国内率先承诺加入科学碳目标倡议的工程机械企业。

2. 实施国际化战略，拓展绿色版图

山东临工积极实施国际化战略，电动化产品已远销多个国家和地区。比如，首台电动装载机交付哈萨克斯坦客户，首批17台L956HEV电动装载机批量交付印度尼西亚客户，连续多批次电动装载机交付印度客户。山东临工的电动装载机在海外项目得到成功应用，不仅展示了公司在电动化领域的领先地位，更为全球客户提供了更加环保、高效的施工解决方案。

展望未来，山东临工将继续坚持创新驱动和绿色发展战略，加大在新能源、新技术方面的投入，不断研发更加高效、环保、智能的电动化产品，探索未来创新型施工解决方案，推动工程机械行业绿色转型和可持续发展。

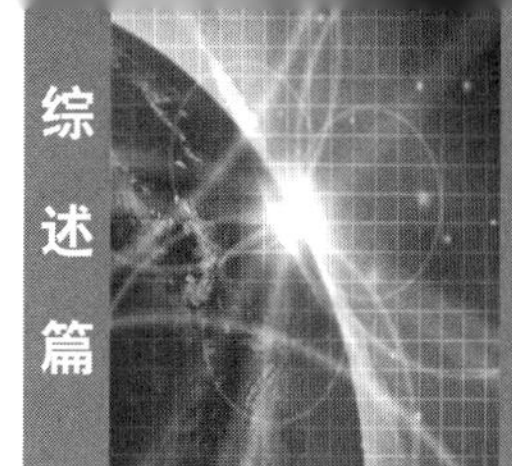

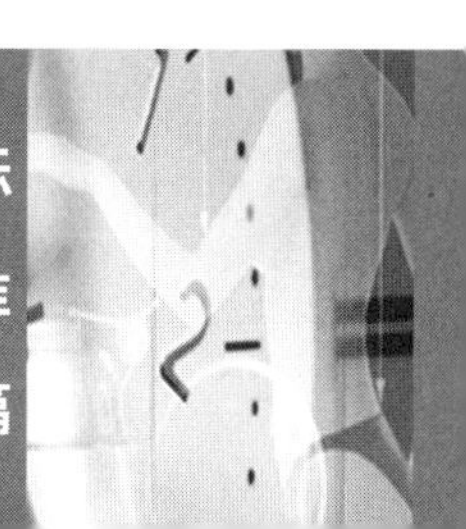

市场篇

分析2023年工程机械产品进出口贸易情况、工程机械行业上市公司的总体情况、塔式起重机租赁行业运行情况

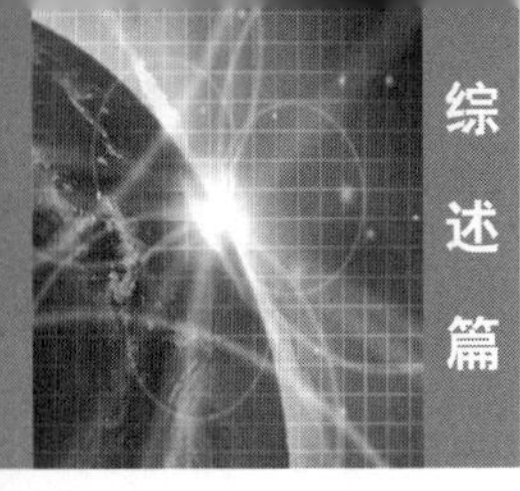

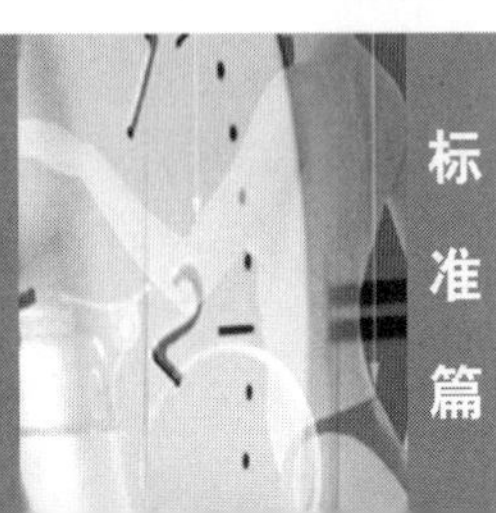

市场篇

2023 年工程机械产品进出口贸易情况分析
2023 年工程机械上市公司总体表现分析
2023 年国内塔式起重机租赁行业运行情况分析

2023 年工程机械产品进出口贸易情况分析

据海关总署数据整理，2023 年，我国工程机械进出口贸易额为 510.63 亿美元，同比增长 8.57%。其中，进口额为 25.11 亿美元，同比下降 8.03%；出口额为 485.52 亿美元，同比增长 9.59%。贸易顺差为 460.41 亿美元，同比增加 44.68 亿美元。2023 年工程机械产品各月进出口情况见表 1。

表 1　2023 年工程机械产品各月进出口情况

月份	进口				出口				进出口	
	当月		累计		当月		累计			
	金额（万美元）	同比增长（%）	金额（万美元）	同比增长（%）	金额（万美元）	同比增长（%）	金额（万美元）	同比增长（%）	金额（万美元）	同比增长（%）
1	19 551	-33.50			390 378	7.17			409 930	4.13
2	18 823	-18.30	38 374	-26.80	310 227	17.80	700 606	11.60	738 980	8.65
3	24 586	-5.62	62 954	-19.80	469 682	37.00	1 170 236	20.60	1 233 190	17.60
4	21 410	-1.62	84 370	-15.80	456 659	65.10	1 626 800	30.50	1 711 170	27.00
5	24 703	-1.12	109 062	-12.90	448 273	30.40	2 075 076	30.40	2 184 138	27.30
6	22 820	-7.88	131 883	-12.10	437 168	10.60	2 499 196	25.80	2 631 079	23.20
7	23 307	1.78	154 829	-10.40	409 638	-5.89	2 908 729	20.10	3 063 558	18.10
8	21 210	0.67	175 304	-9.62	405 835	-2.02	3 306 630	16.60	3 481 934	14.90
9	18 973	1.81	194 293	-8.61	405 755	-3.75	3 711 277	13.90	3 905 570	12.60
10	17 475	-4.60	211 851	-8.26	372 312	-5.57	4 081 733	11.80	4 293 584	10.60
11	20 269	-3.55	230 662	-8.44	385 489	1.14	4 462 165	10.60	4 692 828	9.53
12	20 495	-3.00	251 147	-8.03	399 600	0.54	4 855 161	9.59	5 106 308	8.57

按照以人民币计价，2023 年我国工程机械出口额为 3 414.05 亿元，同比增长 15.8%。2023 年工程机械产品各月出口情况（以人民币计价）见表 2。

表 2　2023 年工程机械产品各月出口情况（以人民币计价）

月份	当月		累计	
	金额（万元）	同比增长（%）	金额（万元）	同比增长（%）
1	2 698 280	16.6		
2	2 079 994	24.1	4 778 273	19.7
3	3 154 400	45.2	7 932 673	28.7
4	3 092 446	76.2	11 025 119	39.2
5	3 036 888	37.6	14 062 008	38.9
6	3 050 847	16.5	17 112 854	34.3
7	2 927 275	0.4	20 040 129	28.0
8	2 900 268	4.3	22 940 397	24.4
9	2 899 677	1.3	25 840 075	21.3
10	2 673 754	-1.6	28 513 828	18.7
11	2 770 141	3.4	31 283 969	17.2
12	2 856 574	2.5	34 140 543	15.8

一、工程机械产品出口保持增长，进口降幅收窄

在2021年和2022年出口连续大幅度增长之后，2023年，我国工程机械产品出口继续保持增长势头，全年出口额达到485.52亿美元，同比增长9.59%。上半年总体呈高速增长态势，2—6月增幅均为两位数。而下半年总体呈现月度负增长态势，4个月为负增长，2个月为小幅增长，各月出口额在40亿美元左右。

分季度看，一季度出口额为117.02亿美元，同比增长20.6%；二季度出口额为132.9亿美元，同比增长30.8%；三季度出口额为121.21亿美元，同比下降4.64%；四季度出口额为114.39亿美元，同比下降2.47%。2013—2023年工程机械产品各月出口情况见图1。

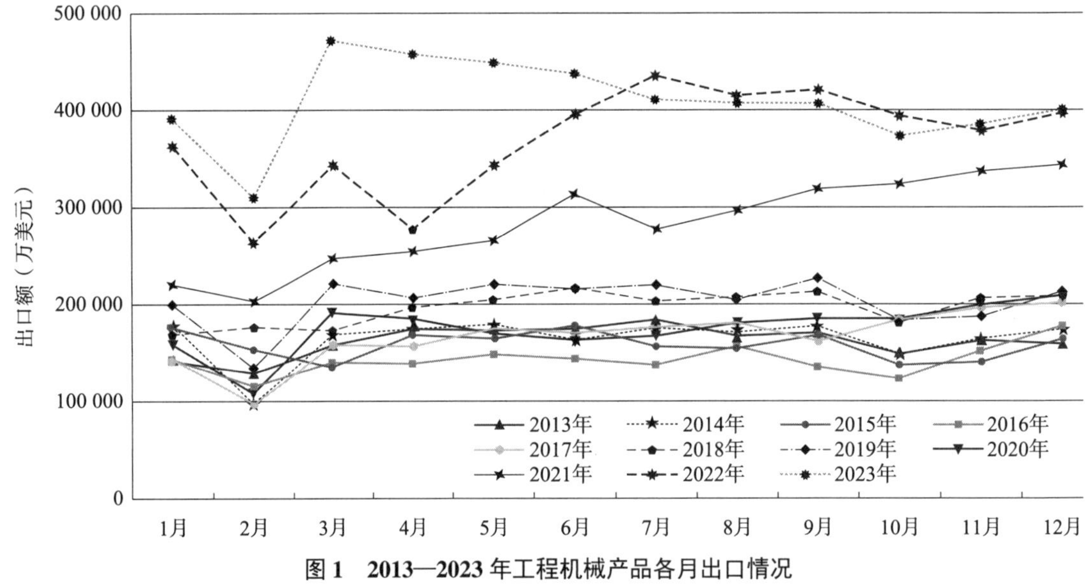

图1 2013—2023年工程机械产品各月出口情况

2023年，工程机械产品进口额在持续下降过程中降幅缓慢收窄。各月累计进口额从同比下降19.8%收窄到年底的同比下降8.03%。其中，三季度各月的当月进口额出现增长过程。

分季度看，一季度进口额为6.3亿美元，同比下降19.8%；二季度进口额为6.89亿美元，同比下降3.62%；三季度进口额为6.24亿美元，同比下降3.01%；四季度进口额为5.69亿美元，同比下降5.97%。2013—2023年工程机械产品各月进口情况见图2。

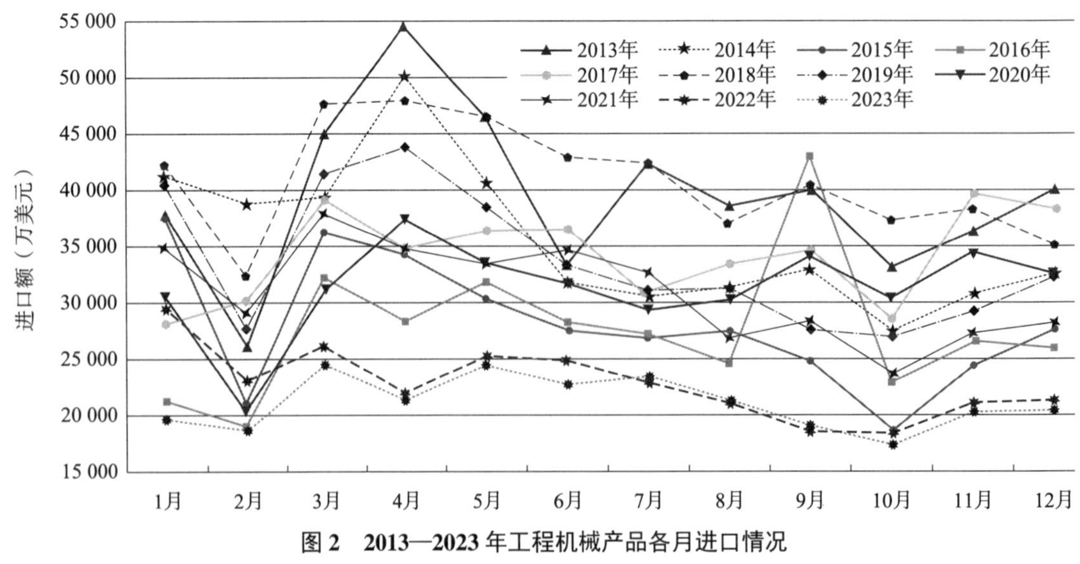

图2 2013—2023年工程机械产品各月进口情况

随着进出口额剪刀差的持续，工程机械进出口贸易顺差进一步扩大。2022年工程机械产品进出口贸易顺差超过415亿美元，较上年净增超过112亿美元。2023年贸易顺差扩大到460.41亿美元，较上年净增44.68亿美元。

二、大部分工程机械产品进口额下降，整机产品进口额降幅远高于零部件

2023 年，工程机械零部件进口额为 17.29 亿美元，同比下降 3.69%，占进口总额的 68.9%。整机进口额为 7.82 亿美元，同比下降 16.4%，占进口总额的 31.1%。整机进口额占比逐年下降，由 2012 年的 60.6% 下降到 2023 年的 31.1%。零部件进口额占比则逐年增加。

在进口的主要整机产品中，由于上年基数原因，履带挖掘机进口数量增长 66.6%，进口额增长 49.7%，进口额仅增加 5 928 万美元。此外，进口额增加的商品包括堆垛机、其他起重机、推土机和铲运机等。进口额下降的主要整机产品有隧道掘进机、其他工程车辆、打桩机及工程钻机、叉车、凿岩机械和风动工具、装载机等。在进口的 86 个税号商品中，只有 21 个产品进口额增长。

三、整机出口好于零部件出口，高技术工程机械出口表现较好

2023 年，整机累计出口额为 341.34 亿美元，同比增长 16.4%，占出口总额的 70.3%；零部件出口额为 144.17 亿美元，同比下降 3.81%，占出口总额的 29.7%。整机出口增幅高于零部件出口增幅 20.21 个百分点。

高技术工程机械出口额继续保持较快增长。其中，其他挖掘机出口额同比增长 144%，320 马力（1 马力≈735.5W）以上推土机出口额同比增长 132.6%，摊铺机出口额同比增长 114.5%，最大起重量 100t 以上汽车起重机出口额同比增长 107.2%，其他全路面起重机出口额同比增长 81.4%，最大起重量 100t 以上全路面起重机出口额同比增长 73.3%，随车起重机出口额同比增长 73.1%，塔式起重机出口额同比增长 67.1%，牵引车出口额同比增长 62.7%，其他工程车辆出口额同比增长 62.6%，沥青搅拌设备出口额同比增长 57.7%，混凝土泵出口额同比增长 44.5%，履带式起重机出口额同比增长 44.4%，混凝土搅拌车出口额同比增长 43.4%，其他汽车起重机出口额同比增长 36%，电动叉车出口额同比增长 34.9%，非公路用自卸车出口额同比增长 26.1%，隧道掘进机出口额同比增长 16%。2023 年工程机械产品进出口分类统计见表 3。

表 3　2023 年工程机械产品进出口分类统计

产品名称	数量单位	出口				进口			
		数量	同比增长（%）	金额（万美元）	同比增长（%）	数量	同比增长（%）	金额（万美元）	同比增长（%）
履带式挖掘机	台	186 728	15.0	801 514	-1.3	3 286	66.6	17 848	49.7
轮胎式挖掘机	台	4 429	23.8	28 074	11.0	45	18.4	272	-15.7
其他挖掘机	台	693	243.1	2 356	144.1	4		98	14.1
装载机	台	191 567	122.6	362 594	20.2	173	-65.9	2 721	-43.7
320 马力以上推土机	台	974	73.6	25 424	132.6	32	6.7	1 806	38.9
其他推土机	台	5 744	9.6	51 780	6.3	58	52.6	769	100.4
筑路机及平地机	台	7 558	-42.5	60 283	4.7	6	-33.3	91	-65.9
铲运机	台	870	12.8	12 495	16.7	10	233.3	431	1 758.1
非公路用自卸车	辆	12 238	16.6	149 047	26.1	31	-46.6	1 262	-26.0
压路机	台	27 677	3.0	74 386	10.0	33	-75.7	60	-85.5
其他压实机械	台	3 132	-0.4	956	5.5	2		8	
摊铺机	台	4 236	-5.7	15 847	114.5	99	-20.8	1 696	-6.3
沥青搅拌设备	台	918	85.5	15 981	57.7	108	2 060.0	45	587.9
100t 以上全路面起重机	辆	619	89.9	34 067	73.3				
其他全路面汽车起重机	辆	820	39.2	10 419	81.4				
100t 以上汽车起重机	辆	663	131.0	14 530	107.2				
其他汽车起重机	辆	9 105	61.4	99 881	36.0				
履带式起重机	台	2 713	28.8	83 533	44.4	4	-87.9	98	-84.2
塔式起重机	台	4 278	129.0	55 625	67.1				
随车起重机	台	3 838	75.7	7 649	73.1	139	-47.1	359	14.6
其他起重机	台	179 411	266.5	123 814	52.7	373	-70.2	5 238	43.8
堆垛机	台	8 893	334.2	3 666	12.9	514	2.2	5 909	56.2

（续）

产品名称	数量单位	出口				进口			
		数量	同比增长（%）	金额（万美元）	同比增长（%）	数量	同比增长（%）	金额（万美元）	同比增长（%）
电动叉车	台	582 397	7.2	343 000	34.9	8 255	-12.8	9 908	-10.6
内燃叉车	台	195 931	6.9	331 199	12.9	316	-63.2	2 487	-49.6
集装箱叉车	台	492	2.1	8 606	6.9				
手动搬运车	台	2 056 965	-9.1	52 016	-14.8	1 789	6.8	1 109	-30.9
牵引车	台	97 704	23.4	23 296	62.7	251	-46.9	551	-49.3
凿岩机械和风动工具	台	16 121 404	-10.3	43 417	0.9	636 617	-38.9	9 439	-24.6
隧道掘进机	台	276	46.8	35 708	16.0	5	-68.8	754	-86.4
打桩机及工程钻机	台	91 213	-44.6	16 002	-5.5	75	-46.4	437	-87.8
混凝土泵	台	7 354	52.7	7 338	44.5	222	49.0	700	14.0
混凝土泵车	辆	1 468	12.2	20 479	9.7				
混凝土搅拌机械	台	2 162 640	25.1	44 832	5.4	2 056	45.3	3 525	-18.9
混凝土搅拌车	辆	13 548	42.0	64 222	43.4				
电梯及扶梯	台	97 824	10.5	217 437	6.7	659	-33.8	4 509	-5.0
其他工程车辆	台	9 365	47.5	47 828	62.6	68	-55.8	4 532	-43.9
其他	台	2 266 038	-6.8	124 139	15.6	11 145	373.4	1 558	-59.0
零部件	t			1 441 720	-3.8			172 926	-3.7

四、区域出口市场表现不一

各主要区域经济体中，对美国、加拿大、墨西哥自贸区出口额为 60.38 亿美元，同比下降 0.73%，占出口总额的 12.44%；对欧盟和英国出口额为 62.65 亿美元，同比下降 2.97%，占出口总额的 12.9%；对东盟出口额为 71.6 亿美元，同比下降 10.2%，占出口总额的 14.75%。以上经济体需求不振是我国工程机械产品出口下半年下滑的主要原因。

对俄罗斯出口额为 60.58 亿美元，同比增长 66.5%，占出口总额的 12.48%；对印度出口额为 17.8 亿美元，同比增长 20.3%，占出口总额的 3.67%；对非洲、拉丁美洲地区出口额为 90.13 亿美元，同比增长 12.8%，占出口总额的 18.56%。

进口主要来源国家（地区）中，由欧盟进口 11.5 亿美元，同比下降 7.92%，占进口总额的 45.8%；由日本进口 5.3 亿美元，同比下降 8.29%，占进口总额的 21.1%；由韩国进口 2.87 亿美元，同比下降 1.26%，占进口总额的 11.43%；由美国进口 1.86 亿美元，同比下降 9.46%，占进口总额的 7.4%。

按各大洲统计，出口到亚洲 196.49 亿美元，同比增长 7.61%，占比为 40.47%；出口到非洲 44.75 亿美元，同比增长 15.6%，占比为 9.22%；出口到欧洲 126.89 亿美元，同比增长 22.2%，占比为 26.13%；出口到南美洲 45.38 亿美元，同比增长 10.1%，占比为 9.35%；出口到北美洲 51.2 亿美元，同比下降 7.21%，占比为 10.55%；出口到大洋洲 20.78 亿美元，同比下降 3.17%，占比为 4.28%。

进口方面，由亚洲进口 10.68 亿美元，同比下降 9.97%，占比为 42.53%；由欧洲进口 11.93 亿美元，同比下降 7.29%，占比为 47.51%；由北美洲进口 1.99 亿美元，同比下降 9.32%，占比为 7.93%。

五、“一带一路”沿线需求增长明显，对金砖国家出口增幅较大

2023 年，我国工程机械对“一带一路”沿线国家出口 210.55 亿美元，同比增长 24.1%，占出口总额的 43.4%，保持了较好的增长势头。对金砖国家出口 99.2 亿美元，同比增长 35.9%，占出口总额的 20.4%。其中，对巴西、南非出口分别下降 4.87% 和 3.97%，对俄罗斯和印度出口保持较好的增长态势。

在全球主要出口目标国家（地区）中，排名前 12 位的国家和地区（俄罗斯、美国、印度尼西亚、日本、澳大利亚、印度、巴西、比利时、沙特阿拉伯、土耳其、韩国、泰国）出口额均超过 10 亿美元；排名前 20 位的国家（地区）出口额合计占出口总额的 66.87%。在排名前 50 位的国家（地区）中，马尔代夫、阿尔及利亚、吉尔吉斯斯坦、土耳其、蒙古、塔吉克斯坦、乌兹别克斯坦、俄罗斯、老挝、墨西哥、阿拉伯联合酋长国等出口增幅均超过 50%。2023 年我国工程机械进出口按国别（地区）统计前 20 位贸易情况见表 4。

表 4　2023 年我国工程机械进出口按国别（地区）统计前 20 位贸易情况

序号	出口			进口			进出口		
	国家（地区）	出口额（万美元）	同比增长（%）	国家（地区）	进口额（万美元）	同比增长（%）	国家（地区）	进出口额（万美元）	同比增长（%）
1	俄罗斯	605 834	66.5	德国	57 473	-2.2	俄罗斯	606 196	66.4
2	美国	427 945	-7.5	日本	53 047	-8.3	美国	446 501	-7.6
3	印度尼西亚	230 965	-15.0	韩国	28 717	-1.3	日本	236 480	-7.6
4	日本	183 433	-7.4	美国	18 556	-9.5	印度尼西亚	231 887	-15.1
5	澳大利亚	179 514	-3.0	意大利	13 358	-9.1	印度	183 877	19.0
6	印度	177 998	20.3	瑞典	10 795	-11.6	澳大利亚	180 413	-2.9
7	巴西	146 727	-4.9	法国	8 074	27.0	巴西	147 437	-4.8
8	比利时	126 238	-13.2	马来西亚	7 341	-8.8	德国	141 682	-12.2
9	沙特阿拉伯	123 976	37.8	印度	5 879	-10.7	韩国	132 543	-6.0
10	土耳其	113 480	88.0	荷兰	4 743	9.4	比利时	127 002	-13.2
11	韩国	103 826	-7.2	芬兰	4 383	-34.9	沙特阿拉伯	123 976	37.8
12	泰国	103 067	-9.7	奥地利	3 904	-60.5	土耳其	114 279	86.9
13	荷兰	96 578	30.8	瑞士	3 130	6.5	泰国	104 739	-9.4
14	越南	92 926	-35.7	中国台湾	3 116	-35.3	荷兰	101 321	29.6
15	菲律宾	92 857	4.9	英国	2 831	5.3	马来西亚	99 420	9.1
16	马来西亚	92 078	10.8	墨西哥	2 819	64.9	墨西哥	94 420	62.9
17	墨西哥	91 602	62.9	中国	2 723	-51.3	越南	94 263	-35.5
18	阿拉伯联合酋长国	87 425	51.7	捷克	1 917	6.1	菲律宾	92 859	4.9
19	英国	85 863	-6.3	波兰	1 805	44.0	英国	88 694	-6.0
20	加拿大	84 243	-5.7	泰国	1 672	17.8	阿拉伯联合酋长国	87 599	51.4

在 2023 年的 233 个贸易伙伴中，贸易顺差的国家（地区）有 231 个，贸易逆差的国家（地区）有 2 个，分别为瑞士（逆差为 747.8 万美元）、列支敦士登（逆差为 9 806 美元）。

六、工程机械主要产品出口按国别（地区）流向情况

2023 年，我国工程机械主要大类产品按出口额排序的主要目标市场如下：

挖掘机主要出口到俄罗斯、比利时、印度尼西亚、美国、土耳其、沙特阿拉伯、菲律宾、越南、英国和荷兰等地。挖掘机出口到上述各地的金额均超过 2 亿美元。

装载机主要出口到俄罗斯、美国、比利时、巴西、澳大利亚、哈萨克斯坦、沙特阿拉伯、印度尼西亚和南非等地。装载机出口到上述各地的金额均超过 8 000 万美元。

推土机出口到俄罗斯、印度尼西亚的金额超过 8 000 万美元；出口到乌兹别克斯坦、哈萨克斯坦的金额超过 2 000 万美元；出口到菲律宾、马来西亚、刚果民主共和国、几内亚、阿拉伯联合酋长国、印度、蒙古、墨西哥、尼日利亚和加纳等地的金额为 1 000 万～2 000 万美元。

汽车起重机主要出口到俄罗斯、印度、巴西、沙特阿拉伯、阿拉伯联合酋长国、印度尼西亚、哈萨克斯坦和泰国等地。

履带起重机主要出口到印度、印度尼西亚、俄罗斯、新加坡、韩国、澳大利亚、土耳其、阿拉伯联合酋长国及中国香港等地。

塔式起重机主要出口到土耳其、俄罗斯、新加坡、韩国、阿拉伯联合酋长国、乌兹别克斯坦和中国台湾等地。

叉车主要出口到俄罗斯、美国、荷兰、澳大利亚、巴西、墨西哥、比利时、加拿大、土耳其、德国、泰国、印度、韩国、英国、马来西亚、印度尼西亚、法国、沙特阿拉伯和意大利等地。

混凝土机械主要出口到俄罗斯、沙特阿拉伯、印度尼西亚、墨西哥、菲律宾、乌兹别克斯坦、越南、马来西亚、美国、澳大利亚和哈萨克斯坦等地。

凿岩机械及风动工具主要出口到美国、俄罗斯、马来西亚、巴西、越南、新加坡、印度、沙特阿拉伯、墨西哥、韩国和澳大利亚等地。

隧道掘进机主要出口到意大利、韩国、澳大利亚、印度、泰国、俄罗斯、新加坡、巴西和中国台湾等地。

压路机主要出口到美国、俄罗斯联邦、澳大利亚、印度尼西亚、沙特阿拉伯、菲律宾、巴西和比利时等地。

摊铺机主要出口到美国、俄罗斯、沙特阿拉伯、巴西、意大利、越南和印度等地。

非公路用自卸车主要出口到俄罗斯、印度尼西亚、蒙古、刚果民主共和国、乌兹别克斯坦、南非、沙特阿拉伯、老挝、马来西亚、哈萨克斯坦、阿拉伯联合酋长国、巴西、泰国、印度和塔吉克斯坦等地。

零部件主要出口到美国、日本、俄罗斯、澳大利亚、印度、韩国、印度尼西亚、巴西、加拿大、英国、意大利、泰国、德国、马来西亚、越南和阿拉伯联合酋长国等地。2023 年出口额前十位国家出口产品分类汇总见表 5。

表 5　2023 年出口额前十位国家出口产品分类汇总　　（单位：万美元）

产品名称	俄罗斯	美国	印度尼西亚	日本	澳大利亚	印度	巴西	比利时	沙特阿拉伯	土耳其
挖掘机	118 754	43 945	67 697	6 508	18 351	9 917	12 926	70 252	36 023	41 726
装载机	74 497	38 136	9 435	5 097	12 487	6 894	12 542	12 595	9 991	6 214
推土机	28 882	73	8 147		287	1 326	328	67	806	45
压路机	8 743	9 594	4 168	829	5 296	504	2 418	2 032	2 670	800
摊铺机	2 038	5 113	366	8	343	421	487	221	488	54
其他路面机械	20 367	1 726	7 491	3	607	5 573	2 168	87	2 328	477
汽车起重机	41 964	162	6 407		560	16 535	13 370	833	11 287	1 127
履带起重机	7 041	73	10 266		2 644	26 060	605	580	1 715	2 406
随车起重机	3 587	90	491	23	12	66	2	3	122	16
塔式起重机	7 231	0.4	880	0.4	627	1 530	100		575	16 116
叉车	70 994	69 911	13 312	8 103	40 725	16 410	37 223	25 813	10 837	21 797
混凝土机械	17 459	2 994	6 892	434	2 205	1 425	506	1 087	9 548	1 477
凿岩机械及风动工具	6 333	8 057	868	411	1 000	1 172	1 446	461	1 122	834
隧道掘进机	2 454		296		3 287	3 169	1 894			183
非公路用自卸车	33 768	310	24 493		995	2 050	2 481	269	4 069	48
电梯及扶梯	16 637	4 416	7 394	795	10 703	9 362	1 209	131	6 764	6 023
零部件	79 883	201 434	52 541	158 406	69 707	61 287	41 156	11 023	12 678	9 253
其他	65 202	41 910	9 821	2 814	9 678	14 295	15 863	783	12 954	4 884
合计	605 834	427 945	230 965	183 433	179 514	177 998	146 727	126 238	123 976	113 480

注：因四舍五入，合计数与分项之和略有出入。

七、一般贸易出口、进料加工贸易出口占比增加

2023 年，工程机械产品一般贸易出口额为 336.5 亿美元，占出口总额的 69.32%；进料加工贸易出口额为 97.84 亿美元，占出口总额的 20.15%；对外承包工程出口额为 11.1 亿美元，占出口总额的 2.28%；租赁贸易出口额为 13 911 万美元，占出口总额的 0.29%；特殊监管区物流出口额为 24.66 亿美元，占出口总额的 5.08%。

各类出口产品中，电梯及扶梯、随车起重机、履带起重机、凿岩机械及风动工具、零部件、塔式起重机、混凝土机械等产品的一般贸易出口额占该类产品出口额的 80% 以上；其他路面机械、汽车起重机、推土机、非公路用自卸车的一般贸易出口额占比为 70%～80%；叉车的一般贸易出口额占比为 60%～70%；装载机的一般贸易出口额占比为 50%～60%；隧道掘进机、压路机、挖掘机、摊铺机的一般贸易出口额占比为 40%～50%。

进料加工贸易出口占比由高到低依次为摊铺机、压路机、隧道掘进机、挖掘机、叉车、装载机，分别占该类产品出口额的 50.3%、49.4%、47.6%、36.4%、36.3%、32.5%。

对外承包工程出口占比由高到低依次为摊铺机、履带起重机、混凝土机械、零部件、其他路面机械、推土机、压路机、非公路用自卸车，分别占该类产品出口额的 3.75%、3.35%、3.25%、2.97%、2.57%、2.25%、2.18%、2.13%。2023 年工程机械产品出口额按贸易方式分类统计情况见表 6。

表 6　2023 年工程机械产品出口额按贸易方式分类统计情况

项目		一般贸易	援助和赠送	进料加工贸易	边境小额贸易	对外承包工程出口	租赁贸易	保税监管进出境	特殊监管区物流	其他	总计
出口额（万美元）	挖掘机	361 196	48	302 675	12 250	8 999	1 276	3 750	136 361	5 389	831 944
	装载机	212 333	21	117 954	8 461	2 237	208	826	20 008	546	362 594
	推土机	56 461		85	620	1 736	19	12 020	6 211	52	77 204
	压路机	33 901	29	36 725	763	1 624	37	216	1 044	48	74 386
	摊铺机	6 557	27	7 967	358	595	43	3	287	10	15 847
	其他路面机械	67 067	59	17 171	856	2 302	39	1	2 070	151	89 715
	汽车起重机	117 457	17	16 973	3 876	2 013	126	1 036	17 351	47	158 897
	履带起重机	73 628	36	3 483	524	2 800	1 208	274	1 423	156	83 533
	随车起重机	7 073	16		77	111		162	207	3	7 649
	塔式起重机	47 460	26	5 022	1 533	691	479	63	298	55	55 625
	叉车	430 025	10	249 020	1 681	823	551	600	2 198	1 563	686 471
	混凝土机械	114 622	47	2 946	5 702	4 453	56	370	7 298	1 376	136 871
	凿岩机械及风动工具	38 234	2	203	1 417	622	21	274	741	1 904	43 417
	隧道掘进机	17 589		16 992	46	575			495	11	35 708
	非公路用自卸车	108 929		26 969	3 604	3 169	243	1 398	4 595	140	149 047
	电梯及扶梯	208 269	330	2 877	809	743		185	4 097	127	217 437
	零部件	1 238 933	30	68 993	24 800	42 781	554	9 084	32 689	23 857	1 441 720
	其他	225 734	787	102 389	2 034	34 331	9 051	251	9 232	3 287	387 096
	合计	3 365 467	1 485	978 444	69 412	110 604	13 911	30 512	246 606	38 721	4 855 161
各贸易方式占比（%）		69.32	0.03	20.15	1.43	2.28	0.29	0.63	5.08	0.80	

注：海关进出口统计数据中包含外资品牌的出口，同时考虑外贸企业报关税目及贸易方式分类等不确定因素，只能以此做定性分析。因四舍五入，合计数与分项之和略有出入。

八、趋势与建议

我国工程机械产品出口在连续两年出现大幅度上涨的基础上，2023 年继续在高位保持稳定增长态势，出口额达创纪录的 485.52 亿美元。工程机械产品在实现了国际市场占有率快速提升的同时，发挥了支撑我国工程机械行业稳定发展的重要作用。2000—2023 年工程机械进出口额见图 3。

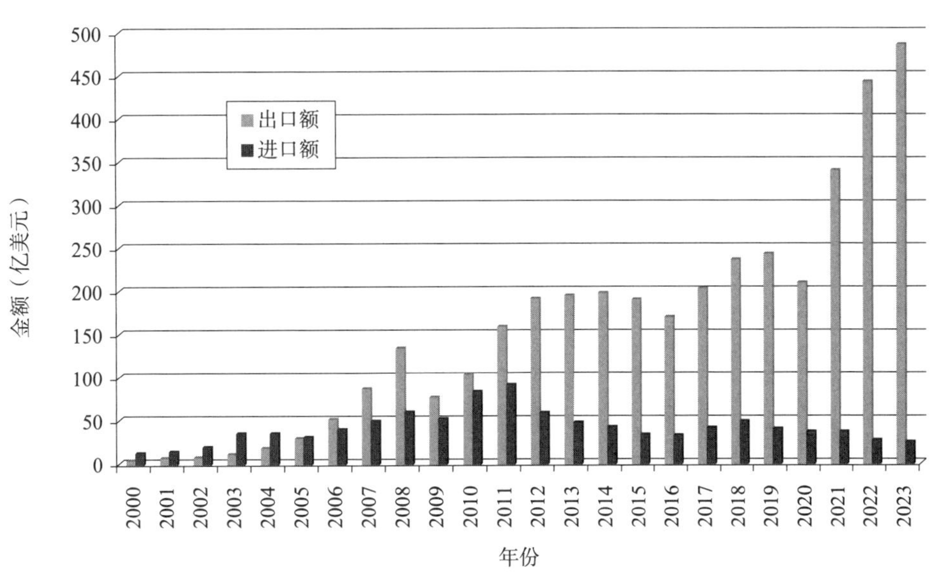

图 3　2000—2023 年工程机械进出口额

近两年，工程机械行业企业抓住有利时机，凭借我国工程机械产品技术水平、可靠性、耐久性和服务优势，积极拓展国际市场，其技术、产品和服务得到了海外用户更广泛的认可与赞誉。在全球市场格局不断发生变化的情况下，我国工程机械生产企业进一步优化全球投资布局，加大在新兴市场和市场辐射力强的节点地区的投入，全球产业布局进一步得到完善，印度尼西亚、巴西、墨西哥等地区的制造工厂建设持续推进；地区性分公司加快发展，营销服务体系更加完善，全球化的业务布局更有针对性，在服务“一带一路”建设和产品市场推广、服务用户等方面更有成效。

尽管如此，我国工程机械国际贸易环境依然很严峻，国际市场竞争形势不断加剧，贸易保护甚嚣尘上，形成了板块化的产业链格局。西欧、北美和东亚三足鼎立，新的三个板块的逐渐形成，对我国传统的出口企业造成不利影响，我国工程机械出口将面临更加严峻复杂的局面。

在此情况下，我国工程机械企业应坚持立足新发展阶段、贯彻新发展理念、构建新发展格局，扎实推进我国工程机械行业国际化步伐，努力推动我国工程机械出口高质量发展进入新阶段。

注：数据来源于中国工程机械工业协会工程机械进出口月度监测系统。

〔撰稿人：中国工程机械工业协会吕莹〕

2023年工程机械上市公司总体表现分析

一、上市公司基本情况

截至2023年12月31日，我国以工程机械为主营业务的上市公司有32家，其中A股市场31家、香港市场2家（中国龙工在香港上市，中联重科在内地、香港两地上市）。

2023年12月31日，32家工程机械上市公司总市值从年初的4 796.76亿元增长到年底的5 011.82亿元，增长率为4.48%。32家工程机械上市公司从业人员人数为166 615人，比2022年增加5 872人。工程机械上市公司主要产品见表1。

表1　工程机械上市公司主要产品

证券代码	证券简称	城市	上市日期	主营产品名称
000157.SZ	中联重科	长沙市	2000-10-12	混凝土机械、起重机械、土石方施工机械、桩工机械、高空作业机械、消防机械、矿山机械、叉车、耕作机械、收获机械、烘干机械、农业机具等
000425.SZ	徐工机械	徐州市	1996-08-28	土方机械、起重机械、桩工机械、混凝土机械、路面机械、高空作业机械、矿业机械、环卫机械、农业机械、应急救援装备、其他工程机械及备件等
000528.SZ	柳工	柳州市	1993-11-18	铲运机械、挖掘机械、工业车辆、压实机械、路面机械、混凝土机械、桩工机械、起重机械、矿山机械、预应力机械、农业机械、工程机械配套件等
000680.SZ	山推股份	济宁市	1997-01-22	推土机、压路机、平地机、摊铺机、铣刨机、混凝土机械、装载机等主机产品，履带底盘总成、传动部件等零部件
001226.SZ	拓山重工	广德市	2022-06-22	链轨节、销套、支重轮、销轴、制动装置、转向离合器、斗齿总成等
001239.SZ	永达股份	湘潭市	2023-12-12	隧道掘进设备及其配套产品、工程机械设备、风力发电设备
002097.SZ	山河智能	长沙市	2006-12-22	挖掘机械、桩工机械、高空机械、起重机械、矿山设备及油气管道设备，航空装备与服务等
300201.SZ	海伦哲	徐州市	2011-04-07	高空作业车、电力应急保障车、排水抢险车、消防车及军用专用车辆等
300718.SZ	长盛轴承	嘉兴市	2017-11-06	金属塑料聚合物自润滑卷制轴承、双金属边界润滑卷制轴承、金属基自润滑轴承、铜基边界润滑卷制轴承、非金属自润滑轴承、工程机械精密部件等
301079.SZ	邵阳液压	邵阳市	2021-10-19	柱塞泵、液压缸、液压系统
301161.SZ	唯万密封	上海市	2022-09-14	液压密封件、液压密封包等液压密封产品，气动密封件、油封、履带密封等其他密封产品
301279.SZ	金道科技	绍兴市	2022-04-13	机械传动变速器、液力传动变速器、电动叉车变速器、工程机械变速器、主减速器及叉车配件等
3339.HK	中国龙工	上海市	2005-11-17	轮式装载机、压路机、挖掘机、起重叉车及其他基建机器等
301446.SZ	福事特	上饶市	2023-07-25	硬管总成、软管总成、管接头及油箱等液压元件

（续）

证券代码	证券简称	城市	上市日期	主营产品名称
600031.SH	三一重工	北京市	2003-07-03	混凝土机械、挖掘机械、起重机械、桩工机械、路面机械等
600761.SH	安徽合力	合肥市	1996-10-09	工业车辆整机、零部件、后市场、智能物流
600815.SH	厦工股份	厦门市	1994-01-28	装载机、挖掘机、路面机械、掘进机械等工程机械及配件
600984.SH	建设机械	西安市	2004-07-07	工程机械、建筑机械、金属结构产品，工程机械设备的租赁、维修等
601100.SH	恒立液压	常州市	2011-10-28	高压液压缸、高压柱塞泵、液压多路阀、工业阀、液压系统、液压测试台及高精密液压铸件等
603273.SH	天元智能	常州市	2023-10-23	蒸压加气混凝土装备、机械装备配套产品
603280.SH	南方路机	泉州市	2022-11-08	水泥混凝土搅拌设备、干混砂浆搅拌设备、沥青混合料搅拌设备、破碎筛分设备、制砂设备、骨料资源化再生处理设备
603298.SH	杭叉集团	杭州市	2016-12-27	工业车辆、高空作业车辆、强夯机、清洁设备，智能物流整体解决方案，工业车辆后市场业务
603338.SH	浙江鼎力	湖州市	2015-03-25	高空作业平台、高空取料机
603638.SH	艾迪精密	烟台市	2017-01-20	液压破拆属具、液压件
605305.SH	中际联合	北京市	2021-05-06	高空安全升降设备、高空安全防护设备
605389.SH	长龄液压	江阴市	2021-03-22	中央回转接头、张紧装置、回转减速装置、液压阀、压缩机铸件、工程机械铸件、汽车零部件铸件等
688425.SH	铁建重工	长沙市	2021-06-22	掘进机、轨道交通设备、特种专业装备及装备租赁业务
830839.BJ	万通液压	日照市	2020-11-09	自卸车专用液压缸、机械装备用液压缸、油气弹簧
834599.BJ	同力股份	西安市	2021-02-22	非公路宽体自卸车、坑道车、洒水车等
835174.BJ	五新隧装	长沙市	2021-08-20	混凝土湿喷机、隧道（隧洞）衬砌台车、防水板作业台车、凿岩台车、隧道（隧洞）拱架安装车及各类产品零配件等
836942.BJ	恒立钻具	武汉市	2022-12-08	盾构及 TBM 刀具、顶管施工刀具、潜孔冲击器和钻头、钻杆等
871245.BJ	威博液压	淮安市	2022-01-06	托盘叉车液压动力单元、堆高叉车液压动力单元、剪叉平台液压动力单元、高空作业平台液压动力单元，内啮合齿轮泵、外啮合齿轮泵、柱塞泵等

截至 2023 年 12 月 31 日，32 家上市公司总资产和净资产总额分别为 6 844.39 亿元和 3 120.35 亿元，较上年同期分别增长 0.97% 和 7.10%。上市公司中总资产列前三名的是徐工机械、三一重工、中联重科，总资产规模分别为 1 619.95 亿元、1 512.02 亿元和 1 308.62 亿元；净资产列前三名的是三一重工、中联重科、徐工机械，净资产分别为 691.73 亿元、591.67 亿元和 574.87 亿元。2023 年工程机械上市公司资产规模及变化情况见表 2。

表 2　2023 年工程机械上市公司资产规模及变化情况

证券代码	证券简称	净资产		总资产	
		金额（亿元）	同比增长（%）	金额（亿元）	同比增长（%）
000157.SZ	中联重科	591.67	3.85	1 308.62	5.92
000425.SZ	徐工机械	574.87	5.18	1 619.95	-7.48
000528.SZ	柳工	179.97	4.78	465.78	10.22
000680.SZ	山推股份	58.63	13.19	134.27	16.52
001226.SZ	拓山重工	7.21	-5.04	11.11	0.64
001239.SZ	永达股份	12.23	146.89	21.29	73.28
002097.SZ	山河智能	47.61	0.33	208.91	1.51
300201.SZ	海伦哲	13.26	-2.69	21.83	0.81
300718.SZ	长盛轴承	16.25	11.57	19.58	15.99
301079.SZ	邵阳液压	4.82	0.38	8.67	11.39
301161.SZ	唯万密封	9.33	1.84	10.32	1.21
301279.SZ	金道科技	13.18	-0.07	16.87	-0.38
3339.HK	中国龙工	99.82	2.37	156.24	1.51
301446.SZ	福事特	11.07	139.73	13.15	77.21
600031.SH	三一重工	691.73	4.79	1 512.02	-4.76

（续）

证券代码	证券简称	净资产		总资产	
		金额（亿元）	同比增长（%）	金额（亿元）	同比增长（%）
600761.SH	安徽合力	82.62	11.96	168.98	14.38
600815.SH	厦工股份	16.97	1.30	23.90	-13.23
600984.SH	建设机械	52.63	-12.44	175.74	-2.32
601100.SH	恒立液压	144.43	13.92	178.96	10.46
603273.SH	天元智能	8.59	148.69	14.30	46.55
603280.SH	南方路机	12.54	7.44	20.17	0.63
603298.SH	杭叉集团	92.51	35.84	138.94	18.82
603338.SH	浙江鼎力	89.65	26.89	142.07	20.38
603638.SH	艾迪精密	33.30	6.38	58.90	6.18
605305.SH	中际联合	23.07	6.67	28.21	12.66
605389.SH	长龄液压	21.64	16.93	25.24	22.69
688425.SH	铁建重工	165.55	6.76	254.41	6.95
830839.BJ	万通液压	5.19	13.06	6.83	9.83
834599.BJ	同力股份	25.01	21.75	57.22	-0.76
835174.BJ	五新隧装	7.06	22.63	10.48	36.99
836942.BJ	恒立钻具	4.68	10.42	6.43	8.97
871245.BJ	威博液压	3.25	5.28	5.00	9.83
合计 / 平均		3 120.35	7.10	6 844.39	0.97

注：因四舍五入，合计数与分项之和略有出入。

二、2023 年工程机械上市公司经营情况

1. 上市公司利润增长快于营业收入增长

2023 年，工程机械行业经营整体小幅好转，工程机械上市公司业绩出现回暖。

2023 年，32 家上市公司营业收入合计 3 516.14 亿元，同比增长 1.28%；实现营业利润 301.19 亿元，同比增长 26.72%；实现归属母公司净利润 260.55 亿元，同比增长 24.22%。行业整体情况趋于改善，多数上市公司利润增长快于营业收入增长，盈利能力整体呈上升趋势。

2023 年，32 家上市公司中有 15 家公司营业收入增长，有 17 家公司营业收入下降。中联重科、山河智能、海伦哲、长盛轴承、中国龙工、杭叉集团、五新隧装 7 家公司归属于母公司净利润增速超过 50%。但工程机械行业分化仍在持续加剧，其中，拓山重工、厦工股份、建设机械 3 家公司归属于母公司的净利润出现亏损。2023 年工程机械上市公司业绩增长情况见表 3。

表 3　2023 年工程机械上市公司业绩增长情况

证券代码	证券简称	营业收入		营业利润		归属母公司净利润	
		金额（亿元）	同比增长（%）	金额（亿元）	同比增长（%）	金额（亿元）	同比增长（%）
000157.SZ	中联重科	470.75	13.08	41.52	74.01	35.06	52.04
000425.SZ	徐工机械	928.48	-1.03	56.40	10.97	53.26	23.67
000528.SZ	柳工	275.19	3.93	11.77	53.17	8.68	44.80
000680.SZ	山推股份	105.41	5.43	8.00	14.48	7.65	21.16
001226.SZ	拓山重工	4.91	-30.14	-0.11	-116.67	-0.13	-121.28
001239.SZ	永达股份	8.21	-1.46	1.14	-3.60	0.91	-1.96
002097.SZ	山河智能	72.29	-1.00	0.10	100.76	0.36	103.13
300201.SZ	海伦哲	13.52	32.03	2.22	169.34	2.06	183.05
300718.SZ	长盛轴承	11.05	3.18	2.85	151.01	2.42	137.35
301079.SZ	邵阳液压	2.76	-8.32	0.04	-89.92	0.07	-86.88
301161.SZ	唯万密封	3.63	6.69	0.42	-8.82	0.37	-19.72
301279.SZ	金道科技	6.51	-0.43	0.52	-34.14	0.49	-39.85
3339.HK	中国龙工	105.23	-5.62	7.73	76.03	6.45	61.25
301446.SZ	福事特	4.19	-9.70	0.79	-57.13	0.78	-49.76
600031.SH	三一重工	732.22	-8.49	53.43	12.55	45.27	5.96
600761.SH	安徽合力	174.71	11.47	16.22	41.47	12.78	41.36

（续）

证券代码	证券简称	营业收入		营业利润		归属母公司净利润	
		金额（亿元）	同比增长（%）	金额（亿元）	同比增长（%）	金额（亿元）	同比增长（%）
600815.SH	厦工股份	8.21	-18.46	-1.91	-167.73	-2.18	-184.50
600984.SH	建设机械	32.28	-16.98	-7.57	-3 830.69	-7.45	-1 566.52
601100.SH	恒立液压	89.85	9.61	28.15	7.52	24.99	6.66
603273.SH	天元智能	8.23	-16.53	0.70	-10.98	0.60	-15.06
603280.SH	南方路机	11.41	-6.27	1.29	10.89	1.20	5.25
603298.SH	杭叉集团	162.72	12.90	20.92	77.36	17.20	74.16
603338.SH	浙江鼎力	63.12	15.92	21.75	48.99	18.67	48.51
603638.SH	艾迪精密	22.35	10.39	3.30	14.72	2.79	11.77
605305.SH	中际联合	11.05	38.17	2.33	36.35	2.07	33.33
605389.SH	长龄液压	8.06	-10.05	1.20	-11.49	1.02	-20.01
688425.SH	铁建重工	100.27	-0.73	17.45	-13.47	15.93	-13.59
830839.BJ	万通液压	6.69	32.46	0.89	54.50	0.79	25.28
834599.BJ	同力股份	58.60	12.67	7.11	27.73	6.15	31.82
835174.BJ	五新隧装	9.54	76.34	1.82	126.02	1.64	110.55
836942.BJ	恒立钻具	1.74	-14.66	0.49	39.65	0.44	40.55
871245.BJ	威博液压	2.96	-0.55	0.22	-19.25	0.19	-36.28
合计 / 平均		3 516.14	1.28	301.19	26.72	260.55	24.22

注：因四舍五入，合计数与分项之和略有出入。

从经营效率来看，2023 年工程机械上市公司经营水平分化较大，平均基本每股收益从 2022 年的 0.69 元上升到 0.74 元，总股本从 2022 年的 537.22 亿股上升到 539.81 亿股，平均净资产收益率从 2022 年的 10.19% 下降到 8.64%。2022—2023 年工程机械上市公司经营效率情况见表 4。

表 4　2022—2023 年工程机械上市公司经营效率情况

证券代码	证券简称	总股本（亿股）		每股收益（元）		净资产收益率（%）	
		2023 年	2022 年	2023 年	2022 年	2023 年	2022 年
000157.SZ	中联重科	86.78	86.78	0.43	0.27	6.22	4.21
000425.SZ	徐工机械	118.16	118.16	0.45	0.36	9.49	8.09
000528.SZ	柳工	19.51	19.55	0.44	0.31	5.28	3.81
000680.SZ	山推股份	15.01	15.01	0.51	0.42	13.74	12.91
001226.SZ	拓山重工	0.75	0.75	-0.17	0.90	-1.73	7.74
001239.SZ	永达股份	2.40	1.80	0.51	0.52	7.46	18.78
002097.SZ	山河智能	10.87	10.87	0.03	-1.05	0.77	-24.99
300201.SZ	海伦哲	10.41	10.41	0.20	0.07	15.57	5.36
300718.SZ	长盛轴承	2.99	2.98	0.81	0.34	15.76	7.47
301079.SZ	邵阳液压	1.10	0.84	0.06	0.60	1.36	10.43
301161.SZ	唯万密封	1.20	1.20	0.31	0.47	3.98	5.05
301279.SZ	金道科技	1.00	1.00	0.49	0.89	3.72	6.19
3339.HK	中国龙工	42.80	42.80	0.15		6.54	4.01
301446.SZ	福事特	0.80	0.60	1.14	2.59	7.19	35.18
600031.SH	三一重工	84.86	84.93	0.53	0.51	6.65	6.58
600761.SH	安徽合力	7.40	7.40	1.73	1.22	17.17	14.00
600815.SH	厦工股份	17.74	17.74	-0.12	0.15	-14.45	17.22
600984.SH	建设机械	12.57	12.57	-0.59	-0.04	-14.15	-0.74
601100.SH	恒立液压	13.41	13.05	1.86	1.79	17.36	18.55
603273.SH	天元智能	2.14	1.61	0.36	0.44	7.03	20.59
603280.SH	南方路机	1.08	1.08	1.11	1.37	9.60	9.80
603298.SH	杭叉集团	9.36	8.66	1.86	1.14	19.96	16.18

（续）

证券代码	证券简称	总股本（亿股）		每股收益（元）		净资产收益率（%）	
		2023 年	2022 年	2023 年	2022 年	2023 年	2022 年
603338.SH	浙江鼎力	5.06	5.06	3.69	2.48	20.83	17.79
603638.SH	艾迪精密	8.38	8.40	0.33	0.30	8.81	8.41
605305.SH	中际联合	1.52	1.52	1.36	1.02	8.96	7.17
605389.SH	长龄液压	1.44	1.36	0.73	0.93	4.82	6.87
688425.SH	铁建重工	53.33	53.33	0.30	0.35	9.64	11.91
830839.BJ	万通液压	1.19	1.20	0.68	0.55	15.29	13.80
834599.BJ	同力股份	4.53	4.53	1.39	1.04	24.93	23.03
835174.BJ	五新隧装	0.90	0.90	1.82	0.86	23.19	13.51
836942.BJ	恒立钻具	0.61	0.61	0.72	0.66	9.59	7.38
871245.BJ	威博液压	0.49	0.49	0.40	0.62	5.92	9.79
合计 / 平均		539.81	537.22	0.74	0.69	8.64	10.19

注：因四舍五入，合计数与分项之和略有出入。

2. 工程机械出口增速维持高位

2023 年，32 家上市公司中有 28 家实现海外销售，共实现海外业务收入 1 453.90 亿元，同比增长 31.29%，占全部营业收入的 41.35%，比 2022 年有所增长。2023 年工程机械上市公司出口情况见表 5。

表 5　2023 年工程机械上市公司出口情况

证券代码	证券简称	海外业务收入（亿元）	同比增长（%）
000157.SZ	中联重科	179.05	79.20
000425.SZ	徐工机械	372.20	33.70
000528.SZ	柳工	114.62	41.18
000680.SZ	山推股份	58.78	33.73
001226.SZ	拓山重工	0.13	31.73
001239.SZ	永达股份		
002097.SZ	山河智能	41.07	27.66
300201.SZ	海伦哲		
300718.SZ	长盛轴承	4.67	1.36
301079.SZ	邵阳液压	0.05	8.56
301161.SZ	唯万密封	0.01	222.14
301279.SZ	金道科技	0.36	17.14
3339.HK	中国龙工	30.74	20.08
301446.SZ	福事特		
600031.SH	三一重工	432.58	18.28
600761.SH	安徽合力	61.13	31.97
600815.SH	厦工股份	3.84	63.91
600984.SH	建设机械	0.59	
601100.SH	恒立液压	19.27	9.95
603273.SH	天元智能	0.94	54.10
603280.SH	南方路机	2.20	54.22
603298.SH	杭叉集团	65.35	29.72
603338.SH	浙江鼎力	38.40	13.35
603638.SH	艾迪精密	4.41	24.99
605305.SH	中际联合	5.42	73.55
605389.SH	长龄液压	0.90	989.18
688425.SH	铁建重工	6.31	−31.73

（续）

证券代码	证券简称	海外业务收入（亿元）	同比增长（%）
830839.BJ	万通液压	0.47	6.01
834599.BJ	同力股份	9.81	68.52
835174.BJ	五新隧装		
836942.BJ	恒立钻具	0.07	-21.91
871245.BJ	威博液压	0.51	-17.01
合计 / 平均		1 453.90	31.29

注：因四舍五入，合计数与分项之和略有出入。

3. 毛利率上升，三项费用比率上升

由于工程机械出口持续向好，毛利率逐渐改善，32 家工程机械上市公司平均毛利率从 2022 年的 25.10% 上升至 26.32%。其中，中联重科、山河智能、长盛轴承、厦工股份、浙江鼎力等上升比较明显。但国内需求仍然不振，工程机械行业整体产能利用率较低，市场竞争压力增大，规模效益大大减弱。32 家工程机械上市公司平均净利率为 9.38%，较 2022 年下跌 1.72 个百分点。其中，福事特、厦工股份、建设机械净利率下跌较多，分别下跌 15.34 个百分点、51.77 个百分点、21.93 个百分点。三项费用比率为 15.08%，较 2022 年上升了 1.31 个百分点。2022—2023 年工程机械上市公司利润率与三项费用比率见表 6。

表 6　2022—2023 年工程机械上市公司利润率与三项费用比率

证券代码	证券简称	毛利率（%）		净利率（%）		三项费用比率（%）	
		2022 年	2023 年	2022 年	2023 年	2022 年	2023 年
000157.SZ	中联重科	21.83	27.54	5.73	8.01	15.50	18.36
000425.SZ	徐工机械	20.21	22.38	4.58	5.64	13.77	15.22
000528.SZ	柳工	16.80	20.82	2.44	3.42	12.75	14.98
000680.SZ	山推股份	14.69	18.44	6.36	7.29	10.78	11.46
001226.SZ	拓山重工	16.30	8.54	8.38	-2.62	8.01	11.60
001239.SZ	永达股份	22.95	23.06	11.17	11.11	8.27	8.46
002097.SZ	山河智能	21.35	28.06	-16.02	0.26	24.72	24.80
300201.SZ	海伦哲	32.22	32.58	7.10	15.09	19.61	18.28
300718.SZ	长盛轴承	29.38	35.81	9.43	21.88	11.17	10.95
301079.SZ	邵阳液压	29.37	25.57	16.66	2.39	16.49	22.31
301161.SZ	唯万密封	38.52	36.66	13.57	10.21	23.43	24.55
301279.SZ	金道科技	19.57	16.45	12.49	7.55	7.79	8.94
3339.HK	中国龙工	16.74	17.53		6.13	10.48	9.78
301446.SZ	福事特	38.15	37.74	34.59	19.25	16.18	18.93
600031.SH	三一重工	24.02	27.71	5.50	6.29	19.46	19.49
600761.SH	安徽合力	16.99	20.61	6.54	8.10	9.90	11.79
600815.SH	厦工股份	8.94	15.27	26.52	-25.25	19.92	24.44
600984.SH	建设机械	22.49	9.40	-1.15	-23.08	23.38	28.52
601100.SH	恒立液压	40.55	41.90	28.66	27.87	8.74	10.19
603273.SH	天元智能	15.08	16.77	7.21	7.34	6.34	7.46
603280.SH	南方路机	22.12	25.60	9.40	10.55	12.89	14.30
603298.SH	杭叉集团	17.78	20.78	7.45	11.27	9.85	9.73
603338.SH	浙江鼎力	31.04	38.49	23.09	29.58	4.60	5.53
603638.SH	艾迪精密	28.87	31.93	12.31	12.47	14.56	15.72
605305.SH	中际联合	43.67	46.13	19.41	18.73	26.27	27.89
605389.SH	长龄液压	24.48	24.18	14.18	13.20	9.06	10.18
688425.SH	铁建重工	34.07	31.36	18.26	15.90	16.40	16.49
830839.BJ	万通液压	21.80	21.89	12.55	11.87	9.80	8.42

（续）

证券代码	证券简称	毛利率（%）		净利率（%）		三项费用比率（%）	
		2022年	2023年	2022年	2023年	2022年	2023年
834599.BJ	同力股份	19.24	22.74	9.01	10.59	7.15	8.81
835174.BJ	五新隧装	35.48	36.84	14.37	17.16	20.11	17.28
836942.BJ	恒立钻具	38.46	41.07	15.32	25.49	12.92	16.79
871245.BJ	威博液压	20.16	18.45	10.16	6.51	10.45	10.82
平均		25.10	26.32	11.10	9.38	13.77	15.08

注：“三项费用”含研发费用。

4.资产营运效率下降

2023年，32家上市公司应收账款比率为45.79%，比2022年上涨2.83个百分点。这反映出下游客户付款能力减弱，回款周期延长。32家公司中有8家公司的应收账款比率下降，大部分公司出现上升趋势。

32家上市公司存货比率为39.67%，比2022年上涨2.04个百分点。这表明公司资产周转速度减慢，存量资产盘活难度加剧。32家公司中有13家公司的存货比率下降，大部分公司出现上升趋势。

32家上市公司固定资产比率为17.77%，比2022年上涨0.26个百分点。32家公司中有13家公司的固定资产比率上升，表明行业不是依靠产能扩张来维持增长。2022—2023年工程机械上市公司资产质量见表7。

表7　2022—2023年工程机械上市公司资产质量

证券代码	证券简称	应收账款比率（%）		存货比率（%）		固定资产比率（%）	
		2022年	2023年	2022年	2023年	2022年	2023年
000157.SZ	中联重科	67.05	52.28	43.64	65.97	8.43	8.36
000425.SZ	徐工机械	43.12	43.08	46.89	44.93	10.83	13.90
000528.SZ	柳工	28.59	29.71	36.26	38.93	11.60	13.14
000680.SZ	山推股份	28.95	32.23	16.31	25.24	12.26	9.82
001226.SZ	拓山重工	40.99	56.95	16.06	22.68	11.11	10.77
001239.SZ	永达股份	31.30	63.65	48.81	52.35	23.13	13.77
002097.SZ	山河智能	75.27	82.39	51.52	61.12	29.44	28.79
300201.SZ	海伦哲	66.45	45.85	39.56	26.65	15.23	14.19
300718.SZ	长盛轴承	22.94	22.97	27.76	28.13	29.13	24.03
301079.SZ	邵阳液压	68.02	77.85	45.79	63.64	5.57	25.11
301161.SZ	唯万密封	72.06	75.25	63.24	62.53	12.80	12.56
301279.SZ	金道科技	20.01	14.68	37.27	38.62	27.46	45.80
3339.HK	中国龙工	21.98	25.80	38.68	33.15		
301446.SZ	福事特	26.82	29.69	18.53	24.20	31.39	20.94
600031.SH	三一重工	31.27	33.00	32.46	37.34	12.37	15.51
600761.SH	安徽合力	9.70	11.71	16.12	16.47	14.01	12.29
600815.SH	厦工股份	49.55	35.95	57.99	50.74	10.62	14.80
600984.SH	建设机械	135.60	146.16	11.07	12.07	44.18	45.62
601100.SH	恒立液压	13.57	13.86	36.23	32.42	17.51	15.93
603273.SH	天元智能	15.22	20.68	23.36	22.32	9.52	5.09
603280.SH	南方路机	17.32	20.63	67.99	75.21	3.76	3.83
603298.SH	杭叉集团	9.71	9.90	15.85	16.95	13.63	13.87
603338.SH	浙江鼎力	37.86	37.56	47.81	49.49	8.02	11.35
603638.SH	艾迪精密	28.86	33.63	60.06	62.16	35.92	35.42
605305.SH	中际联合	39.09	39.54	41.15	39.69	4.27	3.38
605389.SH	长龄液压	37.10	39.07	24.88	31.39	18.97	16.96
688425.SH	铁建重工	72.24	85.93	68.03	66.68	22.19	27.83

（续）

证券代码	证券简称	应收账款比率（%）		存货比率（%）		固定资产比率（%）	
		2022 年	2023 年	2022 年	2023 年	2022 年	2023 年
830839.BJ	万通液压	25.25	21.45	26.75	16.42	30.58	26.74
834599.BJ	同力股份	26.90	35.11	23.30	14.70	9.47	10.79
835174.BJ	五新隧装	67.52	53.09	31.48	22.07	13.11	8.20
836942.BJ	恒立钻具	125.72	154.40	60.63	90.28	2.00	4.07
871245.BJ	威博液压	18.52	21.35	28.78	25.03	44.26	38.01
平均		42.96	45.79	37.63	39.67	17.51	17.77

注：应收账款比率为应收账款占营业收入的比率；存货比率是存货占当年营销成本的比率；固定资产比率为固定资产占总资产的比率。

公司的经营效率指标是指和资产质量相关的指标。从存货周转率、应收账款周转率以及经营活动现金流等指标来看，2023 年，工程机械上市公司应收账款和存货周转进一步放缓，32 家公司平均应收账款周转天数为 160.32 天，比 2022 年增加 13.78 天；平均存货周转天数为 139.84 天，比 2022 年增加 4.23 天；32 家公司的现金流有所上升，每股经营活动现金流从 2022 年的 0.39 元上升至 0.63 元。2022—2023 年工程机械上市公司经营效率见表 8。

表 8　2022—2023 年工程机械上市公司经营效率

证券代码	证券简称	应收账款周转天数（天）		存货周转天数（天）		每股经营活动现金流（元）	
		2022 年	2023 年	2022 年	2023 年	2022 年	2023 年
000157.SZ	中联重科	306.72	200.85	153.24	193.70	0.28	0.31
000425.SZ	徐工机械	137.65	155.97	124.87	168.55	0.13	0.30
000528.SZ	柳工	94.07	103.00	139.15	136.06	0.49	0.83
000680.SZ	山推股份	85.29	107.44	74.71	74.56	0.25	0.23
001226.SZ	拓山重工	125.51	208.13	57.44	78.70	-1.48	-1.87
001239.SZ	永达股份	97.66	171.76	187.58	183.50	-0.13	-0.54
002097.SZ	山河智能	239.95	285.17	183.51	212.43	-1.44	-0.48
300201.SZ	海伦哲	244.68	173.13	127.47	102.19	0.04	0.32
300718.SZ	长盛轴承	82.52	81.36	93.20	103.93	0.53	0.92
301079.SZ	邵阳液压	216.45	273.68	163.76	199.87	0.72	0.10
301161.SZ	唯万密封	210.75	257.03	224.64	216.11	0.15	0.27
301279.SZ	金道科技	64.72	62.61	121.28	134.37	0.67	1.37
3339.HK	中国龙工	92.15	88.50	148.38	134.16	0.43	0.46
301446.SZ	福事特	86.76	106.91	78.34	80.26	0.56	0.67
600031.SH	三一重工	100.50	120.91	113.09	134.34	0.48	0.67
600761.SH	安徽合力	31.31	36.73	57.05	56.87	1.04	1.97
600815.SH	厦工股份	189.67	174.11	241.69	228.92	-0.03	0.04
600984.SH	建设机械	477.83	557.10	44.63	42.25	0.21	0.33
601100.SH	恒立液压	48.84	47.22	124.57	119.23	1.54	2.00
603273.SH	天元智能	49.89	70.05	140.89	91.58	0.72	0.25
603280.SH	南方路机	54.42	70.39	272.44	272.07	0.02	0.80
603298.SH	杭叉集团	30.96	33.29	56.69	56.74	0.72	1.73
603338.SH	浙江鼎力	121.71	126.40	152.56	172.31	1.85	4.40
603638.SH	艾迪精密	91.74	107.59	211.71	214.22	0.19	0.01
605305.SH	中际联合	134.61	122.09	145.53	127.51	1.57	0.65
605389.SH	长龄液压	125.61	144.56	88.91	106.09	0.80	1.29
688425.SH	铁建重工	262.43	285.67	216.62	238.52	0.20	0.13
830839.BJ	万通液压	80.10	72.92	98.15	65.96	0.19	0.55

（续）

证券代码	证券简称	应收账款周转天数（天）		存货周转天数（天）		每股经营活动现金流（元）	
		2022 年	2023 年	2022 年	2023 年	2022 年	2023 年
834599.BJ	同力股份	79.11	106.17	69.92	65.38	0.14	0.61
835174.BJ	五新隧装	265.27	164.48	101.99	72.54	0.86	1.61
836942.BJ	恒立钻具	389.48	543.07	236.07	296.05	-0.32	0.02
871245.BJ	威博液压	70.85	71.95	89.48	96.06	1.05	0.11
平均		146.54	160.32	135.61	139.84	0.39	0.63

5. 企业偿债能力略有下降

2023 年，32 家上市公司平均资产负债率为 38.55%，较 2022 年下降 2.16 个百分点，整体处于健康水平。

32 家上市公司平均流动比率为 2.85，较 2022 年下降 0.05；平均速动比率为 2.23，较 2022 年上涨 0.06，公司偿债能力略有改善。2022—2023 年工程机械上市公司偿债能力见表 9。

表 9　2022—2023 年工程机械上市公司偿债能力

证券代码	证券简称	流动比率		速动比率		资产负债率（%）	
		2022 年	2023 年	2022 年	2023 年	2022 年	2023 年
000157.SZ	中联重科	1.52	1.56	1.02	0.89	53.89	54.79
000425.SZ	徐工机械	1.34	1.29	0.87	0.82	68.78	64.51
000528.SZ	柳工	1.37	1.49	0.77	0.93	59.36	61.36
000680.SZ	山推股份	1.38	1.40	1.06	1.01	55.05	56.34
001226.SZ	拓山重工	2.74	2.86	2.36	2.34	31.18	35.07
001239.SZ	永达股份	1.62	3.44	0.96	2.72	59.67	42.53
002097.SZ	山河智能	1.37	1.49	0.96	1.05	76.94	77.21
300201.SZ	海伦哲	1.68	1.68	1.25	1.34	37.08	39.27
300718.SZ	长盛轴承	5.78	4.50	4.57	3.78	13.69	16.98
301079.SZ	邵阳液压	2.83	1.64	2.25	1.11	38.28	44.38
301161.SZ	唯万密封	8.32	8.91	6.94	7.37	10.21	9.65
301279.SZ	金道科技	2.49	2.21	1.91	1.60	22.09	21.85
3339.HK	中国龙工	2.38	2.23	1.64	1.72	36.64	36.11
301446.SZ	福事特	1.76	7.60	1.46	7.01	37.74	15.77
600031.SH	三一重工	1.56	1.79	0.97	1.06	58.42	54.25
600761.SH	安徽合力	2.82	2.57	2.21	2.05	50.05	51.11
600815.SH	厦工股份	2.84	3.50	1.90	1.78	39.20	29.02
600984.SH	建设机械	1.28	1.00	1.16	0.90	66.60	70.05
601100.SH	恒立液压	3.92	4.19	3.30	3.56	21.75	19.29
603273.SH	天元智能	1.28	2.24	0.92	1.95	64.60	39.94
603280.SH	南方路机	2.28	2.52	1.44	1.60	41.76	37.82
603298.SH	杭叉集团	2.03	1.95	1.34	1.29	41.76	33.42
603338.SH	浙江鼎力	2.35	2.29	1.58	1.58	40.13	36.90
603638.SH	艾迪精密	1.97	1.98	1.34	1.34	43.57	43.46
605305.SH	中际联合	6.79	5.14	6.20	4.64	13.61	18.20
605389.SH	长龄液压	8.48	5.03	7.40	4.38	10.05	14.27
688425.SH	铁建重工	2.16	1.92	1.49	1.31	34.81	34.93
830839.BJ	万通液压	2.99	3.52	2.19	2.85	26.22	24.05
834599.BJ	同力股份	1.36	1.55	1.06	1.29	64.37	56.29
835174.BJ	五新隧装	3.36	2.70	2.73	2.30	24.78	32.67
836942.BJ	恒立钻具	3.37	3.35	2.91	2.80	28.19	27.24
871245.BJ	威博液压	2.10	1.61	1.32	1.07	32.18	34.99
平均		2.80	2.85	2.17	2.23	40.71	38.55

三、市场表现与市场预测

2023 年，上证综指从年初开盘的 3 087.51 点至年底收盘的 2 974.93 点，下跌 3.65%；深证成指从年初开盘的 11 003.05 点至年底收盘的 9 524.69 点，下跌 13.44%；香港恒生指数从年初开盘的 19 570.43 点至年底收盘的 17 047.39 点，下跌 12.89%。同期，工程机械上市公司表现强于上证综指、深证成指和香港恒生指数，32 家工程机械上市公司 2023 年总市值从年初的 4 796.76 亿元上升到年底的 5 011.82 亿元，全年增长 4.48%。其中，海伦哲、安徽合力、杭叉集团、万通液压、同力股份、五新隧装、威博液压 7 家公司市值增长超过 30%。2023 年工程机械上市公司市值变化见表 10。

表 10　2023 年工程机械上市公司市值变化

证券代码	证券简称	总股本（亿股）		年初开盘价（元）	年末收盘价（元）	总市值（亿元）	
		2023-01-01	2023-12-31			2023-01-01	2023-12-31
000157.SZ	中联重科	86.78	86.78	5.44	6.53	438.17	525.02
000425.SZ	徐工机械	118.16	118.16	5.06	5.46	599.08	645.16
000528.SZ	柳工	19.55	19.51	5.87	6.74	114.96	131.51
000680.SZ	山推股份	15.01	15.01	4.12	4.94	62.00	74.14
001226.SZ	拓山重工	0.75	0.75	27.73	35.58	20.61	26.57
001239.SZ	永达股份	1.80	2.40		23.83		57.19
002097.SZ	山河智能	10.87	10.87	5.90	6.13	64.04	66.65
300201.SZ	海伦哲	10.41	10.41	3.32	5.04	34.66	52.46
300718.SZ	长盛轴承	2.98	2.99	22.58	18.55	68.04	55.44
301079.SZ	邵阳液压	0.84	1.10	18.48	17.30	15.36	19.09
301161.SZ	唯万密封	1.20	1.20	23.41	20.22	28.20	24.26
301279.SZ	金道科技	1.00	1.00	22.40	24.79	22.02	24.79
3339.HK	中国龙工	42.80	42.80	1.37	1.22	52.38	47.32
301446.SZ	福事特	0.60	0.80		31.47		25.18
600031.SH	三一重工	84.93	84.86	15.80	13.77	1 341.94	1 168.49
600761.SH	安徽合力	7.40	7.40	13.22	18.21	97.33	134.79
600815.SH	厦工股份	17.74	17.74	2.62	2.69	47.19	47.72
600984.SH	建设机械	12.57	12.57	5.43	3.75	68.63	47.14
601100.SH	恒立液压	13.05	13.41	62.50	54.68	824.33	733.16
603273.SH	天元智能	1.61	2.14		25.06		53.71
603280.SH	南方路机	1.08	1.08	24.25	26.74	26.56	28.99
603298.SH	杭叉集团	8.66	9.36	16.81	24.88	145.64	232.77
603338.SH	浙江鼎力	5.06	5.06	47.83	51.17	242.29	259.10
603638.SH	艾迪精密	8.40	8.38	14.92	16.25	125.35	136.23
605305.SH	中际联合	1.52	1.52	35.54	32.31	53.74	49.05
605389.SH	长龄液压	1.36	1.44	25.90	26.76	35.03	38.56
688425.SH	铁建重工	53.33	53.33	3.94	3.97	210.67	211.74
830839.BJ	万通液压	1.20	1.19	6.30	12.44	7.86	14.85
834599.BJ	同力股份	4.53	4.53	7.13	10.57	32.04	47.83
835174.BJ	五新隧装	0.90	0.90	7.66	20.01	6.88	18.01
836942.BJ	恒立钻具	0.61	0.61	10.70	13.01	6.49	7.98
871245.BJ	威博液压	0.49	0.49	10.80	14.21	5.27	6.93
合计 / 平均		537.22	539.81	15.76	18.07	4 796.76	5 011.82

注：永达股份、福事特、天元智能为 2023 年内上市企业。因四舍五入，合计数与分项之和略有出入。

32 家工程机械上市公司平均市盈率从 2022 年年底的 16.51 倍上升至 2023 年年底的 30.57 倍。2023 年年底的平均市净率为 2.52 倍，比 2022 年上升 0.51 倍。基于核心竞争力的比较，资本市场给予上市公司区别估值。

三一重工的估值与同类公司中联重科、徐工机械、柳工拉开了距离，其市盈率和市净率分别达到 25.81 倍和 1.72 倍，估值远超竞争对手。2023 年工程机械上市公司市场表现见表 11。

表 11　2023 年工程机械上市公司市场表现

证券代码	证券简称	市盈率（倍）		市净率（倍）	
		2022-12-31	2023-12-31	2022-12-31	2023-12-31
000157.SZ	中联重科	20.47	16.16	0.86	1.00
000425.SZ	徐工机械	13.91	12.11	1.12	1.15
000528.SZ	柳工	19.18	15.15	0.73	0.80
000680.SZ	山推股份	9.81	9.69	1.27	1.33
001226.SZ	拓山重工	35.03	-212.23	2.71	3.68
001239.SZ	永达股份		62.69		4.68
002097.SZ	山河智能	-5.63	187.30	1.41	1.45
300201.SZ	海伦哲	47.66	25.48	2.55	3.97
300718.SZ	长盛轴承	66.66	22.89	4.98	3.61
301079.SZ	邵阳液压	30.64	290.24	3.20	3.96
301161.SZ	唯万密封	61.03	65.42	3.08	2.60
301279.SZ	金道科技	26.97	50.48	1.67	1.88
3339.HK	中国龙工	12.98	7.38	0.53	0.48
301446.SZ	福事特		32.25		2.32
600031.SH	三一重工	31.41	25.81	2.07	1.72
600761.SH	安徽合力	10.77	10.55	1.51	1.81
600815.SH	厦工股份	18.28	-21.87	3.15	3.16
600984.SH	建设机械	-153.57	-6.33	1.14	0.90
601100.SH	恒立液压	35.19	29.34	6.53	5.09
603273.SH	天元智能		88.93		6.25
603280.SH	南方路机	23.21	24.07	2.28	2.31
603298.SH	杭叉集团	14.74	13.53	2.38	2.70
603338.SH	浙江鼎力	19.27	13.88	3.43	2.89
603638.SH	艾迪精密	50.28	48.89	4.23	4.31
605305.SH	中际联合	34.64	23.71	2.48	2.13
605389.SH	长龄液压	27.56	37.92	1.89	1.83
688425.SH	铁建重工	11.42	13.29	1.36	1.28
830839.BJ	万通液压	12.40	18.71	1.71	2.86
834599.BJ	同力股份	6.87	7.78	1.58	1.94
835174.BJ	五新隧装	8.85	11.00	1.19	2.55
836942.BJ	恒立钻具	20.78	18.16	1.53	1.74
871245.BJ	威博液压	17.42	35.97	1.70	2.13
平均		16.51	30.57	2.01	2.52

2023 年，工程机械国内市场面临多重压力，市场需求下降，行业运行呈下降态势。但出口持续向好，占总收入的比重进一步加大。2024 年，国家继续实施积极的财政政策和稳健的货币政策，房地产行业将逐步走出谷底，基础设施建设提速，政策性银行新增贷款投放增加，预计国内工程机械行业景气度将逐渐回升。此外，国内工程机械生产企业积极开拓海外市场，出口规模仍将进一步扩大。整体来看，工程机械行业呈现出向好的态势，龙头企业的股价仍将有不俗的表现。

注：本文所有数据均来自同花顺 iFinD 和上市公司年报。

2023 年国内塔式起重机租赁行业运行情况分析

随着建筑业规模的不断增长，我国塔式起重机（以下简称塔机）租赁行业市场规模也不断扩大。经过十多年的发展，塔机租赁行业市场跌宕起伏，塔机保有量不断增长。2017 年下半年，塔机租赁行业“一机难求”，自 2021 年下半年尤其是进入 2022 年以来，全国房地产市场整体下行压力加大，市场需求和购买力不足，房地产市场表现低迷，引发塔机租赁行业的持续调整。2023 年，在建筑业和房地产投资市场未见明显好转的背景下，塔机租赁市场仍然延续了前两年的调整态势，塔机租赁行业景气指数涵盖的各项指标均不同程度走低。本文结合塔机租赁行业景气指数 2023 年统计数据，分析塔机租赁市场的形势。

中国工程机械工业协会施工机械化分会统计的塔机租赁行业景气指数（TPI）是反映国内塔机利用率及租赁市场价格波动的系列指数，直接反映建筑起重机械与房屋建筑市场的兴衰关系。塔机租赁行业景气指数包括塔机利用率指数（台天利用率、起重力矩利用率）、租赁价格指数和新单价格指数。台天利用率是使用塔机台数与保有总台数的比值，起重力矩利用率是在用塔机最大起重力矩之和与保有塔机最大起重力矩之和的比值。新单价格指数是每周新签合同的租赁价格指数，直接反映塔机租赁行业最新价格走势变化。本文涉及的租赁价格是指不含税、人工费、进场费、运费的每吨米租赁价格，新单价格是指不含税、人工费、进场费、运费的新签合同每吨米租赁价格，塔机租赁净收入指不含税、人工费、进场费、运费的塔机租赁净收入。

2023 年参加 TPI 统计的国内塔机租赁行业头部企业有 17 家，1 月塔机保有量为 20 504 台，12 月塔机保有量为 19 923 台。2023 年塔机保有量减少 581 台，而 2022 年塔机保有量增加 663 台，可见租赁商采购设备意愿有所下降。2023 年 1 月，参与统计的所有塔机最大起重力矩保有量为 3 896 838tm（1tm=10kN · m），12 月塔机最大起重力矩保有量为 3 966 432tm。在塔机台数减少的情况下，最大起重力矩保有量反而有所增加，单台塔机的平均起重力矩由 1 月的 190tm 提升到 12 月的 199tm，说明租赁企业在逐渐调整产品结构，往中大型塔机方向转型。

一、塔机租赁收入与新签合同下滑

根据塔机租赁行业景气指数统计，2023 年，参与塔机租赁行业景气指数统计的企业租赁净收入总计 339 375 万元。除 2 月份之外，其余各月的租赁净收入均低于 2022 年同期，总净收入比 2022 年下降 21.68%。其中，上半年租赁净收入为 173 310 万元，比 2022 年同期下降 16.63%；下半年租赁净收入为 166 065 万元，比 2022 年同期下降 26.33%，市场整体呈现下滑之势。2022—2023 年塔机租赁净收入见表 1。

表 1　2022—2023 年塔机租赁净收入

月份	2022 年租赁净收入（万元）	2023 年租赁净收入（万元）
1	33 316	18 652
2	23 513	26 666
3	37 150	33 235
4	35 026	32 813
5	37 304	30 804
6	41 579	31 140
7	38 152	29 376
8	38 049	28 100
9	37 881	27 731
10	38 065	27 542
11	37 099	26 993
12	36 171	26 323

2023 年，塔机租赁新签合同额为 438 165 万元，同比下降 14.48%。其中，上半年新签合同额 240 555 万元，同比增长 6.26%。下半年急转直下，新签合同额约 197 610 万元，同比下降 30.9%。这与前文所述的租赁净收入的变化一致，表明市场需求仍在寻底。2022—2023 年塔机租赁新签合同额见表 2。

表 2　2022—2023 年塔机租赁新签合同额

时间	2022 年新签合同额（万元）	2023 年新签合同额（万元）
第 1 周	6 670	4 907
第 2 周	7 435	7 365
第 3 周	7 333	1 851
第 4 周	5 602	
第 5 周	739	3 790
第 6 周	3 445	4 669
第 7 周	7 741	6 457
第 8 周	5 485	13 172
第 9 周	11 643	10 450

（续）

时间	2022 年新签合同额（万元）	2023 年新签合同额（万元）
第 10 周	10 407	16 443
第 11 周	8 247	10 235
第 12 周	15 688	11 101
第 13 周	9 949	9 246
第 14 周	4 160	10 508
第 15 周	10 237	10 168
第 16 周	11 787	11 130
第 17 周	11 290	17 406
第 18 周	4 458	4 672
第 19 周	13 581	13 205
第 20 周	9 506	10 460
第 21 周	11 274	13 997
第 22 周	5 217	7 871
第 23 周	11 095	5 407
第 24 周	6 968	13 830
第 25 周	13 238	9 544
第 26 周	13 197	12 672
第 27 周	12 561	11 030
第 28 周	14 417	8 303
第 29 周	13 820	5 550
第 30 周	13 958	7 432
第 31 周	11 878	9 365
第 32 周	11 928	8 688
第 33 周	9 287	7 402
第 34 周	7 969	7 335
第 35 周	12 939	11 946
第 36 周	18 004	10 637
第 37 周	8 224	6 932
第 38 周	15 700	9 386
第 39 周	22 597	2 296
第 40 周	2 466	7 434
第 41 周	6 294	9 557
第 42 周	6 769	9 299
第 43 周	5 538	6 099
第 44 周	13 187	8 281
第 45 周	13 890	6 610
第 46 周	10 277	6 270

（续）

时间	2022 年新签合同额（万元）	2023 年新签合同额（万元）
第 47 周	6 601	6 717
第 48 周	13 334	5 248
第 49 周	6 375	5 501
第 50 周	5 674	5 591
第 51 周	9 300	5 663
第 52 周	12 980	9 036
合计	512 361	438 165

注：因四舍五入，合计数与分项之和略有出入。

二、塔机利用率逐季度下降

据塔机租赁行业景气指数统计，2023 年，除 1 月、2 月因春节假期因素明显偏低外，3—12 月塔机台天利用率为 54.3%～58.0%，虽波动不大，但整体呈现下降态势。3—12 月起重力矩利用率为 56.6%～60.4%，与 2022 年同期相比，呈现缓降态势。2023 年，各月的起重力矩利用率均高于台天利用率，说明中大型塔机利用率高于小型塔机，市场对中大型塔机的需求要高于小型塔机。这一特点从 2022 年 7 月份开始形成，并一直保持到 2023 年 12 月。

分季度看，一季度受春节影响，1 月和 2 月塔机利用率整体较低，3 月恢复正常，台天利用率为 33.6%～57.9%，起重力矩利用率为 35.6%～60.0%；二季度塔机台天利用率为 57.5%～58.0%，起重力矩利用率为 59.4%～60.4%；三季度塔机台天利用率为 54.5%～56.6%，起重力矩利用率为 57.2%～59.0%；四季度塔机台天利用率为 54.3%～55.3%，起重力矩利用率为 56.6%～57.5%。从全年看，无论是台天利用率还是起重力矩利用率，逐季度缓慢下降。2022—2023 年塔机利用率指数见表 3。

表 3 2022—2023 年塔机利用率指数

时间	台天利用率（%）	起重力矩利用率（%）
2022 年 1 月	53.3	54.3
2022 年 2 月	40.0	42.1
2022 年 3 月	62.2	63.8
2022 年 4 月	61.1	61.5
2022 年 5 月	61.4	60.6
2022 年 6 月	64.0	64.3
2022 年 7 月	64.2	64.8
2022 年 8 月	63.1	64.8
2022 年 9 月	63.7	65.9
2022 年 10 月	63.2	65.2

（续）

时间	台天利用率（%）	起重力矩利用率（%）
2022 年 11 月	62.6	64.8
2022 年 12 月	60.5	62.6
2023 年 1 月	33.6	35.6
2023 年 2 月	46.6	47.4
2023 年 3 月	57.9	60.0
2023 年 4 月	58.0	60.4
2023 年 5 月	58.0	59.7
2023 年 6 月	57.5	59.4
2023 年 7 月	56.6	59.0
2023 年 8 月	55.1	57.7
2023 年 9 月	54.5	57.2
2023 年 10 月	55.1	57.1
2023 年 11 月	55.3	57.5
2023 年 12 月	54.3	56.6

三、塔机租赁价格指数连续下降

2023 年，塔机租赁价格指数为 700.4～857.7，整体延续了 2022 年的下降态势。2023 年 1—5 月，租赁价格指数存在上下波动。从 6 月开始，租赁价格指数逐月下降，12 月降至 700.4 点，为自开展统计以来的最低点。2023 年各月租赁价格指数均低于 2022 年的同期，量价齐跌，反映了市场调整的真实状况。2022—2023 年塔机租赁价格指数见表 4。

表 4　2022—2023 年塔机租赁价格指数

月份	2022 年租赁价格指数（点）	2023 年租赁价格指数（点）
1	1 053.6	803.8
2	955.7	857.7
3	989.6	842.4
4	961.8	844.1
5	972.7	777.7
6	1 027.6	801.2
7	932.1	764.0
8	922.1	753.9
9	894.4	752.1
10	904.2	731.1
11	880.3	708.4
12	890.3	700.4

新单价格指数以开始产生统计数据的 2021 年 7 月前四周平均新单价格为 1 000 点。2023 年，第 1 周新单价格指数为 652 点，第 52 周新单价格指数为 528 点。其中，第 4 周适逢春节，统计暂停。2023 年新单价格指数为 485～771 点，较 2022 年（654～1 021 点）有明显下降。

为平滑异常数据的波动，新单价格指数引入 5 周均线和 13 周均线。新单价格指数的 5 周移动平均值在 2023 年第 1 周为 713 点，在 2023 年第 52 周为 551 点，下降 22.7%；新单价格指数的 13 周移动平均值在 2023 年第 1 周为 731 点，在 2023 年第 52 周为 544 点，下降 25.6%。二者的下降幅度均大于 2022 年同期下降幅度，表示新单价格的下跌速度加快。2022—2023 年塔机租赁新单价格指数见表 5。

表 5　2022—2023 年塔机租赁新单价格指数

时间	2022 年新单价格指数（点）	2023 年新单价格指数（点）	2023 年 5 周均线（点）	2023 年 13 周均线（点）
第 1 周	947	652	713	731
第 2 周	804	631	689	723
第 3 周	851	580	657	706
第 4 周	755			
第 5 周	995	771	659	704
第 6 周	867	660	660	687
第 7 周	982	736	687	692
第 8 周	906	614	695	689
第 9 周	857	672	691	686
第 10 周	816	673	671	679
第 11 周	878	604	660	668
第 12 周	828	678	648	665
第 13 周	914	658	657	661

（续）

时间	2022 年新单价格指数（点）	2023 年新单价格指数（点）	2023 年 5 周均线（点）	2023 年 13 周均线（点）
第 14 周	879	665	656	662
第 15 周	715	554	632	655
第 16 周	837	667	644	663
第 17 周	810	704	650	666
第 18 周	785	631	644	655
第 19 周	802	624	636	652
第 20 周	754	631	651	644
第 21 周	844	644	647	647
第 22 周	754	679	642	647
第 23 周	693	582	632	640
第 24 周	826	545	616	635
第 25 周	731	600	610	629
第 26 周	712	580	597	623
第 27 周	746	634	588	621
第 28 周	766	556	583	621
第 29 周	739	504	575	609
第 30 周	693	558	566	597
第 31 周	787	601	571	595
第 32 周	716	649	574	597
第 33 周	719	534	569	590
第 34 周	736	598	588	586
第 35 周	744	578	592	578
第 36 周	723	552	582	576
第 37 周	694	620	576	582
第 38 周	745	588	587	581
第 39 周	672	708	609	591
第 40 周	1 021	485	591	579
第 41 周	737	540	588	578
第 42 周	798	551	575	582
第 43 周	723	580	573	583
第 44 周	781	576	546	582
第 45 周	859	550	559	574
第 46 周	676	525	556	573
第 47 周	654	509	548	566
第 48 周	710	512	534	561
第 49 周	754	597	538	565
第 50 周	737	603	549	563
第 51 周	709	515	547	558
第 52 周	713	528	551	544

四、塔机租赁需求端分析

塔机租赁主要服务于以房屋建设为主的建筑行业，与建筑行业有着较强的关联性。根据国家统计局统计数据，2023 年，全国建筑业企业完成建筑业总产值 315 912 亿元，比上年增长 5.8%；完成竣工产值 137 512 亿元，比上年增长 3.8%；房屋建筑施工面积为 151 亿 m^2，比上年下降 1.5%；房屋建筑竣工面积为 38.6 亿 m^2，比上年下降 2.7%；实现利润 8 326 亿元，按可比口径计算，比上年增长 0.2%。

2023 年，全国建筑业企业签订合同总额 724 731 亿元，比上年增长 2.8%，增速比上年降低 4.56 个百分点。其中，新签合同额为 356 040 亿元，比上年下降 0.9%，增速比上年降低 5.19 个百分点。

据国家统计局发布的数据，2023 年，全国房地产开发投资 110 913 亿元，比上年下降 9.6%。其中，住宅投资 83 820 亿元，比上年下降 9.3%。2023 年，房地产开发企业房屋施工面积为 838 364 万 m^2，比上年下降 7.2%。其中，住宅施工面积为 589 884 万 m^2，比上年下降 7.7%。房屋新开工面积为 95 376 万 m^2，比上年下降 20.4%。其中，住宅新开工面积为 69 286 万 m^2，比上年下降 20.9%。房屋竣工面积为 99 831 万 m^2，比上年增长 17%。其中，住宅竣工面积为 72 433 万 m^2，比上年增长 17.2%。2023 年全国房地产开发投资增速见图 1。

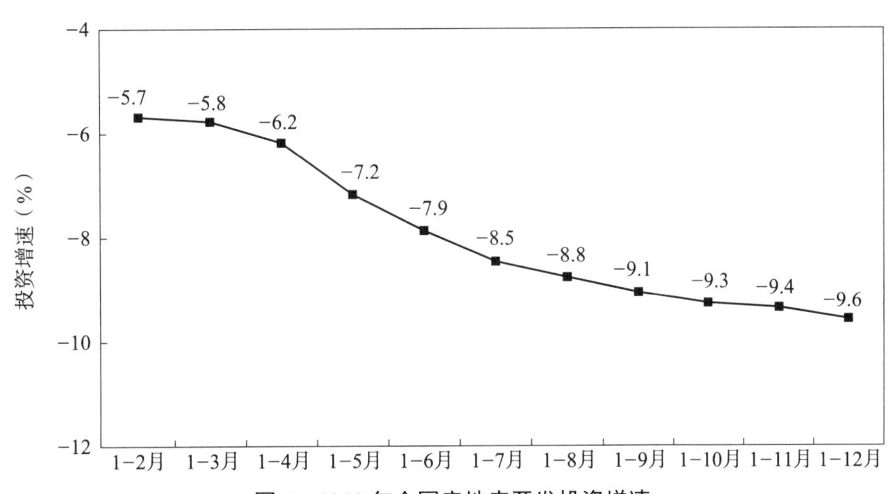

图 1　2023 年全国房地产开发投资增速

2023 年，建筑业总产值虽维持增长，但新签合同额出现负增长、产值利润率连续五年下降，房地产开发投资力度连续较大幅度下降，对塔机租赁行业带来的影响是 TPI 指数各项数据下滑。

在需求端下滑的背景下，也有一些积极的信号，为行业的回暖保留了信心。房地产投资等指标降幅收窄，房地产竣工面积增加较快。2023 年，房地产开发投资降幅比上年收窄 0.4 个百分点；房地产开发企业到位资金降幅比上年收窄 12.3 个百分点；房地产开发企业竣工房屋面积比上年增长 17%，“保交楼”工作在稳步推进，效果持续显现。

五、发展趋势

国家统计局公布的数据显示，2023 年，我国的城镇化率为 66.16%，与发达经济体的城镇化率（80% 左右）相比，还有一定的提升空间。尽管我国人均住房面积存量不小，但很多房子的功能和结构不尽合理，人民群众改善性住房需求比较迫切，这也会形成房地产市场发展的重要推动力。同时，保障性住房建设、“平急两用”公共基础设施建设以及城中村改造工程都在快速推进，也会带动房地产相关投资消费，推动房地产市场健康发展。

从近两年塔机租赁行业景气指数的走势可见，我国塔机租赁行业当前仍在调整期，行业处于筑底洗牌阶段。房屋建筑和基建工程共同决定了建筑起重机械的需求，房地产投资增速下滑，但投资规模仍然较大，为建筑起重机械租赁提供了较大市场空间。随着我国建筑业转型升级，塔机租赁行业也必将大浪淘沙，经营管理粗放、技术能力不足的企业将逐渐被淘汰。租赁企业应坚持长期主义，夯实基础，优化设备结构，提升服务能力，在行业调整中走出高质量发展之路。

〔撰稿人：中国工程机械工业协会施工机械化分会张磊庆〕

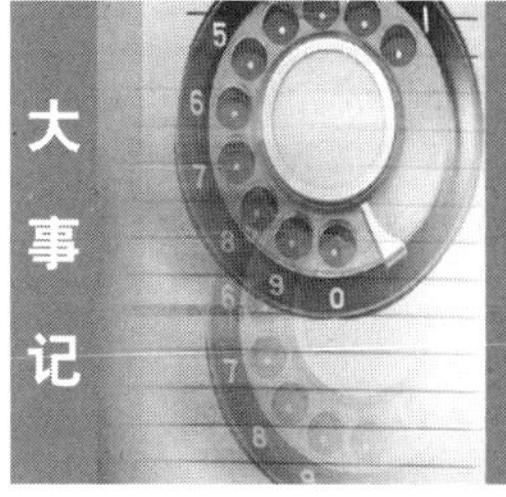

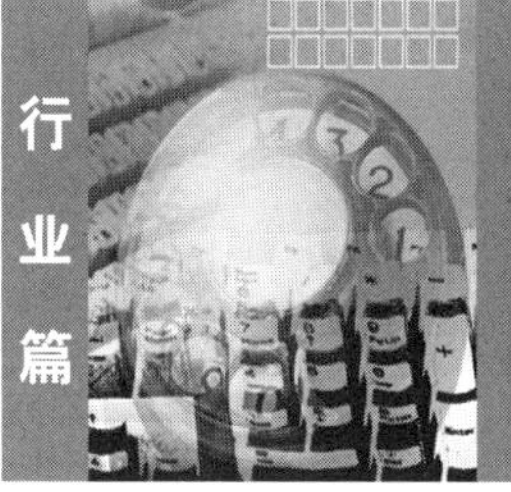

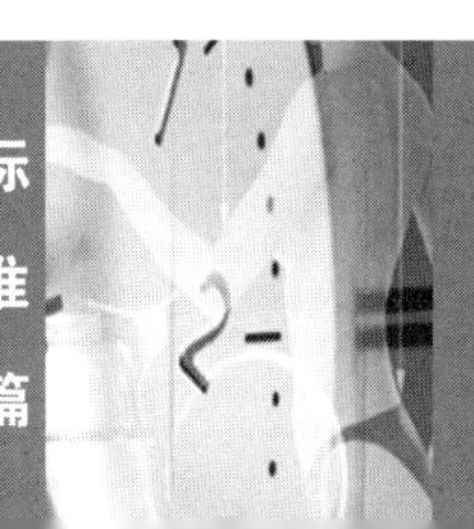

公布2023年工程机械行业用户需求部分调查结果

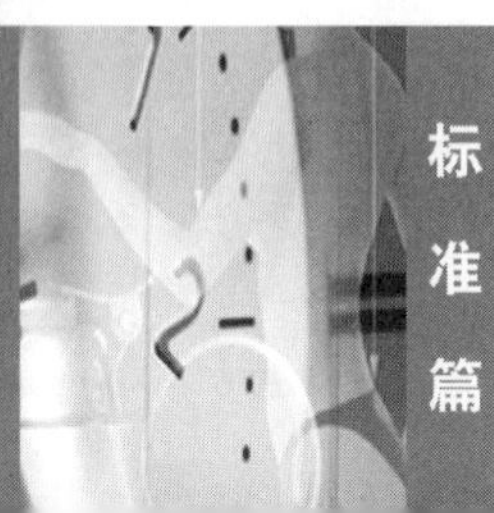

中国工程机械工业年鉴2024

调研篇

2023年工程机械用户需求调查报告（摘要）

2023年工程机械用户需求调查报告（摘要）

为了深入贯彻《中共中央 国务院关于开展质量提升行动的指导意见》提出的“建立质量分级制度……完善第三方质量评价体系，开展高端品质认证，推动质量评价由追求‘合格率’向追求‘满意度’跃升”的指示精神，推动工程机械产品质量由“检验合格率”向“用户满意度”跃升，推动企业从以产品为中心转变到以用户满意为中心，由追求产品质量“出厂合格率”标准转变到市场质量评价的“用户满意度”标准，2023年，中国工程机械工业协会用户工作委员会（简称用户工作委员会）持续开展产品质量用户满意度调研，实现以用户体验和用户满意为质量检验标准，推动企业经营管理实现转型升级，适应新时代高质量发展的新要求。

一、落实质量品牌建设，推动产品质量提升

按照《工业和信息化部办公厅关于开展2023年工业和信息化质量提升与品牌建设工作的通知》提出的“推动企业建立先进质量管理体系，实现全员、全过程、全要素、全数据的新型质量管理”和“组织开展全国质量标杆遴选、用户满意和用户体验活动”的工作要求，在工程机械行业推动实施高质量用户满意工程，用户工作委员会持续开展“工程机械行业用户满意度测评”工作，开展用户需求端调研，分析评价制造端供给侧的质量提升、服务升级和技术创新情况，持续发挥用户需求的市场导向作用，推动工程机械企业实施高质量用户满意工程，促进用户满意经营绩效提升，创建市场认可的优秀质量品牌。

中国工程机械工业协会用户工作委员会作为行业工作的推动者，持续访问工程机械用户，倾听用户声音，反映用户诉求，调研分析工程机械产品质量、性能、服务等指标提升效果，从用户体验和市场表现等方面客观评价产品质量，推动产品质量改善，提升用户体验价值，传播市场质量观念，推动实施用户满意工程。并以此推动企业建立以用户满意为中心的经营管理模式，在始于用户需求、止于用户满意的过程中创造价值，注重用户体验交付，推动企业的全价值链以用户满意为工作标准，实现全价值链高质量发展。

二、依据国家标准测评，践行用户满意工程

用户工作委员会按照《中国工程机械工业协会章程》业务范围规定，按照分会理事会的工作部署，在工程机械行业组织开展产品质量用户满意度评价调研，推动“质量诚信、用户满意”的市场质量观念落地，测量产品质量的市场表现，以用户需求为导向，促进企业高质量发展。依据GB/T 19038—2009《顾客满意测评模型和方法指南》、GB/T 19039—2009《顾客满意测评通则》和《工程机械用户满意度测评规范（试行）》等标准，持续开展工程机械产品用户满意度测评工作，广泛收集用户体验和反馈评价信息，科学计算、分析用户满意度，量化指标由第三方测量评价产品质量的市场表现，为产品用户满意度评价提供客观参考标准。

2023年，用户工作委员会继续开展混凝土机械、筑养路机械、高空作业机械和旋挖钻机等产品质量的用户满意度评价调研。在广大会员用户、经销商、代理商和协会分支机构的支持和帮助下，坚持以制造企业自愿参加为原则，推动企业积极参与用户满意工程，使得用户满意度测评工作得以持续开展。根据调研数据，分析企业品牌形象、产品质量体验、服务质量体验、产品价值感、用户满意度、用户忠诚度和用户抱怨率等指标的客观评价结果。并在年会上发布了2023年工程机械用户满意度测评报告，提出有关改进建议，对比评价结果，发现用户需求变化趋势，识别用户满意度低或者用户不满意的具体问题，反馈给参加测评工作的相关企业，帮助企业提升质量经营绩效。

三、2023年用户满意度测评工作总体情况

测量用户满意度的各项指标可以反映用户诉求和市场需求变化趋势。用户抱怨率增长，则用户满意度降低；用户忠诚度降低，则会有更多用户流失。监测用户满意度变化，发现影响用户体验的关键指标，帮助企业提升产品的市场竞争力。

（一）年度测评主要产品种类

2023年调研的产品有混凝土机械、筑养路机械、高空作业机械和旋挖钻机。调研工作历时半年，通过信函、电话、网络、人员面访及用户座谈等方式，共获得4 673份访问样本，覆盖不同品牌产品主要制造企业53家。受访用户遍布31个省、自治区、直辖市，受访对象为使用所调研工程机械产品的机主或领导、机械管理者、操作司机以及维修人员等，调研产品数量近10万台。调研分析结果能够从宏观上反映出所调研产品的市场评价情况。2023年调研工作岗位样本分布情况见图1。

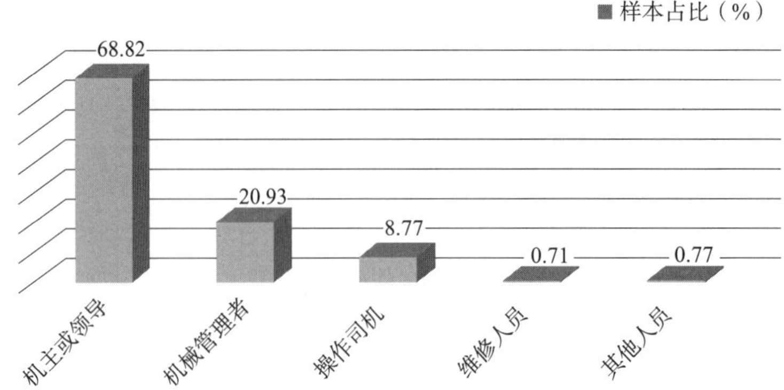

图 1　2023 年调研工作岗位样本分布情况

（二）受访用户的区域分布情况

接受访问的用户分布区域如下：东北区域（黑龙江、吉林、辽宁）、华北区域（河北、山西、北京、内蒙古、天津）、华东区域（浙江、江苏、山东、安徽、福建、上海）、华南区域（广东、广西、海南）、华中区域（河南、湖北、湖南、江西）、西北区域（陕西、新疆、甘肃、宁夏、青海）、西南区域（四川、云南、贵州、重庆、西藏）。2023 年调研各区域样本分布情况见图 2。

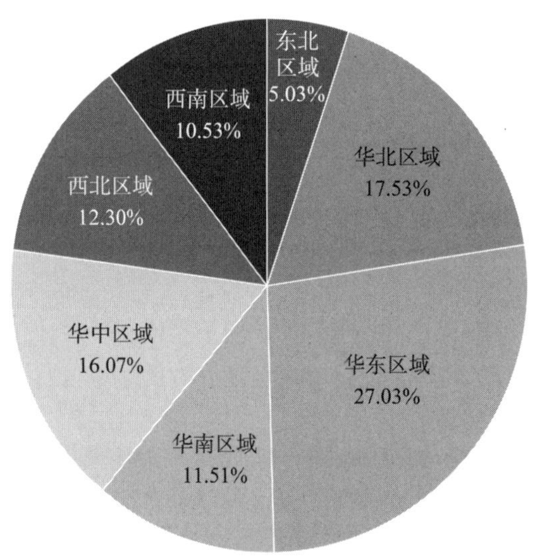

图 2　2023 年调研各区域样本分布情况

（三）各类产品的用户满意度总体评价

以市场质量观评价产品质量具有客观性，对于各类产品的用户满意度评价采用相同的结构方程模型分析，测评结果具有横向可比性。

用户满意度分析模型共有 7 个指标，即品牌形象、用户体验质量、用户体验服务、用户感知价值、用户满意度、抱怨率和用户忠诚度。其中，品牌形象是指企业品牌在市场上、在用户心中所表现出的个性特征，是用户对品牌的评价与认知；用户体验质量是指用户购买和使用该产品后对产品质量的评价；用户体验服务是指用户购买和使用该服务后对其服务质量的评价；用户感知价值是指用户通过购买和使用该产品或服务后对其提供价值的感受；用户满意度是指用户对该产品或服务的总体满意度；用户忠诚度是指用户继续选购该产品或服务的可能性，是用户对品牌的信任程度；抱怨率是指用户对该产品或服务不满意的正式表达。

受市场环境影响，2023 年测评结果有所变化，经过横向、纵向比较，能够发现各类产品的变化趋势。在测评产品中，用户满意度得分最高的是筑养路机械（82.3 分），其次是高空作业机械（82.0 分）。混凝土机械、旋挖钻机的用户满意度得分分别是 81.8 分、80.0 分。总体来看，各类产品用户满意度得分均在 80 分及以上，市场评价良好。

四、分行业各类产品用户满意度测评结果

（一）高空作业机械行业用户满意度测评结果

1. 参与调研的主要企业

2023 年，高空作业机械行业参与调研的企业（企业名称不分先后）有杭州爱知工程车辆有限公司、徐州海伦哲专用车辆股份有限公司、徐州徐工随车起重机有限公司、中汽商用汽车有限公司（杭州）、杭州赛奇机械股份有限公司、湖北高曼重工科技有限公司、湖南星邦智能装备股份有限公司、湖南运想重工有限公司、湖南中联重科智能高空作业机械有限公司、捷尔杰（天津）设备有限公司、临工集团济南重机有限公司、特雷克斯（常州）机械有限公司、徐工消防安全装备有限公司、浙江鼎力机械股份有限公司、无锡瑞吉德机械有限公司、江阴市路达机械制造有限公司、山东连豪机电设备有限公司、申锡机械集团有限公司、沈阳市宏志吊篮厂、天津庆丰顺建筑机械有限公司、无锡劲马液压建筑机械有限公司、无锡市小天鹅建筑机械有限公司和无锡天通建筑机械有限公司等。

2. 高空作业机械用户满意度总体评价结果

2023 年，受市场竞争环境影响，高空作业机械行业用户满意度评价得分为 82.0 分。从高空作业机械用户满意度的所有指标来看，用户对品牌形象的评价较高，用户对忠诚度的评价较低，表明品牌企业的用户流失机会增大，市场需求减弱。高空作业机械用户满意度总体评价分析结果见图 3。

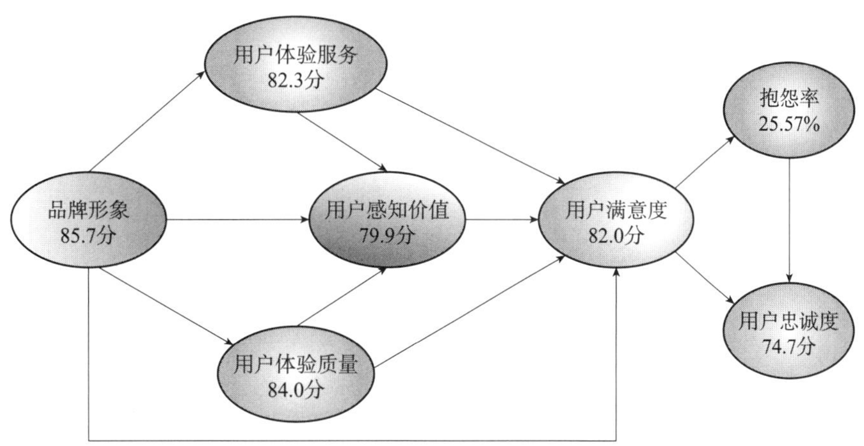

图 3　高空作业机械用户满意度总体评价分析结果

3. 高空作业车用户满意度测评结果

2023 年，受市场竞争环境影响，高空作业车的用户满意度得分为 81.7 分。从高空作业车用户满意度的所有指标来看，用户对品牌形象的评价较高，用户对忠诚度的评价较低，表明品牌企业的用户流失机会增大，市场需求减弱。高空作业车用户满意度评价分析结果见图 4。

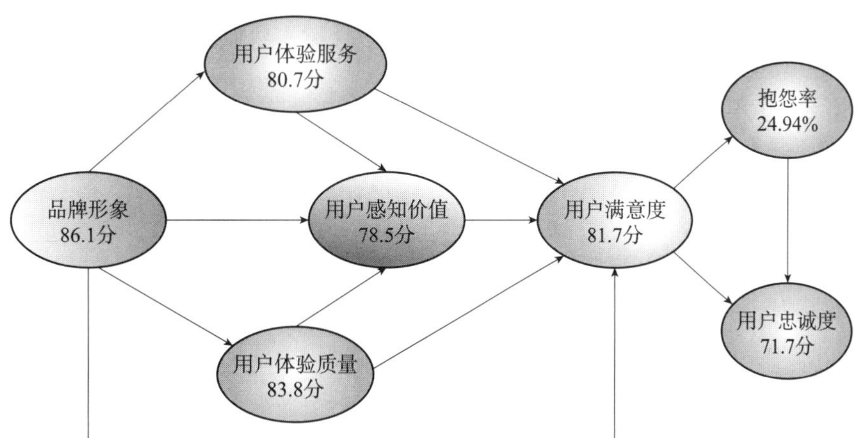

图 4　高空作业车用户满意度评价分析结果

高空作业车用户抱怨率反映出用户体验不好的一面，抱怨率越高，越影响高空作业车的品牌形象。在高空作业车用户抱怨指标中，用户抱怨率高的指标是服务及时性、产品质量和整机价格。高空作业车用户抱怨率高的指标见图 5。

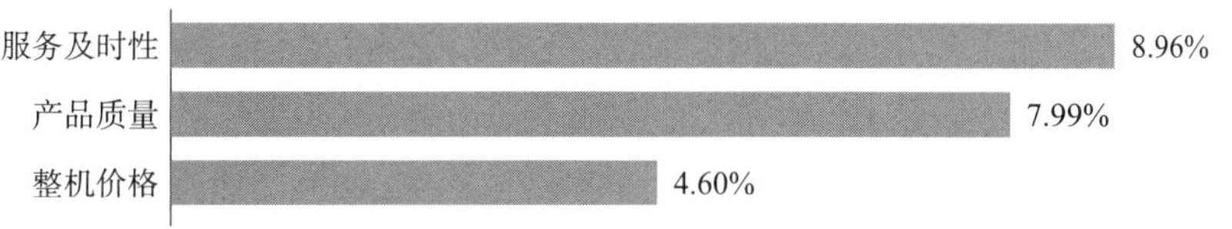

图 5　高空作业车用户抱怨率高的指标

在影响用户选购高空作业车的众多因素中，用户关注的前三个因素是产品质量可靠性、品牌知名度、整机价格。用户选购高空作业车关注的前三个因素见图 6。

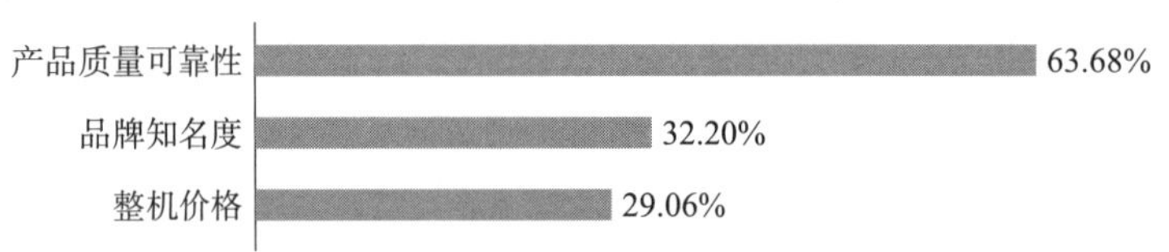

图 6　用户选购高空作业车关注的前三个因素

4. 高空作业平台用户满意度测评结果

2023 年，受市场竞争环境影响，高空作业平台的用户满意度得分为 78.5 分。从高空作业平台用户满意度的所有指标来看，用户对品牌形象的评价较高，用户对忠诚度的评价较低，表明品牌企业的用户流失机会增大，市场需求减弱。高空作业平台用户满意度评价分析结果见图 7。

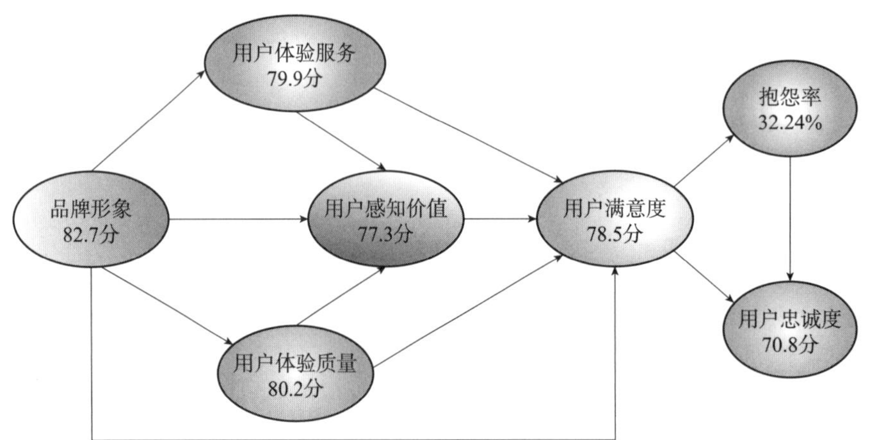

图 7　高空作业平台用户满意度评价分析结果

高空作业平台用户抱怨率反映出用户体验不好的一面，抱怨率越高，越影响高空作业平台的品牌形象。在高空作业平台用户抱怨指标中，用户抱怨率高的指标是产品质量、服务及时性和维修成本。高空作业平台用户抱怨率高的指标见图 8。

图 8　高空作业平台用户抱怨率高的指标

在影响用户选购高空作业平台的众多因素中，用户关注的前三个因素是整机价格、产品质量、服务质量。用户选购高空作业平台关注的前三个因素见图 9。

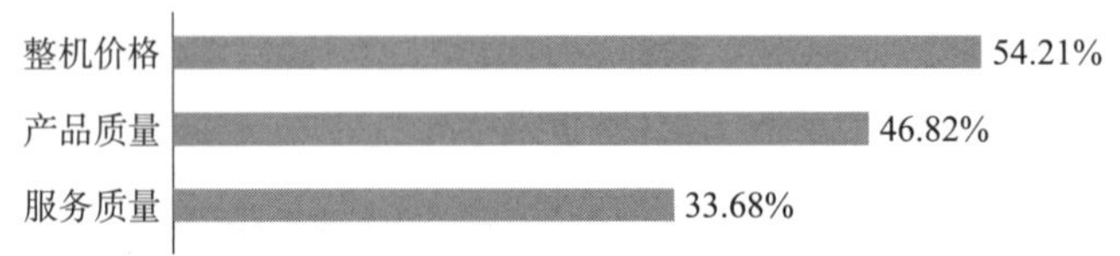

图 9　用户选购高空作业平台关注的前三个因素

5. 高处作业吊篮用户满意度测评结果

2023 年，受市场竞争环境影响，高处作业吊篮的用户满意度得分为 86.9 分。从高处作业吊篮用户满意度的所有指标来看，用户对品牌形象的评价较高，用户对忠诚度的评价较低，表明品牌企业的用户流失机会增大，市场需求减弱。高处作业吊篮用户满意度评价分析结果见图10。

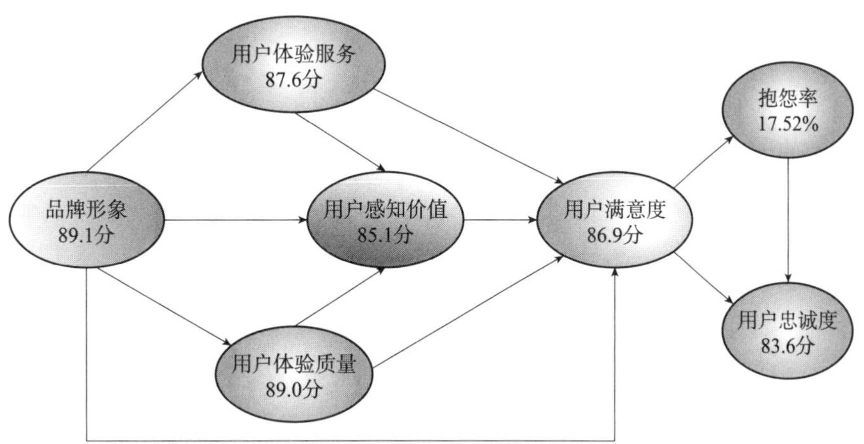

图10　高处作业吊篮用户满意度评价分析结果

高处作业吊篮用户抱怨率反映出用户体验不好的一面，抱怨率越高，越影响高处作业吊篮的品牌形象。在高处作业吊篮用户抱怨指标中，用户抱怨率高的指标是产品质量、价格和配件。高处作业吊篮用户抱怨率高的指标见图11。

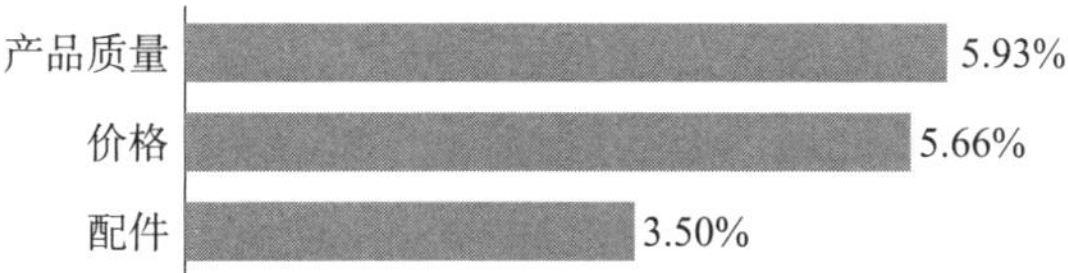

图11　高处作业吊篮用户抱怨率高的指标

在影响用户选购高处作业吊篮的众多因素中，用户关注的前三个因素是产品质量、整机价格、服务质量。用户选购高处作业吊篮关注的前三个因素见图12。

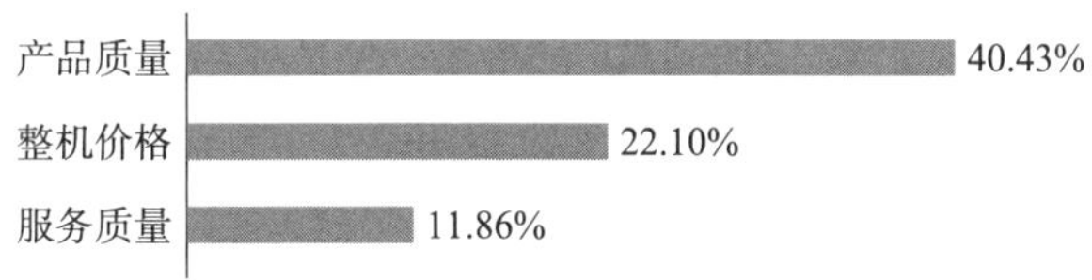

图12　用户选购高处作业吊篮关注的前三个因素

（二）混凝土机械行业用户满意度测评结果

1. 参与调研的主要企业

2023年，混凝土机械行业参与调研的企业（企业名称不分先后）有徐州徐工施维英机械有限公司、方圆集团有限公司、福建南方路面机械股份有限公司、三一重工股份有限公司、山东圆友重工科技有限公司、山推建友机械股份有限公司、中建机械有限公司、中联重科股份有限公司、北京福田雷萨泵送机械分公司和汉马科技集团股份有限公司。

2. 混凝土机械用户满意度总体评价结果

2023年，受市场竞争环境影响，混凝土机械产品用户满意度得分为81.8分。从混凝土机械用户满意度的所有指标来看，使用者对用户体验服务的评价较高，用户对忠诚度的评价较低，表明品牌用户易波动或流失，市场需求进一步减弱。混凝土机械用户满意度总体评价分析结果见图13。

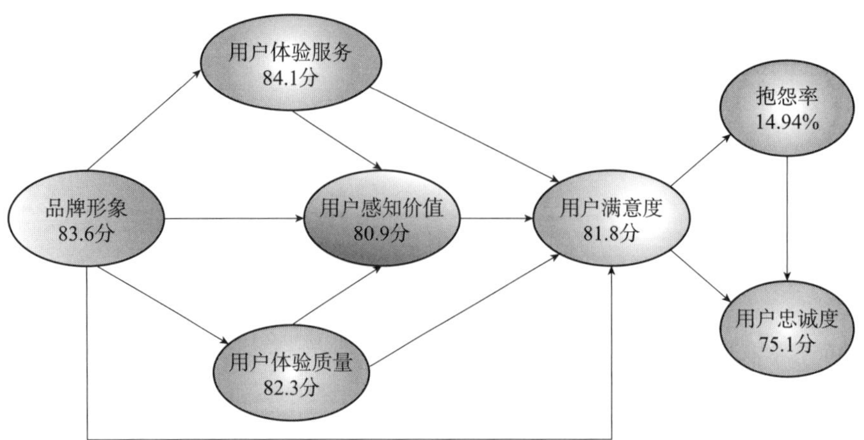

图 13　混凝土机械用户满意度总体评价分析结果

3. 混凝土搅拌站用户满意度测评结果

2023 年，受市场竞争环境影响，混凝土搅拌站的用户满意度得分为 83.3 分。从混凝土搅拌站用户满意度的所有指标来看，用户对品牌形象和用户体验服务的评价较高，用户对忠诚度的评价较低，表明品牌企业的用户流失机会增大，市场需求进一步减弱。混凝土搅拌站用户满意度评价分析结果见图 14。

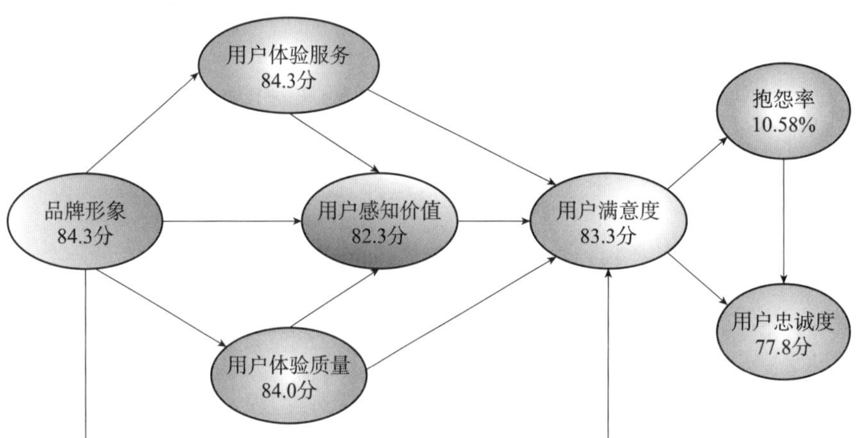

图 14　混凝土搅拌站用户满意度评价分析结果

4. 混凝土臂架泵车用户满意度测评结果

2023 年，受市场竞争环境影响，混凝土臂架泵车的用户满意度得分为 81.9 分。从混凝土臂架泵车用户满意度的所有指标来看，用户对体验服务的评价较高，用户对忠诚度的评价较低，表明品牌企业的用户流失机会增大，市场需求进一步减弱。混凝土臂架泵车用户满意度评价分析结果见图 15。

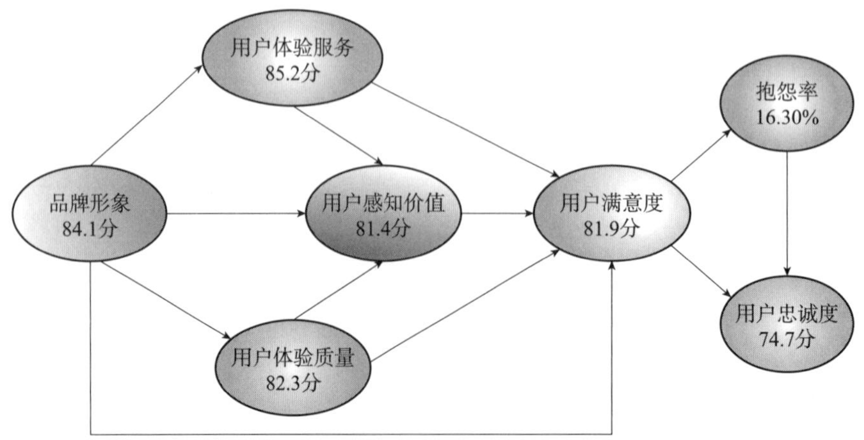

图 15　混凝土臂架泵车用户满意度评价分析结果

5. 混凝土搅拌运输车用户满意度测评结果

2023 年，受市场竞争环境影响，混凝土搅拌运输车的用户满意度得分为 77.4 分。从混凝土搅拌运输车用户满意度的所有指标来看，用户对体验服务的评价较高，用户对忠诚度的评价较低，表明品牌企业的用户流失机会增大，市场需求进一步减弱。混凝土搅拌运输车用户满意度评价分析结果见图 16。

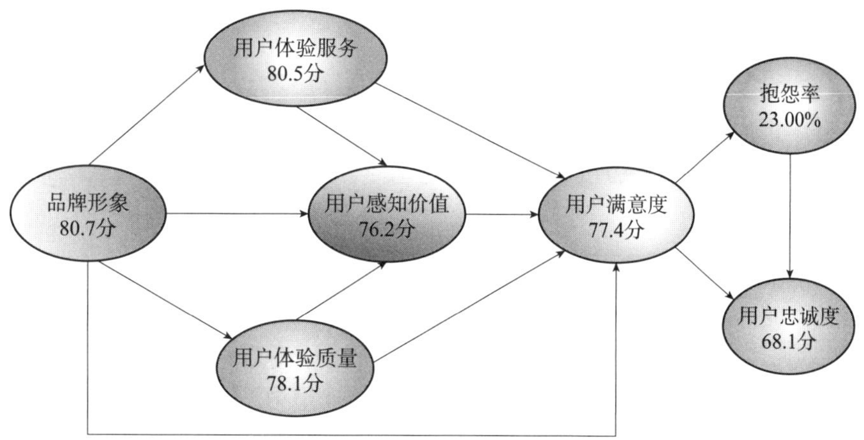

图 16　混凝土搅拌运输车用户满意度评价分析结果

（三）筑养路机械行业用户满意度测评结果

1. 参与调研的主要企业

2023 年，筑养路机械行业参与调研的企业（企业名称不分先后）有柳工无锡路面机械有限公司、徐工集团工程机械股份有限公司道路机械分公司、宝马格（中国）工程机械有限公司、戴纳派克（中国）压实摊铺设备有限公司、国机重工集团常林有限公司、湖南三一路面机械有限公司、江苏骏马压路机械有限公司、卡特彼勒（青州）有限公司、山东临工工程机械有限公司、山推工程机械股份有限公司、维特根（中国）机械有限公司、厦工（三明）重型机器有限公司、广西柳工机械股份有限公司、卡特彼勒（青州）有限公司、陕西建设机械股份有限公司和沃尔沃建筑设备投资（中国）有限公司等。

2. 筑养路机械用户满意度总体评价结果

2023 年，受市场竞争环境影响，筑养路机械行业用户满意度得分为 82.3 分。从筑养路机械用户满意度的所有指标来看，用户对品牌形象的评价较高，用户对忠诚度的评价较低，表明品牌企业的用户流失机会增大，市场需求减弱。筑养路机械用户满意度总体评价分析结果见图 17。

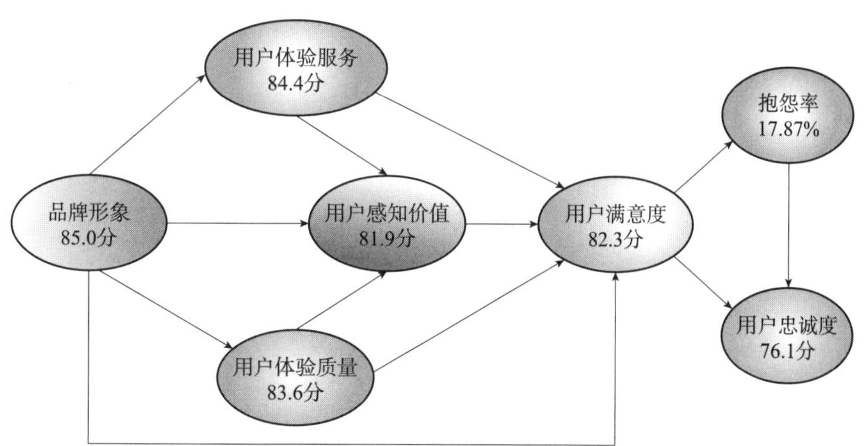

图 17　筑养路机械用户满意度总体评价分析结果

3. 压路机用户满意度测评结果

2023 年，受市场竞争环境影响，压路机的用户满意度得分为 82.5 分。从压路机用户满意度的所有指标来看，用户对品牌形象的评价较高，用户对忠诚度的评价较低，表明品牌企业的用户流失机会增大，市场需求减弱。压路机用户满意度评价分析结果见图 18。

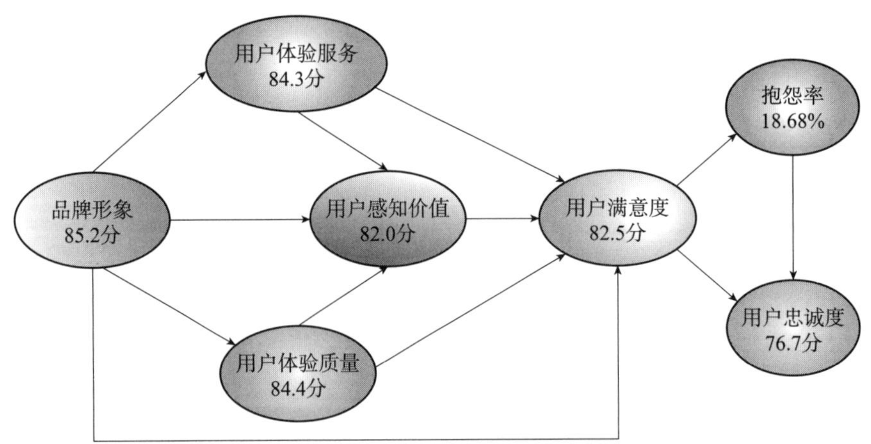

图 18 压路机用户满意度评价分析结果

4. 平地机用户满意度测评结果

2023 年，受市场竞争环境影响，平地机的用户满意度得分为 82.9 分。从平地机用户满意度的所有指标来看，用户对品牌形象的评价较高，用户对忠诚度的评价较低，表明品牌企业的用户流失机会增大，市场需求减弱。平地机用户满意度评价分析结果见图 19。

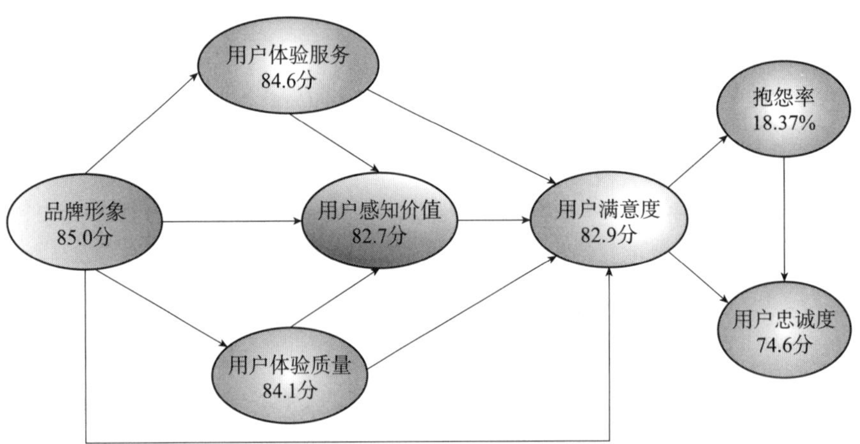

图 19 平地机用户满意度评价分析结果

5. 摊铺机用户满意度测评结果

2023 年，受市场竞争环境影响，摊铺机的用户满意度得分为 81.1 分。从摊铺机用户满意度的所有指标来看，用户对体验服务的评价较高，用户对忠诚度的评价较低，表明品牌企业的用户流失机会增大，市场需求减弱。摊铺机用户满意度评价分析结果见图 20。

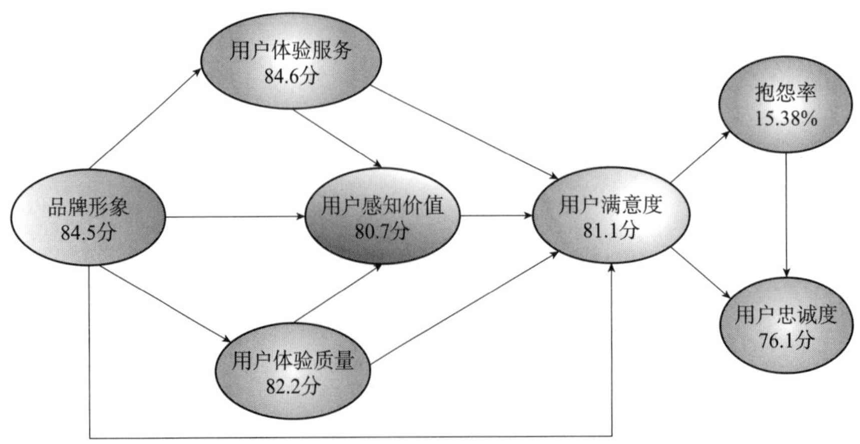

图 20 摊铺机用户满意度评价分析结果

（四）旋挖钻机行业用户满意度测评结果

1. 参与调研的主要企业

2023 年，旋挖钻机行业参与调研的企业（企业名称不分先后）有上海中联重科桩工机械有限公司、山河智能装备股份有限公司、上海金泰工程机械有限公司、徐州徐工基础工程机械有限公司和北京市三一重机有限公司等。

2. 旋挖钻机用户满意度总体评价结果

2023 年，受市场竞争环境影响，旋挖钻机用户满意度得分为 80.0 分。从旋挖钻机用户满意度的所有指标来看，用户对品牌形象的评价较高，用户对忠诚度的评价较低，表明品牌企业的用户流失机会增大，市场需求减弱。旋挖钻机用户满意度总体评价分析结果见图 21。

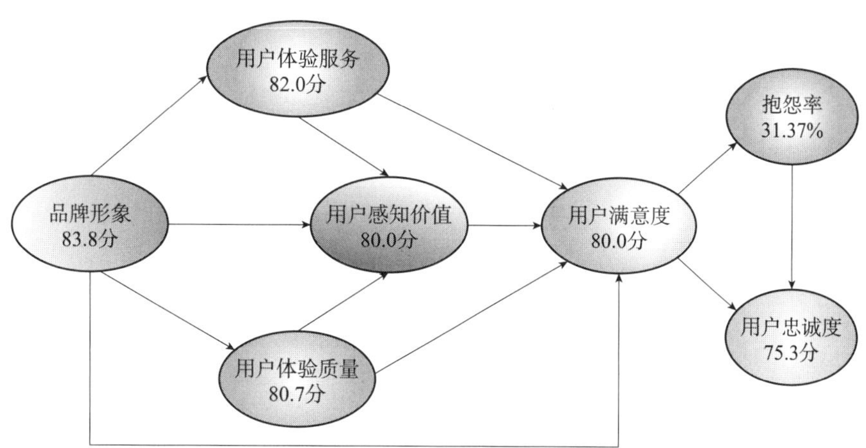

图 21　旋挖钻机用户满意度总体评价分析结果

3. 旋挖钻机行业两次测评结果对比分析

2023 年，旋挖钻机用户满意度得分为 80.0 分，比 2021 年减少 1.2 分；用户抱怨率为 31.37%，比 2021 年上升 3.0 个百分点。对比两次测评结果发现，2023 年各项指标得分均比 2021 年得分下降，反映出市场减弱趋势。其中，用户忠诚度减少 1.7 分，降幅较大。2021 年和 2023 年旋挖钻机用户满意度比较见图 22。

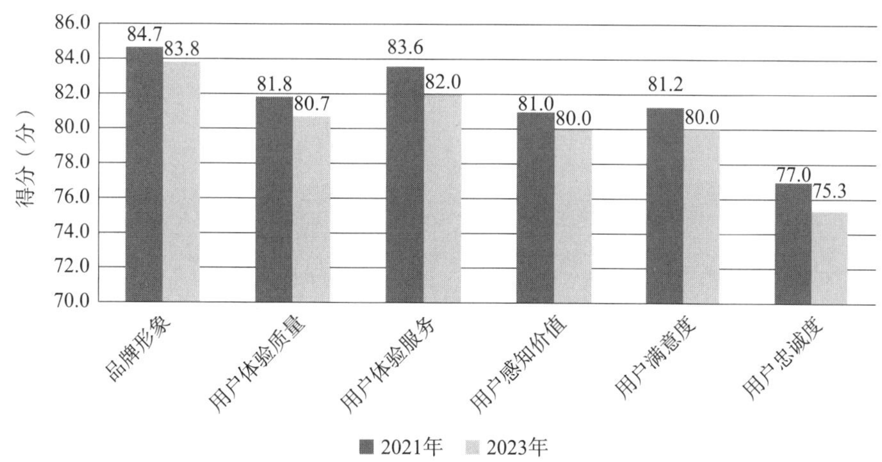

图 22　2021 年和 2023 年旋挖钻机用户满意度比较

4. 旋挖钻机用户抱怨率分析

旋挖钻机用户抱怨率反映出用户体验不好的一面，抱怨率越高，越影响旋挖钻机的品牌形象。在旋挖钻机用户抱怨指标中，用户抱怨率高的指标是维修及时性、钻杆质量和修理技能。旋挖钻机用户抱怨率高的指标见图 23。

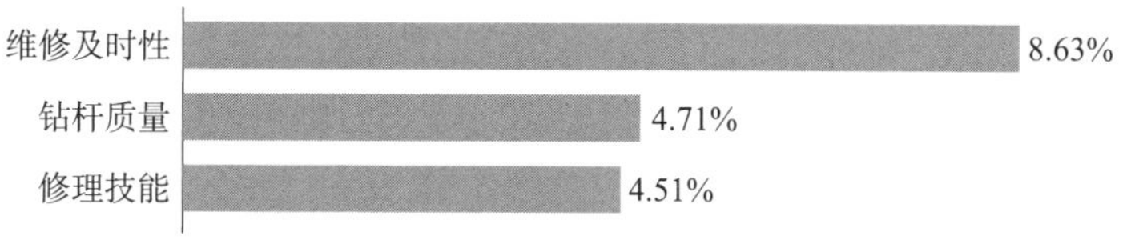

图 23　旋挖钻机用户抱怨率高的指标

5. 用户选择旋挖钻机时关注的主要因素

在影响用户选购旋挖钻机的众多因素中，用户关注的前三个因素是产品质量可靠性、作业效率、整机价格。用户选购旋挖钻机关注的前三个因素见图 24。

图 24　用户选购旋挖钻机关注的前三个因素

〔供稿单位：中国工程机械工业协会用户工作委员会〕

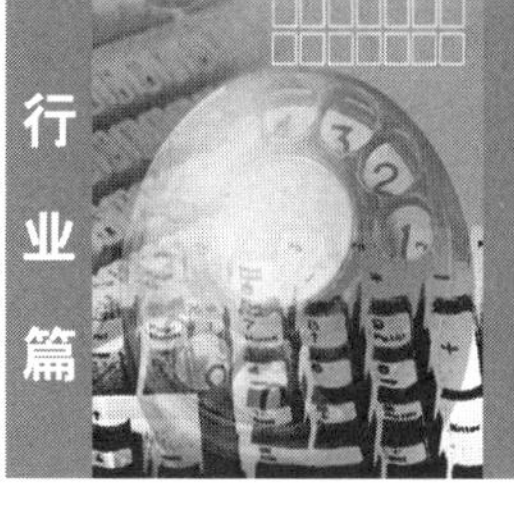

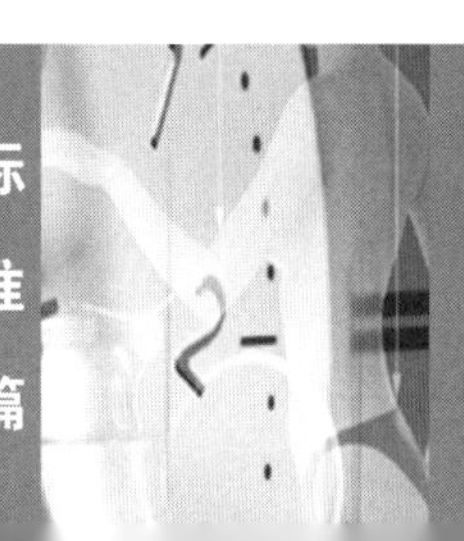

统计资料

公布2023年工程机械行业主要统计数据，准确、系统、全面地反映工程机械行业的主要经济指标

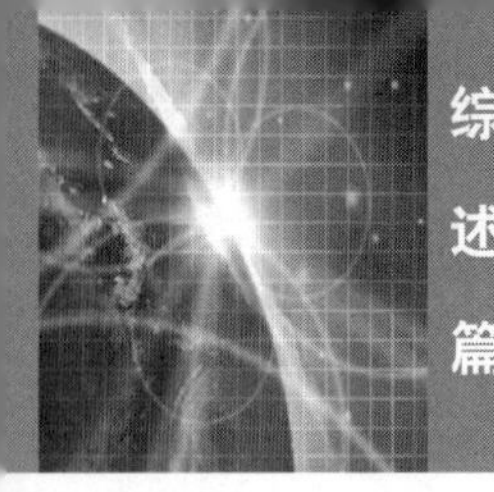

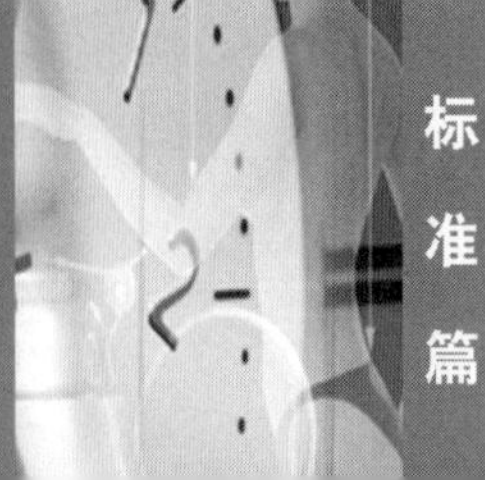

统计资料

2023 年工程机械行业主要企业产品产销存情况

2023 年工程机械行业主要企业主要经济指标完成情况

2023 年工程机械行业十大类主机产品产销存情况

2023 年工程机械产品进出口分类统计

2023 年工程机械进口月报

2023 年工程机械出口月报

2023 年工程机械进出口量值

2023 年工程机械进出口按国别（地区）统计情况

2023 年工程机械各国家（地区）进出口额排序情况

2023年工程机械行业主要企业产品产销存情况

1. 挖掘机械

企业名称	产品名称	单位	产量	销量	库存量
雷沃重工集团有限公司	履带式液压挖掘机	台	5 192	5 073	528
临工重机股份有限公司	履带式液压挖掘机	台	192	201	-9
住友建机（唐山）有限公司	履带式液压挖掘机	台	502	392	
艾奇蒂现代迪万伦工程机械有限公司	履带式液压挖掘机	台	1 192	859	396
斗山山猫机械（中国）有限公司	履带式液压挖掘机	台	436	520	2
福建新源重工有限公司	履带式液压挖掘机	台	12	11	1
广西柳工机械股份有限公司	履带式液压挖掘机	台	16 103	16 300	
贵州詹阳动力重工有限公司	履带式液压挖掘机	台	8	239	59
力士德工程机械股份有限公司	履带式液压挖掘机	台	368	450	81
临沂临工机械集团	履带式液压挖掘机	台	11 853	12 166	
日立建机销售（中国）有限公司	履带式液压挖掘机	台	1 145	1 145	
山重建机有限公司	履带式液压挖掘机	台	6 460	6 044	1 393
现代（江苏）工程机械有限公司	履带式液压挖掘机	台	2 143	2 133	
小松（中国）投资有限公司	履带式液压挖掘机	台	765	765	
徐州徐工矿业机械有限公司	履带式液压挖掘机	台	671	655	69
中国龙工控股有限公司	履带式液压挖掘机	台	3 363	3 965	801
山河智能装备股份有限公司	履带式液压挖掘机	台	7 439	8 424	1 983
卡特彼勒（中国）投资有限公司	履带式液压挖掘机	台	27 586	27 586	
三一集团有限公司	履带式液压挖掘机	台	49 272	49 272	
中联重科股份有限公司	履带式液压挖掘机	台	9 878	9 878	
徐州工程机械集团有限公司	履带式液压挖掘机	台	29 664	29 664	
艾奇蒂现代迪万伦工程机械有限公司	轮胎挖掘机	台	344	324	94
福建新源重工有限公司	轮胎挖掘机	台	5 010	4 796	455
凌扬汽车制造有限公司	轮胎挖掘机	台	1	1	
卡特彼勒（中国）投资有限公司	轮胎挖掘机	台	553	553	
三一集团有限公司	轮胎挖掘机	台	1 242	1 242	
徐州工程机械集团有限公司	轮胎挖掘机	台	1 257	1 257	
广西徐沃工程机械设备有限公司	轮胎挖掘机	台	190	179	11
国机重工集团常林有限公司	挖掘装载机	台	159	159	27
广西柳工机械股份有限公司	挖掘装载机	台	1 163	1 160	

2. 铲土运输机械

企业名称	产品名称	单位	产量	销量	库存量
小松（中国）投资有限公司	推土机	台	1	1	
河北宣工机械发展有限责任公司	推土机	台	229	223	43
天津移山工程机械有限公司	推土机	台	201	232	14
内蒙古一机徐工特种装备有限公司	推土机	台	54	146	147
卡特彼勒（青州）有限公司	山工推土机	台	752	722	
雷沃重工集团有限公司	轮胎式装载机	台	3 940	4 397	528
国机重工集团常林有限公司	轮胎式装载机	台	1 571	1 498	480
广西柳工机械股份有限公司	轮胎式装载机	台	20 009	21 398	
临沂临工机械集团	轮胎式装载机	台	16 779	17 984	

（续）

企业名称	产品名称	单位	产量	销量	库存量
小松（中国）投资有限公司	轮胎式装载机	台	7	7	
徐州工程机械集团有限公司	轮胎式装载机	台	15 292	15 292	
艾奇蒂现代迪万伦工程机械有限公司	轮胎式装载机	台	1 390	1 390	
中国龙工控股有限公司	轮胎式装载机	台	17 712	20 067	3 855
卡特彼勒（青州）有限公司	山工装载机（轮胎式）	台	4 369	4 367	
卡特彼勒（青州）有限公司	卡特装载机（轮胎式）	台	1 919	1 963	
国机重工集团常林有限公司	滑移装载机	台	64	65	3
斗山山猫机械（中国）有限公司	滑移装载机	台	5 146	5 068	189
广西柳工机械股份有限公司	滑移装载机	台	1 575	1 510	
山河智能装备股份有限公司	滑移装载机	台	1 980	1 940	171
国机重工集团常林有限公司	平地机	台	596	622	78
广西柳工机械股份有限公司	平地机	台	945	928	
卡特彼勒（青州）有限公司	山工平地机	台	712	728	
卡特彼勒（青州）有限公司	卡特平地机	台	727	754	
徐工集团道路机械事业部	平地机	台	1 776	1 776	
临工重机股份有限公司	叉装机	台	403	320	83
山河智能装备股份有限公司	叉装机	台	164	78	126
徐州徐工矿业机械有限公司	非公路矿用自卸车	台	1 283	1 432	29
凌扬汽车制造有限公司	非公路矿用自卸车	台	4	4	
陕西同力重工股份有限公司	非公路矿用自卸车	台	134	94	61
三一重型装备有限公司	非公路矿用自卸车	台	107	91	6
内蒙古北方重型汽车股份有限公司	非公路矿用自卸车	台	353	285	83
湘电集团有限公司	非公路矿用自卸车	台	4	4	
雷沃重工集团有限公司	非公路宽体自卸车	台	1 188	1 299	41
临工重机股份有限公司	非公路宽体自卸车	台	6 630	6 960	-330
山东蓬翔汽车有限公司	非公路宽体自卸车	台	606	574	42
陕西同力重工股份有限公司	非公路宽体自卸车	台	6 358	6 101	1 002
徐州徐工重型车辆有限公司	非公路宽体自卸车	台	4 945	4 554	566
三一重型装备有限公司	非公路宽体自卸车	台	1 477	1 757	204
中联重科股份有限公司	铲土运输机械	台	2 742	2 091	

3. 工程起重机

企业名称	产品名称	单位	产量	销量	库存量
广西柳工机械股份有限公司	汽车起重机	台	679	632	
安徽柳工起重机有限公司	汽车起重机	台	680	712	170
程力专用汽车股份有限公司	汽车起重机	台	4	4	
河北雷萨重型工程机械有限责任公司	汽车起重机	台	122	100	22
三一汽车起重机械有限公司	汽车起重机	台	5 997	6 000	33
韶关市起重机厂有限责任公司	汽车起重机	台	25	25	
太原重工股份有限公司	汽车起重机	台	5		5
徐工集团徐州重型机械有限公司	汽车起重机	台	7 586	7 593	488
中联重科股份有限公司工程起重机分公司	汽车起重机	台	7 630	7 480	239
凌扬汽车制造有限公司	汽车起重机	台	42	42	6
徐工集团徐州重型机械有限公司	全地面起重机	台	672	671	
三一汽车起重机械有限公司	全地面起重机	台	497	497	
中联重科股份有限公司工程起重机分公司	全地面起重机	台	429	410	19
哈尔滨工程机械制造有限责任公司	轮胎起重机	台	28	28	6
三一汽车起重机械有限公司	轮胎起重机	台	483	482	5
中联重科股份有限公司工程起重机分公司	轮胎起重机	台	462	464	1
辽宁抚挖重工机械股份有限公司	履带起重机	台	7	7	

（续）

企业名称	产品名称	单位	产量	销量	库存量
三一汽车起重机械有限公司	履带起重机	台	1 116	1 118	18
山河智能装备股份有限公司	履带起重机	台	38	52	27
太原重工股份有限公司	履带起重机	台	10	5	5
徐工集团工程机械股份有限公司建设机械分公司	履带起重机	台	1 197	1 241	52
中联重科股份有限公司工程起重机分公司	履带起重机	台	795	784	23
徐州徐工随车起重机有限公司	随车起重机	台	12 305	13 883	1 742
海沃机械（中国）有限公司	随车起重机	台	295	289	6
湖北帕菲特工程机械有限公司	随车起重机	台	1 670	1 447	390
江苏宏昌天马物流装备有限公司	随车起重机	台	1 557	1 462	874
三一帕尔菲格特种车辆装备有限公司	随车起重机	台	2 520	2 631	228
程力专用汽车股份有限公司	随车起重机	台	924	924	
韶关市起重机厂有限责任公司	随车起重机	台	78	89	
石家庄煤矿机械有限责任公司随车起重机分公司	随车起重机	台	1 415	1 431	211
太原重工股份有限公司	随车起重机	台	10	8	2
泰安古河随车起重机有限公司	随车起重机	台	453	419	94
长春市神骏专用车制造有限公司	随车起重机	台	149	90	
中联重科股份有限公司工程起重机分公司	随车起重机	台	791	789	4
凌扬汽车制造有限公司	随车起重运输车	台	29	25	7
凌扬汽车制造有限公司	清障车	台	11	11	
中际联合（北京）科技股份有限公司	PDH（其他起重机械）	台	540	520	21
内蒙古一机徐工特种装备有限公司	吊管机	台	1	1	14
中联重科股份有限公司	工程起重机械	台	9 821	9 655	
辽宁抚挖重工机械股份有限公司	强夯机	台	3	5	
宇通重型装备有限公司	强夯机	台	29	29	
新河县雄飞桩工机械制造有限公司	强夯机	台	1	1	

4. 工业车辆

企业名称	产品名称	单位	产量	销量	库存量
安徽叉车集团有限责任公司	电动平衡重乘驾式叉车	台	36 076	35 947	
斗山山猫叉车（烟台）有限公司	电动平衡重乘驾式叉车	台	1 960	1 960	
龙工（上海）叉车有限公司	电动平衡重乘驾式叉车	台	9 646	9 646	
宁波如意股份有限公司	电动平衡重乘驾式叉车	台	1 597	1 597	
上海海斯特叉车制造有限公司	电动平衡重乘驾式叉车	台	471	471	
台励福机器设备（青岛）有限公司	电动平衡重乘驾式叉车	台	1 243	1 243	
永恒力叉车（上海）有限公司	电动平衡重乘驾式叉车	台	849	849	
浙江吉鑫祥叉车制造有限公司	电动平衡重乘驾式叉车	台	1 300	1 274	26
浙江加力仓储设备股份有限公司	电动平衡重乘驾式叉车	台	272	280	14
广西柳工机械股份有限公司	电动平衡重乘驾式叉车	台	1 544	859	
中国龙工控股有限公司	电动平衡重乘驾式叉车	台	91 823	81 294	25 819
杭叉集团股份有限公司	电动平衡重乘驾式叉车	台	38 488	38 395	2 116
江苏靖江叉车有限公司	电动平衡重乘驾式叉车	台	1 012	1 003	9
林德（中国）叉车有限公司	电动平衡重乘驾式叉车	台		12 760	
诺力智能装备股份有限公司	电动平衡重乘驾式叉车	台	6 549	6 549	
浙江中力机械股份有限公司	电动平衡重乘驾式叉车	台	23 222	23 203	3 296
英轩重工有限公司	电动平衡重乘驾式叉车	台	223	175	83
凯傲宝骊（江苏）叉车有限公司	电动平衡重乘驾式叉车	台	3 578	3 578	
安徽叉车集团有限责任公司	电动乘驾式仓储叉车	台	3 860	4 807	
斗山山猫叉车（烟台）有限公司	电动乘驾式仓储叉车	台	20	20	

（续）

企业名称	产品名称	单位	产量	销量	库存量
宁波如意股份有限公司	电动乘驾式仓储叉车	台	1 733	1 733	
上海海斯特叉车制造有限公司	电动乘驾式仓储叉车	台	115	115	
台励福机器设备（青岛）有限公司	电动乘驾式仓储叉车	台	750	750	
永恒力叉车（上海）有限公司	电动乘驾式仓储叉车	台	886	886	
浙江加力仓储设备股份有限公司	电动乘驾式仓储叉车	台	50	53	6
杭叉集团股份有限公司	电动乘驾式仓储叉车	台	5 526	5 433	392
林德（中国）叉车有限公司	电动乘驾式仓储叉车	台		5 455	
诺力智能装备股份有限公司	电动乘驾式仓储叉车	台	2 211	2 211	
浙江中力机械股份有限公司	电动乘驾式仓储叉车	台	2 576	2 576	899
凯傲宝骊（江苏）叉车有限公司	电动乘驾式仓储叉车	台	54	54	
安徽叉车集团有限责任公司	电动步行式仓储车辆	台	44 674	126 165	
斗山山猫叉车（烟台）有限公司	电动步行式仓储车辆	台	10	10	
龙工（上海）叉车有限公司	电动步行式仓储车辆	台	19 327	19 327	
宁波如意股份有限公司	电动步行式仓储车辆	台	36 933	36 933	
上海海斯特叉车制造有限公司	电动步行式仓储车辆	台	864	864	
台励福机器设备（青岛）有限公司	电动步行式仓储车辆	台	2 449	2 449	
永恒力叉车（上海）有限公司	电动步行式仓储车辆	台	2 448	2 448	
浙江加力仓储设备股份有限公司	电动步行式仓储车辆	台	125 479	123 683	6 280
杭叉集团股份有限公司	电动步行式仓储叉车	台	85 164	84 684	3 650
林德（中国）叉车有限公司	电动步行式仓储车辆	台		36 739	
诺力智能装备股份有限公司	电动步行式仓储车辆	台	106 332	106 332	
浙江中力机械股份有限公司	电动步行式仓储车辆	台	214 684	223 932	17 878
凯傲宝骊（江苏）叉车有限公司	电动步行式仓储车辆	台	5 137	5 137	
安徽叉车集团有限责任公司	内燃平衡重式叉车	台	125 022	125 049	
斗山山猫叉车（烟台）有限公司	内燃平衡重式叉车	台	2 198	2 198	
龙工（上海）叉车有限公司	内燃平衡重式叉车	台	55 462	55 462	
上海海斯特叉车制造有限公司	内燃平衡重式叉车	台	60	60	
台励福机器设备（青岛）有限公司	内燃平衡重式叉车	台	7 371	7 371	
徐州徐工港口机械有限公司	内燃平衡重式叉车	台	82	111	13
浙江吉鑫祥叉车制造有限公司	内燃平衡重式叉车	台	6 947	6 950	
广西柳工机械股份有限公司	内燃平衡重式叉车	台	13 603	6 945	
杭叉集团股份有限公司	内燃平衡重式叉车	台	117 337	118 861	2 676
江苏靖江叉车有限公司	内燃平衡重式叉车	台	525	505	39
林德（中国）叉车有限公司	内燃平衡重式叉车	台		1 216	
诺力智能装备股份有限公司	内燃平衡重式叉车	台	398	398	
浙江中力机械股份有限公司	内燃平衡重式叉车	台	10 308	9 701	1 147
英轩重工有限公司	内燃平衡重式叉车	台	2 970	2 945	552
凯傲宝骊（江苏）叉车有限公司	内燃平衡重式叉车	台	2 998	2 998	
宁波如意股份有限公司	牵引车	台	743	743	
浙江吉鑫祥叉车制造有限公司	牵引车	台	1 200	1 176	24
江苏靖江叉车有限公司	牵引车	台	698	701	16
浙江中力机械股份有限公司	牵引车	台	117	895	1
广州朗晴电动车有限公司	牵引车	台	7	9	
徐州徐工港口机械有限公司	越野叉车	台	198	206	
宁波如意股份有限公司	手动和半动力车辆	台	397 170	397 170	
浙江加力仓储设备股份有限公司	手动和半动力车辆	台	7 415	7 109	418
诺力智能装备股份有限公司	手动和半动力车辆	台	521 192	521 192	
湖南盛势通科技有限公司	其他工业车辆	台	62	60	2
徐州徐工港口机械有限公司	其他起重机械（正面吊）	台	233	258	19
徐州徐工港口机械有限公司	堆高机	台	53	54	8

（续）

企业名称	产品名称	单位	产量	销量	库存量
徐州徐工港口机械有限公司	无人驾驶水平运输车	台	29	29	
浙江加力仓储设备股份有限公司	其他车辆	台	628	637	67
杭叉集团股份有限公司	其他工业车辆	台	153	146	13
凌扬汽车制造有限公司	救险车	台	10	10	
广州朗晴电动车有限公司	其他车辆	台	249	239	10
浙江匠心液压科技有限公司	堆高车	台	2 401	2 256	145
中联重科股份有限公司	工业车辆	台	4 321	4 724	

5. 筑养路机械

企业名称	产品名称	单位	产量	销量	库存量
广西柳工机械股份有限公司	静碾压路机	台	23	27	
中国龙工控股有限公司	静碾压路机	台	185	239	41
徐工集团道路机械事业部	静碾压路机	台	36	36	
江苏骏马压路机械有限公司	静碾压路机	台	19	19	
戴纳派克（中国）压实摊铺设备有限公司	轮胎压路机	台	65	75	6
厦工（三明）重型机器有限公司	轮胎压路机	台	20	22	3
广西柳工机械股份有限公司	轮胎压路机	台	65	22	
洛阳路通重工机械有限公司	轮胎压路机	台	9	9	
徐工集团道路机械事业部	轮胎压路机	台	480	480	
青岛科泰重工机械有限公司	轮胎压路机	台	44	44	
国机重工集团常林有限公司	机械式单钢轮压路机	台	136	136	10
厦工（三明）重型机器有限公司	机械式单钢轮压路机	台	52	54	10
广西柳工机械股份有限公司	机械式单钢轮压路机	台	318	375	
洛阳路通重工机械有限公司	机械式单钢轮压路机	台	79	79	
徐工集团道路机械事业部	机械式单钢轮压路机	台	774	774	
江苏骏马压路机械有限公司	机械式单钢轮压路机	台	98	98	
戴纳派克（中国）压实摊铺设备有限公司	液压单钢轮压路机	台	62	56	10
厦工（三明）重型机器有限公司	液压单钢轮压路机	台	153	150	18
广西柳工机械股份有限公司	液压单钢轮压路机	台	982	1 178	
卡特彼勒（青州）有限公司	山工压路机	台	264	254	
卡特彼勒（青州）有限公司	卡特压路机	台	979	889	
洛阳路通重工机械有限公司	液压单钢轮压路机	台	140	140	
徐工集团道路机械事业部	液压单钢轮压路机	台	1 423	1 423	
江苏骏马压路机械有限公司	液压单钢轮压路机	台	60	59	1
青岛科泰重工机械有限公司	液压单钢轮压路机	台	55	55	
戴纳派克（中国）压实摊铺设备有限公司	双钢轮压路机	台	840	799	84
厦工（三明）重型机器有限公司	双钢轮压路机	台	13	15	3
广西柳工机械股份有限公司	双钢轮压路机	台	69	11	
洛阳路通重工机械有限公司	双钢轮压路机	台	14	14	
徐工集团道路机械事业部	双钢轮压路机	台	367	367	
江苏骏马压路机械有限公司	双钢轮压路机	台	29	29	
青岛科泰重工机械有限公司	双钢轮压路机	台	7	7	
厦工（三明）重型机器有限公司	轻型压路机	台	151	143	28
广西柳工机械股份有限公司	轻型压路机	台	420	258	
洛阳路通重工机械有限公司	轻型压路机	台	559	559	
徐工集团道路机械事业部	轻型压路机	台	783	783	
江苏骏马压路机械有限公司	轻型压路机	台	142	128	14
厦工（三明）重型机器有限公司	垃圾压实机	台	2	3	
洛阳路通重工机械有限公司	垃圾压实机	台	1	1	
徐工集团道路机械事业部	垃圾压实机	台	10	10	

（续）

企业名称	产品名称	单位	产量	销量	库存量
山东天路重工科技有限公司	压路机 YCT20	台	180	135	45
山东天路重工科技有限公司	压路机 YCT25	台	160	135	25
山东天路重工科技有限公司	压路机 YCT32	台	140	126	14
厦工（三明）重型机器有限公司	其他压路机	台	54	50	12
广西柳工机械股份有限公司	其他压路机	台	2	2	
徐工集团道路机械事业部	其他压路机	台	1	1	
山东天路重工科技有限公司	夯机	台	982	861	121
北京天顺长城液压科技有限公司	摊铺机	台	56	47	9
戴纳派克（中国）压实摊铺设备有限公司	摊铺机	台	120	115	43
徐州新路智能科技有限公司	摊铺机	台	19	28	14
住友建机（唐山）有限公司	摊铺机	台	43	39	
三一集团有限公司	摊铺机	台	289	289	
广西柳工机械股份有限公司	多功能摊铺机	台	32	6	
徐工集团道路机械事业部	摊铺机	台	437	437	
无锡雪桃集团有限公司	沥青混合料搅拌设备	套	30	25	5
泰安岳首拌合站设备有限公司	沥青搅拌站	套	59	49	10
山东贝特重工股份有限公司	沥青搅拌站	套	18	17	7
吉林省公路机械有限公司	沥青、混凝土拌合设备	套	15	15	14
廊坊德基机械科技有限公司	沥青混合料搅拌设备	套	35	35	8
辽阳筑路机械有限公司	沥青搅拌机	套	46	46	
廊坊玛连尼－法亚机械有限公司	沥青混凝土搅拌站	套	22	22	
福建省铁拓机械股份有限公司	LB 系列沥青搅拌设备	套	18	18	
福建省铁拓机械股份有限公司	RLB 沥青混合料热再生设备	套	36	36	
潍坊市路通机械电子有限公司	沥青混合料搅拌设备	套	25	25	
无锡锡通工程机械有限公司	沥青搅拌设备	套	16	15	1
方圆集团有限公司	稳定土厂拌站	套	58	58	
泰安岳首拌合站设备有限公司	稳定土搅拌站	套	100	84	16
山东贝特重工股份有限公司	稳定土拌和设备	套	723	725	35
潍坊市路通机械电子有限公司	稳定土搅拌设备	套	196	196	
无锡雪桃集团有限公司	沥青洒布机	台	2	2	
浙江美通筑路机械股份有限公司	碎石撒布机	台	8	5	3
浙江美通筑路机械股份有限公司	沥青洒布机	台	107	95	12
浙江美通筑路机械股份有限公司	沥青碎石同步洒布车	台	45	28	17
河南高远公路养护设备股份有限公司	沥青洒布机	台	33	26	7
河南高远公路养护设备股份有限公司	沥青碎石同步封层车	台	31	27	4
山东陆达机械设备有限公司	撒布机	台	1	1	
山东陆达机械设备有限公司	粉料撒布车	台	17	17	
山东陆达机械设备有限公司	洒布车	台	1	1	
无锡雪桃集团有限公司	沥青加热设备	套	8	5	3
浙江美通筑路机械股份有限公司	沥青加热设备	套	22	21	1
戴纳派克（中国）压实摊铺设备有限公司	铣刨机	台		2	
广西柳工机械股份有限公司	铣刨机	台	10	4	
徐工集团道路机械事业部	铣刨机	台	270	270	
无锡雪桃集团有限公司	路面养护车	台	24	23	1
浙江美通筑路机械股份有限公司	路面养护车	台	53	49	4
河南高远公路养护设备股份有限公司	路面养护车	台	13	12	1
中汽商用汽车有限公司（杭州）	路面养护车、高压清洗车	台	102	98	4
浙江美通筑路机械股份有限公司	稀浆封层车	台	11	7	4
河南高远公路养护设备股份有限公司	稀浆封层机	台	28	24	4
浙江美通筑路机械股份有限公司	除冰雪机	台	41	39	2

（续）

企业名称	产品名称	单位	产量	销量	库存量
无锡雪桃集团有限公司	其他路面机械	套	20	18	2
无锡三邦环保科技有限公司	沥青烟气处理设备	套	125	113	12
新乡格林机械股份有限公司	振动筛	台	442	430	12
新乡格林机械股份有限公司	环保概率筛	台	48	45	3
山东陆达机械设备有限公司	吸尘车	台	1	1	
南通威而多专用汽车制造有限公司	WRD5260THX 道路划线车	台	1		1
南通威而多专用汽车制造有限公司	WRD5261THXRT 道路划线车	台	1		1
南通威而多专用汽车制造有限公司	WRD5030TFZ 防撞缓冲车	台	1		1
南通威而多专用汽车制造有限公司	WRD5041TFZ 防撞缓冲车	台	2		2
南通威而多专用汽车制造有限公司	WRD5121TFZD 防撞缓冲车	台	9	4	5

6. 混凝土机械

企业名称	产品名称	单位	产量	销量	库存量
方圆集团有限公司	混凝土搅拌机	台	230	230	
青岛迪泰自动化设备有限公司	UMP500 立轴行星搅拌机	台	600	530	70
青岛迪泰自动化设备有限公司	UDT1000 立轴行星搅拌机	台	30	28	2
成都金瑞建工机械有限公司	JS1500 搅拌机	台	54	53	1
成都金瑞建工机械有限公司	JS3000 搅拌机	台	46	43	3
珠海仕高玛机械设备有限公司	混凝土搅拌机	台	2 168	2 347	219
方圆集团有限公司	商品混凝土搅拌站	套	418	418	
泰安岳首拌合站设备有限公司	混凝土搅拌站	套	156	141	15
山东贝特重工股份有限公司	混凝土搅拌站	套	72	73	9
青岛迪泰自动化设备有限公司	UDT1200 混凝土搅拌站	套	35	32	3
青岛迪泰自动化设备有限公司	UDT1500 混凝土搅拌站	套	25	23	2
成都金瑞建工机械有限公司	HZS180 混凝土搅拌站	套	32	29	3
成都金瑞建工机械有限公司	HZS120 混凝土搅拌站	套	18	17	1
潍坊市路通机械电子有限公司	混凝土搅拌站（楼）	套	84	84	
中建机械有限公司	混凝土搅拌站	套	30	22	
方圆集团有限公司	混凝土搅拌输送车	台	22	22	
青岛中汽特种汽车有限公司	混凝土搅拌输送车	台	100	100	
中联重科股份有限公司	混凝土搅拌输送车	台	5 464	5 731	
方圆集团有限公司	混凝土泵	台	8	8	
青岛迪泰自动化设备有限公司	DT80 混凝土泵	台	300	280	20
青岛迪泰自动化设备有限公司	DT100 混凝土泵	台	350	300	50
福建艾唯特智能装备有限公司	混凝土喷射机	台	265	216	49
中联重科股份有限公司	混凝土机械	台	8 279	8 712	

7. 掘进机械

企业名称	产品名称	单位	产量	销量	库存量
江苏重亚重工有限公司	盾构机	台	89	89	
北方重工集团有限公司	盾构机	台	22	13	9
广州海瑞克隧道机械有限公司	盾构机	台	16	11	5
海瑞克（成都）隧道设备有限公司	盾构机	台	5	5	
海瑞克（广州）隧道设备有限公司	盾构机	台	8	8	
宏润建设集团股份有限公司	盾构机	台	6		6
上海城建隧道装备有限公司	盾构机	台	7	6	
上海力行工程技术发展有限公司	盾构机	台	1	1	
中交天和机械设备制造有限公司	盾构机	台	77	77	
中铁山河工程装备股份有限公司	盾构机	台	6	6	
中铁工程装备集团有限公司	CTE（土压盾构机）	台	177	177	

（续）

企业名称	产品名称	单位	产量	销量	库存量
中铁工程装备集团有限公司	CTE/S（土压、泥水双模盾构机）	台	8	8	
中铁工程装备集团有限公司	CTS（泥水盾构机）	台	18	18	
中铁工程装备集团有限公司	CTE/T（土压、TBM 双模盾构机）	台	24	24	
江苏重亚重工有限公司	硬岩掘进机	台	1	1	
中铁工程装备集团有限公司	硬岩掘进机	台	26	26	
中信重工机械股份有限公司	悬臂掘进机	台		1	2
上海城建隧道装备有限公司	土压平衡顶管机	台	1	1	
中铁工程装备集团有限公司	CTPJ（顶管机）	台	6	6	

8. 桩工机械

企业名称	产品名称	单位	产量	销量	库存量
东台康鼎工程机械制造有限公司	柴油锤	台	89	73	14
上海工程机械厂有限公司	柴油锤	台	9	9	
浙江振中工程机械科技有限公司	柴油锤（含导杆、筒式）	台	5	5	
东台市巨力机械制造有限公司	柴油锤	台	155	155	
广东力源（斯巴达）机械有限公司	柴油锤	台	20	20	
东台康鼎工程机械制造有限公司	液压打桩锤	台	10	4	6
广东力源（斯巴达）机械有限公司	液压打桩锤	台	34	34	
浙江永安工程机械有限公司	液压打桩锤	台	116	107	9
东台康鼎工程机械制造有限公司	振动桩锤	台	10	6	4
上海工程机械厂有限公司	电动振动锤	台	3	3	
浙江振中工程机械科技有限公司	电机式振动锤	台	118	118	
浙江振中工程机械科技有限公司	液压式振动锤	台	1	1	
广东力源（斯巴达）机械有限公司	液压式振动锤	台	4	4	
安腾机械科技（无锡）有限公司	液压式振动锤	台	14	14	
安腾机械科技（无锡）有限公司	挖掘机用液压振动锤	台	213	213	
浙江永安工程机械有限公司	电机式振动锤	台	170	160	10
浙江永安工程机械有限公司	液压式振动锤	台	90	86	4
上海振中建机科技有限公司	振动锤	台	140	90	47
瑞安市八达工程机械有限公司	振动锤	台	80	79	21
东台康鼎工程机械制造有限公司	打桩架	台	45	40	5
山河智能装备股份有限公司	桩架	台	57	56	18
方圆集团有限公司	桩机	台	6	6	
上海金泰工程机械有限公司	打桩架	台	11	11	
上海工程机械厂有限公司	打桩架	台	13	13	
浙江振中工程机械科技有限公司	打桩架	台	3	3	
东台市巨力机械制造有限公司	打桩架	台	17	17	
广东力源（斯巴达）机械有限公司	打桩架	台	30	30	
新河县雄飞桩工机械制造有限公司	打桩架	台	5	5	
新河县雄飞桩工机械制造有限公司	挤密（土）桩机	台	39	39	
上海振中建机科技有限公司	桩架	台	2	2	
瑞安市八达工程机械有限公司	打桩架	台	21	19	3
山河智能装备股份有限公司	静压桩机	台	86	90	8
徐州徐工基础工程机械有限公司	静压桩机	台	2	2	
上海中联重科桩工机械有限公司	静压桩机	台	7	7	
广东力源（斯巴达）机械有限公司	静压桩机	台	13	13	
江苏泰信机械科技有限公司	旋挖钻机	台	106	106	
山河智能装备股份有限公司	旋挖钻机	台	219	217	107
北京三一智造科技有限公司	旋挖钻机	台	475	475	
徐州徐工基础工程机械有限公司	旋挖钻机	台	595	595	

（续）

企业名称	产品名称	单位	产量	销量	库存量
宇通重型装备有限公司	旋挖钻机	台	101	101	
上海金泰工程机械有限公司	旋挖钻机	台	63	63	
宝峨机械设备（上海）有限公司	旋挖钻机	台	18	18	
中联重科股份有限公司	桩工机械	台	364	430	
东台康鼎工程机械制造有限公司	长螺旋钻机	台	1	1	
浙江中锐重工科技股份有限公司	植桩机	台	4	4	
浙江振中工程机械科技有限公司	长螺旋钻孔机（含植桩机）	台	19	19	
新河县雄飞桩工机械制造有限公司	长螺旋钻孔机	台	34	34	
新河县雄飞桩工机械制造有限公司	植桩机	台	12	12	
新河县双兴桩工机械制造有限公司	长螺旋钻孔机	台	15	15	
福建厦兴重工机械有限公司	植桩机	台	24	24	
瑞安市八达工程机械有限公司	长螺旋	台	6	6	4
东台康鼎工程机械制造有限公司	多轴钻机	台	2	1	1
上海金泰工程机械有限公司	多轴钻机	台	11	11	
上海工程机械厂有限公司	多轴钻机	台	5	5	
浙江振中工程机械科技有限公司	多轴（SMW/DCM）钻孔成墙机	台	27	27	
浙江振中工程机械科技有限公司	多轴钻孔机	台	11	11	
浙江振中工程机械科技有限公司	双动力头钻孔机	台	5	5	
东台康鼎工程机械制造有限公司	其他钻机	台	2	1	1
上海中联重科桩工机械有限公司	全套管全回转钻机	台	11	11	
上海工程机械厂有限公司	全套管全回转钻机	台	4	4	
上海工程机械厂有限公司	双动力头钻机	台	2	2	
上海工程机械厂有限公司	多功能（锚杆）钻机	台	1	1	
徐州景安重工机械制造有限公司	全回转钻机	台	44	35	8
徐州景安重工机械制造有限公司	气举反循环钻机	台	8	7	2
张家口市宣化正远钻采机械有限公司	水井钻机	台	88	88	
浙江中锐重工科技股份有限公司	液压顶驱工程钻机	台	3	3	
辽宁抚挖重工机械股份有限公司	成槽机	台	3	3	
上海中联重科桩工机械有限公司	液压抓斗	台	4	4	
北京三一智造科技有限公司	液压抓斗	台	3	3	
上海金泰工程机械有限公司	液压抓斗	台	34	34	
宝峨机械设备（上海）有限公司	液压抓斗	台	11	11	
徐州徐工基础工程机械有限公司	地下连续墙抓斗	台	26	26	
北京三一智造科技有限公司	双轮铣成槽机	台	4	4	
徐州徐工基础工程机械有限公司	双轮铣成槽机	台	11	11	
上海中联重科桩工机械有限公司	双轮铣成槽机	台	1	1	
上海金泰工程机械有限公司	双轮铣成槽机	台	8	8	
宝峨机械设备（上海）有限公司	双轮铣成槽机	台	3	3	
浙江振中工程机械科技有限公司	双轮铣	台	2	2	
江苏泰信机械科技有限公司	伸缩臂、贝壳斗	台	29	29	
新河县雄飞桩工机械制造有限公司	潜孔锤锤头	台	5	5	
广西柳工机械股份有限公司	桩工机械	台	121	96	
山东卓力桩机有限公司	其他桩工机械	台	28	21	7
上海中联重科桩工机械有限公司	TRD/SMC 工法机	台	1	1	
徐州景安重工机械制造有限公司	TRD 系列链条成槽机	台	15	13	2
上海金泰工程机械有限公司	TRD/SMC 工法机	台	6	6	
上海工程机械厂有限公司	TRD/SMC 工法机	台	2	2	
瑞安市八达工程机械有限公司	潜孔锤	台	23	22	7

9. 市政与环卫机械

企业名称	产品名称	单位	产量	销量	库存量
临工重机股份有限公司	洒水车	台	42	56	-14
中汽商用汽车有限公司（杭州）	垃圾车	台	720	715	5
中汽商用汽车有限公司（杭州）	垃圾处理设备	台	156	150	6
中汽商用汽车有限公司（杭州）	其他市政机械	台	29	29	
青岛中汽特种汽车有限公司	环卫类车辆	台	100	98	2
上海万润达机电科技发展有限公司	立体车库	台	74	60	14
长沙中联重科环境产业有限公司	路面清扫车	台	5 831	5 518	626
长沙中联重科环境产业有限公司	洒水车	台	874	774	138
长沙中联重科环境产业有限公司	吸污车	台	293	343	59
长沙中联重科环境产业有限公司	垃圾车	台	5 500	5 480	773
长沙中联重科环境产业有限公司	垃圾处理设备	台	1 938	1 898	40
长沙中联重科环境产业有限公司	其他环卫与市政机械	台	1 357	228	1 991

10. 工程建材制品机械

企业名称	产品名称	单位	产量	销量	库存量
福建鸿益机械有限公司	砌块成型机	套	77	54	23
廊坊市念朋机械设备加工有限公司	砌块成型机	套	1 500	1 000	500
天津市新实丰液压机械股份有限公司	砌块成型机	套	77	92	6
福建泉工股份有限公司	QT6 机台简易线	套	22	22	
福建泉工股份有限公司	QT10 机台简易线	套	15	14	
福建泉工股份有限公司	ZN1200s 简易线	套	6	5	
福建泉工股份有限公司	ZN1200S 机台全套生产线	套	8	7	
福建泉工股份有限公司	ZN1000C 机台简易线	套	24	23	
福建泉工股份有限公司	ZN1500C 机台简易线	套	2	2	
福建泉工股份有限公司	ZN1500c 全套生产线	套	5	5	
福建泉工股份有限公司	zn900c 机台全套生产设备	套	18	17	
西安银马实业发展有限公司	银马 2025 型全能砖 / 石成型机	套	21	12	9
西安银马实业发展有限公司	银马爱尔莎十八型制砖机	套	14	12	2
西安银马实业发展有限公司	银马爱尔莎十五型制砖机	套	10	7	3
杭州伟兴建材机械有限公司	制瓦机	套	19	19	
杭州伟兴建材机械有限公司	600TPC 仿石压力机	套	16	16	
杭州伟兴建材机械有限公司	800T 仿石压力机	套	12	12	
福建群峰机械有限公司	水泥制砖机生产线	套	158	143	15
德州海天机电科技有限公司	新泽西护栏生产线	套	12	12	
德州海天机电科技有限公司	智慧梁场生产线	套	3	3	
青岛环球重工科技有限公司	管片生产线	套	15	15	
河北新大地机电制造有限公司	叠合板生产线	套	2	2	
河北新大地机电制造有限公司	数控钢筋开孔网焊接生产线	套	2	1	1
河北新大地机电制造有限公司	搅拌站生产线	套	1	1	
河北新大地机电制造有限公司	预应力自持荷可扩展组合式长线台双T 生产线	套	1		1
河北新大地机电制造有限公司	生产线控制系统	套	4	4	
德州海天机电科技有限公司	模具模台	t	23 150	22 600	550
青岛环球重工科技有限公司	管片生产线	套	15	15	
青岛环球重工科技有限公司	管片模具	套	318	318	
青岛环球重工科技有限公司	站台模具	套	12	12	
青岛环球重工科技有限公司	方涵模具	套	12	12	
青岛环球重工科技有限公司	模台	套	156	156	

11. 装修与高空作业机械

企业名称	产品名称	单位	产量	销量	库存量
杭州爱知工程车辆有限公司	高空作业车	台	282	278	36
中汽商用汽车有限公司（杭州）	高空作业车	台	12	11	1
青岛中汽特种汽车有限公司	高空作业车	台	90	90	
青岛索尔汽车有限公司	高空作业车	台	135	135	
徐州海伦哲专用车辆股份有限公司	高空作业车	台	1 125	965	160
山河智能装备股份有限公司	高空作业车	台	403	233	263
临工重机股份有限公司	高空作业升降平台	台	39 605	40 201	-596
杭州赛奇机械股份有限公司	高空作业升降平台	台	220	201	19
山东七运集团有限公司	高空作业升降平台	台	14 216	13 688	528
湖南星邦智能装备股份有限公司	高空作业升降平台	台	89 081	89 253	
徐工消防安全装备有限公司	高空作业升降平台	台	48 087	47 088	5 885
湖南运想重工有限公司	高空作业升降平台	台	4 034	3 855	179
山河智能装备股份有限公司	高空作业升降平台	台	5 493	7 266	1 732
太原重工股份有限公司	高空作业升降平台	台	100	30	70
中联重科股份有限公司	高空作业机械	台	53 270	50 711	
法适达（上海）机械设备有限公司	高处作业吊篮	台	209	207	2
广东裕华兴建筑机械制造有限公司	ZLD 高处作业吊篮	台	87	72	15
河北沧胜工程机械有限公司	高处作业吊篮	台	3 987	3 778	209
河北久创建筑机械科技有限公司	高处作业吊篮	台	4 820	4 661	497
无锡华科机械设备有限公司	高处作业吊篮	台	2 200	1 900	300
黄骅市昌达起重设备有限公司	ZLP630 型吊篮	台	6 000	5 000	1 000
山东汇洋建筑设备有限公司	高处作业吊篮	台	2 750	2 150	600
无锡市龙升建筑机械有限公司	高处作业吊篮	台	800	500	300
江阴市路达机械制造有限公司	高处作业吊篮	台	900	500	400
宁波东建建筑科技有限公司	高处作业吊篮	台	205	158	47
天津庆丰顺建筑机械有限公司	高处作业吊篮	台	5 000	4 200	800
无锡瑞吉德机械有限公司	高处作业吊篮	台	3 741	3 782	179
山东连豪机电设备有限公司	高处作业吊篮	台	1 800	1 440	360
山东鲁旺机械设备有限公司	高处作业吊篮	台	5 002	4 605	850
上海虹口建筑机械有限公司	高处作业吊篮	台	138	138	
申锡机械集团有限公司	ZLP800 吊篮	台	1 705	1 502	203
申锡机械集团有限公司	ZLP630 吊篮	台	7 043	6 962	81
申锡机械集团有限公司	ZLP200/100F 烟囱吊篮	台	12	12	
申锡机械集团有限公司	2-ZLP（T）600 电梯安装吊篮	台	152	152	
无锡天通建筑机械有限公司	高处作业吊篮	台	900	890	400
无锡市沃森德机械科技有限公司	高处作业吊篮	台	2 000	1 950	50
无锡市傲世机械制造有限公司	高处作业吊篮	台	800	650	150
无锡科通工程机械制造有限公司	高处作业吊篮	台	500	350	150
无锡强辉建筑机械有限公司	高处作业吊篮	台	2 080	1 760	320
无锡世鼎建筑机械有限公司	高处作业吊篮	台	1 700	1 500	200
无锡振达自动化设备有限公司	高处作业吊篮	台	850	734	116
无锡市小天鹅建筑机械有限公司	高空作业吊篮	台	1 000	1 065	360
廊坊兴河工业有限公司	高空作业吊篮	台	2 000	1 400	600
雄宇重工集团股份有限公司	高空作业吊篮	台	8 000	6 826	1 174
中际联合（北京）科技股份有限公司	高空作业吊篮	台	8 000	6 200	2 500
广东裕华兴建筑机械制造有限公司	伸缩式卸料平台	台	165	140	25
河北华桥减速机有限公司	电控升降机	台	650	650	
山东汇洋建筑设备有限公司	爬架	延米	2 600	2 000	600
山东七运集团有限公司	移动登车桥	台	750	730	20
山东七运集团有限公司	越野臂车	台	32	28	4

（续）

企业名称	产品名称	单位	产量	销量	库存量
无锡瑞吉德机械有限公司	高性能重载提升机	台	1 160	1 182	163
无锡瑞吉德机械有限公司	风电专用智能提升机	台	2 225	2 253	94
申锡机械集团有限公司	提升机、电控箱、安全锁L	台	3 345	3 345	
无锡市傲世机械制造有限公司	其他高空作业机械	台	85	85	
无锡市小天鹅建筑机械有限公司	提升机	台	7 000	7 200	783
中际联合（北京）科技股份有限公司	其他高空作业机械	台	18 200	17 000	4 100
北京凯博擦窗机械科技有限公司	擦窗机	台	97	117	9
江苏博宇建筑工程设备科技有限公司	高空智能擦窗机	台	200	175	25
南京福瑞德机电科技集团有限公司	擦窗机	台	81	76	5
上海普英特高层设备股份有限公司	擦窗机	台	197	197	20
上海万润达机电科技发展有限公司	擦窗机	台	68	62	6
无锡市沃森德机械科技有限公司	擦窗机	台	46	46	
雄宇重工集团股份有限公司	擦窗机	台	75	65	10
上海再瑞高层设备有限公司	擦窗机	台	55	50	5

12. 钢筋及预应力机械

企业名称	产品名称	单位	产量	销量	库存量
柳州欧维姆机械股份有限公司	锚具	万孔	2 751	2 689	869
柳州欧维姆机械股份有限公司	索	t	102 817	98 956	7 414

13. 凿岩机械与气动工具

企业名称	产品名称	单位	产量	销量	库存量
桂林桂冶机械股份有限公司	凿岩机	台	200	180	20
浙江红五环掘进机械股份有限公司	气动手持式凿岩机	台	6 827	7 043	1 190
浙江红五环掘进机械股份有限公司	气腿式凿岩机	台	11 266	11 819	119
洛阳风动工具有限公司	内燃手持式凿岩机	台	2 815	3 153	567
洛阳风动工具有限公司	电动凿岩机	台	39	57	42
天水风动机械股份有限公司	凿岩机	台	37 457	30 795	15 066
浙江衢州煤矿机械总厂股份有限公司	凿岩机	台	411	370	594
南京工程机械厂有限公司	凿岩机械	台	40	51	60
山河智能装备股份有限公司	凿岩设备	台	246	227	63
湖北首开机械有限公司	SK150 履带式潜孔钻车	台	16	12	4
湖北首开机械有限公司	SK153 履带式潜孔钻车	台	34	32	2
湖北首开机械有限公司	SK160 履带式潜孔钻车	台	40	25	15
湖北首开机械有限公司	SK180 履带式潜孔钻车	台	14	11	3
湖北首开机械有限公司	SKMG150D 锚固钻车	台	33	31	2
湖北首开机械有限公司	SKMG150H 锚固钻车	台	8	7	1
湖北首开机械有限公司	SKD70 潜孔钻机	台	358	320	38
湖北首开机械有限公司	SKD100 潜孔钻机	台	1 520	1 328	192
湖北首开机械有限公司	SKQ70 潜孔钻机	台	130	114	16
湖北首开机械有限公司	SKQ100 潜孔钻机	台	425	385	45
浙江红五环掘进机械股份有限公司	凿岩钻车	台	382	332	147
浙江红五环掘进机械股份有限公司	凿岩钻车	台	417	400	1
中国铁建重工集团股份有限公司	凿岩台车	台	43	43	
桂林桂冶机械股份有限公司	超硬材料六面顶液压机	台	50	38	12
桂林桂冶机械股份有限公司	液压开口机 KD 系列	台	15	9	6
天水风动机械股份有限公司	凿岩机械	台（套）	38 090	30 831	16 053
天水风动机械股份有限公司	凿岩支架	台	633	36	968
浙江红五环掘进机械股份有限公司	（冲击类）气镐	台	3 712	3 358	
宁波市鄞州甬盾风动工具制造有限公司	风镐	台	27 242	26 871	1 781

（续）

企业名称	产品名称	单位	产量	销量	库存量
宁波市鄞州甬盾风动工具制造有限公司	镐钎	支	197 600	192 347	21 597
宁波市鄞州甬盾风动工具制造有限公司	捣固机	台	500	647	275
宁波市鄞州甬盾风动工具制造有限公司	气铲	台	2 608	2 591	356
宁波市鄞州甬盾风动工具制造有限公司	气锹	台	7 200	7 204	34
青岛前哨精密机械有限责任公司	气铲	台	284	215	75
青岛前哨精密机械有限责任公司	气钻	台	12 411	11 361	2 674
青岛前哨精密机械有限责任公司	气砂轮	台	1 749	1 769	196
青岛前哨精密机械有限责任公司	气扳机	台	4 793	4 639	3 237
青岛前哨精密机械有限责任公司	气螺刀	台	797	867	3 594
青岛前哨精密机械有限责任公司	气剪刀	台	682	645	144
青岛前哨精密机械有限责任公司	铆枪	台	1 953	1 771	431
青岛前哨精密机械有限责任公司	吹尘枪	台	4 848	4 848	
山东春龙风动机械有限公司	气动工具	台	11 549	12 772	10 502
上海骏马气动工具有限公司	气铲	台	3 000	2 800	200
上海骏马气动工具有限公司	气扳机	台	5 000	4 800	200
上海骏马气动工具有限公司	搅拌机	台	33 000	33 000	
上海骏马气动工具有限公司	冷水抛光机	台	35 000	33 000	2 000
上海骏马气动工具有限公司	砂轮机	台	45 000	42 000	3 000
天水风动机械股份有限公司	气动工具	台	19 387	9 093	14 179
烟台市石油机械有限公司	气动马达	台	5 182	4 950	449
烟台市石油机械有限公司	气动绞车	台	202	180	39
义乌市风动工具有限公司	气镐	台	211	211	148
浙江衢州煤矿机械总厂股份有限公司	气腿	台	467	396	1 590
镇江丹凤机械有限公司	风动工具	台	2 971	3 149	783
南京工程机械厂有限公司	风动工具	台	193	580	567
中杰杰鼎实业有限公司	气动工具	万支	170	170	
青岛前哨精密机械有限责任公司	其他	台	2 966	3 066	2 035
上海骏马气动工具有限公司	振动器	台	4 800	4 700	1 000
烟台市石油机械有限公司	气动预供油泵	台	389	320	113
天水风动机械配件有限公司	弹簧件（凿岩机）	t/ 万件	5/40	5/40	0.1/2
天水风动机械配件有限公司	弹簧件（手工具）	t/ 万件	1/10	1/10	0.1/2
天水风动机械配件有限公司	水针件（凿岩机）	t/ 万件	17/20	17/20	
天水风动机械配件有限公司	胶件（凿岩机）	t/ 万件	0.35/130	0.35/130	0.2/80
天水风动机械配件有限公司	叶片件（手工具）	t/ 万件	3/30	3/30	3.4/35
天水风动机械配件有限公司	聚氨酯件（凿岩机）	t/ 万件	0.5/12	0.5/12	0.5/13
天水风动机械配件有限公司	塑料包装箱	万件	5	5	
洛阳风动工具有限公司	工矿配件	t	13.2	13	36.8
天水风动机械股份有限公司	工矿配件	t	661		3 292
浙江衢州煤矿机械总厂股份有限公司	支柱	根	60 685	64 456	18 064
浙江衢州煤矿机械总厂股份有限公司	三用阀	套	48 000	50 497	27 071

14. 建筑起重机械

企业名称	产品名称	单位	产量	销量	库存量
方圆集团有限公司	塔式起重机	台	48	48	
四川建设机械（集团）股份有限公司	塔式起重机	台	119	126	7
大汉科技股份有限公司	塔式起重机	台	1 151	1 151	
浙江省建设工程机械集团有限公司	塔式起重机	台	1 267	1 267	
哈尔滨东建机械制造有限公司	塔式起重机	台	62	61	
四川宏升重工机械有限公司	塔式起重机	台	112	112	
浙江虎霸建设机械有限公司	塔式起重机	台	449	388	61

（续）

企业名称	产品名称	单位	产量	销量	库存量
四川强力建筑机械有限公司	塔式起重机	台	42	42	
沈阳三洋建筑机械有限公司	塔式起重机	台	20	25	40
东莞市毅新庆江机械制造有限公司	塔式起重机	台	93	93	
湖北江汉建筑工程机械有限公司	塔式起重机	台	900	821	79
中建机械有限公司	塔式起重机	台	16	16	
中联重科股份有限公司	建筑起重机械	台	6 802	6 759	
方圆集团有限公司	施工升降机	台	48	48	
广东裕华兴建筑机械制造有限公司	SC 型施工升降机	台	262	202	60
黄骅市昌达起重设备有限公司	200/200 型施工升降机	台	80	60	20
黄骅市昌达起重设备有限公司	100/100H 型施工升降机	台	100	80	20
申锡机械集团有限公司	SC200/200 施工升降机	台	10	10	
申锡机械集团有限公司	STC100 施工升降平台	台	314	314	
无锡科通工程机械制造有限公司	施工升降机	台	100	44	56
四川建设机械（集团）股份有限公司	施工升降机	台	77	82	5
大汉科技股份有限公司	施工升降机	台	2 017	2 017	
浙江省建设工程机械集团有限公司	施工升降机	台	191	191	
广州市特威工程机械有限公司	施工升降机	台	3 040	2 467	573
东莞市毅新庆江机械制造有限公司	施工升降机	台	123	123	
湖北江汉建筑工程机械有限公司	施工升降机	台	3 253	3 085	168

15. 观光车及非道路低速专用车

企业名称	产品名称	单位	产量	销量	库存量
江苏奥联车辆制造有限公司	非道路旅游观光车	台	7	7	
贵州忠辉车辆制造有限公司	非道路旅游观光车	台	1 231	1 173	58
贵州忠辉车辆制造有限公司	非道路低速专用车	台	250	226	24
广东普莱尔专用车辆制造有限公司	观光列车	列	20	18	2
柳州五菱汽车工业有限公司	观光车	台	5 377	5 303	84
柳州五菱汽车工业有限公司	其他专用车	台	648	640	8
柳州五菱汽车工业有限公司	巡逻车	台	56	52	4
宜昌鑫威特种车辆制造有限公司	观光车	台	752	755	68
宇通客车股份有限公司专用车分公司	观光车	台	529	501	28
宇通客车股份有限公司专用车分公司	观光列车	列	24	24	
苏州傲威电动车辆制造有限公司	观光车	台	300	277	23
苏州傲威电动车辆制造有限公司	消防车	台	100	26	74
苏州傲威电动车辆制造有限公司	搬运车	台	100	71	29
苏州傲威电动车辆制造有限公司	巡逻车	台	200	156	44
常州市多灵电动车辆制造有限公司	非道路旅游观光车	台	41	37	4
广州朗晴电动车有限公司	观光车	台	231	223	12
广州朗晴电动车有限公司	非道路低速专用车	台	898	880	18
绿友集团新能源车辆有限公司	消防车	台	10	10	
绿友集团新能源车辆有限公司	巡逻车	台	40	40	
广东玛西尔电动科技有限公司	观光车	台	3 267	3 220	47
广东玛西尔电动科技有限公司	消防车	台	78	76	2
广东玛西尔电动科技有限公司	巡逻车	台	1 820	1 798	22
宜昌鑫威特种车辆制造有限公司	电动搬运车	台	482	481	36
宜昌鑫威特种车辆制造有限公司	电动巡逻车	台	160	159	31
宜昌鑫威特种车辆制造有限公司	电动消防车	台	91	95	12
苏州益高电动车辆制造有限公司	非道路旅游观光车	台	3 477	3 451	26
苏州益高电动车辆制造有限公司	非道路低速专用车	台	763	763	9
广东绿通新能源电动车科技股份有限公司	观光车	台	10 306	10 306	

（续）

企业名称	产品名称	单位	产量	销量	库存量
广东绿通新能源电动车科技股份有限公司	巡逻车	台	235	235	
广东绿通新能源电动车科技股份有限公司	消防车	台	20	20	
苏州傲威电动车辆制造有限公司	高尔夫球车	台	4 000	3 753	247
柳州五菱汽车工业有限公司	高尔夫球车	台	118	113	5
绿友集团新能源车辆有限公司	高尔夫球车	台	2 220	2 005	215
广东玛西尔电动科技有限公司	高尔夫球车	台	11 264	11 226	38
苏州益高电动车辆制造有限公司	休闲车辆	台	4 745	4 731	14
广东绿通新能源电动车科技股份有限公司	高尔夫球车	台	20 464	20 464	
苏州傲威电动车辆制造有限公司	其他车辆	台	100	54	46
江苏奥联车辆制造有限公司	其他车辆	台	90	60	30
绿友集团新能源车辆有限公司	其他车辆	台	30	30	
广东玛西尔电动科技有限公司	清扫车	台	212	179	33
广东玛西尔电动科技有限公司	洗地机	台	1 708	1 576	132
广东玛西尔电动科技有限公司	无人驾驶车辆	台	7	4	3
广东玛西尔电动科技有限公司	其他低速车辆	台	61 814	61 089	725
宜昌鑫威特种车辆制造有限公司	其他车辆	台	78	85	1
苏州益高电动车辆制造有限公司	其他低速车辆	台	179	179	
广东绿通新能源电动车科技股份有限公司	其他车辆	台	4 114	4 114	

16. 工程机械配套件

企业名称	产品名称	单位	产量	销量	库存量
菲亚特动力科技管理（上海）有限公司	柴油发动机	台	15 311	15 311	408
潍柴动力股份有限公司	发动机	万台	75.4	73.6	5
安徽和鼎机电设备有限公司	锂电池	组	52 126	51 359	767
安徽益佳通电池有限公司	动力蓄电池（组）	台	45 781	44 729	2 029
杭州鹏成新能源科技有限公司	动力蓄电池（组）	台	47 174	46 477	2 617
扬州通宇散热器有限公司	冷却器	台		60 497	1 843
无锡华盛力通电驱动系统有限公司	电动机	台	71 000	68 000	7 380
江西江特电机有限公司	电动机	台	135 338	135 697	17 126
安徽皖南新维电机有限公司	电机	台	248 568	249 569	7 166
南京腾亚精工科技股份有限公司	新能源动力驱动紧固装置	套	4 800 000	4 301 327	498 623
宁波管通机械有限公司	排气管	件	144 324	145 816	1 288
华君装备有限公司	液力变矩器	台	2 797	2 671	
采埃孚合力传动技术（合肥）有限公司	叉车变速器	台	74 853	75 008	87
采埃孚（中国）投资有限公司	AMT 变速器	台	521	521	
潍柴动力股份有限公司	变速器	万台	87.7	83.8	9.4
浙江中柴机器有限公司	变速器	台	198 733	192 652	14 067
合肥海源机械有限公司	1～32t 工业车辆叉车驱动桥	件	106 671	107 344	1 885
合肥海源机械有限公司	空港地勤特种车辆驱动桥	件	3 530	3 588	378
采埃孚合力传动技术（合肥）有限公司	驱动桥	件	34 322	34 321	56
潍柴动力股份有限公司	车桥	万件	75.7	74.3	
江西省分宜驱动桥有限公司	驱动桥	件	9 026	8 730	757
安徽天平机械股份有限公司	转向桥	件	161 500	161 500	
合肥海源机械有限公司	1～45t 工业车辆叉车转向桥	件	117 814	118 279	1 783
合肥海源机械有限公司	空港地勤特种车辆转向桥	件	2 405	2 401	202
浙江匠心液压科技有限公司	转向桥	件	15	10	5
芜湖盛力科技股份有限公司	制动器	只	3 733	2 568	1 165
杭州富宏叉车制动器有限公司	制动器总成	套	661 214	646 784	16 661
杭州萧山红旗摩擦材料有限公司	摩擦片	万片	2 977	2 944	256
河北华桥减速机有限公司	提升机	台	3 800	3 720	80

（续）

企业名称	产品名称	单位	产量	销量	库存量
无锡三立轴承股份有限公司	工程机械用轴承	套	161 567	180 630	46 161
无锡三立轴承股份有限公司	机器人用轴承	套	291 156	223 705	92 893
无锡三立轴承股份有限公司	机床用轴承	套	888 152	1 404 022	695 918
天津日标机械科技有限公司	减速器总成	套	3 680	3 560	
天津日标机械科技有限公司	散件	件	24 690	21 240	
采埃孚（中国）投资有限公司	VG 分动箱	台	120	120	
宁波管通机械有限公司	转向管柱	件	98 818	97 612	2 882
合肥海源机械有限公司	液压油缸	台	496 401	496 130	5 216
南通爱慕希机械股份有限公司	液压缸部件	件	370 863	394 189	65 193
江苏恒立液压股份有限公司	液压缸	台	837 787	846 022	83 955
宁波乾豪金属制品有限公司	液压缸	t	1 015	970	45
浙江匠心液压科技有限公司	液压缸	台	454 882	430 926	71 151
江苏长龄液压股份有限公司	履带张紧液压缸	台	254 210	236 520	24 312
徐州徐工液压件有限公司	液压缸	台	376 764	387 013	14 947
赛克思液压科技股份有限公司	齿轮泵	台	1 334	6 986	334
赛克思液压科技股份有限公司	柱塞泵	台	20 813	25 211	213
苏州力源液压有限公司	柱塞泵	台	18 400	17 750	650
江苏恒立液压股份有限公司	液压马达	台	309 565	310 356	350 467
赛克思液压科技股份有限公司	液压马达	台	2 581	3 055	231
意宁液压股份有限公司	液压马达	台	9 023	9 382	1 224
苏州力源液压有限公司	液压马达	台	27 000	25 000	2 000
烟台艾迪精密机械股份有限公司	液压主泵及马达	台	104 590	17 456	117 650
浙江海宏液压科技股份有限公司	多路阀	台	546 490	513 758	103 123
浙江高宇液压机电有限公司	整体式多路阀	台	55 779	51 756	7 568
浙江高宇液压机电有限公司	分片式多路阀	台	2 749	3 209	598
宁波宇洲液压设备有限公司	高压液压阀	台	95 348	98 705	
浙江高宇液压机电有限公司	先导阀	台	45 449	42 577	5 458
浙江高宇液压机电有限公司	流量放大阀	台	10 982	9 827	1 150
江苏恒立液压股份有限公司	液压阀	台	1 010 569	855 977	1 477 438
江苏长龄液压股份有限公司	液压阀	台	27 653	26 529	1 752
赛克思液压科技股份有限公司	其他液压阀	台	91 634	34 987	585
杭州前进齿轮箱集团股份有限公司	工程变速器	台	12 245	12 747	2 774
江苏国茂减速机股份有限公司	行走减速机	台	1 274	5 950	
江苏国茂减速机股份有限公司	回转减速机	台	4 382	4 574	
南通爱慕希机械股份有限公司	高压油管接头	万件	1 323	1 336	149
徐州市华为工程机械有限公司	液压胶管总成	万条	200	199.5	5
徐州市华为工程机械有限公司	接头	万件	400	399	10
江苏耀坤液压股份有限公司	液压金属连接管总成	万件	101.6	102.2	4.9
宁波管通机械有限公司	倾斜钢管	万件	42.1	42.1	0.9
江苏斯必得重工机械有限公司	液压胶管总成	件	77 102	75 704	175
江苏斯必得重工机械有限公司	液压金属连接管总成	件	1 830	1 785	6
河北冀工胶管有限公司	工程机械各类低压橡胶管	万吋米	1 420	1 418	2
南京讯联液压技术股份有限公司	液压油过滤器	万个	292.4	216.8	75.7
莱州市莱索制品有限公司	橡胶件	万件	14.8	14.9	0.6
江苏恒立液压股份有限公司	液压附件	t	63 465	63 469	3 504
扬州通宇散热器有限公司	液压油散热器	台		60 497	1 843
江苏耀坤液压股份有限公司	液压油箱	台	97 559	99 780	6 980
宁波管通机械有限公司	油箱盖板	件	393 025	401 581	9 079
宁波乾豪金属制品有限公司	液压附件	t	759	723	36
徐州徐工液压件有限公司	液压附件	万台	638.7	638.7	14.7

（续）

企业名称	产品名称	单位	产量	销量	库存量
江苏恒立液压股份有限公司	液压系统	台	6 606	8 295	1 682
徐州徐工液压件有限公司	液压系统	台	5 850	5 850	350
意宁液压股份有限公司	液压系统及装置	台	41 988	42 001	5 836
钢客履带（江苏）有限公司	240 节距润滑履带总成	条	520	300	160
钢客履带（江苏）有限公司	260 履带总成	条	180	105	15
钢客履带（江苏）有限公司	280 履带总成	条	120	118	2
钢客履带（江苏）有限公司	317 节距履带总成	条	110	110	
江苏富朗特工程机械有限公司	钢轮	套	13 172	12 395	777
钢客履带（江苏）有限公司	203 节距履带板	万片	26	25	1
钢客履带（江苏）有限公司	228 节距履带板	万片	21	16	2
钢客履带（江苏）有限公司	216 节距履带板	万片	56	51	5
江苏长龄液压股份有限公司	履带引导轮	件	19 865	17 935	2 986
莱州市莱索制品有限公司	链轨节	万件	181.5	181.7	1.2
莱州市莱索制品有限公司	支重轮	万件	186.4	187.2	1.1
芜湖明特威工程机械有限公司	履带板	t	2 057	2 044	78
荣成荣鹰橡胶制品有限公司	支重轮、托链轮、引导轮、驱动轮	万条	14.5	16.5	2.1
宁波乾豪金属制品有限公司	支重轮、托链轮、引导轮、驱动轮	t	938	895	43
江苏富朗特工程机械有限公司	工作装置其他部分	套	1 560	1 351	209
江苏富朗特工程机械有限公司	摊铺机车架	套	504	374	130
江苏富朗特工程机械有限公司	微挖车架	套	3 180	3 102	78
江苏富朗特工程机械有限公司	小挖车架	套	3 927	3 834	93
江苏富朗特工程机械有限公司	旋挖车架	套	109	99	10
江苏富朗特工程机械有限公司	压路机车架	套	6 805	6 122	683
江苏富朗特工程机械有限公司	中大挖车架	套	837	745	92
江苏富朗特工程机械有限公司	装载机车架	套	50	4	46
芜湖明特威工程机械有限公司	铲板	t	14 508	13 673	1 326
江苏耀坤液压股份有限公司	工作装置其他部分	件	527 664	532 874	35 785
江苏奔宇车身制造有限公司	覆盖件	套	12 368	12 371	
江苏奔宇车身制造有限公司	配重	台	2 590	3 546	
徐州巴特工程机械股份有限公司	斗铲	台	19 760	23 270	2 393
徐州巴特工程机械股份有限公司	挖掘机大中型钣金结构件	台	25 265	21 049	639
徐州巴特工程机械股份有限公司	高空作业大中型钣金结构件	台	18 684	20 154	453
卡斯卡特（厦门）叉车属具有限公司	叉车货叉	件	243 200	239 000	6 000
宁波乾豪金属制品有限公司	挖斗与铲斗	t	858	819	39
宁波乾豪金属制品有限公司	车架	t	1 165	1 113	52
扬州神舟汽车内饰件有限公司	工程车驾驶室	台	66 511	64 590	2 011
浙江天成自控股份有限公司	工程机械座椅	席	361 744	378 346	10 547
浙江天成自控股份有限公司	商用车座椅	席	347 827	345 839	82 082
浙江天成自控股份有限公司	乘用车座椅	席	1 013 492	1 006 840	11 057
扬州沃盛车业制造有限公司	矿车驾驶室总成	台	12 065	12 240	250
扬州沃盛车业制造有限公司	港口车驾驶室总成	台	880	802	98
江苏奔宇车身制造有限公司	工程机械驾驶室	台	55 663	51 038	8 428
凡己科技（苏州）有限公司	仪表	台	16 581	16 083	498
凡己科技（苏州）有限公司	电控系统	台	137 084	131 072	6 012
南通爱慕希机械股份有限公司	电气产品	件	391 903	388 868	67 703
浙江恒邦电气科技有限公司	施工升降机变频控制系统	台	1 400	1 250	150
浙江恒邦电气科技有限公司	施工升降机智能驾驶系统	台	627	559	68
浙江恒邦电气科技有限公司	塔式起重机变频控制系统	台	50	42	8
浙江恒邦电气科技有限公司	塔式起重机一体化司机室	台	1 150	890	260
浙江恒邦电气科技有限公司	交流极限开关	台	40 000	36 882	3 118

（续）

企业名称	产品名称	单位	产量	销量	库存量
贵阳永青智控科技股份有限公司	显示仪表	台	127 566	100 384	27 182
贵阳永青智控科技股份有限公司	控制器类	台	122 743	101 852	20 891
贵阳永青智控科技股份有限公司	电气类	台	93 454	85 428	8 026
河南嘉晨智能控制股份有限公司	电控系统	台	356 565	376 174	22 931
河南嘉晨智能控制股份有限公司	其他电器装置	台	118 676	112 076	10 202
江苏华骋科技有限公司	组合仪表	套	11 370	10 380	990
江苏华骋科技有限公司	车灯	只	10 100	9 680	420
江苏华骋科技有限公司	电控系统	台	3 800	3 500	300
合肥协力仪表控制技术股份有限公司	组合仪表	台	514 467	514 467	
武汉港迪技术股份有限公司	HF500 变频器	台	8 500	8 350	150
武汉港迪技术股份有限公司	HF630 变频器	台	10 100	9 800	300
武汉港迪技术股份有限公司	成柜专机	台	2 420	2 415	5
武汉港迪技术股份有限公司	盾构机配套水冷变频柜	台	105	105	
武汉港迪技术股份有限公司	盾构机配套风冷变频柜	台	43	43	
常州千手工程机械有限公司	鹰嘴剪 / 多用剪	台	40	21	5
常州千手工程机械有限公司	粉碎钳	台	500	201	50
常州千手工程机械有限公司	抓斗	台	400	228	30
烟台艾迪精密机械股份有限公司	破碎锤	台	22 068	928	22 026
徐州巴特工程机械股份有限公司	快换连接器	台	31 336	29 282	1 772
徐州巴特工程机械股份有限公司	破碎属具	台	2 122	2 087	391
徐州巴特工程机械股份有限公司	割草机	台	2 002	995	
卡斯卡特（厦门）叉车属具有限公司	叉车属具	万台	14	14	0.3
卡斯卡特（厦门）叉车属具有限公司	工程属具	台	16 000	17 000	
宁波乾豪金属制品有限公司	属具连接器	t	1 002	960	42
凌远科技股份有限公司	TBM 刀具	套	25 873	22 589	3 284
常州奥旋重型轴承有限公司	回转支承	套	12 981	11 101	2 335
马鞍山方圆精密机械有限公司	回转支承	套	90 131	91 292	6 256
马鞍山统力回转支承有限公司	回转支承	套	49 184	48 954	4 794
杭州同创顶立机械有限公司	销轴类	件	1 764 943	1 737 164	165 047
杭州同创顶立机械有限公司	机加类	件	688 428	660 649	163 080
杭州同创顶立机械有限公司	钣金件	件	72 283	44 504	3 240
杭州同创顶立机械有限公司	结构件	件	31 757	3 978	82 403
杭州同创顶立机械有限公司	小件	件	301 555	273 776	594
浙江威肯特智能机械有限公司	高黏度保温三螺杆泵	台	5 783	5 944	1 260
浙江威肯特智能机械有限公司	高黏度保温内啮合齿轮泵	台	1 696	1 641	380
浙江威肯特智能机械有限公司	气动保三通阀	台	1 297	1 152	821
江苏长龄液压股份有限公司	回转接头	件	152 782	135 851	21 065
江苏长龄液压股份有限公司	工程机械销轴、套	件	21 234	19 435	2 562
江苏奥凯环境技术有限公司	滤袋	万 m^2	268.77	263.03	5.74
江苏奥凯环境技术有限公司	骨架	m	787 000	772 000	15 000
江苏奥凯环境技术有限公司	清洗条	条	14 100	14 100	
上海盾牌矿筛有限公司	优钢网	t	1 492.5	1 492.5	
上海盾牌矿筛有限公司	不锈钢网	t	25.5	25.5	
山东太阳耐磨件有限公司	耐磨刀板	t	41 400	39 300	4 100
北京思达建茂科技发展有限公司	套筒	个	3 000 000	2 600 000	400 000
北京思达建茂科技发展有限公司	干粉砂浆成品	t	12 000	11 700	300
重庆奇甫机械有限责任公司	枪管	t	81	52	29
重庆奇甫机械有限责任公司	立管	t	795	680	115
重庆奇甫机械有限责任公司	套筒	支	5 650 000	4 520 000	1 130 000
重庆奇甫机械有限责任公司	变径套筒	支	710 000	603 500	106 500

（续）

企业名称	产品名称	单位	产量	销量	库存量
重庆奇甫机械有限责任公司	冷挤压套筒	支	265 000	231 875	33 125
重庆奇甫机械有限责任公司	灌浆套筒	支	385 000	211 750	173 250
江苏法尔胜特钢制品有限公司	吊篮绳	t	4 563	4 527	240
江苏法尔胜特钢制品有限公司	其他绳	t	32 950	32 565	1 484
河北华桥减速机有限公司	离心式安全锁	台	5 500	5 200	300
佛山市顺德区金泰德胜电机有限公司	电机 / 控制器	台	515 416	501 422	13 994
江苏古川机械有限公司	破碎锤零部件	件	106 889	114 909	128 355
宏源精工车轮股份有限公司	槽圈	只	342 752	395 562	20 774
宏源精工车轮股份有限公司	锁圈	只	385 373	435 066	33 687
宏源精工车轮股份有限公司	挡圈	只	59 442	36 302	5 853
宏源精工车轮股份有限公司	辐板	只	4 617	1 728	46 742
宏源精工车轮股份有限公司	内、外轮缘	只	60 362	69 396	7 441
宏源精工车轮股份有限公司	座圈	只	36 500	36 803	4 366
宏源精工车轮股份有限公司	工程车轮总成	套	65 745	65 855	6 234
宏源精工车轮股份有限公司	叉车车轮总成	套	100 676	103 482	20 363
宏源精工车轮股份有限公司	宽体车车轮总成	套	12 466	10 566	1 042
宏源精工车轮股份有限公司	轮辋	套	58 636	1 238	370
宏源精工车轮股份有限公司	特殊装备车辆	套	3 159	4 825	75
苏州力源液压有限公司	其他配套件	台	8 000	7 000	1 000
杭州润德车轮制造有限公司	平衡重式叉车用钢制车轮	套	821 829	821 829	
烟台富耐克换热器有限公司	散热器	台	67 000	67 000	
常州市东海橡胶厂有限公司	橡胶管	根	3 968 401	3 934 936	445 729
常州市东海橡胶厂有限公司	减震器	只	561 839	540 284	43 059
常州市东海橡胶厂有限公司	地板垫	张	96 800	92 285	8 510
常州市东海橡胶厂有限公司	橡胶件	件	4 776 568	4 866 586	162 548
常州市东海橡胶厂有限公司	海绵	张	1 316 010	1 375 704	72 838
常州市东海橡胶厂有限公司	油箱机罩	件	16 271	18 771	418
广西徐沃工程机械设备有限公司	夹具	台	2 749	2 765	60
宁波乾豪金属制品有限公司	斗齿、刀角板等耐磨件	t	1 478	1 411	67
宁波乾豪金属制品有限公司	其他配套件	t	5 455	5 188	267
浙江匠心液压科技有限公司	侧移器	支	2 181	956	1 225
浙江匠心液压科技有限公司	配件	套	2 081	1 208	1 668
浙江匠心液压科技有限公司	手柄方管	支	67 954	69 972	17 102
浙江匠心液压科技有限公司	长连杆	支	4 427	2 417	2 010
浙江匠心液压科技有限公司	长轴	支	5	3	2
浙江匠心液压科技有限公司	零部件	套	3 213	7 064	4 829

17. 其他工程机械

企业名称	产品名称	单位	产量	销量	库存量
泉州市劲力工程机械有限公司	轨道施工与养护机械	台	170	165	5
湖南盛势通科技有限公司	其他专用工程机械	套	3	3	
河南高远公路养护设备股份有限公司	其他应急救援设备	台	6	5	1
上海袋式除尘配件有限公司	脉冲阀	万只	41	41	4.8
上海袋式除尘配件有限公司	控制仪	万台	1.41	1.39	0.2
江苏益科热处理设备有限公司	热处理设备	台（套）	30	26	4
青岛中汽特种汽车有限公司	骨架车	台	120	110	10
青岛中汽特种汽车有限公司	自卸车	台	500	450	50
青岛中汽特种汽车有限公司	电源车	台	20	20	
广西柳工机械股份有限公司	矿车	台	1 005	448	
贵州詹阳动力重工有限公司	其他工程机械	台	234	276	145

（续）

企业名称	产品名称	单位	产量	销量	库存量
海瑞克（成都）隧道设备有限公司	主要部件	套	79	79	
海瑞克（成都）隧道设备有限公司	其他零备件	套	32	32	
海瑞克（广州）隧道设备有限公司	主要部件	套	1 087	1 087	
长沙中联重科环境产业有限公司	扫雪机（车）	台	104	95	94
中联重科股份有限公司	冰雪及应急救援设备	台	559	509	
华君装备有限公司	水轮机	台	48	44	

〔供稿人：中国工程机械工业协会廖志〕

2023年工程机械行业主要企业主要经济指标完成情况

序号	项目	指标代码	单位	2023年	2022年	同比增长（%）
1	工业总产值（现价）	A09	亿元	5 261	5 567	-5.51
2	出口交货值	A111	亿元	1 595	1 267	25.92
3	全年从业人员平均人数	B29	人	284 311	293 111	-3.00
4	全年从业人员工资总额	B30	亿元	439	385	13.85
5	生产中应用工业机器人数量	F40	台	10 954	11 020	-0.60
6	固定资产净额	J19	亿元	1 374	1 366	0.60
7	流动资产余额	J06	亿元	7 004	7 148	-2.02
8	应收账款	J08	亿元	2 079	2 256	-7.86
9	年末负债合计	J65	亿元	6 655	7 244	-8.13
10	累计完成固定资产投资	E08	亿元	317	309	2.43
11	年末资产总计	J63	亿元	10 247	10 642	-3.72
12	营业收入	J301	亿元	6 381	6 869	-7.11
13	营业税金及附加	J33	亿元	35	31	10.69
14	利息支出	J40	亿元	50	60	-17.19
15	利润总额	J45	亿元	420	355	18.35
16	企业数		家	324	359	-9.75

注：表中的同比增长数据是由原始统计数据计算得出的。

〔供稿人：中国工程机械工业协会吕莹〕

2023 年工程机械行业十大类主机产品产销存情况

序号	产品名称	产、销、存	2023 年	2022 年	同比增长（%）
1	挖掘机	产量（台）	182 841	239 011	-23.5
		销量（台）	184 094	239 555	-23.2
		年末库存（台）	5 864	7 373	-20.5
2	装载机	产量（台）	82 988	106 228	-21.9
		销量（台）	88 363	99 500	-11.2
		年末库存（台）	4 863	6 875	-29.3
3	平地机	产量（台）	4 756	4 098	16.1
		销量（台）	4 808	3 450	39.4
		年末库存（台）	78	228	-65.8
4	轮式起重机（汽车起重机、轮胎起重机）	产量（台）	25 341	26 287	-3.6
		销量（台）	25 140	26 847	-6.4
		年末库存（台）	994	933	6.5
5	履带起重机	产量（台）	3 163	2 762	14.5
		销量（台）	3 207	2 761	16.2
		年末库存（台）	125	38	228.9
6	塔式起重机	产量（台）	11 081	17 340	-36.1
		销量（台）	10 909	16 898	-35.4
		年末库存（台）	187	385	-51.4
7	工业车辆	产量（台）	1 226 416	1 312 687	-6.6
		销量（台）	1 354 649	1 373 803	-1.4
		年末库存（台）	64 895	60 230	7.7
8	压路机	产量（台）	10 465	12 932	-19.1
		销量（台）	10 269	11 179	-8.1
		年末库存（台）	324	478	-32.2
9	摊铺机	产量（台）	996	1 104	-9.8
		销量（台）	961	1 118	-14.0
		年末库存（台）	66	115	-42.6
10	升降工作平台	产量（台）	254 106	183 527	38.5
		销量（台）	252 293	177 440	42.2
		年末库存（台）	7 817	9 519	-17.9

〔供稿人：中国工程机械工业协会吕莹〕

2023年工程机械产品进出口分类统计

序号	商品名称	数量单位	出口				进口			
			数量	同比增长（%）	金额（万美元）	同比增长（%）	数量	同比增长（%）	金额(万美元）	同比增长（%）
1	履带式挖掘机	台	186 728	15.0	801 514	-1.3	3 286	66.6	17 848	49.7
2	轮胎式挖掘机	台	4 429	23.8	28 074	11.0	45	18.4	272	-15.7
3	其他挖掘机	台	693	243.1	2 356	144.1	4		98	14.1
4	装载机	台	191 567	122.6	362 594	20.2	173	-65.9	2 721	-43.7
5	$P>235.36$kW（320马力）推土机	台	974	73.6	25 424	132.6	32	6.7	1 806	38.9
6	其他推土机	台	5 744	9.6	51 780	6.3	58	52.6	769	100.4
7	筑路机及平地机	台	7 558	-42.5	60 283	4.7	6	-33.3	91	-65.9
8	铲运机	台	870	12.8	12 495	16.7	10	233.3	431	1 758.1
9	非公路用自卸车	辆	12 238	16.6	149 047	26.1	31	-46.6	1 262	-26.0
10	压路机	台	27 677	3.0	74 386	10.0	33	-75.7	60	-85.5
11	其他压实机械	台	3 132	-0.4	956	5.5	2		8	
12	摊铺机	台	4 236	-5.7	15 847	114.5	99	-20.8	1 696	-6.3
13	沥青搅拌设备	台	918	85.5	15 981	57.7	108	2 060.0	45	587.9
14	起重量＞100t全路面汽车起重机	辆	619	89.9	34 067	73.3				
15	其他全路面汽车起重机	辆	820	39.2	10 419	81.4				
16	起重量＞100t汽车起重机	辆	663	131.0	14 530	107.2				
17	其他汽车起重机	辆	9 105	61.4	99 881	36.0				
18	履带式起重机	台	2 713	28.8	83 533	44.4	4	-87.9	98	-84.2

（续）

序号	商品名称	数量单位	出口				进口			
			数量	同比增长（%）	金额（万美元）	同比增长（%）	数量	同比增长（%）	金额（万美元）	同比增长（%）
19	塔式起重机	台	4 278	129.0	55 625	67.1				
20	随车起重机	台	3 838	75.7	7 649	73.1	139	-47.1	359	14.6
21	其他起重机	台	179 411	266.5	123 814	52.7	373	-70.2	5 238	43.8
22	堆垛机	台	8 893	334.2	3 666	12.9	514	2.2	5 909	56.2
23	电动叉车	台	582 397	7.2	343 000	34.9	8 255	-12.8	9 908	-10.6
24	内燃叉车	台	195 931	6.9	331 199	12.9	316	-63.2	2 487	-49.6
25	集装箱叉车	台	492	2.1	8 606	6.9				
26	手动搬运车	台	2 056 965	-9.1	52 016	-14.8	1 789	6.8	1 109	-30.9
27	牵引车	台	97 704	23.4	23 296	62.7	251	-46.9	551	-49.3
28	凿岩机械和风动工具	台	16 121 404	-10.3	43 417	0.9	636 617	-38.9	9 439	-24.6
29	隧道掘进机	台	276	46.8	35 708	16.0	5	-68.8	754	-86.4
30	打桩机及工程钻机	台	91 213	-44.6	16 002	-5.5	75	-46.4	437	-87.8
31	混凝土泵	台	7 354	52.7	7 338	44.5	222	49.0	700	14.0
32	混凝土泵车	辆	1 468	12.2	20 479	9.7				
33	混凝土搅拌机械	台	2 162 640	25.1	44 832	5.4	2 056	45.3	3 525	-18.9
34	混凝土搅拌车	辆	13 548	42.0	64 222	43.4				
35	电梯及扶梯	台	97 824	10.5	217 437	6.7	659	-33.8	4 509	-5.0
36	其他工程车辆	台	9 365	47.5	47 828	62.6	68	-55.8	4 532	-43.9
37	其他	台	2 266 038	-6.8	124 139	15.6	11 145	373.4	1 558	-59.0
38	零部件	t			1 441 720	-3.8			172 926	-3.7
	合计				4 855 161	9.6			251 147	-8.0

〔供稿人：中国工程机械工业协会吕莹〕

2023 年工程

税号	商品名称	数量单位	1月进口		2月进口		3月进口		4月进口		5月进口	
			数量	金额（万美元）	数量	金额（万美元）	数量	金额（万美元）	数量	金额（万美元）	数量	金额（万美元）
84134000	混凝土泵	台	14	33	13	36	29	162	35	48	2	3
84262000	塔式起重机	台										
84264110	轮胎式自推进起重机	台	1	72								
84264190	带胶轮的其他自推进起重机械	台										
84264910	履带式起重机	台							2	41		
84264990	不带胶轮的其他自推进起重机械	台										
84269100	供装于公路车辆的其他起重机	台	16	22	9	19	17	46	11	13	12	16
84269900	未列名起重机	台	6	51	24	48	16	57	5	5	8	71
84271010	电动机推进的有轨巷道堆垛机	台	6	245	18	237	6	46	68	1 174	80	1 335
84271020	电动机推进的无轨巷道堆垛机	台	6	28	14	89	13	14	27	151	15	78
84271090	其他电动叉车及装有升降或搬运装置工作车	台	500	805	717	1 016	608	970	942	833	812	1 038
84272010	集装箱叉车	台										
84272090	其他机动叉车其他装有升降或搬运装置工作车	台	11	88	15	62	12	152	18	585	34	364
84279000	未列名叉车等装有升降或搬运装置的工作车	台	56	22	74	43	133	103	62	47	496	133
84281010	载客电梯	台	12	128	64	294	69	683	61	364	63	449
84281090	其他升降机及倒卸式起重机	台	50	86	85	217	76	297	48	162	51	152
84284000	自动梯及自动人行道	台										
84291110	履带式推土机，$P>$ 235.36kW（320 马力）	台	2	49			3	136			1	33
84291190	其他履带式推土机	台	20	399	4	96	2	13	3	11		
84291910	其他推土机，$P>$ 235.36kW（320 马力）	台										
84291990	未列名推土机	台										

机械进口月报

6月进口		7月进口		8月进口		9月进口		10月进口		11月进口		12月进口	
数量	金额（万美元）	数量	金额（万美元）	数量	金额（万美元）	数量	金额（万美元）	数量	金额（万美元）	数量	金额（万美元）	数量	金额（万美元）
14	33	10	37	27	73	46	195	1	0.1	15	38	16	41
		1	72			6	18						
						2	57						
		1	5										
		1	2	8	28	14	16	6	11	1	1	44	186
12	55	7	169	7	52	6	26	4	20	35	147	14	1 724
36	503	64	968	37	268	11	124	13	146	9	147	17	12
13	74	3	12	6	20	20	90	8	44	12	57	12	48
597	771	567	510	684	854	813	1 229	489	541	717	695	810	638
12	93	58	104	55	407	48	130	13	109	24	140	16	253
118	64	177	144	182	67	113	87	152	164	133	122	91	112
47	352	100	688	57	484	45	229	45	270	26	194	70	375
27	226	17	195	21	57	14	528	12	38	24	155	15	906
		3	176	2	20			11	700	7	515	3	176
4	32	3	53	4	20	4	19	4	15	5	65	5	47

税号	商品名称	数量单位	1月进口		2月进口		3月进口		4月进口		5月进口	
			数量	金额（万美元）	数量	金额（万美元）	数量	金额（万美元）	数量	金额（万美元）	数量	金额（万美元）
84292010	筑路机及平地机，$P>235.36$kW（320马力）	台										
84292090	其他筑路机及平地机	台	1	16								
84293090	其他铲运机	台							1	31	1	32
84294011	机重18t及以上的振动压路机	台										
84294019	其他机动压路机	台	1	6			1	1	7	7	3	4
84294090	未列名捣固机械及压路机	台							1	5		
84295100	前铲装载机	台	10	254	1	12	7	145	3	41	30	402
84295211	上部360°旋转的轮胎式挖掘机	台	6	62	7	14	5	25	1	12	6	58
84295212	上部360°旋转的履带式挖掘机	台	216	2 229	150	857	320	2 322	318	1 184	411	2 182
84295219	上部360°旋转的其他挖掘机	台										
84295290	上部360°旋转的机械铲、装载机	台										
84295900	其他机械铲、挖掘机及机铲装载机	台	1	2			3	24			1	26
84301000	打桩机及拔桩机	台	4	19					7	9	4	5
84302000	扫雪机及吹雪机	台	18	1	19	124	5	14	6	0.3	4	1
84303120	自推进的凿岩机	台	1	36								
84303130	自推进的隧道掘进机	台							1	217		
84303900	非自推进的截煤机、凿岩机及隧道掘进机	台	17	576	54	165	89	526	12	51	81	227
84305020	矿用电铲	台										
84306100	非自推进的捣固或压实机械	台	1	0.1	26	0.3					52	4
84306911	钻筒直径在3m以上的非自推进工程钻机	台										
84306919	其他非自推进工程钻机	台							1	2	1	12
84306920	非自推进的铲运机	台							1	3		
84306990	未列名非自推进泥土、矿等运送、平整等机械	台	3	22	4	1			2	12	1	36
84312010	品目8427所列机械用装有差速器的驱动桥及其零件，不论是否装有其他传动部件	t	216 859	170	345 502	281	516 407	437	443 285	342	427 707	352

（续）

6月进口		7月进口		8月进口		9月进口		10月进口		11月进口		12月进口	
数量	金额（万美元）	数量	金额（万美元）	数量	金额（万美元）	数量	金额（万美元）	数量	金额（万美元）	数量	金额（万美元）	数量	金额（万美元）
2	42									2	24	1	9
1	32			1	33			1	26	1	123	4	156
2	3	10	10	2	14	1	7	1	3	5	5		
				1	3								
25	610	9	45	14	30	18	155	10	53	17	423	17	419
				14	22	4	56					2	23
290	1 641	314	1 396	183	999	176	554	205	868	357	1 807	346	1 805
										1	24	3	74
2	37	1	3	3	36					1	2		
4	15	10	9	4	52	2	18	10	36	8	41	9	88
24	1	12	1	8 340	97	14	41	13	2	130	8	65	5
1	8	1	8	1	44							3	171
		1	463			1	10			1	42	1	22
43	110	32	410	49	605	46	120	32	79	23	518	50	261
181	5			7	0.4	1	2			1	0.1	34	0.6
				3	98	1	0.05	4	31	2	1	1	0.1
2	5	2	0.3	5	256			11	3	11	44	26	27
313 453	278	507 966	426	314 167	305	409 932	355	207 524	180	379 332	303	303 925	262

税号	商品名称	数量单位	1月进口		2月进口		3月进口		4月进口		5月进口	
			数量	金额（万美元）	数量	金额（万美元）	数量	金额（万美元）	数量	金额（万美元）	数量	金额（万美元）
84312090	品目8427所列机械的其他零件	t	949 907	967	1 037 669	1 005	985 019	929	888 618	869	1 127 727	1 086
84313100	升降机、倒卸式起重机或自动梯的零件	t	374 092	651	561 777	632	513 128	774	378 967	670	559 489	709
84313900	其他8428所列机械的零件	t	374 294	2 460	347 899	2 532	729 416	3 377	394 986	2 391	580 939	2 886
84314100	戽斗、铲斗、抓斗及夹斗	个	278 381	94	64 842	34	214 226	111	187 749	137	422 619	279
84314200	推土机或侧铲推土机用铲	个	31 517	3	7 211	2	38 060	4	34 391	6	17 896	3
84314390	凿井机械的零件	t	106	2	266	2	1 801	27	2 407	21	3 211	32
84314920	品目8426、8429及8430机械用装有差速器的驱动桥及其零件，不论是否装有其他传动部件	t	2 063 954	1 580	1 419 987	1 084	2 028 266	1 469	1 854 379	1 531	2 575 251	2 077
84314991	矿用电铲用零件	t	23 627	28	22 178	30	32 000	24	12 658	43	36 571	78
84314999	品目8426、8429及8430所列机械的未列名零件	t	6 969 007	5 801	9 203 952	6 991	9 073 100	8 698	8 677 407	7 841	8 825 651	7 450
84671100	旋转式（包括旋转冲击式的）手提风动工具	台	16 679	219	20 120	276	30 447	313	26 344	244	16 831	228
84671900	其他手提式风动工具	台	16 197	178	29 424	199	45 074	288	38 906	276	60 826	253
84679200	手提式风动工具用的零件	t	5 862	66	8 296	122	18 299	90	10 727	87	10 002	114
84743100	混凝土或砂浆混合机器	台	5	29	3	4	2	22	13	11	7	15
84743200	矿物与沥青的混合机器	台							104	2	1	2
84743900	固体矿物质的其他混合或搅拌机器	台	80	574	29	222	532	168	138	349	68	287
84749000	8474所列机器的零件	t	1 611 872	1 053	1 316 117	810	1 997 668	1 451	1 979 701	1 291	1 982 340	1 236
84791021	沥青混凝土摊铺机	台	12	103	3	3	2	2	5	10	17	356
84791022	稳定土摊铺机	台										
84791029	其他摊铺机	台					1	24				
84791090	其他公共工程用机器	台	84	26	181	69	180	317	44	10	134	16
87041030	电动轮非公路用货运自卸车	辆										
87041090	其他非公路用货运机动自卸车	辆										
87051021	最大起重量≤50t全路面起重车	辆										

（续）

6月进口		7月进口		8月进口		9月进口		10月进口		11月进口		12月进口	
数量	金额（万美元）	数量	金额（万美元）	数量	金额（万美元）	数量	金额（万美元）	数量	金额（万美元）	数量	金额（万美元）	数量	金额（万美元）
983 301	884	1 152 914	1 025	871 506	916	973 947	907	818 223	740	964 489	942	770 613	765
982 324	1 268	1 035 430	1 233	393 452	595	364 258	598	317 002	508	867 724	1 119	497 455	777
821 101	3 219	795 129	3 706	638 593	3 110	451 538	2 342	379 301	2 489	332 016	2 067	402 379	1 992
172 618	61	321 584	198	171 009	87	249 222	218	161 022	145	106 422	77	98 275	34
7 314	11	11 878	2	39 906	7	299	0.1	31 941	6	976	0.2	10 127	2
1 769	18	1 369	13	528	10	1 361	15	385	8	3 233	24	1 321	15
2 076 284	1 686	1 602 434	1 291	1 887 670	1 517	1 269 224	1 036	1 561 976	1 281	1 962 424	1 627	1 053 688	854
35 069	51	34 215	112	57 848	73	6 049	17	780	2	18 152	15	30 820	81
8 036 030	7 592	7 332 320	7 552	7 109 235	7 498	6 428 084	6 629	6 157 202	6 779	6 337 154	6 605	5 782 466	5 926
16 158	218	16 748	183	18 528	198	14 656	197	18 689	242	21 101	231	21 549	217
38 447	250	21 994	197	27 862	228	22 234	232	35 634	216	32 509	193	29 124	246
19 813	98	11 750	91	23 112	123	13 790	107	11 946	120	10 967	68	17 268	137
5	10	3	1	21	27	3	12	2	1	4	3	5	10
				2	4			1	37				
182	430	106	134	47	209	63	591	537	64	26	155	175	175
1 899 766	1 299	1 119 581	895	441 431	619	1 057 570	745	695 181	747	997 074	1 161	641 470	869
6	124	18	312	9	165	6	176	1	46			4	85
								2	0.5				
3	51	5	102	2	43	3	95						
195	34	45	12	540	237	242	37	231	29	204	34	39	18
										2	104		
						5	259	11	531	4	86	9	282

税号	商品名称	数量单位	1月进口		2月进口		3月进口		4月进口		5月进口	
			数量	金额（万美元）	数量	金额（万美元）	数量	金额（万美元）	数量	金额（万美元）	数量	金额（万美元）
87051022	50t＜最大起重量≤100t全路面起重车	辆										
87051023	最大起重量＞100t全路面起重车	辆										
87051091	最大起重量≤50t其他起重车	辆										
87051092	50t＜最大起重量≤100t其他起重车	辆										
87051093	最大起重量＞100t其他起重车	辆										
87053010	装有云梯的救火车	辆			2	379						
87053090	其他机动救火车	辆	2	85	4	489			4	261	3	362
87054000	机动混凝土搅拌车	辆										
87059060	飞机加油车、调温车、除冰车	辆	4	194								
87059070	道路（包括跑道）扫雪车	辆			6	248	4	115			1	44
87059091	混凝土泵车	辆										
87059099	未列名特殊用途的机动车辆	辆			1	2	1	3			2	114
87091110	电动牵引车	辆	3	2	17	39	22	142	3	3	16	22
87091190	其他电动的短距离运货车辆	辆	46	2	1	5	4	6	2	3	2	10
87091910	其他机动牵引车	辆					1	2			2	5
87091990	其他短距离运货机动车辆	辆	1	1			1	23	2	0.1		
87099000	短距离运货的机动车辆及站台牵引车的零件	t	4 628	12	21 201	31	25 977	35	1 205	3	23 397	25
89051000	挖泥船	艘										
总计				19 551		18 823		24 586		21 410		24 703

〔供稿人：中国工程机械工业协会吕莹〕

（续）

6月进口		7月进口		8月进口		9月进口		10月进口		11月进口		12月进口	
数量	金额（万美元）	数量	金额（万美元）	数量	金额（万美元）	数量	金额（万美元）	数量	金额（万美元）	数量	金额（万美元）	数量	金额（万美元）
				2	363								
2	202	4	297	2	185	6	524			1	67		
												4	14
						1	44						
3	250	1	4	1	29	1	16	8	107	1	11	6	146
19	46	11	18	6	16	11	35	14	23	18	26	3	4
4	25	3	16			12	25	7	1	1	1	4	1
		1	2	1	2	1	49	1	3				
								3	3	9	9		
1 534	4	1 705	4	2 579	6	423	3	2 318	5	941	3	4 119	8
	22 820		23 307		21 210		18 973		17 475		20 269		20 495

2023 年工程

税号	商品名称	数量单位	1月出口		2月出口		3月出口		4月出口		5月出口	
			数量	金额（万美元）	数量	金额（万美元）	数量	金额（万美元）	数量	金额（万美元）	数量	金额（万美元）
84134000	混凝土泵	台	586	550	593	463	610	585	312	461	540	539
84262000	塔式起重机	台	219	3 230	163	2 545	275	4 279	470	5 424	432	5 613
84264110	轮胎式自推进起重机	台	123	3 111	95	2 920	96	1 943	116	3 231	175	5 274
84264190	带胶轮的其他自推进起重机械	台	89	2 597	103	3 135	812	4 139	106	3 127	138	3 976
84264910	履带式起重机	台	230	7 224	209	5 679	246	7 891	206	8 253	232	7 911
84264990	不带胶轮的其他自推进起重机械	台			4	156			5	23		
84269100	供装于公路车辆的其他起重机	台	195	299	222	483	303	751	292	554	386	704
84269900	未列名起重机	台	8 653	413	1 622	383	2 643	546	6 718	601	3 569	801
84271010	电动机推进的有轨巷道堆垛机	台	26	285	5	142	18	111	26	337	71	337
84271020	电动机推进的无轨巷道堆垛机	台	2 832	79	39	18	334	40	178	69	785	40
84271090	其他电动叉车及装有升降或搬运装置工作车	台	46 226	24 959	35 280	22 020	66 673	31 511	46 959	30 223	48 762	30 395
84272010	集装箱叉车	台	30	488	39	873	56	1 107	44	765	41	500
84272090	其他机动叉车其他装有升降或搬运装置工作车	台	18 098	22 858	10 957	20 279	18 468	31 182	20 287	30 506	15 549	31 678
84279000	未列名叉车等装有升降或搬运装置的工作车	台	179 289	4 685	119 201	3 102	179 233	5 355	175 317	4 650	179 929	5 419
84281010	载客电梯	台	6 370	13 691	4 740	9 946	7 230	14 787	7 289	15 970	6 745	14 150
84281090	其他升降机及倒卸式起重机	台	1 815	751	905	510	16 148	1 228	2 408	984	21 353	1 106
84284000	自动梯及自动人行道	台	1 134	3 749	771	2 462	1 112	3 668	1 209	3 704	1 142	3 854
84291110	履带式推土机，$P>$235.36kW（320马力）	台	37	1 279	28	651	72	1 858	51	1 175	49	811
84291190	其他履带式推土机	台	502	4 822	413	3 939	668	6 281	562	5 390	499	4 395
84291910	其他推土机，$P>$235.36kW（320马力）	台			1	60	6	5	2	13	1	2
84291990	未列名推土机	台	9	72	9	71	2	20	4 295	21	7	53

机械出口月报

6月出口		7月出口		8月出口		9月出口		10月出口		11月出口		12月出口	
数量	金额（万美元）	数量	金额（万美元）	数量	金额（万美元）	数量	金额（万美元）	数量	金额（万美元）	数量	金额（万美元）	数量	金额(万美元）
577	559	554	573	521	884	1 173	753	818	525	731	632	429	972
531	6 892	389	4 454	385	5 315	387	5 961	316	4 373	347	4 135	359	3 429
134	5 457	145	5 493	138	5 089	207	6 401	193	13 335	124	2 841	128	4 443
189	5 409	140	3 964	173	4 708	133	3 377	144	4 067	131	3 424	128	3 294
187	5 373	190	5 933	204	5 082	225	8 910	268	7 974	264	6 287	257	7 062
		1	4					40	0	100	5		
323	660	503	950	348	587	320	661	217	471	336	617	393	912
2 677	668	2 449	495	2 842	834	3 296	608	5 805	634	6 214	511	6 245	766
117	448	20	79	24	98	19	251	28	199	23	312	65	328
1 259	47	89	61	126	49	1 564	58	789	28	315	71	152	188
50 695	30 883	47 455	29 649	47 243	28 856	50 361	30 634	41 308	24 847	52 594	30 055	48 956	29 660
50	890	60	794	48	640	33	742	36	726	31	714	25	368
16 093	29 793	17 955	29 804	14 950	28 498	19 506	26 577	13 496	24 677	16 857	28 181	13 910	27 800
175 168	4 713	158 194	4 084	183 933	4 323	168 296	4 180	155 754	3 391	207 234	4 353	178 433	4 123
7 129	15 464	6 874	14 459	10 025	14 756	7 882	15 542	7 161	14 543	8 252	17 397	7 891	14 821
22 161	1 200	22 829	1 218	25 698	1 023	26 132	1 088	1 692	853	3 203	1 114	8 391	979
1 299	4 598	1 154	3 852	1 024	3 544	1 389	3 545	950	2 953	1 056	3 308	977	2 848
118	2 590	72	1 679	117	3 851	129	3 230	77	2 342	71	2 032	136	3 766
428	3 843	464	4 327	395	3 376	451	4 055	411	3 596	485	3 836	414	3 710
2	2	1	57	1	35	2	5	2	16	1	28		
12	18	4	6	1	2	5	28	2	13	3	3	3	3

税号	商品名称	数量单位	1月出口		2月出口		3月出口		4月出口		5月出口	
			数量	金额（万美元）	数量	金额（万美元）	数量	金额（万美元）	数量	金额（万美元）	数量	金额（万美元）
84292010	筑路机及平地机，$P>235.36$kW（320马力）	台	11	447	1	0.1	25	892	18	548	7	55
84292090	其他筑路机及平地机	台	591	4 707	425	3 232	800	6 032	695	5 633	736	5 412
84293090	其他铲运机	台	86	962	49	753	71	1 527	76	1 060	78	1 032
84294011	机重18t及以上的振动压路机	台	211	900	145	876	219	1 320	261	1 574	205	1 119
84294019	其他机动压路机	台	1 985	5 039	1 539	3 602	2 548	6 980	2 307	6 135	2 587	6 687
84294090	未列名捣固机械及压路机	台	195	149	1 850	78	475	164	733	87	1 217	52
84295100	前铲装载机	台	6 497	25 023	5 942	20 453	9 334	33 551	8 473	33 402	9 140	31 380
84295211	上部360°旋转的轮胎式挖掘机	台	273	1 747	334	2 506	440	2 588	595	3 806	431	3 326
84295212	上部360°旋转的履带式挖掘机	台	14 882	74 042	12 724	62 465	19 010	96 708	17 107	82 502	17 634	78 053
84295219	上部360°旋转的其他挖掘机	台	310	20	5	25	15	67	12	52	11	7
84295290	上部360°旋转的机械铲、装载机	台	1	3			5	33	11	71	21	34
84295900	其他机械铲、挖掘机及机铲装载机	台	743	1 511	755	2 517	836	3 004	868	2 434	1 039	3 572
84301000	打桩机及拔桩机	台	1 059	574	4 946	462	905	1 168	900	522	658	946
84302000	扫雪机及吹雪机	台	32 772	402	2 400	38	11 843	165	24 751	434	53 667	1 172
84303120	自推进的凿岩机	台	331	450	42	224	276	779	132	349	203	490
84303130	自推进的隧道掘进机	台	52	3 184	10	922	25	6 310	18	4 516	41	1 902
84303900	非自推进的截煤机、凿岩机及隧道掘进机	台	7 422	287	1 221	106	3 588	125	13 100	273	4 462	160
84305020	矿用电铲	台							2	2 324	1	754
84306100	非自推进的捣固或压实机械	台	39 633	894	26 448	637	43 800	1 059	51 670	1 125	43 199	995
84306911	钻筒直径在3m以上的非自推进工程钻机	台	2	4					1	22	1	0.02
84306919	其他非自推进工程钻机	台	6 767	406	2 007	311	5 805	477	7 773	506	5 626	406
84306920	非自推进的铲运机	台	65	14	93	23	99	27	80	20	201	39
84306990	未列名非自推进泥土、矿等运送、平整等机械	台	4 963	1 078	8 210	944	3 939	623	6 490	1 516	8 291	1 176
84312010	品目8427所列机械用装有差速器的驱动桥及其零件，不论是否装有其他传动部件	t	795 763	188	316 600	80	506 993	150	342 589	101	335 954	113

（续）

6月出口		7月出口		8月出口		9月出口		10月出口		11月出口		12月出口	
数量	金额（万美元）	数量	金额（万美元）	数量	金额（万美元）	数量	金额（万美元）	数量	金额（万美元）	数量	金额（万美元）	数量	金额(万美元）
13	599	2	62	7	296	5	171	5	256	11	509	6	281
678	5 241	594	5 021	502	4 012	793	4 834	653	3 551	685	4 860	586	3 821
48	745	83	1 197	100	1 191	66	961	77	738	71	796	77	1 572
191	1 071	210	1 142	249	1 216	191	1 034	123	688	206	900	149	817
2 625	5 821	2 258	6 441	2 183	4 791	2 251	5 083	1 726	3 842	1 704	3 571	1 749	3 927
328	75	1 004	110	407	89	349	52	204	36	399	75	200	75
8 590	31 739	23 722	27 011	7 965	26 932	8 509	28 210	7 325	22 176	8 365	22 446	9 279	26 436
1 653	2 048	410	2 297	337	2 101	365	1 768	370	2 387	276	1 457	352	2 043
18 179	73 073	15 157	60 904	14 977	61 672	15 761	55 956	14 145	54 109	13 304	53 136	14 903	58 071
11	74	17	61	23	101	622	79	47	54	9	22	28	102
14	113	22	378	4	44	21	210	28	270	16	323	28	289
69 094	2 541	772	2 783	1 049	3 557	982	3 710	925	3 230	962	3 168	871	2 726
1 575	953	737	721	1 165	1 393	517	1 567	631	677	346	739	1 056	900
115 186	2 929	177 453	3 856	240 072	5 500	193 624	4 186	150 334	2 929	74 437	1 767	18 471	270
379	1 184	210	320	179	1 639	69	442	111	222	52	480	180	539
9	336	20	2 898	41	1 166	11	1 412	20	8 192	17	2 993	12	1 839
4 037	182	3 748	337	2 129	185	5 277	201	5 840	127	6 749	389	2 738	308
3	3 239			1	0.000 5	2	1 809	220	0.004	4	2 291		
45 823	1 025	44 515	918	36 834	899	45 393	938	39 834	739	39 628	884	45 202	931
3	2	2	6					1	0.01	2	39	2	10
7 546	384	6 186	325	6 843	428	5 905	621	6 122	646	6 662	493	9 487	468
196	44	133	47	68	47	112	27	120	29	74	18	155	27
8 234	1 342	6 319	1 429	32 935	873	10 420	1 729	7 186	1 713	8 529	1 206	5 979	1 402
473 215	139	565 121	137	601 007	155	587 806	149	288 354	89	499 217	104	451 049	141

税号	商品名称	数量单位	1月出口		2月出口		3月出口		4月出口		5月出口	
			数量	金额（万美元）	数量	金额（万美元）	数量	金额（万美元）	数量	金额（万美元）	数量	金额（万美元）
84312090	品目 8427 所列机械的其他零件	t	62 867 762	10 736	47 009 444	7 828	68 723 744	11 631	65 474 018	11 150	63 485 620	10 694
84313100	升降机、倒卸式起重机或自动梯的零件	t	43 738 866	9 917	36 005 911	7 643	53 396 056	12 101	49 734 029	11 421	51 036 315	10 979
84313900	其他 8428 所列机械的零件	t	25 211 874	10 727	19 005 262	8 786	24 682 598	10 353	26 387 936	11 733	25 713 946	10 092
84314100	戽斗、铲斗、抓斗及夹斗	个	7 636 514	2 201	4 975 128	1 420	8 016 083	2 402	8 001 888	2 190	8 172 596	2 244
84314200	推土机或侧铲推土机用铲	个	428 270	103	328 434	99	395 822	85	524 713	113	514 013	121
84314390	凿井机械的零件	t	900 444	425	481 504	436	949 321	698	1 349 549	774	1 054 949	644
84314920	品目 8426、8429 及 8430 机械用装有差速器的驱动桥及其零件，不论是否装有其他传动部件	t	1 630 362	711	1 740 093	949	1 926 202	948	2 545 023	1 252	2 864 732	1 144
84314991	矿用电铲用零件	t	1 418 778	670	1 168 812	567	2 230 574	1 083	1 995 231	1 259	2 244 141	1 109
84314999	品目 8426、8429 及 8430 所列机械的未列名零件	t	249 592 714	69 379	173 404 995	49 301	243 222 754	69 381	235 031 752	68 388	240 629 911	64 426
84671100	旋转式（包括旋转冲击式的）手提风动工具	台	486 961	1 569	223 937	667	455 815	1 612	389 379	1 203	495 738	1 259
84671900	其他手提式风动工具	台	1 062 513	1 763	428 786	949	843 516	1 826	840 085	1 746	894 815	1 680
84679200	手提式风动工具用的零件	t	1 359 567	1 122	648 976	564	1 024 352	1 003	1 157 353	1 070	1 162 239	984
84743100	混凝土或砂浆混合机器	台	73 254	2 284	49 594	1 660	59 192	2 415	72 018	2 673	78 357	2 690
84743200	矿物与沥青的混合机器	台	56	1 557	73	1 604	61	1 310	108	2 666	80	1 387
84743900	固体矿物质的其他混合或搅拌机器	台	47 116	1 052	77 768	1 284	130 454	1 230	47 334	1 876	89 434	1 043
84749000	8474 所列机器的零件	t	59 976 405	21 389	35 359 861	13 170	69 355 617	26 218	65 255 837	23 727	67 686 009	23 986
84791021	沥青混凝土摊铺机	台	87	1 212	54	511	172	1 301	220	771	149	1 736
84791022	稳定土摊铺机	台	139	111	2	27	4	14	10	144	370	16
84791029	其他摊铺机	台	8	74	9	30	42	83	18	81	233	103
84791090	其他公共工程用机器	台	44 429	2 005	25 192	1 398	53 362	2 181	53 685	2 198	53 579	2 623
87041030	电动轮非公路用货运自卸车	辆	73	1 062	41	1 296	24	2 151	46	731	99	2 882
87041090	其他非公路用货运机动自卸车	辆	920	11 789	997	9 884	1 104	10 664	1 120	12 640	1 129	11 480
87051021	最大起重量≤ 50t 全路面起重车	辆	38	357	36	175	50	323	50	284	57	257

（续）

6月出口		7月出口		8月出口		9月出口		10月出口		11月出口		12月出口	
数量	金额（万美元）	数量	金额（万美元）	数量	金额（万美元）	数量	金额（万美元）	数量	金额（万美元）	数量	金额（万美元）	数量	金额(万美元）
65 619 642	10 925	60 157 369	10 217	61 626 711	10 604	64 449 535	11 337	55 204 986	9 289	64 464 160	11 063	65 468 021	11 320
49 326 446	10 300	49 453 654	10 741	47 867 451	9 836	50 320 564	10 042	41 819 909	8 972	51 374 933	10 329	45 002 013	10 403
33 489 502	12 197	25 968 674	10 877	30 146 544	11 375	27 419 436	11 124	27 151 578	9 713	26 978 114	10 604	29 614 628	11 444
8 045 690	2 147	8 121 621	2 330	8 195 040	2 111	8 901 191	2 381	7 186 792	1 834	8 382 065	2 383	7 872 486	2 182
404 923	100	460 494	102	572 795	125	651 919	143	376 019	95	443 964	109	426 516	100
1 074 039	557	1 029 268	553	1 257 980	619	1 019 502	497	997 667	422	1 522 149	581	1 099 622	479
3 086 784	1 110	1 956 361	719	1 915 702	757	1 473 837	619	1 651 306	684	1 698 479	678	1 508 904	619
2 563 065	1 265	2 096 819	1 431	2 238 291	993	1 867 053	1 056	1 319 015	576	2 022 577	1 042	2 133 908	1 247
237 826 859	64 039	238 281 045	63 667	226 658 754	59 091	245 898 621	65 745	215 618 231	57 434	246 172 818	62 858	228 896 293	65 444
580 580	1 528	463 586	1 244	408 558	1 119	531 076	1 345	463 712	1 066	679 149	1 389	576 543	1 653
967 663	1 592	799 300	1 395	864 862	1 567	907 457	1 502	754 843	1 340	1 213 120	1 738	961 811	1 612
1 147 970	987	804 064	784	1 096 530	789	911 920	769	794 055	694	1 276 404	1 014	868 138	846
64 857	2 661	58 390	2 425	54 605	2 363	47 302	1 803	83 083	2 469	62 298	2 240	61 910	2 356
40	641	94	1 487	60	799	35	954	46	1 237	163	648	106	1 693
175 330	1 313	139 109	1 403	99 061	1 965	144 521	2 160	155 002	1 428	157 801	1 400	198 409	1 312
63 719 243	21 963	65 220 713	21 215	57 473 090	18 935	61 154 214	21 144	50 698 810	16 627	60 234 046	20 467	59 382 352	20 154
421	953	180	1 523	92	912	264	1 967	206	1 201	372	595	210	1 562
		3	23	3	43	12	16	1	10	3	20	5	58
180	109	69	155	113	145	84	63	312	107	188	52	67	133
42 297	2 267	45 736	2 109	36 311	2 187	43 275	2 321	35 588	1 894	76 056	2 029	52 056	2 112
59	451	99	574	20	653	70	1 257	31	920	48	3 787	91	7 390
1 075	10 220	996	10 185	826	9 693	803	10 203	897	10 351	827	8 340	876	10 126
54	472	58	396	45	273	39	189	39	236	54	373	35	189

税号	商品名称	数量单位	1月出口		2月出口		3月出口		4月出口		5月出口	
			数量	金额（万美元）	数量	金额（万美元）	数量	金额（万美元）	数量	金额（万美元）	数量	金额（万美元）
87051022	50t＜最大起重量≤100t全路面起重车	辆	16	332	24	792	28	789	22	566	23	417
87051023	最大起重量＞100t全路面起重车	辆	29	1 702	41	2 332	52	2 780	56	2 838	40	1 860
87051091	最大起重量≤50t其他起重车	辆	370	3 467	337	3 379	519	5 079	445	4 129	832	8 173
87051092	50t＜最大起重量≤100t其他起重车	辆	329	4 777	263	4 662	234	4 295	207	2 574	400	6 067
87051093	最大起重量＞100t其他起重车	辆	55	1 241	28	755	70	1 798	51	1 074	51	1 278
87053010	装有云梯的救火车	辆			3	73			2	52	1	84
87053090	其他机动救火车	辆	26	423	30	180	67	322	55	267	22	183
87054000	机动混凝土搅拌车	辆	693	3 672	692	3 079	1 183	5 885	1 102	5 252	1 471	7 161
87059060	飞机加油车、调温车、除冰车	辆			1	13	2	34			3	29
87059070	道路（包括跑道）扫雪车	辆	1	19			2	8	2	5		
87059091	混凝土泵车	辆	88	1 367	81	1 207	98	1 312	104	1 261	115	1 943
87059099	未列名特殊用途的机动车辆	辆	508	2 185	401	1 925	556	2 786	737	3 448	824	3 466
87091110	电动牵引车	辆	576	223	245	218	360	552	623	273	1 124	241
87091190	其他电动的短距离运货车辆	辆	4 951	768	2 301	296	5 010	856	5 793	864	9 343	1 027
87091910	其他机动牵引车	辆	84	268	71	285	58	325	57	226	68	214
87091990	其他短距离运货机动车辆	辆	1 097	138	1 934	164	1 791	384	2 027	333	2 179	383
87099000	短距离运货的机动车辆及站台牵引车的零件	t	508 327	184	236 121	293	296 068	254	290 641	138	152 036	83
89051000	挖泥船	艘	9	228	3	234	7	173	6	8 775	17	5 651
总计				390 378		310 227		469 682		456 659		448 273

〔供稿人：中国工程机械工业协会吕莹〕

（续）

6月出口		7月出口		8月出口		9月出口		10月出口		11月出口		12月出口	
数量	金额（万美元）	数量	金额（万美元）	数量	金额（万美元）	数量	金额（万美元）	数量	金额（万美元）	数量	金额（万美元）	数量	金额(万美元）
15	342	24	626	34	739	32	658	49	1 310	10	144	12	249
64	3 543	72	4 103	34	1 926	49	2 547	57	3 818	59	3 182	70	3 470
422	3 765	582	5 390	363	3 131	382	3 306	319	2 685	466	3 969	761	4 856
221	3 116	403	7 016	247	3 450	250	2 968	243	3 033	272	3 561	263	3 008
60	1 268	97	2 395	40	838	73	1 134	55	1 241	38	434	48	1 095
				3	19					1	5	2	97
22	212	31	193	53	512	52	578	37	237	41	240	49	556
1 188	5 617	1 309	5 969	1 309	5 596	881	4 126	1 094	5 442	1 242	5 802	1 401	6 754
2	39	10	234	6	120	4	158	7	129	1	31	3	97
1	0.1	2	9	2	9	8	42					4	18
123	1 693	149	2 028	124	1 594	121	1 719	118	1 586	162	2 142	200	2 780
756	3 941	747	2 933	873	4 134	906	4 936	840	4 926	859	4 328	765	3 468
568	253	670	511	850	496	798	690	611	1 159	1 342	1 207	951	764
5 890	1 327	8 338	1 024	7 550	892	6 760	772	4 183	665	3 765	640	4 769	623
112	482	302	264	158	228	65	318	91	505	98	431	107	494
2 127	193	1 092	127	1 176	158	1 382	415	1 112	174	2 295	195	1 016	262
237 066	175	538 813	153	242 137	101	127 915	74	237 820	79	116 501	57	173 166	80
19	9 000	10	771	9	15 106	5	921	6	462	7	2 857	5	24
	437 168		409 638		405 835		405 755		372 312		385 489		399 600

2023 年工程机械进出口量值

税号	商品名称	数量单位	出口				进口			
			数量	同比增长（%）	金额（万美元）	同比增长（%）	数量	同比增长（%）	金额（万美元）	同比增长（%）
84134000	混凝土泵	台	7 354	52.7	7 338	44.5	222	49.0	700	14.0
84262000	塔式起重机	台	4 278	129.0	55 625	67.1				
84264110	轮胎式自推进起重机	台	1 671	92.3	59 518	68.0	8	166.7	162	987.9
84264190	带胶轮的其他自推进起重机械	台	2 287	124.9	45 220	51.8				
84264910	履带式起重机	台	2 713	28.8	83 533	44.4	4	-87.9	98	-84.2
84264990	不带胶轮的其他自推进起重机械	台	149	893.3	188	-50.2	1		5	
84269100	供装于公路车辆的其他起重机	台	3 838	75.7	7 649	73.1	139	-47.1	359	14.6
84269900	未列名起重机	台	49 033	100.0	7 065	45.7	109	-59.8	2 417	197.9
84271010	电动机推进的有轨巷道堆垛机	台	442	41.7	2 927	10.7	365	47.2	5 206	94.9
84271020	电动机推进的无轨巷道堆垛机	台	8 451	386.8	739	22.7	149	-41.6	703	-36.9
84271090	其他电动叉车及装有升降或搬运装置的工作车	台	582 397	7.2	343 000	34.9	8 255	-12.8	9 908	-10.6
84272010	集装箱叉车	台	492	2.1	8 606	6.9				
84272090	其他机动叉车其他装有升降或搬运装置的工作车	台	195 931	6.9	331 199	12.9	316	-63.2	2 487	-49.6
84279000	未列名叉车等装有升降或搬运装置的工作车	台	2 056 965	-9.1	52 016	-14.8	1 789	6.8	1 109	-30.9
84281010	载客电梯	台	84 602	12.4	175 337	10.4	659	-33.8	4 509	-5.0
84281090	其他升降机及倒卸式起重机	台	126 271	460.6	11 823	11.5	255	-73.8	2 653	-4.2
84284000	自动梯及自动人行道	台	13 222	-0.03	42 100	-6.5				
84291110	履带式推土机，$P>$235.36kW（320马力）	台	956	74.1	25 261	135.5	32	28.0	1 806	80.5
84291190	其他履带式推土机	台	5 686	10.3	51 516	7.0	58	52.6	769	100.4
84291910	其他推土机，$P>$235.36kW（320马力）	台	18	50.0	163	-20.7				
84291990	未列名推土机	台	58	-35.6	264	-53.6				
84292010	筑路机及平地机，$P>$235.36kW（320马力）	台	111	24.7	4 116	56.1				
84292090	其他筑路机及平地机	台	7 447	-43.0	56 167	2.3	6	-14.3	91	-35.1
84293090	其他铲运机	台	870	12.8	12 495	16.7	10	233.3	431	1 758.1
84294011	机重 18t 及以上的振动压路机	台	2 282	-0.4	12 624	-3.1				
84294019	其他机动压路机	台	25 395	3.3	61 762	13.1	33	-75.2	60	-84.5
84294090	未列名捣固机械及压路机	台	3 132	-0.4	956	5.5	2		8	
84295100	前铲装载机	台	113 073	38.7	328 034	12.8	161	-68.1	2 591	-46.3
84295211	上部 360° 旋转的轮胎式挖掘机	台	4 429	23.8	28 074	11.0	45	18.4	272	-15.7
84295212	上部 360° 旋转的履带式挖掘机	台	186 728	15.0	801 514	-1.3	3 286	66.6	17 848	49.7
84295219	上部 360° 旋转的其他挖掘机	台	527	233.5	602	2.9				
84295290	上部 360° 旋转的机械铲、装载机	台	166	277.3	1 754	361.1	4		98	14.1

（续）

税号	商品名称	数量单位	出口				进口			
			数量	同比增长（%）	金额（万美元）	同比增长（%）	数量	同比增长（%）	金额（万美元）	同比增长（%）
84295900	其他机械铲、挖掘机及机铲装载机	台	78 494	1631.2	34 560	224.7	12	300.0	130	830.3
84301000	打桩机及拔桩机	台	14 474	73.0	10 527	-1.6	62	-46.1	293	-91.6
84302000	扫雪机及吹雪机	台	1 094 954	-16.8	23 350	-13.0	8 650	2 663.6	295	170.4
84303120	自推进的凿岩机	台	2 170	14.5	7 090	93.9	7	16.7	266	-48.8
84303130	自推进的隧道掘进机	台	276	46.8	35 708	16.0	5	-68.8	754	-86.4
84303900	非自推进的截煤机、凿岩机及隧道掘进机	台	59 806	21.4	2 655	28.8	528	2.7	3 648	-14.9
84305020	矿用电铲	台	233	323.6	10 417	774.6				
84306100	非自推进的捣固或压实机械	台	498 083	12.5	11 001	-4.4	304	-40.2	13	-96.0
84306911	钻筒直径在3m以上的非自推进工程钻机	台	14	-100.0	83	-95.5				
84306919	其他非自推进工程钻机	台	76 725	56.0	5 392	22.2	13	-48.0	145	54.9
84306920	非自推进的铲运机	台	1 396	9.9	362	30.3	1		3	-86.9
84306990	未列名非自推进泥土、矿等运送、平整等机械	台	111 659	53.7	15 033	14.7	71	173.1	409	-7.7
84312010	品目8427所列机械用装有差速器的驱动桥及其零件	t	5 764	21.8	1 545	0.7	4 383	29.8	3 686	57.4
84312090	品目8427所列机械的其他零件	t	744 349	-1.5	126 348	-8.9	11 540	-17.6	11 041	-15.7
84313100	升降机、倒卸式起重机或自动梯的零件	t	568 752	5.0	122 186	-6.1	6 844	14.8	9 527	11.1
84313900	其他8428所列机械的零件	t	320 500	19.9	127 859	7.4	6 249	-18.7	32 646	-13.7
84314100	戽斗、铲斗、抓斗及夹斗	个	93 267 037	-17.6	25 597	-17.5	2 447 969	6.1	1 480	4.5
84314200	推土机或侧铲推土机用铲	个	5 523 117	32.4	1 293	33.8	231 516	70.7	44	51.2
84314390	凿井机械的零件	t	12 717	28.6	6 672	48.8	18	-55.8	187	-18.1
84314920	品目8426、8429及8430所列机械用装有差速器的驱动桥及其零件	t	21 645	12.7	8 747	-18.6	19 007	-1.3	15 581	15.3
84314991	矿用电铲用零件	t	23 294	-0.3	12 299	9.1	310	15.1	553	-19.4
84314999	品目8426、8429及8430所列机械的未列名零件	t	2 771 915	-2.9	751 806	-6.5	89 926	-29.4	85 373	-3.4
84671100	旋转式（包括旋转冲击式的）手提风动工具	台	5 699 717	7.2	15 306	10.1	237 903	-37.9	2 768	-18.4
84671900	其他手提式风动工具	台	10 359 711	-17.9	18 367	-21.5	398 179	-39.5	2 757	-36.1
84679200	手提式风动工具用的零件	t	12 224	-3.0	10 570	-16.6	162	-20.2	1 221	-14.7
84743100	混凝土或砂浆混合机器	台	748 403	-7.1	27 732	-0.3	73	-9.9	143	-31.1
84743200	矿物与沥青的混合机器	台	918	85.5	15 981	57.7	108	2 060.0	45	587.9
84743900	固体矿物质的其他混合或搅拌机器	台	1 414 237	53.3	17 100	16.1	1 983	48.7	3 381	-18.3
84749000	8474所列机器的零件	t	710 250	3.6	245 129	5.6	13 969	0.3	11 449	-1.6
84791021	沥青混凝土摊铺机	台	2 363	18.3	14 230	123.2	83	-28.4	1 381	-14.4
84791022	稳定土摊铺机	台	552	13.3	481	46.5	2		1	
84791029	其他摊铺机	台	1 321	-34.3	1 135	65.8	14	55.6	315	60.9
84791090	其他公共工程用机器	台	559 613	-6.7	25 129	13.6	2 119	41.0	838	-32.8
87041030	电动轮非公路用货运自卸车	辆	690	7.1	23 154	57.9	2		104	
87041090	其他非公路用货运机动自卸车	辆	11 548	17.2	125 893	21.6	29	-50.0	1 158	-32.1
87051021	最大起重量≤50t全路面起重车	辆	538	25.4	3 476	19.8				

（续）

税号	商品名称	数量单位	出口				进口			
			数量	同比增长（%）	金额（万美元）	同比增长（%）	数量	同比增长（%）	金额（万美元）	同比增长（%）
87051022	50t ＜最大起重量≤ 100t 全路面起重车	辆	282	76.3	6 943	144.3				
87051023	最大起重量＞ 100t 全路面起重车	辆	619	89.9	34 067	73.3				
87051091	最大起重量≤ 50t 其他起重车	辆	5 788	68.8	51 416	49.6				
87051092	50t ＜最大起重量≤ 100t 其他起重车	辆	3 317	50.0	48 465	24.1				
87051093	最大起重量＞ 100t 其他起重车	辆	663	131.0	14 530	107.2				
87053010	装有云梯的救火车	辆	12	-14.3	331	45.6	4	-78.9	742	-77.4
87053090	其他机动救火车	辆	485	38.6	3 903	41.1	28	-40.4	2 472	-14.2
87054000	机动混凝土搅拌车	辆	13 548	42.0	64 222	43.4				
87059060	飞机加油车、调温车、除冰车	辆	39	178.6	884	284.9	8	-20.0	208	-62.9
87059070	道路（包括跑道）扫雪车	辆	21	10.5	91	-70.2	12	100.0	451	138.9
87059091	混凝土泵车	辆	1 468	12.2	20 479	9.7				
87059099	未列名特殊用途的机动车辆	辆	8 808	48.0	42 618	64.7	16	-77.8	659	-43.4
87091110	电动牵引车	辆	8 709	44.7	6 590	172.4	143	-60.6	377	-46.6
87091190	其他电动的短距离运货车辆	辆	68 581	56.3	9 741	53.0	86	26.5	97	-56.9
87091910	其他机动牵引车	辆	1 271	78.0	4 041	78.2	7	-36.4	64	-28.4
87091990	其他短距离运货机动车辆	辆	19 143	-33.0	2 925	-10.3	15	-51.6	13	-80.8
87099000	短距离运货的机动车辆及站台牵引车的零件	t	3 154	31.8	1 669	-31.4	90	-51.4	138	-59.9
89051000	挖泥船	艘	100	72.4	38 847	20.2				
	合计				4 855 161	9.6			251 147	-8.0

〔供稿人：中国工程机械工业协会吕莹〕

2023 年工程机械进出口按国别（地区）统计情况

国家（地区）代码	国家（地区）	出口			进口		
		金额（万美元）	同比增长（%）	占比（%）	金额（万美元）	同比增长（%）	占比（%）
101	阿富汗	184	52.8	0.004			
102	巴林	2 956	67.3	0.061			
103	孟加拉国	16 013	-26.7	0.330	4	-70.1	0.002
104	不丹	47	-45.4	0.001			
105	文莱	496	7.8	0.010			
106	缅甸	14 568	-19.5	0.300			
107	柬埔寨	10 165	-23.0	0.209			
108	塞浦路斯	1 113	99.2	0.023	4		0.002
110	中国香港	39 807	14.8	0.820	47	113.9	0.019
111	印度	177 998	20.4	3.666	5 879	-10.7	2.341

（续）

国家（地区）代码	国家（地区）	出口			进口		
		金额（万美元）	同比增长（%）	占比（%）	金额（万美元）	同比增长（%）	占比（%）
112	印度尼西亚	230 965	-15.0	4.757	922	-37.0	0.367
113	伊朗	11 061	38.4	0.228	0.01		
114	伊拉克	12 948	-48.4	0.267	0.04		
115	以色列	16 662	5.5	0.343	19	2.8	0.007
116	日本	183 433	-7.4	3.778	53 047	-8.3	21.122
117	约旦	4 460	85.0	0.092	0.2		
118	科威特	8 564	62.2	0.176	2		0.001
119	老挝	21 529	65.7	0.443			
120	黎巴嫩	2 303	175.7	0.047			
121	中国澳门	3 608	38.5	0.074			
122	马来西亚	92 078	10.9	1.897	7 341	-8.8	2.923
123	马尔代夫	17 216	1 504.9	0.355			
124	蒙古	39 427	86.9	0.812			
125	尼泊尔	2 597	-20.9	0.054			
126	阿曼	10 660	53.9	0.220			
127	巴基斯坦	13 360	-34.5	0.275	0.02	-32.3	
128	巴勒斯坦	537	-22.6	0.011			
129	菲律宾	92 857	4.9	1.913	2	-96.8	0.001
130	卡塔尔	15 268	31.4	0.315	0.2	-98.9	
131	沙特阿拉伯	123 976	37.8	2.554			
132	新加坡	57 310	13.0	1.180	504	-11.1	0.201
133	韩国	103 826	-7.2	2.139	28 717	-1.3	11.434
134	斯里兰卡	3 615	-65.0	0.075	531	22.3	0.212
135	叙利亚	116	-57.9	0.002			
136	泰国	103 067	-9.7	2.123	1 672	17.8	0.666
137	土耳其	113 480	88.0	2.337	799	2.4	0.318
138	阿拉伯联合酋长国	87 425	51.7	1.801	174	-25.4	0.069
139	也门	1 645	-10.0	0.034			
141	越南	92 926	-35.7	1.914	1 337	-20.7	0.532
142	中国				2 723	-51.3	1.084
143	中国台湾	32 764	-2.0	0.675	3 116	-35.3	1.241
144	东帝汶	929	-7.2	0.019			
145	哈萨克斯坦	64 327	18.8	1.325			
146	吉尔吉斯斯坦	20 777	91.3	0.428			
147	塔吉克斯坦	24 148	82.1	0.497	8		0.003
148	土库曼斯坦	4 672	111.5	0.096			
149	乌兹别克斯坦	67 483	70.3	1.390	0.02	12.6	
150	格鲁吉亚	7 010	68.3	0.144	0.001		
151	亚美尼亚	5 010	52.3	0.103			
152	阿塞拜疆	7 542	78.7	0.155			
201	阿尔及利亚	18 129	99.6	0.373			
202	安哥拉	15 120	26.0	0.311			
203	贝宁	2 666	24.0	0.055			
204	博茨瓦纳	895	12.5	0.018			
205	布隆迪	163	-50.2	0.003			
206	喀麦隆	12 352	35.6	0.254			

（续）

国家（地区）代码	国家（地区）	出口			进口		
		金额（万美元）	同比增长（%）	占比（%）	金额（万美元）	同比增长（%）	占比（%）
207	加那利群岛	7	75.5				
208	佛得角	65	-7.0	0.001			
209	中非	784	-9.1	0.016			
211	乍得	1 186	136.4	0.024			
212	科摩罗	115	-55.2	0.002			
213	刚果共和国	3 247	85.1	0.067			
214	吉布提	3 427	22.2	0.071			
215	埃及	19 747	16.8	0.407			
216	赤道几内亚	304	-10.0	0.006			
217	埃塞俄比亚	8 830	94.4	0.182			
218	加蓬	2 657	-25.8	0.055			
219	冈比亚	283	6.6	0.006			
220	加纳	37 057	43.9	0.763			
221	几内亚	20 299	31.0	0.418			
222	几内亚比绍	70	170.9	0.001	0.1		
223	科特迪瓦	15 506	57.9	0.319			
224	肯尼亚	13 930	-7.8	0.287			
225	利比里亚	3 378	151.0	0.070			
226	利比亚	8 058	92.3	0.166	0.1		
227	马达加斯加	1 939	-16.3	0.040			
228	马拉维	500	-49.8	0.010			
229	马里	4 142	107.5	0.085			
230	毛里塔尼亚	2 070	13.8	0.043			
231	毛里求斯	2 022	40.8	0.042			
232	摩洛哥	7 974	27.8	0.164	0.3	46.7	
233	莫桑比克	11 225	32.9	0.231			
234	纳米比亚	4 290	-1.8	0.088	0.05		
235	尼日尔	1 393	-36.6	0.029			
236	尼日利亚	34 628	16.6	0.713	0.04		
237	留尼汪	538	-18.1	0.011			
238	卢旺达	1 316	41.0	0.027			
239	圣多美和普林西比	23	86.1	0.001	2	-10.6	0.001
240	塞内加尔	13 533	128.3	0.279			
241	塞舌尔	323	80.6	0.007			
242	塞拉利昂	1 568	52.0	0.032			
243	索马里	948	74.5	0.020			
244	南非	61 437	-4.0	1.265	505	193.0	0.201
246	苏丹	986	-77.2	0.020			
247	坦桑尼亚	23 775	34.2	0.490	2		0.001
248	多哥	1 822	22.4	0.038			
249	突尼斯	4 086	68.1	0.084	4	132.8	0.002
250	乌干达	6 976	12.0	0.144			
251	布基纳法索	1 351	12.8	0.028			
252	刚果民主共和国	38 554	-37.0	0.794			
253	赞比亚	9 927	-5.1	0.205			
254	津巴布韦	14 060	50.8	0.290			

（续）

国家（地区）代码	国家（地区）	出口			进口		
		金额（万美元）	同比增长（%）	占比（%）	金额（万美元）	同比增长（%）	占比（%）
255	莱索托	1 988	4 028.4	0.041			
257	斯威士兰	165	1 702.6	0.003			
258	厄立特里亚	4 847	139.8	0.100			
259	马约特	43	22.4	0.001			
260	南苏丹	776	21.5	0.016			
299	非洲其他国家（地区）	19	3 272.1				
301	比利时	126 238	-13.2	2.600	764	-9.1	0.304
302	丹麦	5 231	-14.4	0.108	1 056	-27.5	0.421
303	英国	85 863	-6.3	1.769	2 831	5.3	1.127
304	德国	84 209	-17.9	1.734	57 473	-2.2	22.884
305	法国	39 148	-0.9	0.806	8 074	27.0	3.215
306	爱尔兰	5 619	-3.8	0.116	80	-57.3	0.032
307	意大利	68 413	1.5	1.409	13 358	-9.1	5.319
308	卢森堡	115	0.7	0.002	28	-78.2	0.011
309	荷兰	96 578	30.8	1.989	4 743	9.4	1.888
310	希腊	3 819	59.8	0.079	75	20.1	0.030
311	葡萄牙	3 859	18.7	0.080	73	-35.6	0.029
312	西班牙	21 120	1.0	0.435	1 169	-3.9	0.465
313	阿尔巴尼亚	1 215	110.3	0.025	8	135.7	0.003
314	安道尔	6	1 976 600.0				
315	奥地利	6 082	-5.6	0.125	3 904	-60.5	1.554
316	保加利亚	2 916	3.6	0.060	57	23.8	0.023
318	芬兰	6 730	-14.4	0.139	4 383	-34.9	1.745
320	直布罗陀	0.05	174.0				
321	匈牙利	3 832	10.1	0.079	736	19.1	0.293
322	冰岛	280	61.6	0.006			
323	列支敦士登	8	274.9		9	-37.2	0.004
324	马耳他	729	58.3	0.015	2	-39.3	0.001
325	摩纳哥	21					
326	挪威	6 531	5.9	0.135	576	38.7	0.230
327	波兰	22 910	7.4	0.472	1 805	44.0	0.719
328	罗马尼亚	7 448	9.3	0.153	309	-21.2	0.123
329	圣马力诺	1					
330	瑞典	17 707	-14.5	0.365	10 795	-11.7	4.298
331	瑞士	2 382	-20.1	0.049	3 130	6.5	1.246
334	爱沙尼亚	1 829	-22.0	0.038	269	19.5	0.107
335	拉脱维亚	427	-13.5	0.009	18	-24.7	0.007
336	立陶宛	976	78.0	0.020	2	-72.1	0.001
340	白俄罗斯	10 755	191.1	0.222	0.1		
343	摩尔多瓦	828	115.0	0.017	0.02		
344	俄罗斯	605 834	66.5	12.478	362	-4.6	0.144
347	乌克兰	4 362	-2.1	0.090	11	8.1	0.004
350	斯洛文尼亚	2 682	-8.5	0.055	583	488.3	0.232
351	克罗地亚	2 546	52.7	0.052	7	-95.4	0.003
352	捷克	6 057	12.7	0.125	1 917	6.1	0.763
353	斯洛伐克	2 347	-19.3	0.048	452	-22.2	0.180

（续）

国家（地区）代码	国家（地区）	出口			进口		
		金额（万美元）	同比增长（%）	占比（%）	金额（万美元）	同比增长（%）	占比（%）
354	北马其顿	603	24.4	0.012	0.02		
355	波斯尼亚和黑塞哥维那	644	94.9	0.013			
357	法罗群岛	0.000 5					
358	塞尔维亚	9 831	−2.4	0.203	204	3 882.5	0.081
359	黑山	118	396.2	0.002			
399	欧洲其他国家（地区）	17	367.4				
401	安提瓜和巴布达	149	−34.2	0.003			
402	阿根廷	32 469	−31.8	0.669	0.2	−20.7	
403	阿鲁巴	134	84.1	0.003			
404	巴哈马	561	311.0	0.012			
405	巴巴多斯	669	127.7	0.014	1		0.001
406	伯利兹	310	160.7	0.006			
408	玻利维亚	2 641	8.8	0.054			
410	巴西	146 727	−4.9	3.022	710	21.8	0.283
411	开曼群岛	136	−33.9	0.003	22	−83.3	0.009
412	智利	36 180	12.7	0.745			
413	哥伦比亚	21 919	4.2	0.452			
414	多米尼加	1 107	7 843.4	0.023			
415	哥斯达黎加	3 314	46.4	0.068			
416	古巴	456	−74.1	0.009	0.001		
417	库拉索	78	5.4	0.002			
418	多米尼加	7 625	29.0	0.157	0.03		
419	厄瓜多尔	14 796	3.7	0.305	0.02		
420	法属圭亚那	207	73.1	0.004			
421	格林纳达	115	58.7	0.002			
422	瓜德罗普	168	112.6	0.003			
423	危地马拉	10 446	46.2	0.215			
424	圭亚那	15 932	210.7	0.328			
425	海地	84	−45.8	0.002			
426	洪都拉斯	3 814	54.6	0.079			
427	牙买加	3 166	27.1	0.065			
428	马提尼克	110	325.4	0.002			
429	墨西哥	91 602	62.9	1.887	2 819	64.9	1.122
430	蒙特塞拉特	4	1 035.8				
431	尼加拉瓜	1 888	27.4	0.039			
432	巴拿马	7 062	−12.2	0.145	3	2.2	0.001
433	巴拉圭	3 526	5.4	0.073			
434	秘鲁	32 075	36.3	0.661	60	−68.2	0.024
435	波多黎各	504	30.8	0.010	0.3		
437	圣卢西亚	255	31.6	0.005			
438	法属圣马丁	13	26.2				
439	圣文森特和格林纳丁斯	76	13.1	0.002			
440	萨尔瓦多	2 610	24.7	0.054			
441	苏里南	3 389	189.8	0.070			
442	特立尼达和多巴哥	1 309	31.2	0.027			
443	特克斯和凯科斯群岛	49	73.5	0.001			

（续）

国家（地区）代码	国家（地区）	出口			进口		
		金额（万美元）	同比增长（%）	占比（%）	金额（万美元）	同比增长（%）	占比（%）
444	乌拉圭	4 045	−5.8	0.083			
445	委内瑞拉	1 804	−81.0	0.037			
446	英属维尔京群岛	88	290.6	0.002			
447	圣基茨和尼维斯	20	−66.5				
449	博纳尔，圣俄斯塔休斯和萨巴	40	−54.1	0.001			
450	圣巴泰勒米	0.002					
452	福克兰群岛（马尔维纳斯）	0.09					
454	荷属圣马丁	85		0.002			
455	美属维尔京群岛	7					
456	安圭拉	50		0.001			
499	拉丁美洲其他国家（地区）	0.000 2					
501	加拿大	84 243	−5.7	1.735	1 365	−7.4	0.544
502	美国	427 945	−7.5	8.814	18 556	−9.5	7.388
503	格陵兰	0.02					
504	百慕大	8	30.2				
601	澳大利亚	179 514	−3.0	3.697	899	0.4	0.358
602	库克群岛	43	862.8	0.001			
603	斐济	1 470	−4.5	0.030			
606	瑙鲁	1	−94.6				
607	新喀里多尼亚	694	−1.6	0.014			
608	瓦努阿图	523	52.0	0.011			
609	新西兰	14 887	−19.1	0.307	74	13.5	0.029
610	诺福克岛	0.001	−100.0				
611	巴布亚新几内亚	6 199	24.0	0.128			
613	所罗门群岛	1 540	27.7	0.032			
614	汤加	124	−77.7	0.003			
617	萨摩亚	238	−40.3	0.005			
618	基里巴斯	35	−34.2	0.001			
619	图瓦卢	19	−59.2				
620	密克罗尼西亚联邦	195	54.5	0.004			
621	马绍尔群岛	535	148.8	0.011			
622	帕劳	257	91.2	0.005			
623	法属波利尼西亚	469	−10.9	0.010			
625	瓦利斯和富图纳	43	622 736.2	0.001			
626	美属萨摩亚	193		0.004			
629	关岛	610		0.013			
631	北马里亚纳群岛	75		0.002	0.2		
632	纽埃	0.5					
635	美国本土外小岛屿	4					
699	大洋洲其他国家（地区）	172	−55.0	0.004	0.02	−96.2	
701	国家（地区）不明	0.2			12	−26.2	0.005

注：占比较小的数据没有列出。

〔供稿人：中国工程机械工业协会吕莹〕

2023年工程机械各国家（地区）进出口额排序情况

国家(地区)代码	国家（地区）	出口			进口			进出口		
		金额（万美元）	同比增长（%）	占比（%）	金额（万美元）	同比增长（%）	占比（%）	金额(万美元)	同比增长（%）	占比（%）
344	俄罗斯	605 834	66.5	12.48	362	-4.6	0.14	606 196	66.4	11.87
502	美国	427 945	-7.5	8.81	18 556	-9.5	7.39	446 501	-7.6	8.74
116	日本	183 433	-7.4	3.78	53 047	-8.3	21.12	236 480	-7.6	4.63
112	印度尼西亚	230 965	-15.0	4.76	922	-37.0	0.37	231 887	-15.1	4.54
111	印度	177 998	20.3	3.67	5 879	-10.7	2.34	183 877	19.0	3.60
601	澳大利亚	179 514	-2.9	3.70	899	0.3	0.36	180 413	-2.9	3.53
410	巴西	146 727	-4.9	3.02	710	21.8	0.28	147 437	-4.8	2.89
304	德国	84 209	-17.9	1.73	57 473	-2.1	22.88	141 682	-12.2	2.77
133	韩国	103 826	-7.2	2.14	28 717	-1.3	11.43	132 543	-6.0	2.60
301	比利时	126 238	-13.2	2.60	764	-9.1	0.30	127 002	-13.2	2.49
131	沙特阿拉伯	123 976	37.8	2.55				123 976	37.8	2.43
137	土耳其	113 480	88.0	2.34	799	2.3	0.32	114 279	86.9	2.24
136	泰国	103 067	-9.7	2.12	1 672	17.8	0.67	104 739	-9.4	2.05
309	荷兰	96 578	30.8	1.99	4 743	9.4	1.89	101 321	29.6	1.98
122	马来西亚	92 078	10.8	1.90	7 341	-8.8	2.92	99 420	9.1	1.95
429	墨西哥	91 602	62.9	1.89	2 819	64.9	1.12	94 420	62.9	1.85
141	越南	92 926	-35.7	1.91	1 337	-20.7	0.53	94 263	-35.5	1.85
129	菲律宾	92 857	4.9	1.91	2	-96.8		92 859	4.9	1.82
303	英国	85 863	-6.3	1.77	2 831	5.3	1.13	88 694	-6.0	1.74
138	阿拉伯联合酋长国	87 425	51.7	1.80	174	-25.4	0.07	87 599	51.4	1.72
501	加拿大	84 243	-5.7	1.74	1 365	-7.3	0.54	85 608	-5.7	1.68
307	意大利	68 413	1.5	1.41	13 358	-9.1	5.32	81 772	-0.4	1.60
149	乌兹别克斯坦	67 483	70.3	1.39	0.02	12.6		67 483	70.3	1.32
145	哈萨克斯坦	64 327	18.8	1.32				64 327	18.8	1.26
244	南非	61 437	-4.0	1.27	505	193.0	0.20	61 943	-3.4	1.21
132	新加坡	57 310	13.0	1.18	504	-11.1	0.20	57 814	12.8	1.13
305	法国	39 148	-0.9	0.81	8 074	27.0	3.22	47 222	2.9	0.92
110	中国香港	39 807	14.8	0.82	47	113.9	0.02	39 854	14.9	0.78
124	蒙古	39 427	86.9	0.81				39 427	86.9	0.77
252	刚果民主共和国	38 554	-37.0	0.79				38 554	-37.0	0.76
220	加纳	37 057	43.9	0.76				37 057	43.9	0.73
412	智利	36 180	12.7	0.75				36 180	12.3	0.71

（续）

国家(地区)代码	国家（地区）	出口			进口			进出口		
		金额（万美元）	同比增长（%）	占比（%）	金额（万美元）	同比增长（%）	占比（%）	金额（万美元）	同比增长（%）	占比（%）
143	中国台湾	32 764	-2.0	0.67	3 116	-35.3	1.24	35 880	-6.2	0.70
236	尼日利亚	34 628	16.6	0.71	0.04			34 628	16.6	0.68
402	阿根廷	32 469	-31.8	0.67	0.2	-20.7		32 470	-31.8	0.64
434	秘鲁	32 075	36.3	0.66	60	-68.2	0.02	32 135	35.5	0.63
330	瑞典	17 707	-14.5	0.36	10 795	-11.6	4.30	28 502	-13.4	0.56
327	波兰	22 910	7.4	0.47	1 805	44.0	0.72	24 714	9.4	0.48
147	塔吉克斯坦	24 148	82.1	0.50	8		0.003	24 156	82.1	0.47
247	坦桑尼亚	23 775	34.2	0.49	2			23 777	34.2	0.47
312	西班牙	21 120	1.0	0.44	1 169	-3.9	0.47	22 289	0.7	0.44
413	哥伦比亚	21 919	4.2	0.45				21 919	4.2	0.43
119	老挝	21 529	65.7	0.44				21 529	65.7	0.42
146	吉尔吉斯斯坦	20 777	91.3	0.43				20 777	91.3	0.41
221	几内亚	20 299	31.0	0.42				20 299	31.0	0.40
215	埃及	19 747	16.8	0.41				19 747	16.8	0.39
201	阿尔及利亚	18 129	99.6	0.37				18 129	99.6	0.36
123	马尔代夫	17 216	1 504.9	0.35				17 216	1 504.9	0.34
115	以色列	16 662	5.5	0.34	19	2.8	0.01	16 681	5.5	0.33
103	孟加拉国	16 013	-26.7	0.33	4	-70.1	0.002	16 017	-26.7	0.31
424	圭亚那	15 932	210.7	0.33				15 932	210.7	0.31
223	科特迪瓦	15 506	57.9	0.32				15 506	57.9	0.30
130	卡塔尔	15 268	31.4	0.31	0.2	-98.9		15 268	31.3	0.30
202	安哥拉	15 120	26.0	0.31				15 120	26.0	0.30
609	新西兰	14 887	-19.1	0.31	74	13.5	0.03	14 961	-19.0	0.29
419	厄瓜多尔	14 796	3.7	0.30	0.02			14 797	3.7	0.29
106	缅甸	14 568	-19.5	0.30				14 568	-19.5	0.29
254	津巴布韦	14 060	50.8	0.29				14 060	50.8	0.28
224	肯尼亚	13 930	-7.8	0.29				13 930	-7.8	0.27
240	塞内加尔	13 533	128.3	0.28				13 533	128.3	0.27
127	巴基斯坦	13 360	-34.4	0.28	0.02	-32.3		13 360	-34.4	0.26
114	伊拉克	12 948	-48.4	0.27	0.04			12 948	-48.4	0.25
206	喀麦隆	12 352	35.6	0.25				12 352	35.6	0.24
233	莫桑比克	11 225	32.9	0.23				11 225	32.9	0.22
318	芬兰	6 730	-14.4	0.14	4 383	-34.9	1.75	11 114	-23.8	0.22
113	伊朗	11 061	38.4	0.23	0.01			11 061	38.4	0.22
340	白俄罗斯	10 755	191.1	0.22	0.07			10 755	191.1	0.21
126	阿曼	10 660	53.9	0.22				10 660	53.9	0.21
423	危地马拉	10 446	46.2	0.22				10 446	46.2	0.20
107	柬埔寨	10 165	-23.0	0.21				10 165	-23.0	0.20
358	塞尔维亚	9 831	-2.4	0.20	204	3 882.5	0.08	10 035	-0.5	0.20
315	奥地利	6 082	-5.6	0.13	3 904	-60.5	1.55	9 986	-38.9	0.20

（续）

国家（地区）代码	国家（地区）	出口			进口			进出口		
		金额（万美元）	同比增长（%）	占比（%）	金额（万美元）	同比增长（%）	占比（%）	金额（万美元）	同比增长（%）	占比（%）
253	赞比亚	9 927	-5.1	0.20				9 927	-5.1	0.19
217	埃塞俄比亚	8 830	94.4	0.18				8 830	94.4	0.17
118	科威特	8 564	62.2	0.18	2		0.001	8 566	62.3	0.17
226	利比亚	8 058	92.3	0.17	0.1			8 058	92.3	0.16
232	摩洛哥	7 974	27.8	0.16	0.3	46.7		7 974	27.8	0.16
352	捷克	6 057	12.7	0.12	1 917	6.1	0.76	7 974	11.0	0.16
328	罗马尼亚	7 448	9.3	0.15	309	-21.2	0.12	7 757	7.6	0.15
418	多米尼加	7 625	29.0	0.16	0.03			7 625	29.0	0.15
152	阿塞拜疆	7 542	78.7	0.16				7 542	78.7	0.15
326	挪威	6 531	5.8	0.13	576	38.7	0.23	7 108	7.9	0.14
432	巴拿马	7 062	-12.2	0.15	3	2.2	0.001	7 065	-12.2	0.14
150	格鲁吉亚	7 010	68.3	0.14	0.001			7 010	68.3	0.14
250	乌干达	6 976	12.0	0.14				6 976	12.0	0.14
302	丹麦	5 231	-14.4	0.11	1 056	-27.5	0.42	6 287	-17.0	0.12
611	巴布亚新几内亚	6 199	24.0	0.13				6 199	24.0	0.12
306	爱尔兰	5 619	-3.8	0.12	80	-57.3	0.03	5 699	-5.4	0.11
331	瑞士	2 382	-20.1	0.05	3 130	6.5	1.25	5 512	-6.9	0.11
151	亚美尼亚	5 010	52.3	0.10				5 010	52.3	0.10
258	厄立特里亚	4 847	139.8	0.10				4 847	139.8	0.09
148	土库曼斯坦	4 672	111.5	0.10				4 672	111.5	0.09
321	匈牙利	3 832	10.1	0.08	736	19.1	0.29	4 569	11.5	0.09
117	约旦	4 460	85.0	0.09	0.2			4 460	85.0	0.09
347	乌克兰	4 362	-2.1	0.09	11	8.1	0.004	4 373	-2.1	0.09
234	纳米比亚	4 290	-1.8	0.09	0.05			4 290	-1.8	0.08
134	斯里兰卡	3 615	-65.0	0.07	531	22.3	0.21	4 147	-61.5	0.08
229	马里	4 142	107.5	0.09				4 142	107.5	0.08
249	突尼斯	4 086	68.1	0.08	4	132.8	0.002	4 090	68.2	0.08
444	乌拉圭	4 045	-5.8	0.08				4 045	-5.8	0.08
311	葡萄牙	3 859	18.7	0.08	73	-35.6	0.03	3 931	16.9	0.08
310	希腊	3 819	59.8	0.08	75	20.1	0.03	3 893	58.8	0.08
426	洪都拉斯	3 814	54.6	0.08				3 814	54.6	0.07
121	中国澳门	3 608	38.5	0.07				3 608	38.5	0.07
433	巴拉圭	3 526	5.4	0.07				3 526	5.4	0.07
214	吉布提	3 427	22.2	0.07				3 427	22.2	0.07
441	苏里南	3 389	189.8	0.07				3 389	189.8	0.07
225	利比里亚	3 378	151.0	0.07				3 378	151.0	0.07
415	哥斯达黎加	3 314	46.4	0.07				3 314	46.2	0.06
350	斯洛文尼亚	2 682	-8.4	0.06	583	488.2	0.23	3 265	7.8	0.06
213	刚果共和国	3 247	85.1	0.07				3 247	85.1	0.06

（续）

国家(地区)代码	国家（地区）	出口			进口			进出口		
		金额（万美元）	同比增长（%）	占比（%）	金额（万美元）	同比增长（%）	占比（%）	金额（万美元）	同比增长（%）	占比（%）
427	牙买加	3 166	27.1	0.07				3 166	27.1	0.06
316	保加利亚	2 916	3.6	0.06	57	23.8	0.02	2 973	3.9	0.06
102	巴林	2 956	67.3	0.06				2 956	67.3	0.06
353	斯洛伐克	2 347	-19.3	0.05	452	-22.2	0.18	2 799	-19.8	0.05
142	中国				2 723	-51.3	1.08	2 723	-51.3	0.05
203	贝宁	2 666	23.9	0.05				2 666	23.9	0.05
218	加蓬	2 657	-25.8	0.05				2 657	-25.8	0.05
408	玻利维亚	2 641	8.8	0.05				2 641	8.8	0.05
440	萨尔瓦多	2 610	24.7	0.05				2 610	24.7	0.05
125	尼泊尔	2 597	-20.8	0.05				2 597	-20.8	0.05
351	克罗地亚	2 546	52.7	0.05	7	-95.4	0.003	2 553	39.9	0.05
120	黎巴嫩	2 303	175.7	0.05				2 303	175.7	0.05
334	爱沙尼亚	1 829	-22.0	0.04	269	19.5	0.11	2 098	-18.3	0.04
230	毛里塔尼亚	2 070	13.8	0.04				2 070	13.8	0.04
231	毛里求斯	2 022	40.8	0.04				2 022	40.8	0.04
255	莱索托	1 988	4 028.4	0.04				1 988	4 028.4	0.04
227	马达加斯加	1 939	-16.3	0.04				1 939	-16.3	0.04
431	尼加拉瓜	1 888	27.3	0.04				1 888	27.3	0.04
248	多哥	1 822	22.4	0.04				1 822	22.4	0.04
445	委内瑞拉	1 804	-81.0	0.04				1 804	-81.0	0.04
139	也门	1 645	-10.0	0.03				1 645	-10.0	0.03
242	塞拉利昂	1 568	52.0	0.03				1 568	52.0	0.03
613	所罗门群岛	1 540	27.7	0.03				1 540	27.7	0.03
603	斐济	1 470	-4.5	0.03				1 470	-4.5	0.03
235	尼日尔	1 393	-36.6	0.03				1 393	-36.6	0.03
251	布基纳法索	1 351	12.8	0.03				1 351	12.8	0.03
238	卢旺达	1 316	41.0	0.03				1 316	41.0	0.03
442	特立尼达和多巴哥	1 309	31.2	0.03				1 309	30.8	0.03
313	阿尔巴尼亚	1 215	110.3	0.03	8	135.7	0.003	1 222	110.4	0.02
211	乍得	1 186	136.4	0.02				1 186	136.4	0.02
108	塞浦路斯	1 113	99.2	0.02	4		0.002	1 116	99.9	0.02
414	多米尼加	1 107	7 843.4	0.02				1 107	7 843.4	0.02
246	苏丹	986	-77.2	0.02				986	-77.2	0.02
336	立陶宛	976	78.0	0.02	2	-72.1	0.001	977	76.4	0.02
243	索马里	948	74.4	0.02				948	74.4	0.02
144	东帝汶	929	-7.2	0.02				929	-7.2	0.02
204	博茨瓦纳	895	12.5	0.02				895	12.5	0.02
343	摩尔多瓦	828	115.0	0.02	0.02			828	115.0	0.02
209	中非	784	-9.1	0.02				784	-9.1	0.02

（续）

国家（地区）代码	国家（地区）	出口			进口			进出口		
		金额（万美元）	同比增长（%）	占比（%）	金额（万美元）	同比增长（%）	占比（%）	金额（万美元）	同比增长（%）	占比（%）
260	南苏丹	776	21.5	0.02				776	21.5	0.02
324	马耳他	729	58.3	0.02	2	-39.3	0.001	731	57.5	0.01
607	新喀里多尼亚	694	-1.6	0.01				694	-1.6	0.01
405	巴巴多斯	669	127.7	0.01	1		0.001	670	128.2	0.01
355	波斯尼亚和黑塞哥维那	644	94.9	0.01				644	94.8	0.01
629	关岛	610		0.01				610		0.01
354	北马其顿	603	24.4	0.01	0.02			603	24.4	0.01
404	巴哈马	561	311.0	0.01				561	311.0	0.01
237	留尼汪	538	-18.1	0.01				538	-18.1	0.01
128	巴勒斯坦	537	-22.6	0.01				537	-22.6	0.01
621	马绍尔群岛	535	148.7	0.01				535	148.7	0.01
608	瓦努阿图	523	52.0	0.01				523	52.0	0.01
435	波多黎各	504	30.8	0.01	0.3			505	30.8	0.01
228	马拉维	500	-49.8	0.01				500	-49.8	0.01
105	文莱	496	7.8	0.01				496	7.8	0.01
623	法属波利尼西亚	469	-10.9	0.01				469	-10.9	0.01
416	古巴	456	-74.1	0.01	0.001			456	-74.1	0.01
335	拉脱维亚	427	-13.5	0.01	18	-24.7	0.01	446	-14.0	0.01
241	塞舌尔	323	80.6	0.01				323	80.6	0.01
406	伯利兹	310	160.7	0.01				310	160.7	0.01
216	赤道几内亚	304	-10.0	0.01				304	-10.0	0.01
219	冈比亚	283	6.5	0.01				283	6.5	0.01
322	冰岛	280	61.6	0.01				280	61.6	0.01
622	帕劳	257	91.2	0.01				257	91.2	0.01
437	圣卢西亚	255	31.6	0.01				255	31.6	0.005
617	萨摩亚	238	-40.3	0.005				238	-40.3	0.005
420	法属圭亚那	207	73.1	0.004				207	73.1	0.004
620	密克罗尼西亚联邦	195	54.5	0.004				195	54.5	0.004
626	美属萨摩亚	193		0.004				193		0.004
101	阿富汗	184	52.8	0.004				184	52.8	0.004
699	大洋洲其他国家（地区）	172	-55.0	0.004	0.02	-96.2		172	-55.1	0.003
422	瓜德罗普	168	112.6	0.003				168	112.6	0.003
257	斯威士兰	165	1 702.6	0.003				165	1 697.4	0.003
205	布隆迪	163	-50.2	0.003				163	-50.2	0.003
411	开曼群岛	136	-33.8	0.003	22	-83.3	0.01	158	-23.1	0.003
401	安提瓜和巴布达	149	-34.2	0.003				149	-34.2	0.003

（续）

国家（地区）代码	国家（地区）	出口			进口			进出口		
		金额（万美元）	同比增长（%）	占比（%）	金额（万美元）	同比增长（%）	占比（%）	金额（万美元）	同比增长（%）	占比（%）
308	卢森堡	115	0.7	0.002	28	-78.2	0.01	143	-41.3	0.003
403	阿鲁巴	134	84.1	0.003				134	84.1	0.003
614	汤加	124	-77.7	0.003				124	-77.7	0.002
359	黑山	118	396.2	0.002				118	396.2	0.002
135	叙利亚	116	-57.9	0.002				116	-57.9	0.002
212	科摩罗	115	-55.2	0.002				115	-55.2	0.002
421	格林纳达	115	58.7	0.002				115	58.7	0.002
428	马提尼克	110	325.3	0.002				110	325.3	0.002
446	英属维尔京群岛	88	290.6	0.002				88	290.6	0.002
454	荷属圣马丁	85		0.002				85		0.002
425	海地	84	-45.8	0.002				84	-45.8	0.002
417	库拉索	78	5.4	0.002				78	5.4	0.002
439	圣文森特和格林纳丁斯	76	13.1	0.002				76	13.1	0.001
631	北马里亚纳群岛	75		0.002	0.2			76		0.001
222	几内亚比绍	70	170.9	0.001	0.1			70	171.4	0.001
208	佛得角	64	-7.0	0.001				64	-7.0	0.001
456	安圭拉	50		0.001				50		0.001
443	特克斯和凯科斯群岛	49	73.5	0.001				49	73.5	0.001
104	不丹	47	-45.4	0.001				47	-45.4	0.001
602	库克群岛	43	862.8	0.001				43	862.8	0.001
625	瓦利斯和富图纳	43	622 736.2	0.001				43	622 736.2	0.001
259	马约特	43	22.3	0.001				43	22.3	0.001
449	博纳尔，圣俄斯塔休斯和萨巴	40	-54.1	0.001				40	-54.1	0.001
618	基里巴斯	34	-34.2	0.001				34	-34.2	0.001
239	圣多美和普林西比	23	86.1		2	-10.6	0.001	25	72.4	
325	摩纳哥	21						21		
447	圣基茨和尼维斯	19	-66.5					19	-66.5	
299	非洲其他国家（地区）	19	3 272.1					19	3 272.1	
619	图瓦卢	19	-59.2					19	-59.2	
323	列支敦士登	8	274.9		9	-37.2	0.004	17	3.5	
399	欧洲其他国家（地区）	17	367.4					17	367.4	
438	法属圣马丁	13	26.2					13	26.2	

（续）

国家(地区)代码	国家（地区）	出口			进口			进出口		
		金额（万美元）	同比增长（%）	占比（%）	金额（万美元）	同比增长（%）	占比（%）	金额（万美元）	同比增长（%）	占比（%）
701	国家（地区）不明	0.2			12	-26.2	0.005	12	-25.0	
504	百慕大	8	30.2					8	30.2	
207	加那利群岛	7	75.5					7	75.5	
455	美属维尔京群岛	7						7		
314	安道尔	6	1 976 600.0					6	1 976 600.0	
635	美国本土外小岛	4						4		
430	蒙特塞拉特	4	1 035.8					4	990.8	
329	圣马力诺	1						1	3 951.6	
606	瑙鲁	1	-94.6					1	-94.6	
632	纽埃	0.5						0.5		
452	福克兰群岛（马尔维纳斯）	0.1						0.1		
320	直布罗陀	0.1	174.0					0.1	149.1	
503	格陵兰	0.02						0.02		
450	圣巴泰勒米	0.002						0.002		
610	诺福克岛	0.000 8						0.000 8		
357	法罗群岛	0.000 5						0.000 5		
499	拉丁美洲其他国家（地区）	0.000 2						0.000 2		

注：因四舍五入，进出口合计数与分项之和略有出入；占比较小的数据没有列出。

〔供稿人：中国工程机械工业协会吕莹〕

介绍 2023 年工程机械行业团体标准工作的开展情况，公布工程机械产品国家标准

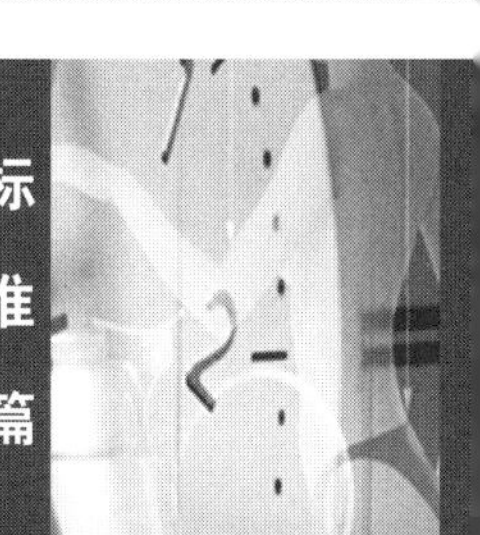

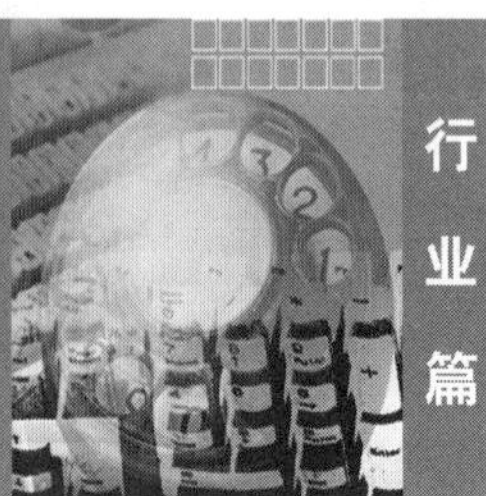

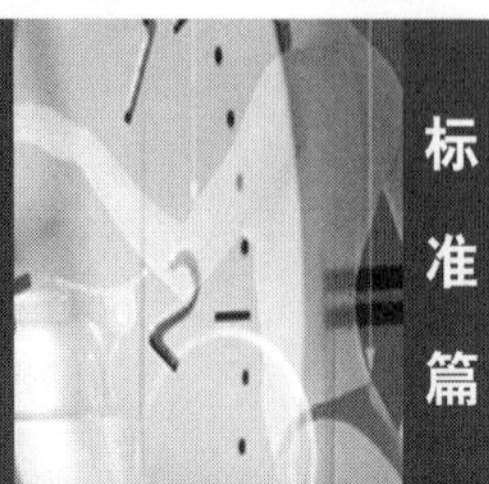

标准篇

2023年工程机械行业团体标准工作开展情况暨标准化工作

工程机械国家标准目录

2023年工程机械行业团体标准工作开展情况暨标准化工作

2023年，工程机械行业深入学习贯彻国家有关标准政策法规精神，规范开展标准化工作，充分发挥标准的引领和支撑作用。中国工程机械工业协会（简称协会）通过给全行业搭建标准交流协作平台，大力支持行业企业开展标准化工作，不断探索标准化创新工作，工程机械行业上下游产业链协调联动，共同助推工程机械行业高质量发展。

一、学习领会相关标准化政策

（一）新产业标准化领航工程实施方案（2023—2035年）

2023年8月，工业和信息化部、科技部、国家能源局、国家标准化管理委员会等部门联合制定《新产业标准化领航工程实施方案（2023—2035年）》（简称《实施方案》），持续完善新兴产业标准体系建设，前瞻布局未来产业标准研究，充分发挥新产业标准对推动技术进步、服务企业发展、加强行业指导、引领产业升级的先导性作用，不断提升新产业标准的技术水平和国际化程度，为加快新产业高质量发展、建设现代化产业体系提供坚实的技术支撑。

1.《实施方案》制定背景

新产业是指应用新技术发展壮大的新兴产业和未来产业，具有创新活跃、技术密集、发展前景广阔等特征，关系国民经济社会发展和产业结构优化升级全局。《中华人民共和国国民经济和社会发展第十四个五年规划和2035年远景目标纲要》提出发展壮大新兴产业，前瞻谋划未来产业。

标准化在推进新产业发展中发挥着基础性、引领性作用。《国家标准化发展纲要》提出“实施新产业标准化领航工程，开展新兴产业、未来产业标准化研究，制定一批应用带动的新标准，培育发展新业态新模式”。

2.《实施方案》主要聚焦领域

根据《中华人民共和国国民经济和社会发展第十四个五年规划和2035年远景目标纲要》《国家标准化发展纲要》等文件，综合考虑产业发展现状与发展潜力，《实施方案》主要聚焦新兴产业与未来产业标准化工作，形成“8+9”的新产业标准化重点领域。其中，新兴产业聚焦新一代信息技术、新能源、新材料、高端装备、新能源汽车、绿色环保、民用航空及船舶与海洋工程装备领域；未来产业聚焦元宇宙、脑机接口、量子信息、人形机器人、生成式人工智能、生物制造、未来显示、未来网络及新型储能领域。

其中，高端装备领域标准体系建设任务中提到，研制工程机械基础通用、关键材料、核心部件、电动化以及高端化、智能化、绿色化标准。工程机械标准体系建设任务具体包括：研制工程机械装备用安全要求、性能试验方法等基础通用标准，以及碳纤维、石墨烯、特种合金等关键材料标准，高速轴承、高压液压件、高可靠性紧固件、高性能密封件等核心部件以及轻量化设计等标准。聚焦工程机械电动化发展需要，研制纯电驱动、混合动力等标准。研制大型、超大型及多功能型工程机械标准。研制具有信息感知、智能决策、精准控制、无人驾驶等功能的智能工程机械标准。

3.《实施方案》推进总体思路

《实施方案》以习近平新时代中国特色社会主义思想为指导，全面贯彻落实党的二十大精神，立足新发展阶段，完整、准确、全面贯彻新发展理念，服务新发展格局，坚持新型工业化道路，以推动新兴产业创新发展和抢抓未来产业发展先机为目标，以完善高效协同的新产业标准化工作体系为抓手，按照创新引领、应用带动、系统布局、工程推进、开放合作的基本原则，统筹推进新产业标准研究、制定、实施和国际化，充分发挥新产业标准对推动技术进步、服务企业发展、加强行业指导、引领产业升级的先导性作用，不断提升新产业标准的技术水平和国际化程度，为加快新产业高质量发展、建设现代化产业体系提供坚实的技术支撑。

4.《实施方案》主要目标

为兼顾新产业标准化中长期发展，《实施方案》以定量与定性结合的方式，提出2025年、2030年和2035年的发展目标。

到2025年，支撑新兴产业发展的标准体系逐步完善、引领未来产业创新发展的标准加快形成。共性关键技术和应用类科技计划项目形成标准成果的比例达到60%以上，标准与产业科技创新的联动更加高效。新制定国家标准和行业标准2 000项以上，培育先进团体标准300项以上，以标准指导产业高质量发展的作用更加有力。开展标准宣传贯彻和实施推广的企业10 000家以上，以标准服务企业转型升级的成效更加凸显。参与制定国际标准300项以上，重点领域国际标准转化率超过90%，支撑和引领新产业国际化发展。

到2030年，满足新产业高质量发展需求的标准体系持续完善、标准化工作体系更加健全。新产业标准的技术水平和国际化程度持续提升，以标准引领新产业高质量发展的效能更加显著。

到 2035 年，满足新产业高质量发展需求的标准供给更加充分，企业主体、政府引导、开放融合的新产业标准化工作体系全面形成。新产业标准化发展基础更加巩固，以标准引领新产业高质量发展的效能全面显现，为基本实现新型工业化提供有力保障。

5.《实施方案》重点任务

《实施方案》根据新产业发展不同阶段的标准化需求，设置了 5 项主要任务。一是完善高效协同的新产业标准化工作体系。主要包括协同推进新产业发展战略、规划、政策、标准实施，协同推进新产业各类型标准研制，协同推进新产业标准全生命周期管理，协同推进新产业技术基础标准化建设，协同推进新产业标准化技术组织建设与管理，协同推进大中小企业标准化融通发展等工作。二是强化标准支撑产业科技创新体系建设的能力，主要包括提升标准与产业科技创新联动水平、提升先进适用科技创新成果向标准转化水平、提升标准制定质量水平、提升标准制定效率水平等工作。三是全面推进新兴产业标准体系建设。明确新一代信息技术、新能源、新材料、高端装备、新能源汽车、绿色环保、民用航空、船舶与海洋工程装备 8 个新兴产业重点标准研制方向，并以专栏形式细化分解标准研制重点。四是前瞻布局未来产业标准研究，提出元宇宙、脑机接口、量子信息、人形机器人、生成式人工智能、生物制造、未来显示、未来网络、新型储能 9 个未来产业标准研究方向。五是拓展高水平国际标准化发展新空间，主要包括扩大标准制度型开放、加快国际标准转化、深度参与国际标准化活动、推动构建良好的国际标准化合作环境等工作。

6.《实施方案》保障措施

《实施方案》提出 5 个方面的保障措施：一是加强组织领导，二是加大资源投入，三是动态考核评估，四是健全人才队伍，五是注重宣传激励。

（二）推荐性国家标准采信团体标准暂行规定

2023 年，国家标准化管理委员会发布《推荐性国家标准采信团体标准暂行规定》（简称《暂行规定》），并于发布之日起施行。

《暂行规定》结合我国现有推荐性国家标准和团体标准特点，在推荐性国家标准工作机制基础上，畅通渠道、简化程序、缩短时间，规范国家标准采信团体标准程序。

1. 在采信条件方面

一是坚持需求导向和社会团体自愿原则。采信团体标准的推荐性国家标准与被采信团体标准技术内容原则一致。立足国家标准体系建设需求，针对国家标准体系中缺失的重要标准，在充分尊重社会团体意愿基础上，组织团体标准采信工作。二是符合推荐性国家标准制定需求和范围，技术内容具有先进性、引领性。具有一定先进性的标准，才能够被采信。三是符合团体标准化良好行为标准的社会团体。通过评价符合 GB/T 20004.1—2016《团体标准化 第 1 部分：良好行为指南》、GB/T 20004.2—2018《团体标准化 第 2 部分：良好行为评价指南》等国家标准的社会团体，其制定的标准才具备被采信条件。四是团体标准实施满 2 年，且实施效果良好。

2. 在采信程序方面

《暂行规定》缩短了采信标准制定周期，简化了立项评估，可以省略起草阶段、缩短征求意见时间，从计划下达到报批周期控制在 12 个月以内，大幅提升推荐性国家标准采信团体标准的时效性。《暂行规定》还对采信标准的版权、编号等做出了规定。

《暂行规定》的出台，搭建了先进适用团体标准转化为国家标准的渠道，将有效促进团体标准创新成果推广应用，增加推荐性国家标准供给，提升国家标准质量水平。

二、“工业和信息化部冰雪装备行业标准化工作组”相关工作开展情况

1.“工业和信息化部冰雪装备行业标准化工作组”筹备和批复情况

冰雪装备是冰雪产业的重要组成部分，是北京冬奥会成功举办和推动冰雪运动广泛开展的重要保障。为加快培育发展冰雪装备产业，助力制造强国和体育强国建设，协会历经一年多的积极筹备，2021 年向工业和信息化部科技司申请成立“冰雪装备行业标准化工作组”，致力于冰雪装备的标准化工作，提出从冰雪装备产品设计到市场应用全生命周期的相关要求，提升冰雪装备制造水平。

2023 年 3 月 2 日，中国机械工业联合会下发了《转发工业和信息化部装备工业一司关于成立冰雪装备行业标准化工作组的复函的通知》（机械标〔2023〕62 号），要求按照《工业和信息化部专业标准化技术委员会管理办法》及工作组章程的要求，加强工作组秘书处的日常管理工作，并确保工作组遵循公平公正、开放透明、充分协商原则，在所属专业领域内承担相应职责。

2.“工业和信息化部冰雪装备行业标准化工作组”成立大会

2023 年 3 月 30 日，“工业和信息化部冰雪装备行业标准化工作组”成立大会在河北张家口市召开。相关领导以及工作组委员、顾问等有关代表共 60 余人出席会议。会议同期还召开了工业和信息化部冰雪装备行业标准化工作组一届一次会议。全体委员审议并通过了标准化工作组章程（草案）、秘书处工作细则（草案）、标准体系框架和工作计划以及拟立项的 6 项行业标准计划。

冰雪装备行业标准化工作组从 2020 年开始筹备、2021 年申请组建、2022 年同意组建到 2023 年批复成立，历时整三年。在工作组成立大会同期召开冰雪装备行业标准化工作组一届一次工作会议，取得圆满成功，这对冰雪装备行业发展具有重大意义。通过标准引领，加强产业推广，满足大众参与冰雪运动的需求，促进冰雪装备产业健康发展。

冰雪装备行业标准化工作组以“后冬奥时代”为契机，加强与上下游单位的协作发展，共同搭建政府、企业、用户、科研机构等合作交流平台；利用自身的优势，从建立完善的标准化体系入手，提出有关促进冰雪装备行

业发展的政策性建议，推动我国冰雪装备制造业高质量发展，助力“体育强国”建设。

3. 征集参加冰雪装备行业标准制定工作组参编单位

针对工业和信息化部冰雪装备行业标准化工作组拟开展的 6 项行业标准（《冰雪装备　术语及类组划分》《雪场装备　压雪机　术语和商业规格》《雪场装备　压雪机　技术条件》《雪场装备　造雪机　技术条件》《冰场装备　浇冰车　技术条件》《冰场装备　制冰成套设备　技术条件》），计划组建相应行业标准的制定工作组，在全行业广泛征集参加行业标准制定工作组的单位，有部分委员单位反馈了参加标准编制的计划。

4. 组织召开冰雪装备行业标准的编制工作推进会

2023 年 7 月 4 日，工业和信息化部冰雪装备行业标准化工作组组织召开了冰雪装备行业标准的编制工作推进视频讨论会。工作组相关单位的领导和代表共 12 人参加会议，分别对《冰雪装备　术语和定义》《雪场装备　压雪机　术语和商业规格》《雪场装备　压雪机　技术条件》和《雪场装备　造雪机　技术条件》行业标准的编制情况和标准草案进行充分讨论交流。以上标准已于 2023 年 3 月在张家口召开的工作组一届一次会议上审议通过。

5. 冰雪装备产业发展专题调研工作

2023 年 11 月 28—30 日，协会派员赴张家口开展冰雪装备产业发展专题调研，分别走访了河北张家口高新技术产业开发区管委会和园区企业、河北宣化经济开发区管理委员会和园区企业，以及富龙和万龙两家雪场。

协会主要交流了工业和信息化部冰雪装备行业标准化工作组、协会冰雪运动与应急救援装备分会两个组织 2023 年工作开展情况及 2024 年工作计划。与地方政府在推动区域性和全国性冰雪产业发展等方面进行交流，探讨合作发展空间，对参加座谈的企业进行实地走访，了解入园冰雪装备生产企业的生产经营情况。

在两家雪场针对冰雪装备的使用场景进行调研交流，了解国内外产品的使用情况，并在产品技术提升方面进行探讨和交换意见。

在座谈中，还邀请冰雪装备相关单位广泛参与行业标准和团体标准制定工作，积极参加协会两个组织的相关冰雪活动，全产业链形成合力，共谋冰雪装备行业发展之路。

三、工程机械行业团体标准工作开展情况

1. 发布团体标准情况

截至 2023 年年底，协会累计发布工程机械团体标准 177 项，其中 2023 年发布团体标准 36 项，比 2022 年有大幅提升。协会充分调动行业企业开展团体标准的积极性，快速响应行业技术创新和市场需求，增加标准有效供给，支撑全行业的创新可持续发展。2023 年中国工程机械工业协会发布的团体标准见表 1。

表 1　2023 年中国工程机械工业协会发布的团体标准

标准编号	标准名称	发布时间
T/CCMA 0015—2023	高处作业吊篮和擦窗机　检查、维护保养与操作安全规则	2023.03.07
T/CCMA 0143—2023	预制混凝土构件平模流水生产线	2023.01.06
T/CCMA 0144—2023	装配式建筑预制混凝土构件模台、模具及附件	2023.01.06
T/CCMA 0145—2023	混凝土机械　产品安全标识	2023.01.30
T/CCMA 0146—2023	隧道施工电机车锂电池系统技术规范	2023.02.27
T/CCMA 0147—2023	异型吊篮安装、使用和拆卸安全技术规程	2023.03.07
T/CCMA 0148—2023	擦窗机使用手册编制规则	2023.03.07
T/CCMA 0149—2023	旋挖钻机用液压缸技术要求	2023.05.08
T/CCMA 0150—2023	工业车辆用氢燃料电池动力系统技术规范	2023.05.22
T/CCMA 0151—2023	氢燃料电池工业车辆	2023.05.22
T/CCMA 0152—2023	沥青纤维碎石同步封层车作业质量试验方法	2023.06.15
T/CCMA 0153—2023	混凝土搅拌站（楼）用砂石立体料库设计规范	2023.06.25
T/CCMA 0154—2023	混凝土机械　立轴行星式搅拌机	2023.08.01
T/CCMA 0155—2023	流动式起重机　排气烟度　汽车起重机和全地面起重机测量方法	2023.08.16
T/CCMA 0156—2023	流动式起重机　排气烟度　轮胎起重机测量方法	2023.08.16
T/CCMA 0157—2023	旋挖钻机动力头扭矩测试方法	2023.08.21
T/CCMA 0158—2023	桩架内涨式离合器自由下放卷扬机装机测试方法	2023.08.21
T/CCMA 0159—2023	液压式压桩机用整体多路阀	2023.08.21
T/CCMA 0160—2023	非公路洒水车	2023.08.25
T/CCMA 0161—2023	非公路移动式加油车	2023.08.25
T/CCMA 0162—2023	非公路移动式加油车　安全使用规范	2023.08.25
T/CCMA 0163—2023	履带式液压挖掘机维修工时定额	2023.09.04

（续）

标准编号	标准名称	发布时间
T/CCMA 0164—2023	工程机械电气线路布局规范	2023.09.07
T/CCMA 0165—2023	工程机械　半消声室内变速箱声功率级的测试方法	2023.09.07
T/CCMA 0166—2023	施工升降机　标识	2023.10.07
T/CCMA 0167—2023	施工升降机　图形符号	2023.10.07
T/CCMA 0168—2023	土方机械　电控手柄技术要求及试验方法	2023.10.09
T/CCMA 0169—2023	平地机辅助找平系统	2023.10.09
T/CCMA 0170—2023	挖掘装载机　燃油消耗量试验方法	2023.10.09
T/CCMA 0171—2023	挖掘装载机　热平衡试验方法	2023.10.09
T/CCMA 0172—2023	移动式升降工作平台施工现场管理规程	2023.10.13
T/CCMA 0173—2023	流动式起重机用高性能平衡阀	2023.10.20
T/CCMA 0174—2023	非道路低速专用车辆　环境适应性　技术条件及试验方法	2023.10.31
T/CCMA 0175—2023	移动工作站	2023.10.31
T/CCMA 0176—2023	工程机械维修企业能力评价规范	2023.12.01
T/CCMA 0177—2023	工程机械数字化水平评估规范	2023.12.15

注：T/CCMA 0015—2023、T/CCMA 0147—2023 为修订标准。

2. 批准立项团体标准情况

2023 年，协会开展了 6 期团体标准工作计划征集工作，完成了 5 批次标准立项计划，共涉及 38 项团体标准立项，分别由 12 家分支机构负责组织相关团体标准的制定工作。2023 年立项标准数量比 2022 年有小幅增长。2023 年中国工程机械工业协会立项的团体标准见表 2。

表 2　2023 年中国工程机械工业协会立项的团体标准

标准计划号	标准名称	标准组织分支机构	批准计划日期
JH-2023-001	推土机　排气污染物车载测量方法	质量工作委员会	2023.03.07
JH-2023-002	平地机　排气污染物车载测量方法	质量工作委员会	2023.03.07
JH-2023-003	压路机　排气污染物车载测量方法	质量工作委员会	2023.03.07
JH-2023-004	非公路自卸车　排气污染物车载测量方法	质量工作委员会	2023.03.07
JH-2023-005	土方机械　纯电动液压挖掘机　动态噪声试验方法	双碳工作委员会	2023.05.04
JH-2023-006	土方机械　纯电动装载机　动态噪声试验方法	双碳工作委员会	2023.05.04
JH-2023-007	土方机械　纯电动推土机　动态噪声试验方法	双碳工作委员会	2023.05.04
JH-2023-008	土方机械　纯电动非公路自卸车　动态噪声试验方法	双碳工作委员会	2023.05.04
JH-2023-009	流动式起重机用高性能平衡阀	标准化工作委员会	2023.05.26
JH-2023-010	土方机械　液压挖掘机　质量分级规范	挖掘机械分会	2023.05.26
JH-2023-011	土方机械　轮胎式装载机　质量分级规范	铲土运输机械分会	2023.05.26
JH-2023-012	土方机械　履带式推土机　质量分级规范	铲土运输机械分会	2023.05.26
JH-2023-013	工业重载码垛机	工程建材制品机械分会	2023.05.26
JH-2023-014	高速吸扫车	筑养路机械分会	2023.05.26
JH-2023-015	沥青混合料搅拌设备　自动化上料系统	筑养路机械分会	2023.05.26
JH-2023-016	水泥净浆洒布车	筑养路机械分会	2023.05.26
JH-2023-017	沥青混合料搅拌设备　热骨料提升机	筑养路机械分会	2023.05.26
JH-2023-018	二手非公路宽体自卸车检测评估技术规范	后市场产销分会	2023.05.26
JH-2023-019	工程机械用锂离子动力电池安全技术要求	双碳工作委员会	2023.05.26
JH-2023-020	工程机械用锂离子动力电池电性能技术要求	双碳工作委员会	2023.05.26
JH-2023-021	土方机械　全生命周期碳配额分配及设计导则	双碳工作委员会	2023.05.26
JH-2023-022	高原隧道纯电动液压挖掘机	双碳工作委员会	2023.08.25
JH-2023-023	高原隧道纯电动轮胎式装载机	双碳工作委员会	2023.08.25
JH-2023-024	全电动凿岩台车	双碳工作委员会	2023.08.25

（续）

标准计划号	标准名称	标准组织分支机构	批准计划日期
JH-2023-025	工程机械充换电设施施工及验收规范	双碳工作委员会	2023.08.25
JH-2023-026	换电式挖掘机车载换电系统互换性	双碳工作委员会	2023.08.25
JH-2023-027	换电式装载机车载换电系统互换性	双碳工作委员会	2023.08.25
JH-2023-028	高原隧道工程机械动力电池系统设计规范	双碳工作委员会	2023.08.25
JH-2023-029	基于建筑起重机械物联网平台数据交换与共享规范	建筑起重机械分会	2023.08.25
JH-2023-030	全位置自动焊工程设备维修工时定额	标准化工作委员会	2023.08.25
JH-2023-031	垂直液压冷弯管机维修工时定额	标准化工作委员会	2023.08.25
JH-2023-032	移动电站维修工时定额	标准化工作委员会	2023.08.25
JH-2023-033	观光车禁用与报废技术规范	观光车及非道路低速专用车分会	2023.08.25
JH-2023-034	塔式起重机可视化系统	施工机械化分会	2023.08.25
JH-2023-035	预拌混凝土搅拌机安全要求	混凝土机械分会	2023.10.09
JH-2023-036	混凝土搅拌站（楼）生产控制系统设计规范	混凝土机械分会	2023.10.09
JH-2023-037	混凝土机械　液压平衡阀	混凝土机械分会	2023.10.09
JH-2023-038	混凝土搅拌运输车搅拌筒电驱动系统	混凝土机械分会	2023.10.09

3. 分支机构发布团体标准及活动情况

2023 年，随着工程机械行业上下游企业对团体标准的认可度不断提升，开展团体标准制定工作的需求也在逐年增强，协会分支机构组织团体标准工作的空间不断扩展，立项和发布的团体标准数量比 2022 年大幅增长。2023 年，共有 15 家分支机构发布了专业领域的团体标准共计 36 项。2023 年中国工程机械工业协会相关分支机构发布团体标准情况见表 3。

表 3　2023 年中国工程机械工业协会相关分支机构发布团体标准情况

团体标准组织分支机构	发布团体标准数量（项）
中国工程机械工业协会标准化工作委员会	8
中国工程机械工业协会铲土运输机械分会	4
中国工程机械工业协会混凝土机械分会	3
中国工程机械工业协会装修与高空作业机械分会	3（含 2 项修订）
中国工程机械工业协会工程运输机械分会	3
中国工程机械工业协会工程建材制品机械分会	2
中国工程机械工业协会工业车辆分会	2
中国工程机械工业协会工程起重机分会	2
中国工程机械工业协会施工机械化分会	2
中国工程机械工业协会观光车及非道路低速专用车分会	2
中国工程机械工业协会掘进机械分会	1
中国工程机械工业协会中小企业服务工作委员会	1
中国工程机械工业协会筑养路机械分会	1
中国工程机械工业协会工程机械租赁分会	1
中国工程机械工业协会设备管理与维修分会	1

2023 年，据不完全统计，协会各分支机构组织各类标准化活动（包括启动会、讨论会、征集编制单位、征求意见、审查会、宣传贯彻会等）40 余场，在团体标准开展方面不断积累工作经验，形成了专业领域的标准化组织团队。并严格按照协会的团体标准管理要求，有序推进团体标准的各项组织工作，规范开展团体标准的编制工作。

4.《工程机械定义及类组划分》团体标准修订工作

为紧跟工程机械产品发展的步伐，更好地适应国内外市场的需求，协会开展了《工程机械定义及类组划分》团体标准修订工作，补充完善行业定义和产品类组。协会在分支机构和相关单位内多次征求意见，并形成了标准修订草案。

2023 年 2 月 6 日，在分支机构范围内征求意见，各分支机构针对最新的标准修订草案提出意见和建议。

2023 年 6 月 26 日，针对标准修订草案，在行业内进行第一次征求意见工作，各分支机构和相关单位积极提出意见和建议。

2023 年 11 月 3 日，为进一步保证标准的编制质量，满足行业的实际需求，在工程机械行业企业内对本标准进一步征求意见。

5. 2023 年百项团体标准应用示范项目申报工作

根据《工业和信息化部办公厅关于开展 2023 年工业通信业百项团体标准应用示范项目申报工作的通知》（工信厅科函〔2023〕165 号）相关要求，协会组织工程机械行业 2023 年百项团体标准应用示范项目申报工作。2022 年协会发布的 19 项团体标准均在申报范围内。本次申报的 16 项标准经过技术审查，有 8 项标准进入专家终审环节。2023 年 9 月 18 日进行专家答辩。最终，由协会发布的 4 项工程机械团体标准入选 2023 年百项团体标准应用示范项目。由协会申报并入选 2023 年百项团体标准应用示范项目的团体标准见表 4。

表 4　由协会申报并入选 2023 年百项团体标准应用示范项目的团体标准

团体标准编号	团体标准名称
T/CCMA 0136—2022	工业车辆　安全监控管理系统　检验与试验规范
T/CCMA 0125—2022	旋转多工位静压式混凝土制品成型机
T/CCMA 0124—2022	移动式混凝土制品成型机
T/CCMA 0134—2022	工程机械　润滑脂集中润滑系统

《工业车辆　安全监控管理系统　检验与试验规范》团体标准是由国家市场监管总局课题“叉车安全监控系统应用试点”的研究成果转化而成的。本团体标准的发布实施，正确有效地指导标准使用者对 GB/T 38893—2020《工业车辆　安全监控管理系统》规定的各项技术要求进行验证，规范和统一各方的理解和实际操作，保证检验结果的正确性和有效性，为特种设备安全技术规范的实施提供技术支撑。

《旋转多工位静压式混凝土制品成型机》团体标准适用于采用多工位静压成型方式生产混凝土制品的设备。本标准在相关设备制造企业、建材企业等用户方、国际企业等都得到了普遍应用，标准具有较好的创新性与先进性。

《移动式混凝土制品成型机》团体标准是国内外首部移动式混凝土制品成型机的规范依据，主要满足市场上对于混凝土制品个性化、定制化的需求，广泛应用于我国绿色建材、新型城镇化建设、固废利用以及海绵城市建设等领域。本标准通过产品性能要求及其评价与检测方法，保证混凝土制品成型质量，进而保证建设工程质量，有效推动了混凝土制品生产装备进一步朝集约化、智能化方向发展。

《工程机械　润滑脂集中润滑系统》团体标准对集中润滑系统需要满足的温度、防护、振动、控制提出了具体要求，并规定了可靠性指标，填补了国内标准空白，有效指导工程机械润滑脂集中润滑系统的生产及应用，具有显著的社会效益和经济效益。

自 2017 年开始，协会已经连续 7 年参评由工业和信息化部组织开展的工业通信业“百项团体标准应用示范”项目，共有 30 项工程机械团体标准入选。

6. 组织召开全国工程机械行业标准化工作会议

2023 年 5 月 31 日至 6 月 2 日，第六届全国工程机械行业标准化工作会议暨协会 2023 年标准化工作委员会年会在江苏省苏州市召开。来自协会及所属分支机构、整机企业、配套企业、检测机构、高等院校、研究院所、相关标委会的代表共 150 余人参加会议。

会议期间举行了颁发“工业和信息化部百项团体标准应用示范项目”证书仪式，为历年获此殊荣的 9 家组织分支机构和部分单位颁发了荣誉证书。

本次会议全面回顾了我国出台的标准化国家政策文件，邀请的嘉宾分别从国家标准、机械行业标准、团体标准等方面进行了政策解读，大大提振了行业企业开展专业领域标准化工作的信心，同时总结了工程机械行业开展标准化工作取得的阶段性成果。协会通过搭建标准交流协作平台，不断提升工程机械创新技术水平，支撑行业规范健康发展。

7. 召开液压挖掘机、轮胎式装载机排气污染物车载测量方法团体标准宣传贯彻会

2023 年 10 月 26 日，协会在山东临沂组织召开了《液压挖掘机　排气污染物车载测量方法》《轮胎式装载机　排气污染物车载测量方法》两项团体标准宣传贯彻会，旨在贯彻落实国家环保排放政策的法规标准，根据《非道路移动机械污染防治技术政策》以及 GB 20891 和 HJ 1014 相关规定，加强对新生产机型出厂排放检查和在用符合性检查。

来自国内外工程机械行业整机企业、发动机企业、检测机构、研究院所等单位的近 50 名代表参加了会议。行业技术专家重点对两项团体标准进行宣传贯彻解读，并结合具体实践工作，安排了针对液压挖掘机、轮胎式装载机设备的室外实操培训。本次团体标准宣传贯彻会是理论与实践相结合的充分体现，通过从标准的出台到实机的验证，从标准的文本诠释到设备的实操培训，使行业企业充分认识到该系列标准应用的实操全程。协会倡导本次参会企业和相关企业通过制定内部检查规程，为排放达标检查提供支撑，积极应用和推广该系列团体标准，使之成为工程机械领域进行排气污染物监督检查的参考依据，共同推动国四排放标准的顺利实施。

8. 走访调研相关分支机构

2023 年 3 月 10 日、6 月 14 日和 6 月 21 日，协会开

展了团体标准走访调研工作，分别到长沙、天津和廊坊，同协会相关分支机构负责人进行座谈，重点针对协会各分支机构开展工程机械行业团体标准的工作情况进行调研。

在调研工作中，一方面，重点对国家近些年出台的团体标准相关政策进行了宣传和简要解读，保证协会各分支机构在开展团体标准工作中严格贯彻执行；另一方面，系统总结协会开展工程机械团体标准的总体情况，汇报协会从2011年开展团体标准工作以来所取得的成果。

通过对18家分支机构的调研，针对前期各分支机构开展团体标准的情况，重点对已发布和已立项团体标准的情况进行总结，并重点介绍了荣获工业和信息化部“百项团体标准应用示范项目”的组织分支机构和获奖标准。调研期间，还重点针对《工程机械定义及类组划分》团体标准的修订工作进行了交流。该标准作为工程机械领域最重要、最基础性的标准，其修订工作得到了行业各单位的广泛参与和支持。

9.发布《中国工程机械工业协会团体标准知识产权管理制度（试行）》

为贯彻落实《深化标准化工作改革方案》和《团体标准管理规定》的要求，规范协会团体标准的管理，保护协会团体标准的知识产权，加强知识产权管理，协会发布了《中国工程机械工业协会团体标准知识产权管理制度（试行）》。

本制度所涉及的知识产权包括协会团体标准的版权、所涉及的必要专利和商业机密等，适用于协会团体标准制定、修订、发布和实施过程。协会及协会各分支机构工作人员通过加强对团体标准知识产权的保护意识，维护协会团体标准的合法权益。

10.组织召开协会双碳标准化技术委员会成立大会

2023年11月9日，中国工程机械工业协会双碳标准化技术委员会（简称双碳标委会）成立大会暨第一届委员会议在江苏省常州市召开。来自协会、行业重点企业、大专院校的代表等共120余人参加本次会议。

会议期间颁发了委员证书和顾问聘书。全体委员审议并通过了双碳标委会条例（草案）、双碳标委会秘书处工作细则（草案）、标准体系框架和工作计划。基础通用方向、核算与核查方向、技术与装备方向、监测与检测方向、管理与评价方向的负责人和主召集人分别汇报了各研究方向的工作计划。

协会双碳标委会的成立是工程机械行业积极贯彻国家实现“碳达峰、碳中和”目标的具体举措，助力行业企业实现高端化、智能化、绿色化和国际化，推动工程机械行业绿色低碳发展。

四、国家职业标准开发情况

2023年，由人力资源和社会保障部委托、协会牵头开发的《挖掘铲运和桩工机械司机》和《起重装卸机械操作工（汽车吊司机）》两项国家职业标准正式颁布；并完成了《凿岩工》国家职业标准的终审工作。

根据中国就业培训技术指导中心下发的《2022年第二批国家职业技能标准制定工作计划》通知，协会承担了《工程机械装配调试工》和《起重与装卸机械操作工（高空作业机械操作工）》两个国家职业标准的开发任务。

2023年8月，协会在浙江杭州组织召开了《工程机械装配调试工》和《起重与装卸机械操作工（高空作业机械操作工）》两项国家职业标准开发工作启动会，来自中国就业培训技术指导中心、协会、协会分支机构及50余家标准编制单位的代表参加了本次会议。

近年来，在人力资源和社会保障部的大力支持下，协会开发了工程机械领域多项国家职业标准，积极培育工程机械行业高素质技能人才队伍，弘扬工匠精神，更好地服务行业、服务社会，进一步推动工程机械行业职业能力水平评价工作。

〔撰稿人：中国工程机械工业协会宋金云、王金星〕

工程机械国家标准目录

标准号	标准名称	代替标准
GB/T 8499—1987	土方机械　测定重心位置的方法	
GB/T 14289—1993	土方机械　检测孔	
GB/T 7025.3—1997	电梯主参数及轿厢、井道、机房的形式与尺寸　第三部分：V类电梯	
GB/T 17299—1998	土方机械　最小入口尺寸	
GB/T 17301—1998	土方机械　操作和维修空间棱角倒钝	

（续）

标准号	标准名称	代替标准
GB/T 17908—1999	起重机和起重机械　技术性能和验收文件	
GB/T 17910—1999	工业车辆　叉车货叉在使用中的检查和修复	
GB/T 17920—1999	土方机械　提升臂支承装置	
GB/T 8591—2000	土方机械　司机座椅标定点	
GB/T 8592—2001	土方机械　轮胎式机器转向尺寸的测定	
GB/T 18453—2001	起重机　维护手册　第 1 部分：总则	
GB/T 18576—2001	建筑施工机械与设备　术语和定义	
GB/T 18874.1—2002	起重机　供需双方应提供的资料　第 1 部分：总则	
GB/T 18875—2002	起重机　备件手册	
GB/T 7920.5—2003	土方机械　压路机和回填压实机　术语和商业规格	
GB/T 7920.14—2004	道路施工与养护设备　沥青洒布车 / 喷洒机　术语和商业规格	
GB/T 7920.16—2004	道路施工与养护设备　石屑撒布机　术语和商业规格	
GB/T 8910.3—2004	手持便携式动力工具　手柄振动测量方法　第 3 部分：凿岩机和回转锤	
GB/T 4307—2005	起重吊钩　术语	
GB/T 5140—2005	叉车　挂钩型货叉　术语	
GB/T 5141—2005	平衡重式叉车　稳定性试验	
GB/T 5183—2005	叉车　货叉　尺寸	
GB/T 7920.6—2005	建筑施工机械与设备　打桩设备　术语和商业规格	
GB/T 10913—2005	土方机械　行驶速度测定	
GB/T 13328—2005	压路机通用要求	
GB/T 19928—2005	土方机械　吊管机和安装侧臂的轮胎式推土机或装载机的起重量	
GB/T 19930—2005	土方机械　小型挖掘机倾翻保护结构的试验室试验和性能要求	
GB/T 19931—2005	土方机械　挖沟机术语和商业规范	
GB/T 19932—2005	土方机械　液压挖掘机司机防护装置的试验室试验和性能要求	
GB 5144—2006	塔式起重机安全规程	
GB/T 7920.11—2006	道路施工与养护设备　沥青混合料搅拌设备　术语和商业规格	
GB/T 7920.13—2006	混凝土路面铺筑机械与设备　术语	
GB/T 20303.4—2006	起重机　司机室　第 4 部分：臂架起重机	
GB/T 20304—2006	塔式起重机　稳定性要求	
GB/T 20315—2006	道路施工与养护设备　路面铣刨机　术语和商业规格	
GB 10055—2007	施工升降机　安全规程	
GB/T 20863.3—2007	起重机械　分级　第 3 部分：塔式起重机	
GB/T 20863.4—2007	起重机械　分级　第 4 部分：臂架起重机	
GB/T 20900—2007	电梯、自动扶梯和自动人行道　风险评价和降低的方法	
GB 20904—2007	水平定向钻机　安全操作规程	
GB/T 20969.3—2007	特殊环境条件　高原机械　第 3 部分：高原型工程机械选型、验收规范	
GB/T 21014—2007	土方机械　计时表	
GB/T 21153—2007	土方机械　尺寸、性能和参数的单位与测量准确度	

（续）

标准号	标准名称	代替标准
GB/T 21156.2—2007	特殊环境条件　沙漠机械　第 2 部分：干热沙漠工程机械	
GB 21240—2007	液压电梯制造与安装安全规范	
GB/T 3811—2008	起重机设计规范	
GB/T 5143—2008	工业车辆　护顶架　技术要求和试验方法	
GB/T 5182—2008	叉车　货叉　技术要求和试验方法	
GB/T 6375—2008	土方机械　牵引力测试方法	
GB/T 6974.1—2008	起重机　术语　第 1 部分：通用术语	
GB/T 6974.3—2008	起重机　术语　第 3 部分：塔式起重机	
GB/T 7024—2008	电梯、自动扶梯、自动人行道术语	
GB/T 7025.2—2008	电梯主参数及轿厢、井道、机房的型式与尺寸　第 2 部分：Ⅳ类电梯	
GB/T 8506—2008	平地机　试验方法	
GB/T 8533—2008	小型砌块成型机	
GB/T 8910.5—2008	手持便携式动力工具　手柄振动测量方法　第 5 部分：建筑工程用路面破碎机和镐	
GB/T 10175.1—2008	土方机械　装载机和挖掘装载机　第 1 部分：额定工作载荷的计算和验证倾翻载荷计算值的测试方法	
GB/T 10175.2—2008	土方机械　装载机和挖掘装载机　第 2 部分：掘起力和最大提升高度提升能力的测试方法	
GB/T 13332—2008	土方机械　液压挖掘机和挖掘装载机　挖掘力的测定方法	
GB/T 14917—2008	土方机械　维修服务用仪器	
GB/T 17047—2008	混凝土制品机械　术语	
GB/T 18577.1—2008	土方机械　尺寸与符号的定义　第 1 部分：主机	
GB/T 18577.2—2008	土方机械　尺寸与符号的定义　第 2 部分：工作装置和附属装置	
GB/T 21457—2008	起重机和相关设备　试验中参数的测量精度要求	
GB/T 21458—2008	流动式起重机　额定起重量图表	
GB/T 21739—2008	家用电梯制造与安装规范	
GB/T 21934—2008	土方机械　沉头方颈螺栓	
GB/T 21935—2008	土方机械　操纵的舒适区域与可及范围	
GB/T 21936—2008	土方机械　安装在机器上的拖拽装置　性能要求	
GB/T 21937—2008	土方机械　履带式和轮胎式推土机的推土铲　容量标定	
GB/T 21939—2008	土方机械　低速机器报警装置　超声波及其他系统	
GB/T 21940—2008	土方机械　推土机、平地机和铲运机用刀片　主要形状和基本尺寸	
GB/T 21941—2008	土方机械　液压挖掘机和挖掘装载机的反铲斗和抓铲斗　容量标定	
GB/T 21942—2008	土方机械　装载机和正铲挖掘机的铲斗　容量标定	
GB/T 22242—2008	装修机械　术语	
GB/T 22352—2008	土方机械　吊管机　术语和商业规格	
GB/T 22353—2008	土方机械　电线和电缆　识别和标记通则	
GB/T 22354—2008	土方机械　机器生产率　术语、符号和单位	
GB/T 22355—2008	土方机械　铰接机架锁紧装置　性能要求	

（续）

标准号	标准名称	代替标准
GB/T 22356—2008	土方机械　钥匙锁起动系统	
GB/T 22357—2008	土方机械　机械挖掘机　术语	
GB/T 22358—2008	土方机械　防护与贮存	
GB 22361—2008	打桩设备安全规范	
GB/T 22414—2008	起重机　速度和时间参数的测量	
GB/T 22415—2008	起重机　对试验载荷的要求	
GB/T 22416.1—2008	起重机　维护　第 1 部分：总则	
GB/T 22417—2008	叉车　货叉叉套和伸缩式货叉　技术性能和强度要求	
GB/T 22418—2008	工业车辆　车辆自动功能的附加要求	
GB/T 22437.3—2008	起重机　载荷与载荷组合的设计原则　第 3 部分：塔式起重机	
GB/T 22437.5—2008	起重机　载荷与载荷组合的设计原则　第 5 部分：桥式和门式起重机	
GB/T 22562—2008	电梯 T 型导轨	
GB 4053.1—2009	固定式钢梯及平台安全要求　第 1 部分：钢直梯	
GB 4053.2—2009	固定式钢梯及平台安全要求　第 2 部分：钢斜梯	
GB 4053.3—2009	固定式钢梯及平台安全要求　第 3 部分：工业防护栏杆及钢平台	
GB/T 18775—2009	电梯、自动扶梯和自动人行道维修规范	
GB/T 18874.4—2009	起重机　供需双方应提供的资料　第 4 部分：臂架起重机	
GB/T 23577—2009	道路施工与养护机械设备　基本类型　识别与描述	
GB/T 23578—2009	道路施工与养护机械设备　滑模摊铺机　术语和商业规格	
GB/T 23579—2009	道路施工与养护机械设备　粉料撒布机　术语和商业规格	
GB/T 23580—2009	连续搬运设备　安全规范　专用规则	
GB/T 23720.1—2009	起重机　司机培训　第 1 部分：总则	
GB/T 23721—2009	起重机　吊装工和指挥人员的培训	
GB/T 23722—2009	起重机　司机（操作员）、吊装工、指挥人员和评审员的资格要求	
GB/T 23723.1—2009	起重机　安全使用　第 1 部分：总则	
GB/T 23725.1—2009	起重机　信息标牌　第 1 部分：总则	
GB/T 24477—2009	适用于残障人员的电梯附加要求	
GB/T 24480—2009	电梯层门耐火试验	
GB/T 24803.1—2009	电梯安全要求　第 1 部分：电梯基本安全要求	
GB/T 24805—2009	行动不便人员使用的垂直升降平台	
GB/T 24806—2009	行动不便人员使用的楼道升降机	
GB/T 24809.1—2009	起重机　对机构的要求　第 1 部分：总则	
GB/T 24809.3—2009	起重机　对机构的要求　第 3 部分：塔式起重机	
GB/T 24809.4—2009	起重机　对机构的要求　第 4 部分：臂架起重机	
GB/T 24810.1—2009	起重机　限制器和指示器　第 1 部分：总则	
GB/T 24810.3—2009	起重机　限制器和指示器　第 3 部分：塔式起重机	
GB/T 24810.4—2009	起重机　限制器和指示器　第 4 部分：臂架起重机	
GB/T 24811.1—2009	起重机和起重机械　钢丝绳选择　第 1 部分：总则	

（续）

标准号	标准名称	代替标准
GB/T 24811.2—2009	起重机和起重机械　钢丝绳选择　第 2 部分：流动式起重机　利用系数	
GB/T 24814—2009	起重用短环链　吊链等用 4 级普通精度链	
GB/T 24815—2009	起重用短环链　吊链等用 6 级普通精度链	
GB/T 24816—2009	起重用短环链　吊链等用 8 级普通精度链	
GB/T 24817.4—2009	起重机械　控制装置布置形式和特性　第 4 部分：臂架起重机	
GB/T 24818.1—2009	起重机　通道及安全防护设施　第 1 部分：总则	
GB/T 24818.3—2009	起重机　通道及安全防护设施　第 3 部分：塔式起重机	
GB/T 6067.1—2010	起重机械安全规程　第 1 部分：总则	GB/T 6067—1985
GB/T 10051.1—2010	起重吊钩　第 1 部分：力学性能、起重量、应力及材料	
GB/T 10051.2—2010	起重吊钩　第 2 部分：锻造吊钩技术条件	
GB/T 10051.3—2010	起重吊钩　第 3 部分：锻造吊钩使用检查	
GB/T 10051.4—2010	起重吊钩　第 4 部分：直柄单钩毛坯件	
GB/T 10051.5—2010	起重吊钩　第 5 部分：直柄单钩	
GB/T 10051.6—2010	起重吊钩　第 6 部分：直柄双钩毛坯件	
GB/T 10051.7—2010	起重吊钩　第 7 部分：直柄双钩	
GB/T 10051.8—2010	起重吊钩　第 8 部分：吊钩横梁毛坯件	
GB/T 10051.9—2010	起重吊钩　第 9 部分：吊钩横梁	
GB/T 10051.10—2010	起重吊钩　第 10 部分：吊钩螺母	
GB/T 10051.11—2010	起重吊钩　第 11 部分：吊钩螺母防松板	
GB/T 10051.12—2010	起重吊钩　第 12 部分：吊钩闭锁装置	
GB/T 10051.13—2010	起重吊钩　第 13 部分：叠片式吊钩技术条件	
GB/T 10051.14—2010	起重吊钩　第 14 部分：叠片式吊钩使用检查	
GB/T 10051.15—2010	起重吊钩　第 15 部分：叠片式单钩	
GB/T 10183.4—2010	起重机　车轮及大车和小车轨道公差　第 4 部分：臂架起重机	
GB/T 14780—2010	土方机械　排液、加液和液位螺塞	
GB/T 15052—2010	起重机　安全标志和危险图形符号　总则	GB 15052—1994
GB 16710—2010	土方机械　噪声限值	
GB/T 17771—2010	土方机械　落物保护结构　试验室试验和性能要求	
GB/T 17921—2010	土方机械　座椅安全带及其固定器　性能要求和试验	
GB/T 22437.4—2010	起重机　载荷与载荷组合的设计原则　第 4 部分：臂架起重机	
GB/T 23720.3—2010	起重机　司机培训　第 3 部分：塔式起重机	
GB/T 23723.3—2010	起重机　安全使用　第 3 部分：塔式起重机	
GB/T 23723.4—2010	起重机　安全使用　第 4 部分：臂架起重机	
GB/T 23724.3—2010	起重机　检查　第 3 部分：塔式起重机	
GB/T 23725.3—2010	起重机　信息标牌　第 3 部分：塔式起重机	
GB/T 25028—2010	轮胎式装载机　制动系统用加力器　技术条件	
GB 25194—2010	杂物电梯制造与安装安全规范	
GB/T 25195.1—2010	起重机　图形符号　第 1 部分：总则	

（续）

标准号	标准名称	代替标准
GB/T 25195.2—2010	起重机　图形符号　第 2 部分：流动式起重机	
GB/T 25195.3—2010	起重机　图形符号　第 3 部分：塔式起重机	
GB/T 25602—2010	土方机械　机器可用性　术语	
GB/T 25603—2010	土方机械　水平定向钻机　术语	
GB/T 25605—2010	土方机械　自卸车　术语和商业规格	
GB/T 25606—2010	土方机械　产品识别代码系统	
GB/T 25607—2010	土方机械　防护装置　定义和要求	
GB/T 25609—2010	土方机械　步行操纵式机器的制动系统　性能要求和试验方法	
GB/T 25610—2010	土方机械　自卸车车厢支承装置和司机室倾斜支承装置	
GB/T 25611—2010	土方机械　机器液体系统作业的坡道极限值测定　静态法	
GB/T 25612—2010	土方机械　声功率级的测定　定置试验条件	
GB/T 25613—2010	土方机械　司机位置发射声压级的测定　定置试验条件	
GB/T 25614—2010	土方机械　声功率级的测定　动态试验条件	
GB/T 25615—2010	土方机械　司机位置发射声压级的测定　动态试验条件	
GB/T 25616—2010	土方机械　辅助起动装置的电连接件	
GB/T 25617—2010	土方机械　机器操作的可视显示装置	
GB/T 25618.1—2010	土方机械　润滑油杯　第 1 部分：螺纹接头式	
GB/T 25618.2—2010	土方机械　润滑油杯　第 2 部分：油枪注油嘴	
GB/T 25620—2010	土方机械　操作和维修　可维修性指南	
GB/T 25621—2010	土方机械　操作和维修　技工培训	
GB/T 25624—2010	土方机械　司机座椅　尺寸和要求	
GB/T 25627—2010	工程机械　动力换挡变速器	
GB/T 25637.1—2010	建筑施工机械与设备　混凝土搅拌机　第 1 部分：术语与商业规格	
GB/T 25638.1—2010	建筑施工机械与设备　混凝土泵　第 1 部分：术语与商业规格	
GB/T 25639—2010	道路施工与养护机械设备　沥青混凝土路面摊铺作业机群智能化　术语	
GB/T 25640—2010	道路施工与养护机械设备　沥青混凝土路面摊铺作业机群智能化　信息交换	
GB/T 25641—2010	道路施工与养护机械设备　沥青混合料厂拌热再生设备	
GB/T 25642—2010	道路施工与养护机械设备　沥青混合料转运机	
GB/T 25643—2010	道路施工与养护机械设备　路面铣刨机	
GB/T 25648—2010	道路施工与养护机械设备　稳定土拌和机	
GB/T 25649—2010	道路施工与养护机械设备　稀浆封层机	
GB/T 25650—2010	混凝土振动台	
GB/T 25685.1—2010	土方机械　监视镜和后视镜的视野　第 1 部分：试验方法	
GB/T 25685.2—2010	土方机械　监视镜和后视镜的视野　第 2 部分：性能准则	
GB/T 25688.1—2010	土方机械　维修工具　第 1 部分：通用维修和调整工具	
GB/T 25688.2—2010	土方机械　维修工具　第 2 部分：机械式拉拔器和推拔器	
GB/T 25689—2010	土方机械　自卸车车厢　容量标定	
GB/T 25690—2010	土方机械　升运式铲运机　容量标定	

（续）

标准号	标准名称	代替标准
GB/T 25691—2010	土方机械　开斗式铲运机　容量标定	
GB/T 25692—2010	土方机械　自卸车和自行式铲运机用限速器　性能试验	
GB/T 25693—2010	土方机械　遥控拆除机	
GB/T 25695—2010	建筑施工机械与设备　旋挖钻机成孔施工通用规程	
GB/T 25696—2010	道路施工与养护机械设备　沥青路面加热机　术语和商业规格	
GB/T 25849—2010	移动式升降工作平台　设计计算、安全要求和测试方法	
GB/T 25850—2010	起重机　指派人员的培训	
GB/T 25851.1—2010	流动式起重机　起重机性能的试验测定　第 1 部分：倾翻载荷和幅度	
GB/T 25856—2010	仅载货电梯制造与安装安全规范	
GB/T 25896.1—2010	设备用图形符号　起重机　第 1 部分：通用符号	
GB/T 25896.2—2010	设备用图形符号　起重机　第 2 部分：流动式起重机符号	
GB/T 25896.3—2010	设备用图形符号　起重机　第 3 部分：塔式起重机符号	
GB/T 25977—2010	除雪车	
GB/T 25981—2010	护栏清洗车	
GB/T 26080—2010	塔机用冷弯矩形管	
GB/Z 26139—2010	土方机械　驾乘式机器暴露于全身振动的评价指南　国际协会、组织和制造商所测定协调数据的应用	
GB/T 26276—2010	工程机械子午线轮胎无损检验方法　X- 射线法	
GB/T 8420—2011	土方机械　司机的身材尺寸与司机的最小活动空间	
GB 16899—2011	自动扶梯和自动人行道的制造与安装安全规范	
GB/T 20418—2011	土方机械　照明、信号和标志灯以及反射器	
GB/T 26474—2011	集装箱正面吊运起重机　技术条件	
GB 26504—2011	移动式道路施工机械　通用安全要求	
GB 26505—2011	移动式道路施工机械　摊铺机安全要求	
GB 26545—2011	建筑施工机械与设备　钻孔设备安全规范	
GB/T 26546—2011	工程机械减轻环境负担的技术指南	
GB/T 26560—2011	机动工业车辆　安全标志和危险图示　通则	
GB/T 26946.2—2011	侧面式叉车　第 2 部分：搬运 6m 及其以上长度货运集装箱叉车的附加稳定性试验	
GB/T 26948.1—2011	工业车辆驾驶员约束系统技术要求及试验方法　第 1 部分：腰部安全带	
GB/T 26949.10—2011	工业车辆　稳定性验证　第 10 部分：在由动力装置侧移载荷条件下堆垛作业的附加稳定性试验	
GB/T 26950.1—2011	防爆工业车辆　第 1 部分：蓄电池工业车辆	
GB/T 27544—2011	工业车辆　电气要求	
GB/T 27545—2011	水平循环类机械式停车设备	
GB/T 27546—2011	起重机械　滑轮	
GB/T 27547—2011	升降工作平台　导架爬升式工作平台	
GB/T 27548—2011	移动式升降工作平台　安全规则、检查、维护和操作	
GB/T 27549—2011	移动式升降工作平台　操作人员培训	

（续）

标准号	标准名称	代替标准
GB/T 27693—2011	工业车辆安全　噪声辐射的测量方法	
GB/T 27694—2011	工业车辆安全　振动的测量方法	
GB/T 3883.2—2012	手持式电动工具的安全　第 2 部分：螺丝刀和冲击扳手的专用要求	GB 3883.2—2005
GB/T 3883.4—2012	手持式电动工具的安全　第 2 部分：非盘式砂光机和抛光机的专用要求	GB 3883.4—2005
GB/T 3883.6—2012	手持式电动工具的安全　第 2 部分：电钻和冲击电钻的专用要求	GB 3883.6—2007
GB/T 3883.7—2012	手持式电动工具的安全　第 2 部分：锤类工具的专用要求	GB 3883.7—2005
GB/T 3883.8—2012	手持式电动工具的安全　第 2 部分：电剪刀和电冲剪的专用要求	GB 3883.8—2005
GB/T 3883.9—2012	手持式电动工具的安全　第 2 部分：攻丝机的专用要求	GB 3883.9—2005
GB/T 3883.11—2012	手持式电动工具的安全　第 2 部分：往复锯（曲线锯、刀锯）的专用要求	GB 3883.11—2005
GB/T 3883.12—2012	手持式电动工具的安全　第 2 部分：混凝土振动器的专用要求	GB 3883.12—2007
GB/T 3883.19—2012	手持式电动工具的安全　第 2 部分：管道疏通机的专用要求	GB 3883.19—2005
GB/T 3883.20—2012	手持式电动工具的安全　第 2 部分：捆扎机的专用要求	GB 3883.20—2007
GB/T 3883.21—2012	手持式电动工具的安全　第 2 部分：带锯的专用要求	GB 3883.21—2007
GB/T 12974—2012	交流电梯电动机通用技术条件	
GB/T 28391—2012	建筑施工机械与设备　人力移动式液压动力站	
GB/T 28392—2012	道路施工与养护机械设备　热风式沥青混合料再生修补机	
GB/T 28393—2012	道路施工与养护机械设备　沥青碎石同步封层车	
GB/T 28394—2012	道路施工与养护机械设备　沥青路面微波加热装置	
GB 28395—2012	混凝土及灰浆输送、喷射、浇注机械　安全要求	
GB/Z 28597—2012	地震情况下的电梯和自动扶梯要求　汇编报告	
GB/Z 28598—2012	电梯用于紧急疏散的研究	
GB 28755—2012	简易升降机安全规程	
GB/T 28758—2012	起重机　检查人员的资格要求	
GB/T 29009—2012	建筑施工机械与设备　移动式破碎机　术语和商业规格	
GB/T 29010—2012	建筑施工机械与设备　履带式建设废弃物处理机械　术语和商业规格	
GB/T 29011—2012	建筑施工机械与设备　液压式钢板桩压拔桩机　术语和商业规格	
GB/T 29012—2012	道路施工与养护机械设备　道路灌缝机	
GB/T 29013—2012	道路施工与养护机械设备　滑模式水泥混凝土摊铺机	
GB/T 6247.1—2013	凿岩机械与便携式动力工具　术语　第 1 部分：凿岩机械、气动工具和气动机械	
GB/T 6247.2—2013	凿岩机械与便携式动力工具　术语　第 2 部分：液压工具	
GB/T 6247.3—2013	凿岩机械与便携式动力工具　术语　第 3 部分：零部件与机构	
GB/T 6247.4—2013	凿岩机械与便携式动力工具　术语　第 4 部分：性能试验	
GB/T 7920.12—2013	道路施工与养护机械设备　沥青混凝土摊铺机　术语和商业规格	
GB/T 24803.2—2013	电梯安全要求　第 2 部分：满足电梯基本安全要求的安全参数	
GB/T 24803.3—2013	电梯安全要求　第 3 部分：电梯、电梯部件和电梯功能符合性评价的前提条件	
GB/T 24803.4—2013	电梯安全要求　第 4 部分：评价要求	
GB/T 25697—2013	道路施工与养护机械设备　沥青路面就地热再生复拌机	
GB/T 29562.1—2013	起重机械用电动机能效测试方法　第 1 部分：YZP 系列变频调速三相异步电动机	

（续）

标准号	标准名称	代替标准
GB/T 29562.2—2013	起重机械用电动机能效测试方法　第 2 部分：YZR/YZ 系列三相异步电动机	
GB/T 29562.3—2013	起重机械用电动机能效测试方法　第 3 部分：锥形转子三相异步电动机	
GB/T 30023—2013	起重机　可用性　术语	
GB/T 30025—2013	起重机　起重机及其部件质量的测量	
GB/T 30032.2—2013	移动式升降工作平台　带有特殊部件的设计、计算、安全要求和试验方法　第 2 部分：装有非导电（绝缘）部件的移动式升降工作平台	
GB/T 30193—2013	工程机械轮胎耐久性试验方法	
GB/T 30222—2013	起重机械用电力驱动起升机构能效测试方法	
GB/T 30223—2013	起重机械用电力驱动运行机构能效测试方法	
GB/T 2981—2014	工业车辆充气轮胎技术条件	
GB/T 2982—2014	工业车辆充气轮胎规格、尺寸、气压与负荷	
GB/T 6572—2014	土方机械　液压挖掘机　术语和商业规格	
GB/T 10054.2—2014	货用施工升降机　第 2 部分：运载装置不可进人的倾斜式升降机	GB/T 10054—2005，GB 10055—2007
GB/T 10827.1—2014	工业车辆　安全要求和验证　第 1 部分：自行式工业车辆（除无人驾驶车辆、伸缩臂式叉车和载运车）	GB 10827—1999
GB/T 13331—2014	土方机械　液压挖掘机　起重量	
GB/T 17922—2014	土方机械　滚翻保护结构　实验室试验和性能要求	
GB/T 19929—2014	土方机械　履带式机器　制动系统的性能要求和试验方法	
GB/T 19930.2—2014	土方机械　挖掘机保护结构的实验室试验和性能要求　第 2 部分：6t 以上挖掘机的滚翻保护结构（ROPS）	
GB/T 19933.1—2014	土方机械　司机室环境　第 1 部分：术语和定义	
GB/T 19933.2—2014	土方机械　司机室环境　第 2 部分：空气滤清器试验方法	
GB/T 19933.3—2014	土方机械　司机室环境　第 3 部分：增压试验方法	
GB/T 19933.4—2014	土方机械　司机室环境　第 4 部分：采暖、换气和空调（HVAC）的试验方法和性能	
GB/T 19933.5—2014	土方机械　司机室环境　第 5 部分：风窗玻璃除霜系统的试验方法	
GB/T 19933.6—2014	土方机械　司机室环境　第 6 部分：太阳光热效应的测定	
GB/T 21154—2014	土方机械　整机及其工作装置和部件的质量测量方法	
GB/T 30559.1—2014	电梯、自动扶梯和自动人行道的能量性能　第 1 部分：能量测量与验证	
GB/T 30560—2014	电梯操作装置、信号及附件	
GB/T 30561—2014	起重机　刚性　桥式和门式起重机	
GB/T 30584—2014	起重机臂架用无缝钢管	
GB/T 30692—2014	提高在用自动扶梯和自动人行道安全性的规范	
GB/T 30750—2014	道路施工与养护机械设备　路面处理机械　安全要求	
GB/T 30751—2014	建筑施工机械与设备　移动式破碎机　安全要求	
GB/T 30752—2014	道路施工与养护机械设备　沥青混合料搅拌设备　安全要求	
GB/T 30753—2014	移动式道路施工机械　路面铣刨机安全要求	
GB/T 30754—2014	移动式道路施工机械　稳定土拌和机和冷再生机安全要求	
GB/T 30964—2014	土方机械　可再利用性和可回收利用性　术语和计算方法	

（续）

标准号	标准名称	代替标准
GB/T 30965—2014	土方机械　履带式机器平均接地比压的确定	
GB/T 30977—2014	电梯对重和平衡重用空心导轨	
GB/T 31037.1—2014	工业起升车辆用燃料电池发电系统　第 1 部分：安全	
GB/T 31037.2—2014	工业起升车辆用燃料电池发电系统　第 2 部分：技术条件	
GB/T 31051.1—2014	起重机　工作和非工作状态下的锚定装置　第 1 部分：总则	
GB/T 31052.1—2014	起重机械　检查与维护规程　第 1 部分：总则	
GB/T 31094—2014	防爆电梯制造与安装安全规范	
GB/T 31200—2014	电梯、自动扶梯和自动人行道乘用图形标志及其使用导则	
GB/T 31254—2014	机械安全　固定式直梯的安全设计规范	
GB/T 31255—2014	机械安全　工业楼梯、工作平台和通道的安全设计规范	
GB/T 2883—2015	工程机械轮辋规格系列	GB/T 2883—2002
GB/T 12939—2015	工业车辆轮辋规格系列	
GB/T 14521—2015	连续搬运机械　术语	
GB/T 16936—2015	土方机械　发动机净功率试验规范	
GB/T 18148—2015	土方机械　压实机械压实性能试验方法	
GB/T 21155—2015	土方机械　行车声响报警装置和前方喇叭　试验方法和性能准则	
GB/T 24809.2—2015	起重机　对机构的要求　第 2 部分：流动式起重机	
GB/T 26950.2—2015	防爆工业车辆　第 2 部分：内燃工业车辆	
GB/T 30032.1—2015	移动式升降工作平台　带有特殊部件的设计、计算、安全要求和试验方法　第 1 部分：装有伸缩式护栏系统的移动式升降工作平台	
GB/T 31052.5—2015	起重机械　检查与维护规程　第 5 部分：桥式和门式起重机	
GB/T 31052.11—2015	起重机械　检查与维护规程　第 11 部分：机械式停车设备	
GB/T 31704—2015	装载机电子秤	
GB/T 31821—2015	电梯主要部件报废技术条件	
GB/T 32069—2015	土方机械　轮胎式装载机附属装置的连接装置	
GB/T 32083—2015	机场除冰剂撒布机	
GB/T 32271—2015	电梯能量回馈装置	
GB/T 32272.1—2015	机动工业车辆　验证视野的试验方法　第 1 部分：起重量不大于 10t 的坐驾式、站驾式车辆和伸缩臂式叉车	
GB/T 32273—2015	建筑施工机械与设备　手扶随行式振动平板夯　术语和商业规格	
GB/T 32274—2015	建筑施工机械与设备　手扶随行式振动冲击夯　术语和商业规格	
GB/T 5184—2016	叉车　挂钩型货叉和货叉架　安装尺寸	GB/T 5184—2008
GB/T 6974.4—2016	起重机　术语　第 4 部分：臂架起重机	GB/T 6974.10—1986，GB/T 6974.11—1986
GB/T 7920.4—2016	混凝土机械术语	GB/T 7920.4—2005
GB/T 10171—2016	建筑施工机械与设备　混凝土搅拌站（楼）	GB/T 10171—2005
GB/T 20303.1—2016	起重机　司机室和控制站　第 1 部分：总则	GB/T 20303.1—2006
GB/T 20303.3—2016	起重机　司机室和控制站　第 3 部分：塔式起重机	GB/T 20303.3—2006
GB/T 20863.2—2016	起重机　分级　第 2 部分：流动式起重机	GB/T 20863.2—2007

（续）

标准号	标准名称	代替标准
GB/T 23724.1—2016	起重机　检查　第 1 部分：总则	GB/T 23724.1—2009
GB/T 24817.1—2016	起重机　控制装置布置形式和特性　第 1 部分：总则	GB/T 24817.1—2009
GB/T 24817.3—2016	起重机　控制装置布置形式和特性　第 3 部分：塔式起重机	GB/T 24817.3—2009
GB/T 26949.11—2016	工业车辆　稳定性验证　第 11 部分：伸缩臂式叉车	
GB/T 26949.14—2016	工业车辆　稳定性验证　第 14 部分：越野型伸缩臂式叉车	
GB/T 26949.20—2016	工业车辆　稳定性验证　第 20 部分：在载荷偏置条件下作业的附加稳定性试验	
GB/T 31051.4—2016	起重机　工作和非工作状态下的锚定装置　第 4 部分：臂架起重机	
GB/T 31052.2—2016	起重机械　检查与维护规程　第 2 部分：流动式起重机	
GB/T 31052.3—2016	起重机械　检查与维护规程　第 3 部分：塔式起重机	
GB/T 31052.9—2016	起重机械　检查与维护规程　第 9 部分：升降机	
GB/T 31052.10—2016	起重机械　检查与维护规程　第 10 部分：轻小型起重设备	
GB/T 32542—2016	建筑施工机械与设备　混凝土泵送用布料杆计算原则和稳定性	
GB/T 32543—2016	建筑施工机械与设备　混凝土输送管　连接型式和安全要求	
GB/T 32799—2016	液压破碎锤	
GB/T 32800.3—2016	手持式非电类动力工具　安全要求　第 3 部分：钻和攻丝机	
GB/T 32800.4—2016	手持式非电类动力工具　安全要求　第 4 部分：纯冲击式动力工具	
GB/T 32801—2016	土方机械　再制造零部件　装配技术规范	
GB/T 32802—2016	土方机械　再制造零部件　出厂验收技术规范	
GB/T 32803—2016	土方机械　零部件再制造　分类技术规范	
GB/T 32804—2016	土方机械　零部件再制造　拆解技术规范	
GB/T 32805—2016	土方机械　零部件再制造　清洗技术规范	
GB/T 32806—2016	土方机械　零部件再制造　通用技术规范	
GB/T 32819—2016	土方机械　零部件可回收利用性分类及标识	
GB/T 32820—2016	土方机械　防盗系统　分类和性能	
GB/T 33080—2016	塔式起重机安全评估规程	
GB/T 33081—2016	移动式升降工作平台　操作者控制符号和其他标记	
GB/T 33082—2016	机械式停车设备　使用与操作安全要求	
GB/T 3883.403—2017	手持式、可移式电动工具和园林工具的安全　第 4 部分：步行式和手持式草坪修整机、草坪修边机的专用要求	GB/T 4706.54—2008
GB/T 5226.32—2017	机械电气安全　机械电气设备　第 32 部分：起重机械技术条件	GB 5226.2—2002
GB/T 6974.2—2017	起重机　术语　第 2 部分：流动式起重机	GB/T 6974.2—2010
GB/T 8498—2017	土方机械　基本类型　识别、术语和定义	GB/T 8498—2008
GB/T 13752—2017	塔式起重机设计规范	GB/T 13752—1992
GB/T 17300—2017	土方机械　通道装置	GB/T 17300—2010
GB/T 19154—2017	擦窗机	GB/T 19154—2003
GB/T 19155—2017	高处作业吊篮	GB/T 19155—2003
GB/T 20062—2017	流动式起重机　作业噪声限值及测量方法	GB/T 20062—2006
GB/T 25604—2017	土方机械　装载机　术语和商业规格	GB/T 25604—2010

（续）

标准号	标准名称	代替标准
GB/T 25608—2017	土方机械　非金属燃油箱的性能要求	GB/T 25608—2010
GB/T 25623—2017	土方机械　司机培训　内容和方法	GB/T 25623—2010
GB/T 25625—2017	土方机械　教练员座椅　挠曲极限量、环境空间和性能要求	GB/T 25625—2010
GB/T 25687.1—2017	土方机械　同义术语的多语种列表　第 1 部分：综合	GB/T 25687.1—2010
GB/T 25687.2—2017	土方机械　同义术语的多语种列表　第 2 部分：性能和尺寸	GB/T 25687.2—2010
GB/T 26949.13—2017	工业车辆　稳定性验证　第 13 部分：带门架的越野型叉车	
GB/T 26949.15—2017	工业车辆　稳定性验证　第 15 部分：带铰接转向的平衡重式叉车	
GB/T 28264—2017	起重机械　安全监控管理系统	GB/T 28264—2012
GB/T 30032.3—2017	移动式升降工作平台　带有特殊部件的设计、计算、安全要求和试验方法　第 3 部分：果园用移动式升降工作平台	
GB/T 30559.2—2017	电梯、自动扶梯和自动人行道的能量性能　第 2 部分：电梯的能量计算与分级	
GB/T 30559.3—2017	电梯、自动扶梯和自动人行道的能量性能　第 3 部分：自动扶梯和自动人行道的能量计算与分级	
GB/T 31052.4—2017	起重机械　检查与维护规程　第 4 部分：臂架起重机	
GB/T 31052.12—2017	起重机械　检查与维护规程　第 12 部分：浮式起重机	
GB/T 33504—2017	移动式悬吊工作平台	
GB/T 33505—2017	自动扶梯梯级和自动人行道踏板	
GB/T 33640—2017	齿轮齿条式人货两用施工升降机安装质量检验规程	
GB/T 33941.1—2017	土方机械　结构件应力测试方法　第 1 部分：通则	
GB/T 33941.2—2017	土方机械　结构件应力测试方法　第 2 部分：轮胎式装载机机架	
GB/T 33941.3—2017	土方机械　结构件应力测试方法　第 3 部分：装载机、挖掘机和挖掘装载机的工作装置和附属装置	
GB/T 34023—2017	施工升降机安全使用规程	
GB/T 34025—2017	施工升降机用齿轮渐进式防坠安全器	
GB/T 34029—2017	锅炉炉膛检修升降平台	
GB/T 34109—2017	旋挖机钻杆用无缝钢管	
GB/T 34353—2017	土方机械　应用电子器件的机器控制系统（MCS）　功能性安全的性能准则和试验	
GB/T 34650—2017	全断面隧道掘进机　盾构机安全要求	
GB/T 34651—2017	全断面隧道掘进机　土压平衡盾构机	
GB/T 34652—2017	全断面隧道掘进机　敞开式岩石隧道掘进机	
GB/T 34653—2017	全断面隧道掘进机　单护盾岩石隧道掘进机	
GB/T 34354—2017	全断面隧道掘进机　术语和商业规格	
GB/T 35191—2017	土方机械　履带式吊管机	
GB/T 35192—2017	土方机械　非公路机械传动宽体自卸车　试验方法	
GB/T 35193—2017	土方机械　非公路机械传动矿用自卸车　试验方法	
GB/T 35194—2017	土方机械　非公路机械传动宽体自卸车　技术条件	
GB/T 35195—2017	土方机械　非公路机械传动矿用自卸车　技术条件	
GB/T 35196—2017	土方机械　非公路电传动矿用自卸车　技术条件	
GB/T 35197—2017	土方机械　非公路电传动矿用自卸车　试验方法	

（续）

标准号	标准名称	代替标准
GB/T 35198—2017	土方机械　轮胎式装载机　试验方法	
GB/T 35199—2017	土方机械　轮胎式装载机　技术条件	
GB/T 35200—2017	土方机械　履带式湿地推土机　技术条件	
GB/T 35202—2017	土方机械　履带式推土机　试验方法	
GB/T 35205.1—2017	越野叉车　安全要求及验证　第 1 部分：伸缩臂式叉车	
GB/T 35213—2017	土方机械　履带式推土机　技术条件	
GB/T 35484.1—2017	土方机械和移动式道路施工机械　工地数据交换　第 1 部分：系统体系	
GB/T 35484.2—2017	土方机械和移动式道路施工机械　工地数据交换　第 2 部分：数据字典	
GB/T 1190—2018	工程机械轮胎技术要求	GB/T 1190—2009
GB/T 2980—2018	工程机械轮胎规格、尺寸、气压与负荷	GB/T 2980—2009
GB/T 6104.1—2018	工业车辆　术语和分类　第 1 部分：工业车辆类型	GB/T 6104—2005
GB/T 6374 － 2018	凿岩机械与气动工具　尾柄和衬套配合尺寸	GB/T 6374—2004
GB/T 7586—2018	土方机械　液压挖掘机　试验方法	GB/T 7586—2008
GB/T 7920.8—2018	土方机械　铲运机　术语和商业规格	GB/T 7920.8—2003
GB/T 8511—2018	振动压路机	GB/T 8511—2005
GB/T 8590—2018	土方机械　推土机　术语和商业规格	GB/T 8590—2001
GB/T 8903—2018	电梯用钢丝绳	GB/T 8903—2005
GB/T 9139—2018	土方机械　液压挖掘机　技术条件	GB/T 9139—2008
GB/T 9465—2018	高空作业车	GB/T 9465—2008
GB/T 10183.1—2018	起重机　车轮及大车和小车轨道公差　第 1 部分：总则	GB/T 10183.1—2010
GB/T 13333—2018	混凝土泵	GB/T 13333—2004
GB/T 17772—2018	土方机械　保护结构的实验室鉴定　挠曲极限量的规定	GB/T 17772—1999
GB/T 18874.3—2018	起重机　供需双方应提供的资料　第 3 部分：塔式起重机	GB/T 18874.3—2009
GB/T 21152—2018	土方机械　轮式或高速橡胶履带式机器　制动系统的性能要求和试验方法	GB/T 21152—2007
GB/T 22437.1—2018	起重机　载荷与载荷组合的设计原则　第 1 部分：总则	GB/T 22437.1—2008
GB/T 25196—2018	起重机　设计工作周期的监控	GB/T 25196.1—2010
GB/T 25626—2018	冲击压路机	GB/T 25626—2010
GB/T 25648.1—2018	手持便携式动力工具　振动试验方法　第 1 部分：角式和端面式砂轮机	
GB/T 26548.6—2018	手持便携式动力工具　振动试验方法　第 6 部分：夯实机	
GB/T 25686—2018	土方机械　司机遥控装置的安全要求	GB/T 25686—2010
GB/T 26949.3—2018	工业车辆　稳定性验证　第 3 部分：前移式和插腿式叉车	GB/T 26949.3—2013
GB/T 26949.5—2018	工业车辆　稳定性验证　第 5 部分：侧面式叉车（单侧）	GB/T 26946.1—2011
GB/T 26949.9—2018	工业车辆　稳定性验证　第 9 部分：搬运 6m 及其以上长度货运集装箱的平衡重式叉车	GB/T 26561—2011
GB/T 26949.16—2018	工业车辆　稳定性验证　第 16 部分：步行式车辆	
GB/T 30197—2018	工程机械轮胎作业能力测试方法　转鼓法	GB/T 30197—2013
GB/T 35014—2018	建筑施工机械与设备　预应力用自动压浆机	
GB/T 35019—2018	全断面隧道掘进机　泥水平衡盾构机	
GB/T 35020—2018	全断面隧道掘进机　单护盾－土压平衡双模式掘进机	

（续）

标准号	标准名称	代替标准
GB/T 35850.1—2018	电梯、自动扶梯和自动人行道安全相关的可编程电子系统的应用　第 1 部分：电梯（PESSRAL）	
GB/T 35857—2018	斜行电梯制造与安装安全规范	
GB/T 35975—2018	起重吊具　分类	
GB/T 36152—2018	齿轮齿条式人货两用施工升降机安全评估规程	
GB/T 36156—2018	道路施工与养护机械设备　除雪机械安全要求	
GB/T 36255—2018	建筑施工机械与设备　混凝土喷射机械　术语和商业规格	
GB/T 36513—2018	移动式道路施工机械　夯实机械安全要求	
GB/T 36515—2018	混凝土制品机械　砌块成型机安全要求	
GB/T 36693—2018	土方机械　液压挖掘机　可靠性试验方法、失效分类及评定	
GB/T 36694—2018	土方机械　履带式推土机燃油消耗量　试验方法	
GB/T 36695—2018	土方机械　液压挖掘机燃油消耗量　试验方法	
GB/T 36696—2018	土方机械　轮胎式装载机燃油消耗量　试验方法	
GB/T 36974—2018	土方机械　轮胎式叉装机　技术条件	
GB/T 36977—2018	土方机械　轮胎式叉装机　试验方法	
GB/T 36978—2018	土方机械　轮胎式叉装机燃油消耗量　试验方法	
GB/T 37168—2018	建筑施工机械与设备　混凝土和砂浆制备机械与设备安全要求	
GB/T 37217—2018	自动扶梯和自动人行道主要部件报废技术条件	
GB/T 1955—2019	建筑卷扬机	GB/T 1955—2008
GB/T 5031—2019	塔式起重机	GB/T 5031—2008
GB/T 5082—2019	起重机　手势信号	GB/T 5082—1985
GB/T 7920.10—2019	道路施工与养护设备　稳定土拌和机　术语和商业规格	GB/T 7920.10—2006
GB/T 13751—2019	土方机械　挖掘装载机　试验方法	GB/T 13751—2008
GB/T 21682—2019	旋挖钻机	GB/T 21682—2008
GB/T 26949.22—2019	工业车辆　稳定性验证　第 22 部分：操作者位置可或不可起升的三向堆垛式叉车	
GB/T 27542—2019	蓄电池托盘搬运车	GB/T 27542—2011
GB/T 35850.2—2019	电梯、自动扶梯和自动人行道安全相关的可编程电子系统的应用　第 2 部分：自动扶梯和自动人行道（PESSRAE）	
GB/T 37366—2019	塔式起重机安全监控系统及数据传输规范	
GB/T 37432—2019	全断面隧道掘进机再制造	
GB/T 37465—2019	建筑施工机械与设备　履带式强夯机安全要求	
GB/T 37537—2019	施工升降机安全监控系统	
GB/T 37899—2019	土方机械　超大型液压挖掘机	
GB/T 37904—2019	土方机械　步履式液压挖掘机	
GB/T 38055.1—2019	越野叉车　对用户的要求　第 1 部分：通用要求	
GB/T 38176—2019	建筑施工机械与设备　钢筋加工机械　安全要求	
GB/T 38181—2019	土方机械　快速连接装置　安全	
GB/T 38196—2019	建筑施工机械与设备　地面切割机　安全要求	

（续）

标准号	标准名称	代替标准
GB/T 38197—2019	建筑施工机械绿色性能指标与评价方法	
GB/T 38270—2019	建筑施工机械与设备　移动式拆除机械　安全要求	
GB/T 38369—2019	定向振动压路机	
GB/T 7588.1—2020	电梯制造与安装安全规范　第 1 部分：乘客电梯和载货电梯	GB 7588—2003，GB 21240—2007
GB/T 7588.2—2020	电梯制造与安装安全规范　第 2 部分：电梯部件的设计原则、计算和检验	GB 7588—2003，GB 21240—2007
GB/T 7920.9—2020	土方机械　平地机　术语和商业规格	GB/T 7920.9—2003
GB/T 10168—2020	土方机械　挖掘装载机　术语和商业规格	GB/T 10168—2008
GB/T 12602—2020	起重机械超载保护装置	GB/T 12602—2009
GB/T 16937—2020	土方机械　司机视野　试验方法和性能准则	GB/T 16937—2010
GB/T 24474.1—2020	乘运质量测量　第 1 部分：电梯	GB/T 24474—2009
GB/T 24474.2—2020	乘运质量测量　第 2 部分：自动扶梯和自动人行道	
GB/T 26408—2020	混凝土搅拌运输车	GB/T 26408—2011
GB/T 26548.4—2020	手持便携式动力工具　振动试验方法　第 4 部分：直柄式砂轮机	
GB/T 26548.7—2020	手持便携式动力工具　振动试验方法　第 7 部分：冲剪机和剪刀	
GB/T 26949.1—2020	工业车辆　稳定性验证　第 1 部分：总则	GB/T 26949.1—2012
GB/T 30024—2020	起重机　金属结构能力验证	GB/T 30024—2013
GB/T 38552—2020	导架爬升式工作平台安全使用规程	
GB/T 38893—2020	工业车辆　安全监控管理系统	
GB/T 38943.1—2020	土方机械　使用电力驱动的机械及其相关零件和系统的电安全　第 1 部分：一般要求	
GB/T 38943.2—2020	土方机械　使用电力驱动的机械及其相关零件和系统的电安全　第 2 部分：外部动力机器的特定要求	
GB/T 38943.3—2020	土方机械　使用电力驱动的机械及其相关零件和系统的电安全　第 3 部分：自行式机器的特定要求	
GB/T 39078.1—2020	自动扶梯和自动人行道安全要求　第 1 部分：基本安全要求	
GB/T 39172—2020	电梯用非钢丝绳悬挂装置	
GB/T 39416—2020	汽车起重机燃油消耗量试验方法	
GB/T 39679—2020	电梯 IC 卡装置	
GB/T 6068—2021	汽车起重机和轮胎起重机试验规范	GB/T 6068—2008
GB/T 8593.1—2021	土方机械　司机操纵装置和其他显示装置用符号　第 1 部分：通用符号	GB/T 8593.1—2010
GB/T 8593.2—2021	土方机械　司机操纵装置和其他显示装置用符号　第 2 部分：机器、工作装置和附件的特殊符号	GB/T 8593.2—2010
GB/T 9142—2021	建筑施工机械与设备　混凝土搅拌机	GB/T 9142—2000
GB/T 10054.1—2021	货用施工升降机　第 1 部分：运载装置可进人的升降机	GB/T 10054.1—2014
GB/T 10170—2021	土方机械　挖掘装载机　技术条件	GB/T 10170—2010
GB/T 10429—2021	单级向心涡轮液力变矩器　型式和基本参数	GB/T 10429—2006
GB/T 10827.2—2021	工业车辆　安全要求和验证　第 2 部分：自行式伸缩臂式叉车	
GB/T 14782—2021	土方机械　平地机　技术条件	GB/T 14782—2010

（续）

标准号	标准名称	代替标准
GB/T 16277—2021	道路施工与养护机械设备　沥青混凝土摊铺机	GB/T 16277—2008
GB/T 17808—2021	道路施工与养护机械设备　沥青混合料搅拌设备	GB/T 17808—2010
GB 17957—2021	凿岩机械与气动工具　安全要求	GB 17957—2005
GB/T 17909.2—2021	起重机　起重机操作手册　第2部分：流动式起重机	GB/T 17909.2—2010
GB/T 19924—2021	流动式起重机　稳定性的确定	GB/T 19924—2005
GB/T 20303.2—2021	起重机　司机室和控制站　第2部分：流动式起重机	GB/T 20303.2—2006
GB/T 20863.1—2021	起重机　分级　第1部分：总则	GB/T 20863.1—2007
GB/T 20969.1—2021	特殊环境条件　高原机械　第1部分：高原对内燃动力机械的要求	GB/T 20969.1—2007
GB/T 20969.2—2021	特殊环境条件　高原机械　第2部分：高原对工程机械的要求	GB/T 20969.2—2007
GB/T 20969.4—2021	特殊环境条件　高原机械　第4部分：高原自然环境试验导则　内燃动力机械	GB/T 20969.4—2008
GB/T 20969.5—2021	特殊环境条件　高原机械　第5部分：高原自然环境试验导则　工程机械	GB/T 20969.5—2008
GB/T 21938—2021	土方机械　液压挖掘机和挖掘装载机下降控制装置　要求和试验	GB/T 21938—2008
GB/T 24807—2021	电梯、自动扶梯和自动人行道的电磁兼容　发射	GB/T 24807—2009
GB/T 24810.2—2021	起重机　限制器和指示器　第2部分：流动式起重机	GB/T 24810.2—2009
GB/T 24817.2—2021	起重机　控制装置布置形式和特性　第2部分：流动式起重机	GB/T 24817.2—2010
GB/T 24818.2—2021	起重机　通道及安全防护设施　第2部分：流动式起重机	GB/T 24818.2—2010
GB/T 25629—2021	液压挖掘机　中央回转接头	GB/T 25629—2010
GB/T 25684.1—2021	土方机械　安全　第1部分：通用要求	GB 25684.1—2010
GB/T 25684.2—2021	土方机械　安全　第2部分：推土机的要求	GB 25684.2—2010
GB/T 25684.3—2021	土方机械　安全　第3部分：装载机的要求	GB 25684.3—2010
GB/T 25684.4—2021	土方机械　安全　第4部分：挖掘装载机的要求	GB 25684.4—2010
GB/T 25684.5—2021	土方机械　安全　第5部分：液压挖掘机的要求	GB 25684.5—2010
GB/T 25684.6—2021	土方机械　安全　第6部分：自卸车的要求	GB 25684.6—2010
GB/T 25684.7—2021	土方机械　安全　第7部分：铲运机的要求	GB 25684.7—2010
GB/T 25684.8—2021	土方机械　安全　第8部分：平地机的要求	GB 25684.8—2010
GB/T 25684.9—2021	土方机械　安全　第9部分：吊管机的要求	GB 25684.9—2010
GB/T 25684.10—2021	土方机械　安全　第10部分：挖沟机的要求	GB 25684.10—2010
GB/T 25684.11—2021	土方机械　安全　第11部分：回填压实机的要求	GB 25684.11—2010
GB/T 25684.12—2021	土方机械　安全　第12部分：机械挖掘机的要求	GB 25684.12—2010
GB/T 25684.13—2021	土方机械　安全　第13部分：压路机的要求	GB 25684.13—2010
GB/T 25694—2021	土方机械　滑移转向装载机	GB/T 25694—2010
GB/T 26465—2021	消防员电梯制造与安装安全规范	GB/T 26465—2011
GB/T 26473—2021	起重机　随车起重机安全要求	GB/T 26473—2011
GB/T 26476—2021	机械式停车设备　术语	GB/T 26476—2011
GB/T 26557—2021	吊笼有垂直导向的人货两用施工升降机	GB/T 26557—2011
GB/T 26548.8—2021	手持便携式动力工具　振动试验方法　第8部分：往复式锯、抛光机和锉刀以及摆式或回转式锯	
GB/T 26548.10—2021	手持便携式动力工具　振动试验方法　第10部分：冲击式凿岩机、锤和破碎器	

（续）

标准号	标准名称	代替标准
GB/T 26548.11—2021	手持便携式动力工具　振动试验方法　第 11 部分：石锤	
GB/T 26548.12—2021	手持便携式动力工具　振动试验方法　第 12 部分：模具砂轮机	
GB/T 26559—2021	机械式停车设备　分类	GB/T 26559—2011
GB/T 26949.12—2021	工业车辆　稳定性验证　第 12 部分：搬运 6 m 及其以上长度货运集装箱的伸缩臂式叉车	
GB/T 30031—2021	工业车辆　电磁兼容性	GB/T 30031—2013
GB/T 35205.5—2021	越野叉车　安全要求及验证　第 5 部分：伸缩臂式叉车和集成式人员工作平台的连接装置	
GB/T 35205.7—2021	越野叉车　安全要求及验证　第 7 部分：纵向载荷力矩系统	
GB/T 35484.3—2021	土方机械和移动式道路施工机械　工地数据交换　第 3 部分：远程信息处理数据	
GB/Z 35850.3—2021	电梯、自动扶梯和自动人行道安全相关的可编程电子系统的应用　第 3 部分：PESSRAL 和 PESSRAE 相关的可编程电子系统的生命周期指南	
GB/T 38055.4—2021	越野叉车　对用户的要求　第 4 部分：悬吊可自由摆动载荷伸缩臂式叉车的附加要求	
GB/T 38055.5—2021	越野叉车　对用户的要求　第 5 部分：伸缩臂式叉车和集成式人员工作平台的连接装置	
GB/T 39747—2021	举升式升降工作平台安全使用规程	
GB/T 39757—2021	建筑施工机械与设备　混凝土泵和泵车安全使用规程	
GB/T 39858—2021	隧道预切槽设备	
GB/T 39980—2021	机械式停车设备　设计规范	
GB/T 39981—2021	建筑施工机械与设备　便携、手持、内燃机式切割机　安全要求	
GB/T 40081—2021	电梯自动救援操作装置	
GB/T 40122—2021	全断面隧道掘进机　矩形土压平衡顶管机	
GB/T 40127—2021	全断面隧道掘进机　顶管机安全要求	
GB 40160—2021	升降工作平台安全规则	
GB/T 41051—2021	全断面隧道掘进机　岩石隧道掘进机安全要求	
GB/T 41052—2021	全断面隧道掘进机　远程监控系统	
GB/T 41053—2021	全断面隧道掘进机　土压平衡－泥水平衡双模式掘进机	
GB/T 41056—2021	全断面隧道掘进机　双护盾岩石隧道掘进机	
GB/Z 41096—2021	土方机械　合格评定和认证过程	
GB/T 41098—2021	起重机　安全　起重吊具	
GB/T 41100—2021	土方机械和越野伸缩臂叉车　预期公路行驶机器的设计要求	
GB/T 41101.1—2021	土方机械　可持续性　第 1 部分：术语、可持续性因素和报告	
GB/T 41101.2—2021	土方机械　可持续性　第 2 部分：再制造	
GB/T 41101.3—2021	土方机械　可持续性　第 3 部分：二手机器	
GB/T 41109—2021	土方机械　平地机燃油消耗量　试验方法	
GB/T 41122—2021	用于辅助建筑物人员疏散的电梯要求	
GB/T 3228—2022	螺栓螺母用装配工具　冲击式机动四方传动套筒的尺寸	GB/T 3228—2009
GB/T 6104.2—2022	工业车辆　术语　第 2 部分：货叉和属具	
GB/T 10597—2022	卷扬式启闭机	GB/T 10597—2011

（续）

标准号	标准名称	代替标准
GB/T 10827.3—2022	工业车辆　安全要求和验证　第3部分：对带有起升操作台的车辆和专门设计为带起升载荷运行的车辆的附加要求	
GB/T 13749—2022	冲击式打桩机　安全操作规程	GB/T 13749—2003
GB/T 14560—2022	履带起重机	GB/T 14560—2016
GB/T 20178—2022	土方机械　机器安全标签　通则	GB 20178—2014
GB/T 22359.1—2022	土方机械与建筑施工机械　内置电源机器的电磁兼容性（EMC）　第1部分：典型电磁环境条件下的EMC一般要求	GB/T 22359—2008
GB/T 22359.2—2022	土方机械与建筑施工机械　内置电源机器的电磁兼容性（EMC）　第2部分：功能安全的EMC附加要求	GB/T 22359—2008
GB/T 24186—2022	工程机械用高强度耐磨钢板和钢带	GB/T 24186—2009
GB/T 24808—2022	电梯、自动扶梯和自动人行道的电磁兼容　抗扰度	GB/T 24808—2009
GB/T 26409—2022	流动式混凝土泵	GB/T 26409—2011
GB/T 26949.2—2022	工业车辆　稳定性验证　第2部分：平衡重式叉车	GB/T 26949.2—2013
GB/T 26949.4—2022	工业车辆　稳定性验证　第4部分：托盘堆垛车、双层堆垛车和操作者位置起升高度不大于1 200mm的拣选车	GB/T 26949.4—2016
GB/T 26949.8—2022	工业车辆　稳定性验证　第8部分：在门架前倾和载荷起升条件下堆垛作业的附加稳定性试验	GB/T 26949.8—2016
GB/T 27996—2022	全地面起重机	GB/T 27996—2011
GB/T 32070—2022	土方机械　物体监测系统及其可视辅助装置　性能要求和试验	GB/T 32070—2015
GB/T 39078.2—2022	自动扶梯和自动人行道安全要求　第2部分：满足基本安全要求的安全参数	
GB/T 41495—2022	混凝土泵车保养、维修及报废规范	
GB/T 41502.1—2022	建筑施工机械与设备　内部式混凝土振动器　第1部分：术语和商业规格	
GB/T 41510—2022	起重机械安全评估规范　通用要求	
GB/T 41676—2022	起重机　设计通则　锻钢吊钩的极限状态和能力验证	
GB/T 41680—2022	起重机　抗震设计通则	
GB/T 41862—2022	土方及矿山机械　自主和半自主机器系统安全	
GB/T 41969—2022	建筑施工机械与设备　超前地质钻机	
GB/T 41976—2022	停车设备　智能控制与管理系统	
GB/T 783—2023	起重机械　基本参数系列	GB/T 783—2013，GB/T 790—1995
GB/T 5905.1—2023	起重机　检验与试验规范　第1部分：通则	GB/T 5905—2011
GB/T 5972—2023	起重机　钢丝绳　保养、维护、检验和报废	GB/T 5972—2016
GB/T 7025.1—2023	电梯主参数及轿厢、井道、机房的型式与尺寸　第1部分：Ⅰ、Ⅱ、Ⅲ、Ⅵ类电梯	GB/T 7025.1—2008
GB/T 8419—2023	土方机械　司机座椅振动的实验室评价	GB/T 8419—2007
GB/T 8595—2023	土方机械　司机的操纵装置	GB/T 8595—2008
GB/T 10058—2023	电梯技术条件	GB/T 10058—2009
GB/T 10059—2023	电梯试验方法	GB/T 10059—2009
GB/T 10060—2023	电梯安装验收规范	GB/T 10060—2011
GB/T 10827.4—2023	工业车辆　安全要求和验证　第4部分：无人驾驶工业车辆及其系统	

（续）

标准号	标准名称	代替标准
GB/T 10827.5—2023	工业车辆　安全要求和验证　第5部分：步行式车辆	GB/T 10827.5—2013
GB/T 10827.6—2023	工业车辆　安全要求和验证　第6部分：货物及人员载运车	
GB/T 13750—2023	振动沉拔桩机　安全操作规程	GB/T 13750—2004
GB/T 14781—2023	土方机械　轮式机器　转向要求	GB/T 14781—2014
GB/T 17909.1—2023	起重机　操作手册　第1部分：通则	GB/T 17909.1—1999
GB/T 17909.4—2023	起重机　操作手册　第4部分：臂架起重机	
GB/T 18453.4—2023	起重机　维护手册　第4部分：臂架起重机	
GB/T 18849—2023	机动工业车辆　制动器性能和零件强度	GB/T 18849—2011
GB/T 20776—2023	起重机械分类	GB/T 20776—2006
GB/T 22419—2023	工业车辆　集装箱吊具和抓臂操作用指示灯技术要求	GB/T 22419—2008
GB/T 22437.2—2023	起重机　载荷与载荷组合的设计原则　第2部分：流动式起重机	GB/T 22437.2—2010
GB/T 24475—2023	电梯远程报警系统	GB/T 24475—2009
GB/T 24476—2023	电梯物联网　企业应用平台基本要求	GB/T 24476—2017
GB/T 24478—2023	电梯曳引机	GB/T 24478—2009
GB/T 24479—2023	火灾情况下的电梯特性	GB/T 24479—2009
GB/T 24804—2023	提高在用电梯安全性的规范	GB/T 24804—2009
GB/T 25619—2023	土方机械　滑移转向装载机附属装置的联接	GB/T 25619—2010
GB/T 25622.1—2023	土方机械　司机手册　第1部分：内容和格式	GB/T 25622—2010
GB/T 25628—2023	土方机械　斗齿	GB/T 25628—2010
GB/T 25684.14—2023	土方机械　安全　第14部分：小型机具承载机的要求	
GB/T 25684.15—2023	土方机械　安全　第15部分：轮胎式叉装机的要求	
GB/T 25851.2—2023	流动式起重机　起重机性能的试验测定　第2部分：静载荷作用下的结构能力	
GB/T 26471—2023	塔式起重机　安装、拆卸与爬升规则	GB/T 26471—2011
GB/T 26945—2023	集装箱空箱堆高机	GB/T 26945—2011
GB/T 26947—2023	步行式托盘搬运车	GB/T 26947—2011
GB/T 26949.7—2023	工业车辆　稳定性验证　第7部分：双向和多向运行叉车	GB/T 26949.7—2016
GB/T 26949.17—2023	工业车辆　稳定性验证　第17部分：牵引车、货物及人员载运车	
GB/T 26949.21—2023	工业车辆　稳定性验证　第21部分：操作者位置起升高度大于1 200mm的拣选车	GB/T 26949.21—2016
GB/T 26949.24—2023	工业车辆　稳定性验证　第24部分：越野型回转伸缩臂式叉车	
GB/T 27543—2023	步行式升降平台搬运车	GB/T 27543—2011
GB/T 28621—2023	安装于现有建筑物中的新电梯制造与安装安全规范	GB/T 28621—2012
GB/T 32800.1—2023	手持式非电类动力工具　安全要求　第1部分：非螺纹结构紧固件用装配动力工具	
GB/T 32800.2—2023	手持式非电类动力工具　安全要求　第2部分：切断和扣压动力工具	
GB/T 32800.5—2023	手持式非电类动力工具　安全要求　第5部分：回转冲击式钻孔工具	
GB/T 32800.6—2023	手持式非电类动力工具　安全要求　第6部分：螺纹紧固件用装配动力工具	
GB/T 32800.8—2023	手持式非电类动力工具　安全要求　第8部分：磨光机和抛光机	
GB/T 32800.9—2023	手持式非电类动力工具　安全要求　第9部分：模具用砂轮机	
GB/T 32800.10—2023	手持式非电类动力工具　安全要求　第10部分：挤压式动力工具	

（续）

标准号	标准名称	代替标准
GB/T 32800.11—2023	手持式非电类动力工具　安全要求　第 11 部分：冲剪机和剪刀	
GB/T 35205.2—2023	越野叉车　安全要求及验证　第 2 部分：回转式叉车	
GB/T 35205.6—2023	越野叉车　安全要求及验证　第 6 部分：倾斜式司机室	
GB/T 36507—2023	工业车辆　使用、操作与维护安全规范	GB/T 36507—2018
GB/T 42157.1—2023	越野叉车　非集成式人员工作平台　第 1 部分：设计、安全要求及验证	
GB/T 42157.2—2023	越野叉车　非集成式人员工作平台　第 2 部分：对用户的要求	
GB/T 42615—2023	在用电梯安全评估规范	
GB/T 42616—2023	电梯物联网　监测终端技术规范	
GB/T 42623—2023	安装于办公、旅馆和住宅建筑的乘客电梯的配置和选择	
GB/T 42784.1—2023	越野叉车　验证视野的试验方法　第 1 部分：伸缩臂式叉车	
GB/T 43135—2023	土方机械　轮胎式叉装机　术语和商业规格	
GB/T 43137—2023	土方机械　液压破碎锤　术语和商业规格	
GB/T 43138—2023	土方机械　起吊和捆系连接点　性能要求	
GB/T 43317—2023	越野叉车　操作者培训　内容和方法	
GB/T 43608.1—2023	建筑施工机械与设备　混凝土搅拌运输车　第 1 部分：术语和商业规格	
GB/T 43609.1—2023	建筑施工机械与设备　混凝土及砂浆制备设备　第 1 部分：术语和商业规格	

〔供稿单位：中国工程机械工业协会标准化工作委员会〕

绿色装备